U0915809

21世纪财务管理系列教材

(浙江财经大学会计学院资助项目)

高级财务管理

GAOJI CAIWU GUANLI 【第二版】

戴娟萍 主编

厦门大学出版社 XIAMEN UNIVERSITY PRESS 国家一级出版社 全国百佳图书出版单位

图书在版编目(CIP)数据

高级财务管理 / 戴娟萍主编. —2 版.—厦门 ：厦门大学出版社，2019.7
ISBN 978-7-5615-7473-7

Ⅰ.①高… Ⅱ.①戴… Ⅲ.①财务管理－高等学校－教材 Ⅳ.①F275

中国版本图书馆 CIP 数据核字(2019)第 116874 号

出 版 人 郑文礼
责任编辑 许红兵
美术编辑 张雨秋
技术编辑 许克华

出版发行 厦门大学出版社
社　　址 厦门市软件园二期望海路 39 号
邮政编码 361008
总 编 办 0592-2182177　0592-2181406(传真)
营销中心 0592-2184458　0592-2181365
网　　址 http://www.xmupress.com
邮　　箱 xmup@xmupress.com
印　　刷 厦门集大印刷厂

开本 787 mm×1 092 mm　1/16
印张 23.5
字数 546 千字
版次 2019 年 7 月第 2 版
印次 2019 年 7 月第 1 次印刷
定价 56.00 元

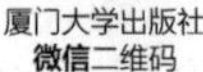
厦门大学出版社
微信二维码

厦门大学出版社
微博二维码

第二版前言

“高级财务管理”是高校财会类专业的主干课程。本教材主要是为财务管理和会计学专业高年级学生设计的，也可作为管理类和经济类专业学生以及那些准备深入学习财务管理理论与方法的读者的参考教材。“高级财务管理”具有很强的实践性，案例教学法是课程教学改革的重要方向，也是提升教学质量的重要手段之一。本教材在浙江天健会计事务所的大力支持下，采选了大量的本土化案例，且体例多样、内容新颖，以满足持续推进的课程教学改革的需要。

何为高级财务管理以及高级财务管理应包括哪些内容，仍是一个仁者见仁、智者见智的议题。然而，不管学术界存在多大的争执，作为一门课程，其框架结构和内容体系应该是基于学科理论和课程教学的需要。本教材由导论、非日常财务决策、全局性财务管理环节、特殊主体财务管理四部分内容组成，阐述财务原理和中级财务管理没有涉及或未能讲深讲透的内容。导论主要是从起点、导向、理论和体系等多个维度阐述财务管理概念框架以及课程内容；非日常财务决策主要阐述企业重组（包括公司并购、公司收缩、公司重整与清算）和股权融资（私募股权融资和股票上市）；全局性财务管理环节除财务决策外，还包括财务战略、预算管理、财务风险管理和业绩评价等，但为避免与管理会计、内部控制等课程内容的重复，本教材重点阐述财务战略；特殊主体财务管理主要讨论集团公司财务管理问题。为了能够更深入地讨论问题和更好地理解理论知识，本教材将中级财务管理中没有涵盖的高级财务管理学习基础——企业价值和期权也纳入选学内容。

本书由浙江财经大学会计学院教授戴娟萍主编。具体编写分工情况为：第一章、第七章、第十章由戴娟萍教授执笔，第二章、第九章由杨忠智教授执笔，第三章、第六章由柯东昌博士执笔，第四章由李连华教授和戴娟萍教授共同执笔，第五章由戴娟萍教授和柯东昌博士共同执笔，第八章由余景选教授执笔。

在本书的编写过程中,参阅了大量的国内外相关文献资料。在此,向这些文献资料的作者表示衷心的感谢!在交稿之际,还要特别感谢浙江财经大学会计学院和天健会计师事务所管理学实践教育基地对本书编写工作的指导、帮助和支持!

限于学识水平和时间精力,加之高级财务管理理论体系和实务案例的研究也不够深入,书中存有诸多不足或不妥,甚至可能错误,敬请读者批评指正,以便我们进一步修改完善。

戴娟萍

2019 年 5 月于杭州

目 录

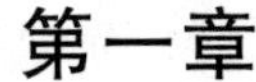 第一章 导论

学习目标

1.掌握财务管理概念框架,理解财务管理目标;

2.熟悉财务管理本质起点论和基本假设,明了环境起点论的理论和实践意义;

3.了解高级财务管理的特点和内容体系。

开篇案例

巨人网络"从美归来"及其价值效应

上海巨人网络科技有限公司是一家以网络游戏为主的知名互联网企业,主要从事网络游戏的研发与运营,其开发出的《征途》、《巨人》、《征途2》、《仙侠世界》等游戏,为国内外游戏玩家所追捧。2007年11月,公司以每股15.50美元的价格在美国公开发行57 197 423股存托股份(ADS),融资10.45亿美元,并在纽约证券交易所上市。然而,业绩傲人的巨人网络,上市后公司股票价格一直低迷,一直在上市首日18.25美元的开盘价之下徘徊,市盈率仅8倍左右。A股市场同类公司的平均市盈率在100倍左右。

2013年11月,巨人网络董事长史玉柱、霸菱亚洲投资及其他机构共同组成的财团向Giant Interactive Group Inc(注册于开曼群岛的巨人网络海外上市主体,简称GA)董事会发出了私有化邀约,买方财团成员合计持有巨人网络49.3%的流通股。2014年7月,史玉柱旗下的巨人投资耗资29.5亿美元,以每股12美元的价格收购巨人网络发行在外的全部股份并从纽约证券交易所退市。在经历了增资、回购、股权转让等一系列操作后,巨人网络的VIE控制协议和红筹架构于2015年9月解(拆)除。

2015年12月30日,A股上市公司世纪游轮股份有限公司(002558.SZ)发布了《重大资产出售及发行股份购买资产并募集配套资金暨关联交易报告书》:以60 424.00万元价格将公司全部资产和负债出售给实际控制人彭建虎,按每股29.58元的价格向巨人网络的全体股东定向增发443 686 270股股份购买其持有的价值为1 312 424.08万元(账面价值96 496.33万元)的巨人网络股权,按不低于29.58元/股的价格向不超过10名符合条件的特定对象非公开发行股份募集配套资金。交易完成后,巨人网络成为世纪游轮的全资子公司。因世纪游轮的股本只有6 545万股,巨人网络股东们获得的股份数占重组后上市公司总股份的87.14%,巨人网络的控股股东上海兰麟投资管理有限公司成为上市公

司的控股股东,史玉柱替代彭建虎成为公司的实际控制人。巨人网络借助这一反向购买交易成功“从美归来”,实现在A股市场上市。

巨人网络借壳上市信息公告后,资本市场反应积极,壳公司世纪游轮股票连续走了20个“一字”涨停,[0,30]的超额收益率高达180.59%,借壳双方股东获得极为丰厚的投资回报。巨人网络的原股东按每股29.58元价格认购的股份,在反向购买交易完成日(2016年4月8日)的价格为每股127.00元,329.34%的股票价格上涨与1 260.08%的资产评估增值率的乘数效应,让96 496.33万元的账面权益变成5 634 815.63万元的市场价值,增值58.39倍;壳公司世纪游轮公司股票价格,停牌前收于31.65元,信息公告后一路上涨,至交易完成日股东的持股收益率高达301.26%,同期上证指数收益率为30.48%。上市公司则由从事传统业务的游轮公司变身为成长前景良好的互联网公司,来自备考报表数据表明,这一反向购买交易让上市公司2014年的净利润增长10 876.03%,加权平均净资产收益率由1.75%攀升至24.83%,每股收益由0.16元上升到2.28元。

思考:巨人网络为什么要“从美归来”?以反向收购方式上市而不是IPO的决策动因是什么?达成了创造价值的财务目标吗?

第一节 财务管理概念框架

概念框架涉及学科最基本概念和理论要素,这些概念和理论要素界定了该学科研究对象的性质、功能和范围,并按照一定的逻辑连接成一个首尾一贯的体系。任何成熟的学科,都有与这个学科相适应的特定命题和概念系统或理论框架,以资金及其流转为研究对象的财务管理学也不例外。虽然财务管理迄今还没有如会计、审计和内部控制等学科那样以专门的标准化的概念公告形式展现学科的概念框架,但其概念框架仍然隐含在本学科的知识体系之中。

一、关于财务管理概念框架

财务管理概念框架要解决的问题是财务管理理论由哪些要素构成以及这些要素之间存在什么样的逻辑关系,也被称之为财务管理理论结构。关于财务管理概念框架,迄今为止仍是一个充满争议的话题。在我国,中国人民大学博士生导师王化成教授的广义财务管理理论结构论和南京大学博士生导师李心合教授的公司财务概念框架论,在财务管理理论界获得了比较广泛的认可。王化成教授认为,广义的财务管理理论结构是以财务管理环境为起点,财务管理假设为前提,财务管理目标为导向,由财务管理的基本理论、财务管理通用业务理论、财务管理特殊业务理论和其他专门领域等内容构成,具体见图1-1。

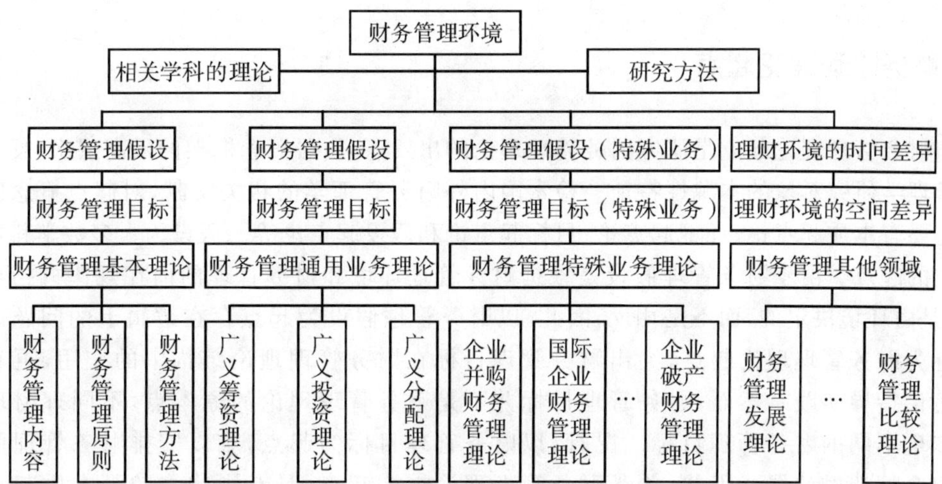

资料来源：王化成.财务管理理论结构：广义财务管理理论体系的构建研究[M].北京：中国人民大学出版社，2006.

图 1-1　广义财务管理理论结构

李心合教授认为，财务管理概念框架内含财务本质与职能、财务环境与假设、财务目标、财务对象与要素、财务分析和财务管理工具箱等一系列概念，其相互逻辑关系如图1-2所示。

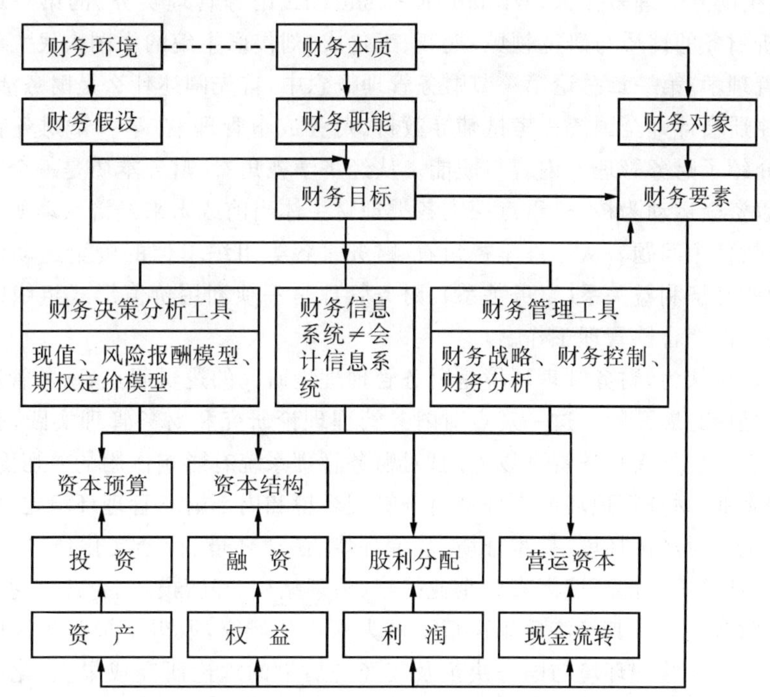

资料来源：李心合.论公司财务概念框架[J].会计研究，2010(7).

图 1-2　公司财务概念框架

二、财务管理理论起点

财务管理理论起点是研究财务管理理论的出发点，位居概念框架的最高层次，反映财务管理学研究对象的本源性特征。检索国内外财务管理学的相关文献，对起点概念的归纳主要有本质起点论、环境起点论、目标起点论和假设起点论等。假设为大多数学科理论研究的起点。由于财务管理假设是根据财务管理环境和财务管理的内在规律概括出来的，是由环境决定的，而不是相反，因此，以财务管理假设为起点存在逻辑上的问题。以目标为财务管理理论起点，突出财务管理目标在财务管理理论结构中的作用，更有助于理论指导实践。然而，财务管理目标并不是财务管理理论的原本点，不同理财环境会产生不同的财务管理目标。况且，以财务管理目标为起点，难以安排财务管理假设在概念框架的位置。因此，关于财务管理理论结构起点，具有影响力的是本质起点论和环境起点论。

本质起点论，是学界对财务管理概念框架逻辑起点的主流观点。长期以来，国内外财务管理理论研究大多是以"财务本质"为起点，阐述财务管理的概念、对象、原则和方法等一系列理论问题。大多数财务管理著作或教材，在首章财务管理导论或概述中讨论的第一个问题，就是什么是财务、什么是财务管理。例如：美国学者 Eugene F Brigham 与 MichaelC Ehrhardt 合著的《财务管理——理论与实践》的第一章财务管理概览中，第一个问题就是解决财务管理是什么；William R Lasher 的《财务管理实务》的第一章基础知识中，首先分析财务的性质与研究领域；荆新、王化成、刘俊彦主编的中国人民大学会计系列教材《财务管理学》第一章总论第一节财务管理概念中，首先阐述什么是财务活动、什么是财务关系；注册会计师全国统一考试辅导教材《财务成本管理》在第一章财务管理基本原理中，首先介绍了财务管理的内容与职能。从经济学视角看，财务本质是一个财务资源的配置系统，以资金运动为核心，重点探索各类理财主体当前或未来经济活动所需财务资源的取得与有效使用问题。从管理学视角看，财务是各类组织单位的资金运动（财务活动）及其所体现的经济利益关系（财务关系），财务管理是一项利用价值形式组织财务活动和处理财务关系的综合性管理工作。

环境起点论认为，财务管理环境是财务管理理论研究的逻辑起点，财务管理中的一切理论问题都是由此展开的。这一观点对财务管理理论研究和财务管理实践，影响极为深远。财务管理环境是指财务管理以外的、对财务管理系统有影响作用的一切因素的总和。站在特定的企业，财务管理环境有外部财务管理环境和内部财务管理环境之分。近年来，财务管理理论界对经济环境、技术环境、政治环境、法律环境、社会文化环境、具体经济政策、企业市场环境等外部环境因素和企业战略、治理结构、经营模式、企业文化等内部环境因素对企业财务决策及其经济后果进行了较为深入的研究，取得了极为丰硕的成果。正是基于大量的财务管理环境与财务决策及其经济后果的理论研究成果，王化成教授对广义的财务管理理论结构进行了修订与完善，见图 1-3。

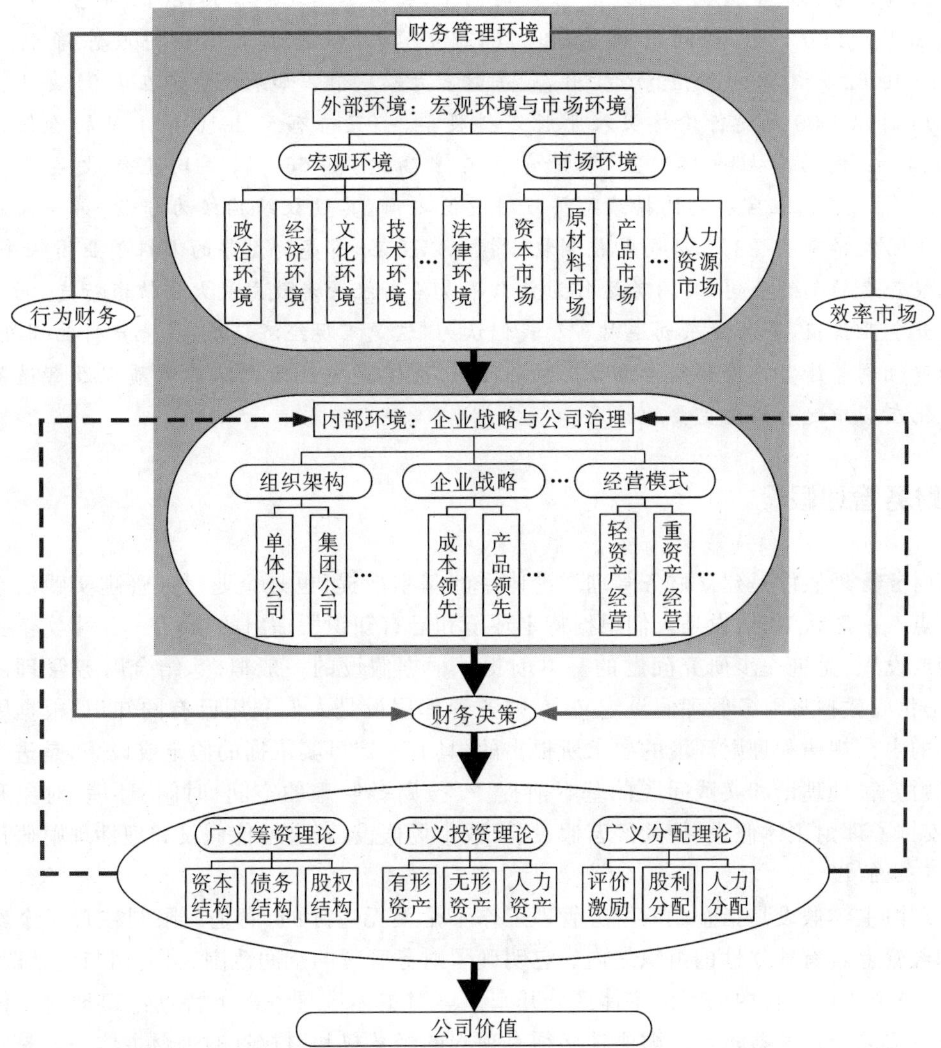

资料来源：王化成，张伟华，佟岩．广义财务管理理论结构研究：以财务管理环境为起点的研究框架回顾与拓展[J]．科学决策，2011(6)．

图 1-3　广义财务管理理论结构的完善

在实务中，企业都是基于公司内外部环境因素的综合考量，而不是纯粹基于最优理论模型或方法进行财务管理决策的，公司内外部财务管理环境因素对其财务决策的经济后果也具有重大的影响。因此，以环境为财务管理理论结构起点，具有较大的现实指导意义。

案例1-1

万科企业股份有限公司（000002，SZ）是我国知名的房地产企业，前身为深圳现代企业有限公司，1988 年 11 月改组成为股份有限公司，1991 年 1 月首次公开发行 A 股并在深圳证券交易所上市。在短短的20余年时间里,公司迅速发展壮大,2015年营业收入高达19 554 913.00万元,利润总额3 380 261.76万元,归属于上市公司股东净利润为1 811 940.62万元,公司价值持续上升,股东财富大幅增值。如果投资者在1991年1月公司IPO时以1.00元发行价格买入1股万科股票,一直持有至2016年1月的价值高达1 896.67元(向后复权价格),25年投资收益率高达189 667%,年均几何收益率高达135.24%。然而,在宝能集团持续购买万科股份之前,其股权结构极为分散,第一大股东华润集团仅持有15.23%,公司的控制权掌握在以王石、郁亮为主导的万科创业团队手中。一家经营者控制的公司,其财务运作为什么不是沿着经营者效用最大化轨道行走,而是持续提升企业价值,并为股东创造财富?我们认为,这是宏观经济环境、房地产行业周期、公司治理机制等诸多内外部因素综合影响的结果,尤其是创业者团队的特质以及营造的企业文化在其中起着极为重要的作用。

三、财务管理假设

财务管理假设是建立财务管理理论体系的基本前提,也是企业财务管理实践活动的出发点。一般认为,假设是人们根据特定环境和已有知识所提出的,具有一定事实依据的假定或设想,是进一步研究问题的基本前提。根据假设的一般概念,结合财务管理的特点,王化成教授将财务管理假设定义为:财务管理假设是人们利用已有的知识,根据财务活动的内在规律和理财环境的要求所提出的,具有一定事实依据的假定或设想,是进一步研究财务管理理论和实践问题的基本前提。① 按财务管理的空间、时间、环境、对象和行为,安排了理财主体假设、持续经营假设、有效市场假设、资金增值假设和理性理财假设等五个一级假设。

理财主体假设是指企业的财务管理工作不是漫无边际的,而是应限制在每一个经济上和经营上具有独立性的组织之内。它明确了财务管理的空间范围,将公司与包括股东、债权人、企业员工在内的其他主体区分开来。理财主体应具备以下特点:(1)理财主体必须有独立的经济利益;(2)理财主体必须有独立的经营权和财权;(3)理财主体一定是法律主体,但法律主体不一定是理财主体。一个组织只有具备这三个特点,才能真正成为理财主体。显然,与会计上的会计主体相比,理财主体的要求更严格。如果某个主体虽然有独立的经济利益,但不是法律实体,则该主体虽然可能是会计主体,但不是理财主体。由理财主体假设,派生出自主理财假设。

持续经营假设是指理财主体是持续存在并且能执行其预计的经济活动。它明确了财务管理的时间范围。企业可能是持续经营的,也可能会因为某种原因发生变更甚至终止经营。绝大多数企业都能持续经营下去,破产清算的毕竟是少数,而且即使可能发生破产也难以预计发生的时间。因此,在财务管理中,除非有证据表明企业将破产清算,否则都假定企业在可以预见的将来持续经营下去。在正常情况下,进行投资和融资假定企业持续是完全合理的,推测破产反而有悖情理。因为只有在持续经营的情况下,企业的投资在

① 王化成.高级财务管理学[M].北京:中国人民大学出版社,2011.

未来产生的资产才有意义,企业才会根据其财务状况和对未来现金流量的预测、业务发展的要求安排其借款期限。由持续经营假设,派生出理财分期假设。

有效市场假设是指财务管理所依据的资金市场是健全和有效的。只有在有效的市场上,财务管理才能正常进行,财务管理的理论体系才能建立。最初提出有效市场假设的美国财务学者法玛(Fama),将有效市场分为强式有效、次强式有效和弱式有效三类。在强式有效市场上,证券价格反映一切公开的和非公开的信息,投资者即使掌握内幕信息也无法获得额外盈利。在次强式有效市场上,证券价格完全反映所有公开的可用信息,根据一切公开的信息,如公司的年度报告、投资咨询报告和董事会公告等都不能获得额外的收益。在弱式有效市场上,当前证券价格完全反映了已蕴含在证券历史价格中的全部信息,任何投资者仅仅根据历史信息进行交易,均不会获得额外的收益。实证研究表明,美国等发达国家的证券市场均已达到次强式有效,我国的证券市场仍处于弱式有效状态,尚未达到次强式有效状态。事实上,即使是在发达国家,证券市场也不是所有的时间和所有的情况下都是有效的,时常会出现例外,所以称之假设。王化成教授认为:法玛的有效市场假设是建立在美国高度发达的证券市场和股份制占主导地位的美国理财环境基础之上的,从中国理财环境和企业特点看,有效市场应具备以下特点:(1)当企业需要资金时,能以合理的价格在资金市场上筹集到资金;(2)当企业有闲置资金时,能在市场上找到有效的投资方式;(3)企业理财上的任何成功和失误,都能在资金市场上得到反映。有效市场假设的派生假设是市场公平假设。

资金增值假设是指通过财务管理人员的合理营运,企业资金的价值可以不断增加。这一假设指明了财务管理存在的现实意义。财务管理是一项筹措和使用资金的管理活动,如果资金运筹过程中不能实现增值,财务管理就没有存在的必要。企业资金的运筹中可能会出现以下三种情况:一是取得了资金增值;二是出现了资金的减值;三是资金价值不变。财务管理存在的意义不是后两种情况,而是第一种情况。当然,资金的增值是在不断运动过程中产生的。在市场经济条件下,从整个社会来看,资金的增值是一种规律,而且这种增值只能来源于生产经营过程。但从个别企业来考察,资金的增值并不是一种规律,资金的增值也不一定来源于生产过程。因此,从理财主体进行考察,资金增值只能是一种假设,而不是一项规律。因为企业在进行财务运作中,一定假定投资会产生增值,如果假定出现亏损,就不会投资了。资金增值假设,派生了风险与报酬对等假设。

理性理财假设是指从事财务管理工作的人员都是理性的理财人员,他们的理财行为也是理性的。他们都会在众多的方案中,选择最有利的方案。实务中,财务管理人员可能是理性的,也可能是盲目的。但不管是理性的还是盲目的理财人员,都会认为自己是理性的,都认为自己做出的决策是正确的,否则,他们就不会做出这样的决策。尽管存在一部分盲目的理财人员,但从财务管理理论研究来看,只能假设所有的理财行为都是理性的,因为盲目的理财行为是没有规律的,没有规律的事情是无法上升到理论高度的。理性理财的第一个表现就是理财是一种有目的的行为;第二个表现是理财人员会在众多的方案中选择一个最佳的方案;第三个表现是理财人员发现正在执行的方案是错误的方案时,都会及时采取措施纠正;第四个表现是财务管理人员都能吸取以往的教训,总结以往经验,不断学习新理论和新方法,使得理财行为由不理性变为理性,由理性变得更加理性。理性理财行为假设派生了资金再投资假设。

四、财务管理导向

财务管理目标是财务管理理论和实务的导向，已成为财务管理理论界和实务界的共识。然而，关于财务管理目标，却是一个极具争议的领域，有利润最大化、净现值最大化、资本成本最小化、股东财富最大化、现金股利最大化、经济效益最大化、社会价值最大化、企业价值最大化等等多种表述。其中利润最大化、企业价值最大化或股东财富最大化，是经常被提及的公司财务目标。

传统的财务理论大多以利润最大化为公司财务目标。利润最大化，不仅存在没有考虑资金时间价值和投资风险价值、片面追求利润容易导致企业财务决策行为短期化等缺点，而且在概念上也是不清晰的，是短期利润，还是长期利润？是利润，还是利润率？是总资产报酬率，还是权益净利率？很是模糊。现代公司财务理论大多以企业价值最大化或股东财富最大化为目标。企业价值不是指企业资产的账面价值，而是其持续经营能够提供给投资人的未来现金流量现值，其计算公式为：

$$企业价值=\sum_{t=1}^{\infty}\frac{企业自由现金流量}{(1+资本成本)^{t}}$$

由上式可知，企业价值的高低取决于收益、风险和成长性。然而，收益与风险存在对等关系。因此，收益与风险均衡时企业价值最大，而不是收益最高时或是风险最小时。谋取最高的收益，或将风险控制至最低，是难以实现企业价值最大化的。上式也告诉我们，企业价值最大化是由利润最大化和考虑风险、时间价值和资本成本导出的。因此，在理论研究和实务运作中，不要把企业价值最大化与利润最大化目标相对立。也有学者认为，利润最大化是企业短期财务目标，企业价值最大化是长期财务目标。① 企业创造的价值增量，通常用经济增加值表示，其计算公式为：

$$\begin{aligned}经济增加值(EVA)&=税后经营利润-全部资本成本\\&=(投资资本回报率-资本成本)\times 投资资本\end{aligned}$$

股东财富最大化目标认为，如果企业不能为股东创造价值，他们就不会为企业提供资金，没有了权益资金，企业也就不存在了，因此，企业要为股东创造价值。从公司治理视角观察，股东是企业的所有者，对企业的经营决策和财务决策拥有最终的决策权或投票权，同时也具有对公司董事和其他高级管理人员的任免权。因此，管理层在财务决策时应对股东负责，以股东财富最大化为目标。股东财富可以用股东权益的市场价值来衡量。股东财富的增加可以用股东权益的市场价值与股东投资资本的差额来衡量，它被称为“权益的市场增加值”。权益的市场增加值是企业为股东创造的财富。

有时，财务目标被表述为股价最大化。股价上升可以反映股东财富的增加，股价下跌可以反映股东财富的减损。企业与股东之间的交易也会影响股价，但不影响股东财富。

---

① 陈玉菁.财务管理：实务与案例(MBA精品系列)[M].北京：中国人民大学出版社，2015.

例如，分派股利时股价下跌，回购股票时股价上升等。因此，在股东投资资本不变的情况下，股价最大化与增加股东财富具有同等意义。企业价值的增加，是由于权益价值增加和债务价值增加引起的。债务价值的变动是利率变化引起的，而利率不是企业的可控因素。利率不变，则增加企业价值与增加权益价值具有相同的意义。因此，如果股东投资资本和利率不变，企业价值最大化与增加股东财富具有相同的意义。

事实上，企业的财务目标，不仅要关注实现什么目标，更要关注是谁的目标。股东、经营者、债权人、员工、客户、供应商、社区等都是企业的利益相关人。委托代理理论认为，企业是由各种自利的人组成的集合，企业与各种利益相关者之间的关系，大部分属于委托代理关系。他们之间的关系是一种相互依赖又相互冲突的利益关系，需要通过“契约”来协调。然而，“契约”不完善，会引发各类代理问题。在企业的各类财务关系中，以经营者、股东和债权人之间的关系最为重要。股东财富最大化是股东的目标，但债权人和经营者未必这么想。因而，在实务中，存在着股东与债权人、股东与经营者的代理冲突，从而使企业的财务决策偏离正常的轨道。当负债比例较高时，企业的债权人与股东的利益冲突，会引发投资不足、过度投资、资产替代、求偿权稀释等诸多代理问题。因股权结构分散或其他因素的影响，企业可能为经营者控制，从而出现因经营者与股东的目标不一致导致的“道德风险”或“逆向选择”问题。监督激励机制的建立，虽然可以在一定程度上协调股东与经营者的矛盾，防止经营者背离股东目标，但不可能解决所有问题。

大量的研究结论表明，在我国公司治理中的主要矛盾是大股东和中小股东之间的代理问题，而非股东与经营者的矛盾冲突。当公司存在着持股比例较高的大股东时，大股东可能利用手中的控制权通过“隧道挖掘”行为从上市公司转移资源，即“掏空”（tunneling）。控股股东的代理行为具体表现为股利分配、贷款担保、资金占用、经营中的关联交易和购买或出售资产等。

案例1-2

五粮液股份有限公司是一家知名的白酒生产企业，1998年4月成功IPO并在深圳证券交易所上市(000858,SZ)。宜宾市国有独资企业宜宾市国有资产经营有限公司持有公司59.07%的股份，为第一大股东。然而，在宜宾市国资委的主导下，五粮液股份公司被托管给五粮液集团经营。上市以后的五粮液股份公司，虽然经营业绩优良，但在经营管理中却存在不少匪夷所思的现象。例如，上市公司将本已供不应求的五粮液酒的销售权让渡给五粮液集团旗下的销售公司，公司货币资金充裕、盈利丰厚，可现金分红却很少，等等。我们认为：五粮液股份公司的理财行为之所以会偏离股东财富最大化轨道，是因为公司的实际控制人五粮液集团借助原材料采购、产品销售、商标费用、资产置换等手段侵占上市公司资源，实现自身利益的最大化。在很长的一段时间里，五粮液集团从各类关系交易中获取的收益远大于从上市公司股利分配中获取的收益。

当然，在某些情景下，上市公司大股东也可能会向上市公司输送资源，即“支撑”（propping）。大量的实证研究结果表明，控股大股东“支撑”行为的发生，或是为了未来的“掏空”，或是基于自身成本收益的考量。

案例1-3

2015 年 10 月，苏宁云商(002024,SZ)发布公告：为避免引入 Alibaba Group Holding Limited(阿里巴巴)为战略投资者后外商投资产业政策对 PPTV 后续业务发展可能造成的影响和限制，拟以 258 799.31 万元的价格将其持有的 68.08%的 PPTV 股权转让给专门为此设立的苏宁文化投资管理有限公司的境外子公司 Great Sunrise Limited。苏宁文化是苏宁云商的实际控制人张近东先生控制的公司。我们发现，这一关联交易资产剥离的交易作价是以可比交易案例比较法下 380 140.00 万元估值为基准的，较收益法下的 263 014.59万元估值高 117 125.41 万元，也高于其历史交易价格。中国上市公司资产剥离交易作价，多以资产基础法或未来收益法估值为基准，为什么苏宁云商实际控制人要以较未来收益法估值更高的溢价购买 PPTV，而且是在其营业收入未见增长、亏损持续上升、深陷资不抵债财务困局的状态下？我们认为，这是公司实际控制人借助这一监管迎合资产剥离交易对艰难转型中的上市公司的“支撑”。张近东先生之所以愿意向上市公司“输送”资源，也是基于自身收益与成本的权衡。与阿里巴巴集团战略合作中获得的财富效应以及 PPTV 独立营运后发展潜能释放带来的估值上升，使张近东先生在这一交易中的预期收益大于付出成本。

五、财务管理理论(课程)体系

财务管理自 19 世纪末正式诞生以来，经历了百余年的发展历程，已形成了一个包含丰富内容的理论体系。图 1-1 显示，财务管理整个理论体系由基本理论、通用业务理论、特殊业务理论和其他理论等多个部分组成。财务管理基本理论是指财务管理内容、财务管理原则、财务管理方法构成的概念体系；财务管理通用业务理论是指各类企业都有的财务管理业务，包括筹资理论、投资理论和收益分配理论；特殊业务理论是指只有在特定企业或某一企业的特定时期才有的财务管理业务，如企业并购财务管理理论、公司重整财务管理理论、企业集团财务管理理论等；其他财务管理理论包括财务管理发展理论、财务管理比较理论、财务管理教育理论等。

财务管理课程体系，通常从内容、环节和主体等多种视角进行归类整合。按财务管理内容，财务管理课程可分为财务管理原理、筹资管理、投资管理、营运资金管理和收益分配管理等；按财务管理环节，财务管理课程可分为财务管理原理、财务预测与决策、财务计划与控制、财务评价与考核、财务管理专题；按财务管理的主体，财务管理课程可分为财务管理原理、企业财务管理、部门财务管理、集团公司财务管理、国际企业财务管理和非营利组织财务管理等。在我国高等财经院校的财务管理课程教学中，通常会基于由易到难的教学规律考虑，将财务管理课程分为初级财务管理(又称财务管理原理)、中级财务管理和高级财务管理。

第二节 高级财务管理内容与特征

高级财务管理作为一门课程,纳入普通高等院校财务会计类专业的教学计划已有多年,也得到了学术界的广泛认可,但对于何为高级财务管理以及高级财务管理应包括哪些内容,仍是一个仁者见仁、智者见智的议题。不同财务学者编写出版的高级财务管理教材,框架结构和内容体系相去甚远。在广泛阅读知名财务学者的相关文献、著作和教材基础上,依托多年教学经验的积累以及对财务管理学科的理解,从课程教学目标和性质出发,对这一问题作简要阐述。

一、关于高级财务管理

高级财务管理与一般或中级财务管理有何区别?它的"高级"是如何体现的?审视其他学科的"高级"定义,其实含义并不统一,有先进,或者复杂,或者特殊的意思。与财务管理学科相近的、相对较为成熟的高级财务会计和高级管理会计是如何界定"高级"这一概念的?阎达五、耿建新教授曾明确指出:"高级财务会计是随着社会经济的发展,对原有的财务会计内容进行补充、延伸和开拓的一种会计。"[①]目前国内出版的各种《高级财务会计》是对原有财务会计内容进行横向补充、纵向延伸的一种以新出现的特殊业务为主的会计。卡普兰的《高级管理会计》中"高级"隐含的是"先进科学"的内容。他将管理会计放在企业的集权和分权体制中,以及委托代理契约中,进行与企业组织环境、管理过程相融合的研究。这里的"高级"不再是内容上的增补,而是实现管理会计管理机能的飞跃。[②]

那么,高级财务管理是如何界定"高级"这个概念的?对外经贸大学博士生导师汤谷良教授认为,高级财务管理和高级管理会计所体现的"高级"的思想是一致的,初级、中级和高级应该不是同一个平面上的差别,而是不同层面的差异。[③] 中国人民大学博士生导师王化成教授则依据财务管理假设,将高级财务管理与初级、中级财务管理的内容进行划分。凡符合财务管理假设的内容,都归入初级、中级财务管理中;凡是对财务管理假设有突破的内容,都放入高级财务管理中。[④]

知识本无贵贱高低之分,高级财务管理中的"高级"是一个相对概念,是相对于传统或者说"中级"财务管理而言的,是基于循序渐进的教学需要而言的。因此,应从课程而不是学科视角来探索高级财务管理的框架体系与核心内容。我们认为,高级财务管理应是初中级财务管理课程的拓展与深入,主要阐述财务原理和中级财务管理中没有涉及或未能

---

① 阎达五,耿建新.高级会计学若干理论问题探讨[J].会计研究,1997.

② [美]罗伯特·S.卡普兰,安东尼·A.阿特金森.高级管理会计[M].吕长江,主译.大连:东北财经大学出版社,1999.

③ 汤谷良.高级财务管理学[M].北京:中信出版社,2017.

④ 王化成.高级财务管理学[M].北京:中国人民大学出版社,2017.

讲深讲透的内容。

二、高级财务管理的内容

不管学术界存在多大的争执，作为一门课程，其框架结构和内容体系应该是基于学科理论和课程教学的需要。财务管理是利用价值形式，从预测、决策、预算、控制和分析等多个环节，对企业投融资活动进行管理。绝大多数财务管理教材或中级财务管理教材，是从预测、决策、预算、控制和分析等环节，以投融资决策为核心来设计其内容体系的。本教材之所以冠以“高级”两字，是为区别于阐述基本原理的财务管理原理和以普通理财主体的日常财务管理为研究内容的中级财务管理，表达财务管理由易到难的学习进程。因此，我们认为，其基本的框架体系如图 1-4 所示。

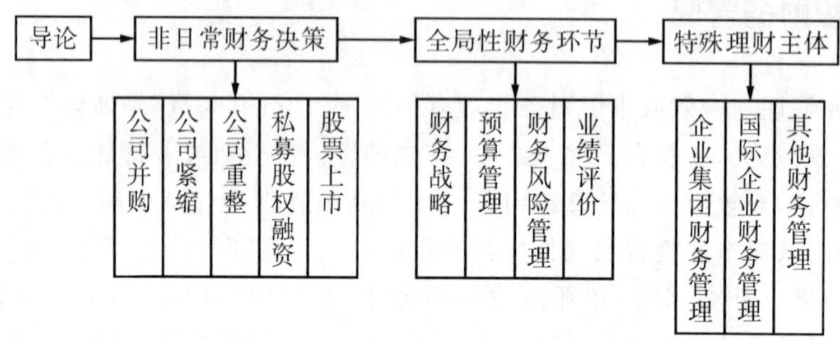

图 1-4　高级财务管理内容体系图

导论主要是从起点、导向、理论和体系等多个维度阐述财务管理概念框架以及课程体系，简要描述课程的框架体系和核心内容。

非日常财务决策主要阐述企业重组和股权融资。从内容看，财务管理涵盖投资和筹资两大领域。投资是指为了在未来可预见的时期内获得收益，在一定时期向特定的标的物投放一定数额的资金或实物等非货币性资产的经济行为。现代大企业除进行固定资产、无形资产和营运资金等日常的投资活动外，通常还会基于资本运作的需要或其他特殊目的进行一些非日常的投资扩张、收缩或重整。公司并购、公司紧缩和公司重整就是通过对企业的资产、负债和股权的整合，完成投资规模和结构的调整，实现企业的重组。在日常的运作中，企业需要根据营运资金、固定资产和无形资产等投资活动的需要进行资金的筹集。这种资金的筹资或为债务融资，或为股权融资。股权融资虽然是每一个企业都必不可少的财务活动，但对一个企业来说，创立股权融资和 IPO 是单次的，股权再融资也不是经常会进行的。根据国外的有关统计资料，上市公司平均 20 年出售一次新股。

全局性财务管理环节主要阐述财务战略、预算管理、财务风险管理和业绩评价。财务管理过程可划分为财务预测、财务决策、财务计划、财务控制和财务分析等环节。这五个环节相互联系、相互配合，形成周而复始的财务管理循环过程，构成完整的财务管理方法体系。财务管理各环节的常规问题在财务管理或中级财务管理中已经有比较系统而全面的阐述与介绍。高级财务管理主要阐述财务战略、预算管理、财务风险管理和业绩评价。

财政部颁布的《企业财务通则》明确指出：企业财务管理应当按照制定的财务战略进行。财务战略是为适应公司总体的竞争战略而筹集必要的资本，并在组织内有效地管理与运用这些资本的方略。它是企业整体战略规划的具体化，是投资决策的指引，也是财务预测的前提。预算管理是指管理者通过对未来期间的详细计划，有效地配置财力、物力和人力等企业资源，以实现企业既定的战略目标。它既是财务战略实施的方法基础，也是财务控制和财务分析的重要依据。财务控制是在财务管理过程中，利用有关信息和特定手段，对企业财务活动施加影响，以实现财务预算的目标。企业价值只有在风险和报酬达到比较好的均衡时才能达到最大。然而，报酬和风险是同增的，即报酬越大，风险越大，报酬的增加是以风险的增加为代价的，而风险的增加将会直接威胁企业的生存。因此，财务风险控制之于企业的生存、发展和获利，均具有十分重要的意义。有效控制企业财务风险是新的《企业财务通则》对企业财务管理提出的三个基本要求之一。业绩评价就是指采用特定的指标体系，对照统一的评价标准，按照一定的程序，运用科学的方法，对企业一定时期的经营成果和发展能力做出客观、公正和准确的综合评价和解释。业绩评价不同于财务分析，一方面，业绩评价作为公平的价值分享政策和薪酬计划的前提，以达到激发经营者和员工为企业目标而努力工作的积极性；另一方面，透过业绩评价以把握企业经营管理过程，形成它们对企业价值的影响方向与程度的判断，为企业进行财务战略性重组决策提供依据。为避免与管理会计、内部控制等课程内容不必要的重复，本教材在全局性财务管理环节部分重点阐述财务战略。

特殊财务主体的财务管理，专门讨论集团公司和国际企业财务管理等问题。财务管理的基础是企业组织形式。现代企业的组织形式日益复杂，公司发展的集团化和面临的全球化市场运作，使其财务管理有别于一般公司的财务管理。高级财务管理摆脱了普通股份制公司这一单一财务主体，同时关注企业集团和国际企业等特殊企业的财务问题。限于教材篇幅，本教材仅阐述企业集团财务管理。

这样的框架体系与内容设计，既与财务管理学的基本原理相吻合，也充分体现了高级财务管理的特点；既能使初级、中级和高级财务管理课程之间保持一定的延续性和系统性，又避免了不必要的重复；既能在原财务管理课程基础上深化与提升，以体现“高级”的思想，又能与本科生的知识基础和学习能力相适应。

三、高级财务管理的特征

虽然高级财务管理的内容具有多变性，但作为一门有别于一般财务管理或中级财务管理的学科来说，也呈现出自身的特点。

1.从资金管理到价值型管理。传统的财务管理重点关注股东价值最大化，以资本利润率或者股东财富最大化来表现企业的成长和壮大，财务部门强调资金运营、资金筹措和投放，财务管理呈现典型的资金管理特点。高级财务管理是以企业价值最大化目标为出发点，以收益和风险的平衡发展为基本财务管理理念，以财务预警机制为监控手段，通过资产组合和风险控制，保障企业的可持续增长，并以相关的评价机制和激励机制来激励管理者和全体员工不断追求企业价值的最大化。

2.从资产运营到资本运营。财务理论的发展除了受到财务学科本身特质、相关学科相互关联的影响外，越来越受到理财环境和企业经营模式的影响。当今世界经济一体化趋势、跨国战略、并购浪潮、抵御区域性风险，已经成为企业关注的热点。资本运营已成为企业实施战略性结构调整和谋求价值快速增长的重要手段，也成为企业实现全球战略的捷径。一般财务管理或中级财务管理重点关注的是资产管理，而关于资本运营的原理和方法较为零散和随机。在高级财务管理中，将以资本和资产配置为内容，以企业价值最大化为行为准则，对资本运营进行较为系统的描述。

3.从保障型到战略型。一般或中级财务管理主要定位于企业特定发展阶段和特定组织结构模式下的投融资决策、财务控制与分析问题，其讨论的财务管理似乎与战略距离较远，可以说是一种保障型财务管理。现代财务强调财务管理要在企业战略管理中发挥更为广阔、深远的作用，应该侧重于企业财务的长期发展和规则。实现企业价值最大化必须突出战略管理与财务管理的结合，战略的目标不再仅仅是获取竞争优势，而是获得企业整体价值的不断提高。

4.从结果导向型到过程控制型。一般或中级财务管理主要是探索如何在财务管理中取得成功，对于如何面对逆境，使企业免遭损失和防止风险则重视不够。实践证明，由于理财环境的动荡和人们对未来认识能力的局限性，企业可能的风险与损失是难免的，财务管理必须居安思危，防患于未然，把握企业财务失败的原因及预防措施；必须实现变结果控制向过程控制延伸的管理导向，充分重视人的行为因素。财务管理的职能在协调、沟通、激励、评价与奖惩等行为管理方面得以扩展延伸。

5.从单一财务主体到复杂的财务主体。不同企业组织形式是决定财务管理特征的主要因素。市场经济的发展与企业组织形态的多样化，要求财务管理必须关注不同规模、不同组织结构企业的财务管理行为，既要分析单一组织的财务运作问题，也要研究多层组织结构（集团制）企业的财务管理问题；既要研究国内企业的一般财务问题，又要关注国际企业的特殊财务情况。

关键词

概念框架　财务本质　财务管理假设　财务目标　课程内容

思考练习题

1.什么是财务管理概念框架？就财务管理概念框架谈谈你的认识。

2.关于财务管理理论起点，你是赞同本质起点论还是环境起点论，抑或其他？为什么？

3.什么是财务管理假设？你认为财务管理学是建立在哪些假设基础上的？

4.通常情况下，公司财务管理应以利润最大化，或股东财富最大化，或企业价值最大化为目标。然而，在实务中，有些公司的财务运作并没有行走在正常的轨道上，出现异化，产生这种现象的原因是什么？

5.本教材是怎样界定高级财务管理内容的？通过搜集和阅读相关的文献资料，谈谈你对高级财务管理内容体系的认识和看法。

案例分析题

资料：百大集团股份有限公司的前身是杭州百货大楼，1992 年以定向募集方式改组成为股份有限公司，1994 年首次公开发行股票并在上海证券交易所上市。2002 年 7 月，公司将持有的杭州灵隐旅游发展有限公司 95%的股权以 9 500 万元的价格协议转让给杭州市园林文物局灵隐管理处，回归百货零售和酒店业。当时，公司股份总数为269 706 320股，大股东杭投控股持有 29.93%的股份，杭州市股权交易中心和杭州企业产权交易所分别持有 3.72%和 3.07%的股份。百大集团高级管理人员和内部监事持有的股票数量很少，主要是股份制改造时认购的为数不多的职工股，其持股情况见表 1-1。

表 1-1　百大集团高管和内部监事持股情况表

单位：股

姓名	职务	持股数量	姓名	职务	持股数量
董××	董事长兼总经理	38 510	刘××	监事会主席	29 644
周××	副董事长兼党委书记	35 464	何　×	监事	24 935
李××	董事兼常务副总经理	33 246	田　×	监事	27 377
毛××	董事兼副总经理	35 464	顾××	副总经理	33 246
王××	董事兼总会计师	33 246	汪××	副总经理	27 705
郑××	董事兼工会主席	33 246	何××	董事会秘书	0

2002—2006 年百大集团董事会成员及其任职单位见表 1-2。

表 1-2　百大集团第四届和第五届董事会成员一览表

项目	职务	第四届(任期 2002—2005 年)		第五届(任期 2005—2008 年)	
		姓名	任职单位与职务	姓名	任职单位与职务
董事会	董事长	董××	公司总经理	董××	公司总经理、党委书记
	副董事长	周××	公司党委书记		
	董事	李××	公司常务副总经理	郑××	杭州投资控股公司总经理
	董事	毛××	公司副总经理	李××	公司常务副总经理
	董事	郑××	杭州投资控股公司总经理	顾××	公司副总经理
	董事	贾××	浙江泰丰控股集团公司副总裁	黄××	浙江工商大学财务处长
	董事	黄××	杭州商学院财务处长	俞××	杭州宋都房地产集团公司董事长
	独立董事	乌×	2003 年 4 月辞职	王××	浙大管理学院党委副书记
	独立董事	王××	浙大管理学院党委副书记	王××	浙江物产元通机电副董事长
	独立董事	王××	浙江省物产集团财务部部长	许××	浙大网新董事、执行总裁
	独立董事	郑××	杭州商学院经济学院副院长		
	独立董事	许××	浙大网新董事、执行总裁		

2002年4月，公司董事会通过了《关于修改公司高级管理人员年薪方案的议案》。根据该方案规定，公司高级管理人员的年薪由基本年薪、效益年薪、工作目标考核收入、特殊贡献奖(利润指标超过计划2%，增加1万元奖励)四部分组成，其中：基本年薪＝公司职工人均应发工资×6；效益年薪＝基本年薪×净资产收益率×30；工作目标考核收入＝基本年薪×30%。

2006年，公司大股东杭投控股以31 270.30万元和4 847.11万元的价格分两次将其持有的百大集团股份转让给西子联合控股有限责任公司。股权过户后，西子联合成为公司的控股股东，王水福先生成为公司的实际控制人。

2002—2006年，公司资产负债简表、利润简表、股利分配、购买持有超额收益率和经济增加值的数据等见表1-3、表1-4、表1-5和表1-6、表1-7所示。

表1-3　百大集团资产负债表(简表)

单位：万元

项目	2002年	2003年	2004年	2005年	2006年
流动资产	39 322.13	41 855.37	49 225.82	54 065.09	61 250.66
其中：货币资金	12 971.41	27 108.95	30 274.44	43 450.22	52 993.98
短期投资	12 600.00	5 000.00	7 056.21	2 205.35	235.13
应收票据	0.00	0.00	29.00	7.25	0.00
应收账款	2 562.69	2 856.79	1 841.82	2 497.87	3 351.23
预付账款	4 761.45	2 939.25	3 906.05	3 900.05	2 527.27
存货	1 475.16	814.06	1 558.17	1 366.88	2 080.00
长期投资	2 187.11	5 346.07	1 991.10	2 135.56	2 140.39
固定资产	37 763.73	36 599.89	36 166.65	34 891.63	33 623.06
无形资产及其他资产	7 497.77	6 322.19	5 790.03	5 243.63	4 845.40
资产合计	86 770.75	90 123.52	93 173.59	96 335.91	101 859.51
流动负债	16 750.69	21 822.59	23 735.18	26 159.80	30 866.01
其中：短期借款	0.00	0.00	0.00	0.00	0.00
应付票据	4 040.00	4 905.00	5 130.00	4 955.00	3 809.00
应付账款	8 501.28	9 102.32	9 914.14	10 351.41	12 013.02
预收账款	1 740.52	3 364.55	3 856.61	5 270.18	6 808.80
长期负债	0.00	0.00	120.00	160.00	188.00
其中：长期借款	0.00	0.00	0.00	0.00	0.00
负债合计	16 750.69	21 822.59	23 855.18	26 319.80	31 054.01
少数股东权益	342.00	0.00	0.00	0.00	0.00
股东权益	66 171.88	68 300.93	69 318.42	70 016.10	70 805.50
其中：股本	26 970.63	26 970.63	26 970.63	26 970.63	26 970.63
资本公积	31 826.69	31 826.69	31 826.69	31 826.69	31 747.34
留存收益	10 880.74	9 503.60	10 521.09	11 218.78	12 087.53
负债与股东权益合计	86 770.75	90 123.52	93 173.59	96 335.91	101 859.51

表 1-4 百大集团利润表(简表)

单位:万元

项　目	2002 年	2003 年	2004 年	2005 年	2006 年
一、主营营业收入	113 197.37	111 758.11	119 487.95	131 037.07	135 441.71
减:主营业务成本	95 885.38	97 275.82	104 279.56	114 887.80	116 150.43
主营业务税金及附加	817.67	13 599.93	997.51	1 083.49	1 203.34
二、主营业务利润	16 494.32	2 437.22	14 210.88	15 065.78	18 087.93
加:其他业务利润	2 265.36	4 311.62	2 346.52	2 549.67	2 467.98
减:期间费用	12 648.21	11 725.53	12 245.25	13 707.99	15 507.30
三、营业利润	6 111.47	552.47	4 312.15	3 907.36	5 048.61
四、利润总额	6 318.24	3 602.88	3 785.51	4 229.90	5 731.64
五、净利润	4 101.90	2 129.05	2 635.73	2 855.34	3 565.81

表 1-5 百大集团股利分配数据表

年　份	2001	2002	2003	2004	2005	2006
每股现金股利(元/股)	0.09	0.13	0.06	0.08	0.10	0.11
每股股票股利(元/股)	0.00	0.00	0.00	0.00	0.00	0.00
每股收益(元/股)	0.15	0.15	0.08	0.10	0.11	0.13
现金股利支付率(%)	60.00	86.67	75.00	80.00	90.91	84.62

表 1-6 百大集团公司股票购买持有超额收益率(BHAR)数据表

项　目	2001-12-31	2002-12-31	2003-12-31	2004-12-31	2005-12-30	2006-12-29
		1 年收益率	2 年收益率	3 年收益率	4 年收益率	5 年收益率
股票价格(元/股)	8.08	6.12	4.78	4.23	5.66	10.30
当年发放的现金股利(元/股)		0.09	0.13	0.06	0.08	0.10
股票购买持有收益率(%)①		−23.14	−38.12	−44.18	−25.50	33.17
上证综指	1 645.06	1 356.27	1 495.93	1 266.62	1 161.65	2 675.47
上证综指购买持有收益率(%)		−17.55	−9.07	−23.00	−29.39	62.64
购买持有超额收益率(%)		−5.59	−29.05	−21.18	3.89	−29.47

① 持有公司股票 N 年收益率＝[N 年年末股价—$(N-1)$年年末股价＋持有各年发放现金股利]/$(N-1)$年年末股价。这里只是作一个简单的测算比较,忽略了红利再投资收益。

表 1-7　百大集团经济增加值(EVA)数据表

项　目	2002 年	2003 年	2004 年	2005 年	2006 年
投资成本(万元)	65 829.88	68 300.93	69 318.42	70 016.10	70 805.50
投资资本回报率(%)	6.78	3.33	3.98	4.18	4.92
资本成本(%)	10.87	10.62	10.75	9.92	8.33
EVA	−2 692.44	−4 979.14	−4 692.86	−4 018.92	−2 414.47

要求:依据所给资料,运用所学的高级财务管理原理,回答下列问题:

(1)依据所给的资料及财务原理,从投资活动、融资活动、资金营运和收益分配四个方面解读这一时期百大集团的财务政策。

(2)基于财务运作轨迹及其经济后果,你认为这一阶段百大集团的财务目标是什么?这样的理财目标是否合理?为什么?

(3)是什么原因导致这种情况的出现?在公司实务中应该如何防范此类情况的发生?

第二章 财务战略

学习目标

1.掌握筹资战略、投资战略和股利分配战略的内涵以及运用，掌握财务战略的选择方法；

2.熟悉财务战略的概念，明确财务战略与财务管理、企业战略的关系，了解财务战略的基本分类；

3.了解财务战略在企业战略体系中的地位。

开篇案例

GE公司的企业财务战略制定

通用电气(GE)成立于1892年，是全球领先的数字工业公司，创造由软件驱动的机器，集互联、响应和预测之智，致力变革传统工业。GE的业务遍及全球180多个国家和地区，2017年全球总收入超过1 220亿美元，拥有30多万名员工。公司的业务板块包括电力、新能源、油气、航空、医疗健康、交通、照明和资本等。2018年，公司位列《财富》世界500强第41位。

GE公司的发展得益于其财务战略的有效实施。GE公司在财务战略制订中进行了以下思考：

(一)谁来制定财务战略

早期，GE公司财务战略规划是由企业总裁与规划部门和财务部门设计的，然后交给经营部门执行。长此以往，规划者的能力不断提高，而经营管理层对于战略制定的影响力却逐渐消失。结果，两者之间就出现了脱节与对立。规划也就被基层束之高阁，无法落实了。而如今经济环境的不确定性、竞争的加剧，使得对企业环境的了解成为战略规划必不可少的组成部分。为此，GE把企业经营管理层一并纳入规划过程，改变了规划小组的构成和角色。例如，GE把企业规划部门拆散，由12个经营单位总裁负责规划工作。而由24位GE高级经理所组成的企业执行委员会，每年也经常研讨各种业务及发展方向，企业内没有一个人挂有战略规划者的头衔。另一个变化是，把企业不同年龄层的一线经理和雇员也纳入企业战略规划的过程，对企业所面临的挑战与机会加以识别，判断企业的特长，并撰写企业战略报告，以明晰企业实现其目标所需要做出的努力。

此外,企业规划过程的一种新趋势是加入客户和供应商要素,以取得企业市场的第一手信息。例如,惠普公司是一家高度分权的跨国公司,它让其客户、供应商、业务单位经理共同出谋划策。

(二)如何做出财务战略

企业战略规划制定往往呈现自上而下、自下而上和互动式三种规划过程,各有其优缺点。GE 采用的互动式规划综合了自上而下和自下而上的特点,努力去适用于各种不同的国际经营环境中运作,但寻求统一的全球战略。该战略规划过程由经营部门的管理层开始,对企业的现状及面临的环境提出分析报告,如技术进步、政府法规的变化、竞争对手的动态等,并确定实现预定目标所需要的企业资源。然后,规划便交由市场小组管理层进行审核,由市场小组代表向总公司的战略规划委员会做出说明;审议结果再反馈给市场小组讨论并调整差异,力求达成共识。最后,由总公司对规划做出评估,并依次投票决策。

跨国公司内较高级别的管理层可能会对全球的环境最感兴趣,而层次较低的管理层,所关心的视野相对窄小,可能只关注各个子公司、部门和人员较为专门化的方面。企业如要进一步提高竞争力,就要在规划方面做出以下调整:(1)最高管理层必须扮演战略决策的角色,投入大量时间和精力去决策;(2)战略规划的本质应该实现从对未来事物的预估能力向创造性思维的转变;(3)应该着眼于动态去认清变化并考虑如何在变化中取得竞争优势,从而取代传统的仅以过去推测未来的战略规划过程,并选择财务战略应遵循的原则。

新的战略规划要求管理层融入决策过程中,不断地让管理层做出各种假设,并尽可能地去设想未来的结果,采取有效的对策,以避免意外的发生。同时,针对未来特殊情况事先对决策进行检验,以经得住时间的考验,从而形成完整且有灵活性的战略,建立独特的竞争优势。

(三)财务战略规划的内容

财务战略的实施过程是具体策略和技术的运用和执行,财务战略方案的评价和调整是财务战略完善的动态管理过程,旨在更好地完善现行财务战略。

GE 公司的财务战略规划,主要有如下内容:

1.新项目或新产品投资战略

企业新项目或新产品的开发投资就短期而言将占用大量现金,而且在一些年内可能不会挣得较高利润和现金流量。公司的战略现金流规划就需要在仍处于开发期的“长线”项目与短期将会产生较高利润的“短线”项目之间加以权衡。GE 着眼于长期投资和创新,其全球化的基础性投资预计在 2015 年将扩大到 4 万亿美元,聚焦于大客户问题的解决方案。以医疗保健为例,GE 每年发布从分子成像到低剂量 CT 等 100 项创新产品。公司 2010 年经营收益中的 200 亿美元就来自于其 10 年前还不存在的业务项目,这正是公司基于不断开拓核心业务所取得的成果。为此,GE 做了 20 多项长期业务培育,每项至少有 10 亿美元的收益,有的甚至在 100 亿美元以上,加速了公司增长。

2.资产组合调整战略

GE 将经营资产分为三类:第一类是核心资产,这是企业完成其主要业务的资产;第二类是变现快的非核心资产,往往是一些有价证券;第三类是变现有难度的非核心资产,尽管安排出售,可能需要时间或存在着不确定性,但可以剥离获得现金,包括对其他公司的股权投资、从事非主要业务的子公司。GE经常调整其资产组合,如出售了安保业务,与美国最大有线系统公司Comcast合资组建了环球影视(NBCU);出售变现一些非核心资产,支持其在全球经济恢复中获得重要的财务灵活度。

3.营运资本战略规划

为了防范现金流风险,公司必须进行通过减少存货、应收账款,取得更多的应付账款等来加强营运资本管理,调整股利政策,安排出售闲置资产。

4.业绩评价体系建设

高水平的业绩评价将促使公司全体员工向公司长期最佳利益而努力,GE的内部评价体系有四个目标,按其重要性排序如下:(1)确保必要的收益率;(2)提供早期的预警和修正机会;(3)为资源合理配置提供依据;(4)用于评价管理团队。当然,其标准除了利润贡献之外,还有推进业务发展等。

由于企业经营环境的巨大变化,实行有效的战略管理已成为现代企业繁荣发展的首要问题。战略管理思想作为一种新的管理平台,已经逐步渗透到营销、生产和人力资源管理等各个职能领域。然而,由于目前的财务管理理论并没有把企业战略作为一项关键性的或决定性的因素给予正式的和明确的考虑,结果导致目前的财务管理理论和方法不能完全适应战略管理时代的要求。因此,有必要在战略管理的背景下重新认识现行的财务管理理论,提出财务战略这一新的观点。

思考:该案例告诉我们,企业在制定财务战略时应注意哪些问题?

第一节　概述

财务战略(financial strategy)最早出现于1963年莫迪格莱尼和米勒发表于《美国经济评论》的经典论文《公司所得税和资本成本:一项修正》中。20世纪90年代后,随着战略管理的兴起,财务战略作为独立的研究命题才被学者关注,并在实践中得到有效运用。企业战略已经成为企业管理不能回避的课题,财务战略作为一种职能战略,既是总体战略的一部分,又具有相对独立性。企业财务战略思想必须着眼于企业未来长期稳定的发展,具有防范未来风险的意识。企业财务战略选择必须考虑经济周期波动情况、企业发展阶段和企业经济增长方式,并及时进行调整,以保持企业旺盛的生命力。

一、财务战略的含义

“战略”一词的希腊语是strategos,意思是“将军指挥军队的艺术”,原是一个军事术语。20世纪60年代,战略思想开始运用于商业领域,并与达尔文“物竞天择”的生物进化思想共同成为战略管理学科的两大思想源流。随着人类社会的发展,战略的词义已远远超出了军事或战争的领域,“战略”的概念被逐步引申到社会、经济、政治等多个领域,其含义演变为泛指统领性、全局性、影响胜败的谋略、方案和对策。

迄今为止,学者从不同的视角对企业财务战略进行概括,从而得出不同的结论,但现代主流观点认为财务战略具有的基本特征是:全局性、长期性和系统性。一般来说,财务战略是企业为了谋求未来长远发展,根据企业战略的布局和资金运动的规律,在分析企业内外部环境因素的变化趋势及其对财务活动影响的基础上,对企业未来财务活动的发展方向、目标要求以及实现途径所做的全局性、长期性、系统性的谋划,目的是确保企业资金均衡有效地流动从而最终实现企业的整体战略。

企业财务战略既具有战略的一般特性,又具有自己的特殊性。财务战略的特殊性在于它关注的对象是企业的资金以及资金流动。企业财务战略的核心就是企业的资金流动。

二、财务战略与财务管理的关系

财务战略在研究层面、逻辑起点、职能等方面与传统财务管理均存在较大差异,其具有动态性、全局性、外向性、长期性等特征。

财务战略是主要涉及财务性质的战略,属于财务管理范畴的战略。财务战略主要考虑资金的使用和管理的战略问题,并以此与其他性质的战略相区别。财务战略主要考虑财务领域全局的、长期发展方向问题,并以此与传统的财务管理相区别。

财务战略概念的出现,使得企业战略分为财务战略和非财务战略两类,并把非财务战略称为经营战略。如果说经营战略主要强调与外部环境和企业自身能力相适应,那么财务战略主要强调必须适合企业所处的发展阶段并符合利益相关者的期望。

财务管理为企业战略提供资金支持,是为提高经营活动的价值而进行的管理。财务管理的方式是决定企业战略能否成功的一个关键问题。有效的财务管理可能无法扭转错误的企业战略结局,但失败的财务管理将会导致正确的企业战略无法实施,甚至使优秀的企业毁于一旦。所以,财务管理对于企业的长期生存和健康发展具有重要意义。

财务管理应支持企业的总体战略,但并不意味着没有自己的战略。重要的财务决策总是由企业最高当局做出的,甚至要经过董事会决议。大多数企业组织以财务目标作为整个企业的主要目标,两者目标的一致使得财务管理不同于其他职能管理。重要的财务决策总会涉及企业的全局,带有战略的性质。企业财务战略是战略理论在财务管理方面的应用与延伸,不仅体现了企业财务战略的全局、长期和导向性等“战略”共性,而且勾画出了企业财务战略的“财务”个性。

现代企业财务管理的核心内容主要包括筹资、投资及收益分配。与之对应,企业财务战略研究的重点是筹资战略、投资战略及收益分配战略。

三、财务战略与企业战略的关系

企业战略是一个自上而下的整体性规划过程,从战略涉及的企业组织层级来看,企业战略一般为三个层次(见图 2-1),即企业总体战略、业务单位战略(或竞争战略)和职能战略。三个层次的战略都是企业战略管理的重要组成部分,但侧重点和影响的范围有所不同。

企业总体战略,是企业最高层次的战略。它需要根据企业的目标,选择企业可以竞争

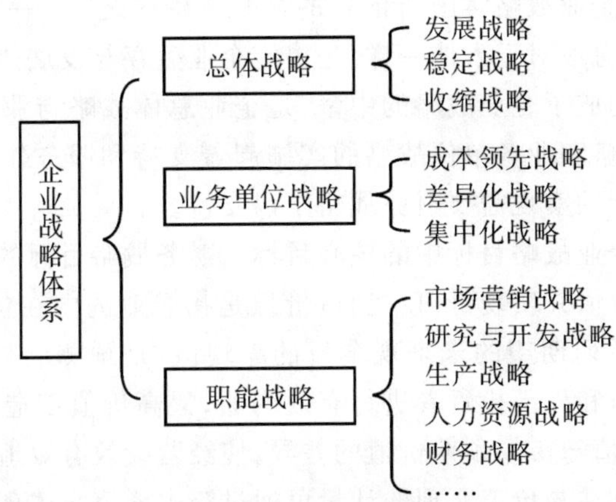

图 2-1　财务战略在企业战略体系中的地位

的经营领域，合理配置企业经营所必需的资源，使各项经营业务相互支持、相互协调。

企业的二级战略常常被称作业务单位战略或竞争战略。业务单位战略涉及各业务单位的主管及辅助人员。这些经理人员的主要任务是将公司战略所包括的企业目标、发展方向和措施具体化，形成本业务单位具体的竞争与经营战略。如推出新产品或服务、建立研究与开发设施等。

职能战略，又称职能部门战略，是为了贯彻实施和支持总体战略与业务单位战略而在企业特定的职能管理领域制定的战略。职能战略一般可分为市场营销战略、人力资源战略、财务战略、生产战略、研发战略等。从战略构成要素来看，协同作用和资源配置是职能战略的关键要素，而经营范围则通常不用职能战略考虑。要根据经营单位战略的要求，在各职能部门中合理地配置资源，并确定各职能的协调与配合。职能战略是由职能部门的管理人员在总部的授权下制定出来的。

在企业战略体系中，企业财务战略属于职能战略之一，可从以下几个方面来理解：

总体战略是企业整体的一元化指导方针，财务战略服务于企业战略的总体要求。制定并实施财务战略的根本目的是支持和完成企业总体战略和业务单位战略，这是企业战略获得成功的必然要求。

在企业战略体系中，财务战略对企业的其他职能战略起着支持和促进的作用，因为其他职能战略事实上都离不开资金。

财务战略具有自己的相对独立性，对总体战略、业务单位战略及其他职能战略具有不可忽视的反作用。第一，必须考虑战略执行过程中资金上的可行性，如果资金无法及时到位，该项战略也必须修改和调整。第二，必须考虑资金运行的规律，使资金保持均衡的流动。第三，如果从金融市场筹资，必须掌握和了解金融市场的运行特点和惯例，这会对企业其他方面的运营产生重大影响。

财务战略属于企业战略体系中的一个组成部分，因此财务战略的规划和控制要服从于企业目标和战略目标，要服从于企业总体战略与业务单位战略，企业总体战略与业务单位战略对财务战略的制定起指导性作用。从另一个角度来说，财务管理是企业管理的中心,财务战略关注的是企业战略实施所依赖的最基本资源之一——资金。由于资金对于企业的重要性,正犹如血液对于人体一样,是决定企业生存与发展的最重要的驱动因素之一,因此,财务战略就构成了企业战略的中坚,是企业总体战略与业务单位战略的重要组成部分,对企业总体战略和业务单位战略的实施起着支持和服务作用。企业总体战略目标和业务单位战略目标的实现需要财务战略予以支持。

财务战略目标是企业战略目标中的核心目标。财务战略目标的本质是通过资本的配置与使用为企业创造价值并实现价值。创造价值是指企业的内在价值,即企业将要为其权益所有者创造的一系列期望的未来现金流的净现值,是预测股权现金流的当前价值。价值实现是通过与股东和外部投资者进行有效沟通,提高价值创造与股票价格之间的相关性,避免管理期望价值与市场预期价值的差异,使经营绩效有效地反映在资本市场的股东投资效益上。价值创造与价值实现的计量可通过资本增值来体现。由于价值计量标准不同,产生的价值计量也不同,资本增值可表现为经济增加值和市场增加值。

作为财务战略的两个方面,价值创造过程通常是企业内部管理的范畴,价值实现过程则是通过对外沟通来完成的。当公司内在的真实经济价值与外在的市场价值有落差时,在市价被高估时,对内要进行价值重建,以确保企业价值创造能力的提升;在市价被低估时,对外要与股东和投资者做有效的价值沟通,以避免由于欠缺资讯的透明度及资讯的不对称造成预期落差,导致投资价值减损,阻碍价值实现的最终目标。这里所说的"价值重建",是指基于企业价值创造目标对影响价值创造的业务进行重新组建,以提升企业价值创造能力。进行价值重建的方式有多种,如企业重组、资产重组、业务重组等都会影响企业的价值创造能力,因此都属于价值重建。

四、财务战略分类

财务战略按财务活动内容划分,可分为筹资战略、投资战略、收益分配战略等。不同时期不同环境中的公司在筹资活动、投资活动和收益分配活动方面有不同的侧重点,这就构成了不同类型的财务战略。尽管战略应该着眼于企业未来长期稳定的发展,但这并不意味着战略是一成不变的。同样,财务战略的选择必须考虑企业不同发展阶段的经营风险和财务特征,并随着企业环境的变化及时进行调整,以保持其旺盛的生命力。

从资本筹措与使用特征的角度,企业的财务战略可划分为扩张型、稳健型和防御型三种类型。

(一)扩张型财务战略

扩张型财务战略,又称为进攻型财务战略,是为了配合企业的一体化战略和多元化战略而展开的。这种财务战略是以实现企业资产规模的扩张为目的的。为了实施这种战略,企业往往需要在将绝大部分乃至全部利润留存的同时,大量地进行外部筹资,更多地利用负债。企业资产规模的快速扩张,也往往会使企业的资产报酬率在一个较长时期表现为相对的低水平。因此,这种财务战略的特点是企业对外投资规模不断扩大,现金流出量不断增多,资产报酬率下降,企业负债增加。

该种战略的优点是通过新的产品或市场发展空间,可能会给公司未来带来新的利润增长点和现金净流量，其成功案例如日本的松下公司和我国的海尔集团；它的缺点是一旦投资失误，公司财务状况可能恶化，甚至导致公司破产，其典型案例如东亚金融危机后陷入困境的韩国大宇集团和我国的巨人集团。

(二)稳健型财务战略

稳健型财务战略，又称为稳健发展型或加强型、平衡型财务战略。它是为配合公司实施对现有产品或服务的市场开发或市场渗透战略而展开的。它是以实现公司财务业绩稳定增长和资产规模平稳扩张为目的的一种财务战略。实施这种战略的公司，根据公司自身经营状况确定与之匹配的发展速度，不急于冒进，慎重从事企业并购或进入与公司核心能力并不相关的领域。一般将尽可能优化现有资源的配置和提高现有资源的使用效率，将利润积累作为实现资产规模扩张的基本资金来源，且对利用负债来实现资产增长往往持十分谨慎的态度。

该种战略的特点是充分利用现有资源，对外集中竞争优势，兼有战略防御和战略进攻的双重特点，通常是一种过渡性战略。其典型的成功案例如日本的佳能公司，它通过不断加强其在精密机器、精密光学、微电子与激光领域的核心技术能力，从而使其产品在激烈的市场竞争中一直处于不败之地。但是，当公司现有产品或服务本身已属夕阳产业，发展前景暗淡时，如果仍然实行这种财务战略，则可能给公司带来财务危机，影响公司未来盈利能力和现金流量。

(三)防御型财务战略

防御型财务战略，又称为防御收缩型的财务战略，主要是为配合公司的收缩、剥离、清算等活动展开的。这种财务战略是以预防出现财务危机和求得生存及新的发展为目的的。实施这种财务战略的公司，一般将尽可能减少现金流出和尽可能增加现金流入作为首要任务，通过采取削减业务和精简机构等措施，盘活存量资产，节约资本支出，集中一切可以集中的财力，用于公司核心业务，以增强公司核心业务的市场竞争力。因此，这种财务战略的特点是公司规模迅速缩小，现金流入量增加，资产报酬率提高，债务负担减轻。

该种战略的优点是企业财务状况稳健，为将来选择其他财务战略积聚了大量现金资源，其成功案例如美国福特汽车公司为推行“一个福特”战略而出售沃尔沃和我国 TCL 集团出售盈利的非核心业务；它的缺点是公司会因此而失去一部分产品领域和市场空间，若不能及时创造机会调整战略则会影响公司未来的盈利增长和现金流量，目前我国有相当一些企业不景气就是由于这一原因造成的。

第二节　筹资战略

一、筹资战略概述

(一)筹资战略的内涵

筹资战略就是根据企业的内外环境的现状与发展趋势，适应企业整体战略与投资战略的要求,对企业的筹资目标、原则、结构、渠道与方式等重大问题进行长期的、系统的谋划。筹资目标是企业在一定的战略期间内所要完成的筹资总任务,是筹资工作的行动指南,它既涵盖了筹资数量的要求,更关注筹资质量。既要筹集企业维持正常生产经营活动及发展所需资金,又要保证稳定的资金来源,增强筹资灵活性,努力降低资金成本与筹资风险,不断增强筹资竞争力。

筹资战略决定了筹资渠道和筹资方式,而筹资渠道和筹资方式的不同决定了财务风险和资本成本,所以企业在不同生命周期阶段,应根据财务风险和资本成本综合考虑,选择不同的筹资战略,提高企业的筹资灵活性。

(二)筹资战略的作用

筹资战略的作用体现在以下三个方面:

1.筹资战略可有效地支持企业投资战略目标的实现。企业要实现投资战略目标,首先离不开资本的投入。而要取得投资战略所需要的资本就需要筹资。筹资规模、筹资时机、筹资成本、筹资风险等都直接影响和决定着投资战略的实施及效果。因此,正确选择筹资战略对投资战略目标的实现和企业整体战略目标的实现都是至关重要的。

2.筹资战略选择可直接影响企业的获利能力。筹资战略对企业获利能力的影响可体现在以下几个方面:第一,筹资战略通过筹资成本的降低既可直接减少资本支出增加企业价值,也可间接通过投资决策时折现率等的改变提高企业盈利水平;第二,筹资战略可通过资本结构的优化降低成本、应对风险、完善管理,促进企业盈利能力的提高;第三,筹资战略还可通过筹资方式、分配方式等的变化向市场传递利好消息,提升企业的价值。

3.筹资战略还会影响企业的偿债能力和财务风险。筹资战略通过对筹资方式、筹资结构等的选择直接影响着企业的偿债能力和财务风险。筹资战略选择可反映管理者的经营理念及对风险的偏好和态度。如何利用财务杠杆进行负债经营与资本经营,与筹资战略选择紧密相关。企业经营管理者应权衡收益与风险,充分利用筹资战略实现风险应对,为企业创造更多价值。

二、筹资战略选择

筹资战略选择主要解决筹集资金如何满足生产经营和投资项目的需要以及债务筹资和权益筹资方式的选择及其结构比率的确定等问题。企业在进行筹资战略选择时,要根据最优资本结构的要求,合理权衡负债筹资比率和权益筹资比率,权衡筹资收益与筹资风险的关系。

(一)筹资战略选择的原则

企业应当根据战略需求不断拓宽筹资渠道,对筹资进行合理配置,采用不同的筹资方式进行最佳组合,以构筑既体现战略要求又适应外部环境变化的筹资战略。筹资战略选择应遵循的原则包括筹资低成本原则、筹资规模合理原则、筹资结构合理原则、筹资时机最佳原则、筹资风险可控原则。

1.筹资低成本原则。企业筹资成本是决定企业筹资效率的决定性因素,对于企业选择哪种筹资方式有着重要意义。由于筹资成本的计算涉及很多因素,具体运用时有一定的难度。一般情况下，按照筹资来源划分各种主要筹资方式的筹资成本高低，根据企业筹资的需要及条件选择低成本的筹资方式。

2.筹资规模适度原则。确定企业的筹资规模在企业筹资过程中非常重要。筹资过多，可能造成资金闲置浪费，增加筹资成本，或者可能导致企业负债过多，使其无法承受，偿还困难，增加经营风险。而如果企业筹资不足，又会影响企业投资计划及投资业务的开展。因此，企业在选择筹资战略时，要根据企业对资金的需要、企业自身的实际条件以及筹资的难易程度和成本情况，量力而行来确定企业合理的筹资规模。

3.筹资结构优化原则。企业筹资时，资本结构决策应体现理财的终极目标，即追求企业价值最大化。在假定企业持续经营的情况下，企业价值可根据未来若干期限预期收益的现值来确定。虽然企业预期收益受多种因素制约，折现率也会因企业所承受的各种风险水平不同而变化，但从筹资环节看，如果资本结构安排合理，不仅能直接提高筹资效益，而且对折现率的高低也会起到一定的调节作用，因为折现率是在充分考虑企业加权平均资本成本和筹资风险水平的基础上确定的。

4.筹资时机最佳原则。所谓筹资时机是指由有利于企业筹资的一系列因素所构成的有利的筹资环境和时机。企业选择筹资时机的过程，就是企业寻求与企业内部条件相适应的外部环境的过程。从企业内部来讲，过早筹资会造成资金闲置，而如果过晚筹资又会造成投资机会的丧失。从企业外部来讲，由于经济形势瞬息万变，这些变化又将直接影响中小企业筹资的难度和成本。因此，企业若能抓住企业内外部变化提供的有利时机进行筹资，会使企业比较容易地获得资金成本较低的资金。

5.筹资风险可控原则。筹资风险是指筹资活动中由于筹资战略规划而引起的收益变动的风险。筹资风险要受经营风险和财务风险的双重影响，具体涉及信用风险、市场风险、金融风险、政治风险等各种类型的风险。企业筹资战略选择必须遵循风险的可控性原则，一方面加强筹资目标、筹资过程的控制；另一方面搞好筹资危机管理，即搞好筹资风险评估、预警和应对。

(二)筹资战略的类型选择

1.基于筹资方式的战略选择

一般来说，企业的筹资方式有：内部筹资、债权筹资、股权筹资和销售资产筹资。因此，基于筹资方式的筹资战略有四种，即内部筹资战略、股权筹资战略、债权筹资战略和销售资产筹资战略。

(1)内部筹资战略。企业可以选择使用内部留存利润进行再投资。留存利润是指企业分配给股东红利后剩余的利润。这种筹资方式是企业最普遍采用的方式。但在企业快速扩张等阶段，仅依靠内部筹资是远远不够的，还需要其他的资金来源。内部筹资的优点在于管理层在做此筹资决策时不需要向外部披露公司的信息，比如不需要像债权筹资那样向银行披露自身的战略计划或者像股权筹资那样向资本市场披露相关信息，从而可以有效保护企业的商业秘密。缺点在于股东会根据企业的留存利润预期下一期或将来的红利，这就要求企业有足够的盈利能力，而对于那些陷入财务危机的企业来说压力是很大的，因而这些企业就没有太大的内部筹资空间。

(2)股权筹资战略。股权筹资是指企业为了新的项目而向现在的股东和新股东发行股票来筹集资金。这种筹资经常面对的是企业现在的股东,按照现有股东的投票权比例进行新股发行,新股发行的成功取决于现有股东对企业前景具有较好预期。股权筹资的优点在于当企业需要的资金量比较大时(比如并购),股权筹资就占很大优势,因为它不像债权筹资那样需要定期支付利息和本金,而仅仅需要在企业盈利时向股东支付股利。这种筹资方式也有其不足之处,比如股份容易被恶意收购从而引起控制权的变更,并且股权筹资方式的成本也比较高。

内部筹资战略和股权筹资战略将面临股利支付的困境。如果企业向股东分配较多的股利,那么企业留存的利润就较少,进行内部筹资的空间相应缩小。理论上讲,股利支付水平与留存利润之间应该是比较稳定的关系。然而,实际上企业经常会选择平稳增长的股利支付政策,这样会增强股东对企业的信心,从而起到稳定股价的作用。而且,留存利润也是属于股东的,只是暂时没有分配给股东而要继续为股东增值。但是,较稳定的股利政策也有其不足之处,与债权筹资的思路类似,如果股利支付是稳定的,那么利润的波动就完全反映在留存利润上,不稳定的留存利润不利于企业做出精准的战略决策。同样,企业也会权衡利弊做出最优的股利支付决策。

(3)债权筹资战略。债权筹资主要可以分为贷款和租赁两类。

贷款又可分为短期贷款与长期贷款。现实中短期贷款利率高于长期贷款利率或者低于长期贷款利率的情况都可能会发生。从理论上说,完全预期理论认为对未来短期利率的完全预期是形成长期利率的基础,如果预期未来短期利率趋于上升,则长期利率高于短期利率;反之则长期利率低于短期利率。而流动贴水理论则认为长期利率水平高于短期利率,其原因在于必须对流动性和风险加以补偿。实践中,在不同的经济环境下,长期利率与短期利率水平并不完全确定。债务筹资方式与股权筹资相比,筹资成本较低、筹资的速度较快,并且方式也较为隐蔽。不足之处是,当企业陷入财务危机或者企业的战略不具竞争优势时,还款的压力会增加企业的经营风险。

租赁是指企业租用资产形成债务,与一般租赁不同的是,这类租赁的资产在租用一段时期之后,可能拥有在期末的购买期权。比如,运输行业比较倾向于租赁运输工具而不是购买。租赁的优点在于企业可以不需要为购买运输工具进行筹资,缓解资金压力,并可在一定程度上避免长期资产的无形损耗。此外,租赁很有可能使企业享有更多的税收优惠。不足之处在于,企业使用租赁资产的权利是有限的,因为资产的所有权不属于企业。

(4)销售资产筹资战略。企业还可以选择销售其部分有价值的资产进行筹资,这也被证明是企业进行筹资的主要战略。从资源观的角度来讲,这种筹资方式显然会给企业带来许多切实的利益。销售资产的优点是简单易行,并且不用稀释股东权益。不足之处在于,这种筹资方式比较激进,一旦操作了就无回旋余地,而且如果销售的时机选择不准,销售的价值就会低于资产本身的价值。

2.基于资本结构优化的战略选择

资本结构优化从狭义上讲是指债务筹资与股权筹资的结构优化。从广义上讲,资本结构优化除包括债权筹资与股权筹资结构的优化外,还包括内部筹资与外部筹资结构的优化、短期筹资与长期筹资结构的优化等。

决定企业资本结构优化战略的基本因素是资本成本水平及风险承受水平。具体应考虑的因素包括企业的举债能力、管理层对企业的控制能力、企业的资产结构、增长率、盈利能力以及有关的税收成本等。此外，还有一些比较难以量化的因素，主要包括企业未来战略的经营风险；企业对风险的态度；企业所处行业的风险；竞争对手的资本成本与资本结构（竞争对手可能有更低的筹资成本以及对风险不同的态度）；影响利率的潜在因素，比如整个国家的经济状况等。

3.基于投资战略的筹资战略选择

由于筹资战略应适应投资战略的要求，一般而言，增长型传统行业可以考虑使用更多的负债筹资，而高科技公司和新兴行业更多地采用股权筹资。紧缩性公司通常处于行业衰退期，适应衰退期的风险特征，应采用防御性筹资战略，企业在该阶段仍可保持较高的负债水平。一方面，衰退期既是企业的夕阳期，也是新活力的孕育期；另一方面，衰退期的企业财务实力依然较强，以现有产业做后盾，高负债筹资战略对企业自身而言具有一定的可行性。

(1)快速增长和保守筹资战略。对于快速增长型企业来说，创造价值最好的方法是新增投资，而不是仅仅考虑可能伴随着负债筹资的税收减免所带来的杠杆效应。因此，最恰当的筹资战略是那种最能促进增长的策略。在选择筹资工具时，可以采用以下方法：

第一，维持一个保守的财务杠杆比率，它具有可以保证企业持续进入金融市场的充足借贷能力。

第二，采取一个恰当的、能够让企业从内部为企业绝大部分增长提供资金的股利支付比率。

第三，把现金、短期投资和未使用的借贷能力用作暂时的流动性缓冲品，以便于在那些投资需要超过内部资金来源的年份里能够提供资金。

第四，如果必须采用外部筹资，那么选择举债的方式，除非由此导致的财务杠杆比率威胁到财务灵活性和稳健性。

第五，当上述方法都不可行时，采用增发股票筹资或者减缓增长。

(2)低增长和积极筹资战略。对于低增长型企业，通常没有足够好的投资机会，在这种情况下，出于利用负债筹资为股东创造价值的动机，企业可以尽可能多地借入资金，并进而利用这些资金回购自己的股票，从而实现股东权益的最大化。这些筹资战略为股东创造价值的方法通常包括：

第一，通过负债筹资增加利息支出获取相应的所得税利益，从而增进股东财富。

第二，通过股票回购向市场传递积极信号，从而推高股价。

第三，在财务风险可控的情况下，高财务杠杆比率可以提高管理人员的激励动机，促进其创造足够的利润以支付高额利息。

【例 2-1】ZH 集团成立于 1950 年，经过半个多世纪的发展，现已成为世界上具有相当信誉的综合型国际企业集团，业务涵盖石油、化肥、橡胶、塑料、化工品、金融、保险、物流和高科技产业等领域。1997 年发生的亚洲金融危机使得公司现金流急剧恶化，境外信用额度大幅下跌，公司 75% 的资产被不良资产和长期资产所占压，最终引发了 ZH 集团 1998 年支付危机。危机之后，ZH 集团主动适应外部经营环境的剧烈变化，优化资源配

置。自 2003 年起,ZH 集团由于经营战略的推进,由此产生出大量的资金需求。针对这一需求,ZH 集团明确这一阶段的筹资目标为:根据资金需求的特点,选择期限匹配、币种匹配、成本最优的筹资方式,在满足资金需求的同时,尽可能降低筹资成本并保持稳健的资本结构。也是在这一时期,ZH 集团正式提出筹资战略,即深化集团筹资集中管理,以直接筹资为主,银行间接筹资为必要补充,以结构性筹资方式优化资产负债结构,扩大内源筹资,提高了集团长期资金筹资能力。ZH 集团不同阶段筹资方式的情况如图 2-2 所示。

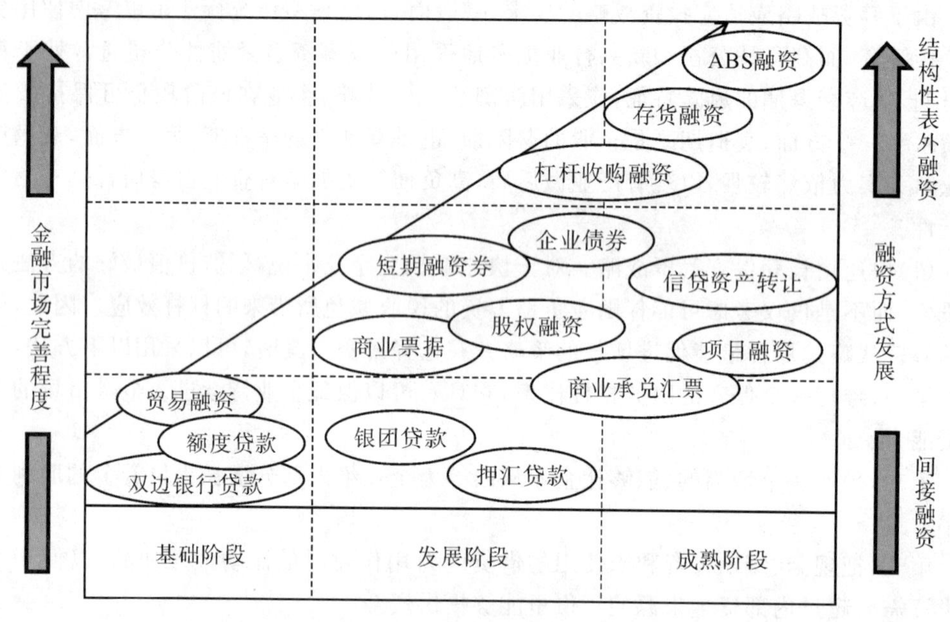

图 2-2 ZH 集团不同阶段筹资方式

从筹资方式角度,筹资战略分为内部筹资战略、股权筹资战略、债权筹资战略和资产销售筹资战略。本例中,ZH 集团在不同阶段实施了不同的筹资战略。在基础阶段,ZH 集团以间接筹资为主,主要采取的是债权筹资战略。在发展阶段,ZH 集团用直接和间接相结合的方式筹资,采用了多种债权筹资方式,并新增了股权筹资。在该阶段 ZH 集团实施的是债权筹资与股权筹资相结合的方式。在成熟阶段,ZH 集团综合利用了直接、间接和结构性表外筹资的方式,其筹资战略表现为债权筹资、股权筹资、内部筹资以及资产销售筹资相结合的战略。

ZH 集团筹资战略主导思想逐步从间接筹资向直接筹资转变,同时从直接筹资逐步向结构性筹资转变。这样一方面降低了企业筹资成本,另一方面通过结构性表外筹资产品的选择,将具备筹资能力的项目进行结构性筹资,不仅隔离了项目的经营风险,而且释放了集团报表债权筹资能力,从而不断优化企业的财务结构。此外,ZH 集团在筹资方式的选择过程中,充分考虑外部金融市场环境及政策环境等因素,并据此灵活调整其筹资手段,切实实现企业筹资效率及效益最大化。

第三节　投资战略

一、投资战略概述

(一)投资战略的内涵

企业投资战略是指根据企业总体经营战略要求,为维持和扩大生产经营规模,对有关投资活动所做的全局性谋划。它是将有限的企业投资资金,根据企业战略目标,评价、比较、选择投资方案或项目,获取最佳的投资效果所做的选择。

投资战略主要解决战略期间内投资的目标、原则、规模、方式等重大问题。在企业投资战略设计中,需要明确其投资目标、投资原则、投资规模和投资方式等。投资战略目标是企业战略目标的直接体现。企业战略目标中的收益性目标、发展性目标和公益性目标都是投资战略所追求的目标。从财务战略目标出发,收益性目标是投资战略最直接与重要的目标,即投资效率和资本增值。

(二)投资战略的原则

投资战略的原则包括集中性原则、适度性原则、权变性原则和协同性原则等。

1.集中性原则要求企业把有限的资金集中投放到最需要的项目上。

2.适度性原则要求企业投资要适时适量,风险可控。

3.权变性原则要求企业投资要灵活,要随着环境的变化对投资战略及时做出调整,做到主动适应变化,而不刻板投资。这一要求突出了投资战略需要紧密关注市场环境、技术环境、政策环境甚至是消费市场环境。

4.协同性原则要求按照合理的比例将资金配置于不同的生产要素上,以获得整体上的收益。企业还需要对投资规模和投资方式等做出恰当安排,确保投资规模与企业发展需要相适应,投资方式与企业风险管理能力相协调。投资规模不宜扩张过快,避免公司资金、管理、人员、信息系统都无法跟上投资扩张的速度,从而使得企业倒在快速扩张的途中;投资时需要关注投资风险和企业管理投资风险的能力与水平,不可在缺乏严谨的风险控制程序和能力的基础上去追求高风险高回报项目,导致企业处于巨大风险之中。

(三)投资战略的地位与作用

投资战略的地位与作用体现在导向性、保证性、超前性和风险性四个方面。

1.导向性。公司战略包含两个方面:第一是决定应该从事哪些业务,第二是决定企业如何发展业务。企业如何发展业务,这就涉及一个如何进行资源配置的问题,而企业内部资源的配置正是通过投资战略的实施来有效拉动的,因此投资战略具有导向作用。

2.保证性。企业投资战略在公司战略的指导下,把企业资源合理分配到各个职能部门,协调企业内部各职能部门之间的关系,使企业经营活动有条不紊地进行,它在企业战略中占有十分重要的地位,是企业其他职能战略的基础。同时,投资战略与企业内部其他职能战略互相配合,保证公司战略的实现。

3.超前性。公司战略一经确定,首先就需要通过投资战略在各个职能部门之间合理调配企业资源,因此,相比其他职能战略,企业投资战略具有一定超前性。

4.风险性。由于内部环境的不确定性,企业实施投资战略充满风险,为了保证投资战略的有效实施,就需要通过各种投资组合来分散风险。

二、投资战略选择

投资战略选择应考虑企业投资规模和投资方式等做出恰当安排,确保投资规模与企业发展需要相适应,投资方式与企业风险管理能力相协调。根据企业投资方式、投资时机、投资目标等不同可产生不同的投资战略。

(一)直接投资战略选择

直接投资是指企业为直接进行生产或者其他经营活动而在土地、固定资产等方面进行的投资,它通常与实物投资相联系。直接投资战略规划需要以企业的生产经营规划和资产需要量预测为基础,继而确定企业需要直接投资的时间、规模、类别以及相关资产的产出量、盈利能力等,以满足企业财务战略管理的需要。例如:企业意图进入汽车行业,则可以通过并购或利用资金直接购买相应的生产资料,如土地、厂房、机器设备等进行实体经济经营活动。

直接投资战略根据目标可分为:提高规模效益的投资战略、提高技术进步效益的投资战略、提高资源配置效率的投资战略、盘活资产存量的投资战略。

1.提高规模效益的投资战略

企业投资规模决定着企业规模,优化企业规模对实现企业投资战略目标至关重要。企业规模的优化过程实际上是资产增量经营的过程。资产增量经营,就是要通过投资规模扩大取得规模经济效益。规模经济效益是指由于经济规模变动所产生的经济效益,而合理或最佳经济规模的实现必然产生规模经济效益。因此,经济规模与规模经济效益是相互影响、相互作用的。经济规模是影响规模经济效益的根本因素。在进行投资战略选择时应注意以下影响经济规模的因素:生产技术特点、市场需求情况、企业资源情况、企业管理水平等。

2.提高技术进步效益的投资战略

企业技术进步是指为实现一定目标的技术进化和革命。这个目标通常是指企业的战略目标,即通过生产率的提高实现经济效益提高和企业价值创造。提高技术进步经济效益的核心在于加快技术进步,企业技术进步的关键在于技术创新、技术改造和技术引进。而企业进行技术创新、技术改造和技术引进的前提是资本投入或企业投资。因此,企业技术进步与企业投资战略紧密相关。投资战略中只有充分考虑技术进步因素,才能提高投资的效率和效果。

3.提高资源配置效率的投资战略

资源配置主要是研究在全部资源中各种资源如何配置,使总产出最大化。资产配置是资源配置的重要组成部分。资产配置,从广义上说,既应研究资产资源本身的配置,又应研究资产资源与人力资源、自然资源的配置；从狭义上说，资产配置主要研究资产在不同用途之间的配置组合。投资战略选择中要通过资产运营，使资产配置结构优化，一方面提高资产配置的经济效率或经济效益，另一方面降低或有效应对资产经营中的风险。企业为提高资源配置效率可采取的资产结构优化战略通常可分为适中型资产组合战略、保守型资产组合战略和冒险型资产组合战略三种。

4.盘活资产存量的投资战略

资产存量是指企业现存的全部资产资源，包括流动资产、长期投资、固定资产、无形资产及递延资产等。在企业存量资产中，有使用中的资产，也有未使用或闲置资产；在使用资产中，有使用效率高的资产，也有使用效率低的资产；在资产使用效率一定的情况下，由于资产投向不同，有资本增值率高的资产，也有资本增值率低的资产。盘活资产存量的投资战略就是要通过投资增量，有效地盘活和利用现有资产，提高资产使用效率与效益，使现有资产创造更大价值。其方式有：第一，盘活资产存量，使闲置资产充分发挥作用；第二，提高资产使用效率，使效率低的资产提高利用率；第三，重组或重新配置存量资产，使低增值率资产向高增值率资产转移。

(二)间接投资战略选择

间接投资是指企业通过购买证券、融出资金或者发放贷款等方式将资本投入到其他企业，其他企业进而再将资本投入到生产经营中去的投资。间接投资通常为证券投资，其主要目的是获取股利或者利息，实现资本增值和股东价值最大化。间接投资战略的核心是如何在风险可控的情况下确定投资的时机、金额、期限等。按照现代投资理论，组合投资是企业降低风险、科学投资的最佳选择，即企业并不只是投资一种证券(或者一种金融资产)，而是寻求多种证券(或者金融资产)组合的最优投资策略，以寻求在风险既定情况下投资收益最高，或者在投资收益一定情况下风险最小的投资策略。

(三)投资时机战略选择

投资时机选择是投资战略的重要内容之一。经营成功的企业投资一般是将多种产品分布在企业发展时期的不同阶段进行组合，主要有如下四种模式：

1.投资侧重于初创期产品，兼顾成长期和成熟期。这是一种颇具开发实力且创新意识强的企业通常选择的模式，是一种为获得领先地位而勇于承担风险的投资策略。

2.投资侧重于成长期和成熟期，几乎放弃初创期和衰退期。这是一种实力不足而力求稳妥快速盈利的企业通常选择的模式，是一种重视盈利而回避风险的投资策略。

3.投资均衡分布于企业发展的四个阶段。这是一种综合实力极强而且跨行业生产多种产品的企业通常选择的模式，是一种选择多元化经营战略谋求企业总体利益最大的策略。

4.投资侧重于初创期和成长期而放弃成熟期、衰退期。这种模式多见于开发能力强而生产能力弱的企业。

不同的企业可以根据自身特点和经营战略选择上述四种投资组合模式之一或某一模式的变形。

(四)投资期限战略选择

投资期限战略可分为长期投资战略、短期投资战略及投资组合战略。

1.长期投资战略是对企业的资本在长期投入上规定其合理、有利和有效运用的战略。长期投资战略将形成企业的基本特征和公司战略定位。长期投资战略的内容包括固定资产投资战略和长期对外投资战略。

2.短期投资战略是对企业资本在短期投放上规定其合理、有利和有效运用的战略。短期投资具有期限短、周转快、变现能力强等特征。短期投资战略的内容包括现金持有战略、存货战略、交易性金融资产投资战略等。

3.投资组合战略是指长期投资与短期投资结构优化战略。影响投资组合战略的因素包括盈利能力、经营风险、经营规模和产业性质等。

【例 2-2】 X 集团创建于 1992 年,是中国最大的民营企业集团之一。1998 年 X 集团将最初积累资金全部投入基因工程检测产品的开发中,开始生产乙肝诊断试剂,随后 X 集团以货币出资 1 300 万元购买国外先进信息服务器设备用于信息产品研发,并在 2003—2007 年连续三年的时间里扩建厂房,在江苏、浙江、上海等地建设企业基地以扩大公司规模。同时面对激烈的市场竞争和快速变化的环境,X 集团又投入 600 万元改造原集团大楼,建成了大屏幕显示,电脑检索,具备网络化、智能化的办公大楼,盘活了价值 2 000多万元、面积 1 万多平方米的存量资产。2008 年开始,X 集团积极介入国内钢铁产业的整合,与江苏南钢集团合作,间接持股其上市子公司南钢股份,控股设立联合有限公司。X 集团还广泛涉及房地产、商贸流通、金融等多个领域,直接、间接控股和参股的公司逾 100 家。2010 年 X 集团营业收入为 233 亿元,同比增长 9.6%;净利润 5 037 万元,同比增长 43.8%。在公司收入和利润的增长中,大部分都是对外投资的投资回报,X 集团在十余年间迅速成为横跨多个产业的大型民营控股集团。

本例中,X 集团在不同的发展阶段根据投资方式、投资时机、投资目标等实施了不同的直接投资战略:

1.提高规模效益的投资战略。X 集团 2003—2007 年连续三年扩建厂房,扩大公司规模,是提高规模效益的直接投资行为,合理经济规模的实现必然产生规模经济效益。

2.提高技术进步效益的投资战略。X 集团投入资金生产乙肝诊断试剂,随后 X 集团以货币出资1 300万元购买国外先进信息服务器设备用于信息产品研发等,这是典型的提高企业技术进步效益的直接投资战略,其核心在于加快技术进步。

3.盘活资产存量的投资战略。X 集团投入 600 万元改造原集团大楼,盘活了价值 2 000多万元的存量资产,这一投资即是关于盘活资产存量的直接投资战略选择,有效地提高了资产使用效率,使现有资产创造了更大的价值。

X 集团间接持股南钢股份,控股设立联合有限公司,除此之外,其投资涉及很多领域,直接、间接控股和参股的公司逾 100 家。表明其采用组合投资,即多种证券组合的最优投资策略,以寻求在风险既定情况下投资收益最高,或者在投资收益既定的情况下风险最小的投资战略。在 2010 年公司收入和利润的增长中,大部分都是对外投资的投资回报,由此可见,X 集团采取的间接投资战略很成功。

第四节　股利分配战略

一、股利分配战略概述

(一)分配战略的内涵

分配战略，或收益分配战略，从广义来讲，是指以战略眼光确定企业收益留存与分配的比例，以保证企业债权人、员工、国家和股东的长远利益。收益分配战略主要包括企业收益分配战略和股利分配战略等。然而由于企业与债权人、员工及国家之间的收益分配大都有比较固定的政策或规定，只有对股东收益的分配富有弹性，所以股利分配战略成为收益分配战略的重点，或者说狭义的分配战略是指股利分配战略。股利分配战略的内容包括股利支付率、股利稳定性和信息传递三个方面。

(二)股利分配战略的目标

股利分配战略的目标为：促进公司长远发展；保障股东权益；稳定股价，保证公司股价在较长时期内基本稳定。公司应根据股利分配战略目标的要求，通过制定恰当的股利分配政策来确定其是否发放股利、发放多少股利以及何时发放股利等重大方针政策问题。

(三)股利分配战略的原则

股利分配战略的制定必须以投资战略和筹资战略为依据，必须为企业整体战略服务。股利分配战略的原则主要体现在以下方面：

1.股利分配战略应优先满足企业战略实施所需的资金，并与企业战略预期的现金流量状况保持协调一致。

2.股利分配战略应能传达管理部门想要传达的信息，尽力创造并维持一个企业战略所需的良好环境。

3.股利分配战略必须把股东们的短期利益(支付股利)与长期利益(增加内部积累)很好地结合起来。

二、股利分配战略选择

(一)股利分配战略选择的影响因素

选择股利分配战略首先必须分析股利分配战略的制约和影响因素。影响股利分配战略的因素主要有：

1.法律因素

(1)资本限制。资本限制是指企业支付股利不能减少资本(包括资本金和资本公积金)。这一限制是为了保证企业持有足够的权益资本，以维护债权人的利益。

(2)偿债能力的限制。如果一个企业的经济能力已降到无力偿付债务或因支付股利将使企业丧失偿债能力，则企业不能支付股利。这一限制的目的也是为了保护债权人。

(3)内部积累的限制。有些法律规定禁止企业过度地保留盈余。如果一个企业的保留盈余超出目前和未来的投资很多,则被看作是过度的内部积累,要受到法律上的限制。这是因为有些企业为了保护高收入股东的利益,故意压低股利的支付,多留利少分配,用增加保留盈余的办法来提高企业股票的市场价格,使股东逃税。所以有的国家税法规定对企业过度增加保留盈余征收附加税作为处罚[①]。

2.债务(合同)条款因素

债务特别是长期债务合同通常包括限制企业现金股利支付权力的一些条款,限制内容通常包括:

(1)营运资金(流动资产减流动负债)低于某一水平,企业不得支付股利。

(2)企业只有在新增利润的条件下才可进行股利分配。

(3)企业只有先满足累计优先股股利后才可进行普通股股利分配。

这些条件在一定程度上保护了债权人和优先股股东的利益。

3.股东类型因素

企业的股利分配最终要由董事会来确定。董事会是股东们的代表,在制定股利战略时,必须尊重股东们的意见。股东类型不同,其意见也不尽相同,大致可分为以下几种:

(1)为保证控制权而限制股利支付。

(2)为避税的目的而限制股利支付。

(3)为取得收益而要求支付股利。

(4)为回避风险而要求支付股利。

(5)由于不同的心理偏好和金融传统而要求支付股利。

4.经济因素

宏观经济环境的状况与趋势会影响企业的财务状况,进而影响股利分配。影响股利分配的具体经济因素有:现金流量因素、筹资能力因素、投资机会因素、公司加权资金成本、股利分配的惯性。

综合以上各种因素对股利分配的影响,企业就可以拟订出可行的股利分配备选方案。此后,企业还需按照企业战略的要求对这些方案进行分析、评价,才能从中选出与企业战略协调一致的股利分配方案,确定企业在未来战略期间内的股利战略,并予以实施。

(二)股利分配战略选择的类型

1.剩余股利战略

剩余股利战略在发放股利时,优先考虑投资的需要,如果投资过后还有剩余则发放股利,如果没有剩余则不发放。这种战略的核心思想是以公司的投资为先、发展为重。

---

① 例如,为了防止这种避税行为,美国税务当局对公司为使股东避税而累积的不合理盈余征收附加税,即征收累积收益税。其税率为:未作股息支付的收益积累总数(资产负债表上留存收益项目)以250 000美元为临界点(250 000美元是企业准许留存的,以满足公司业务上的要求)开始征收累积收益税,当年不适当积累应税所得额为250 000～350 000美元时,对应税率为27.5%;超过350 000美元的金额,对应税率为38.5%。同时,企业对超过250 000美元的留存收益有合法的理由,就不需缴税。累积收益税以公司的留存收益为课征对象,主要目的是防止公司保留过多的留存收益,既不用于发放股利,也不用于扩大投资,而等到股东退休之后再发放股利,以减轻税负。

2.稳定或持续增加的股利战略

稳定的股利战略是指公司的股利分配在一段时间里维持不变;持续增加的股利战略则是指公司的股利分配每年按一个固定成长率持续增加。

3.固定股利支付率战略

公司将每年盈利的某一固定百分比作为股利分配给股东。它与剩余股利战略正好相反,优先考虑的是股利,后考虑保留盈余。

4.低正常股利加额外股利战略

公司事先设定一个较低的经常性股利额,一般情况下,公司都按此金额发放股利,只有当累积的盈余和资金相对较多时,才向股东支付正常股利以外的额外股利。

5.零股利战略

这种股利战略是将企业所有剩余盈余都投资回本企业中。在企业成长阶段通常会使用这种股利政策,并将其反映在股价的增长中。但是,当成长阶段已经结束,并且项目不再有正的现金净流量时,就需要积累现金和制定新的股利分配战略。

【例 2-3】 A 股份有限公司属工业企业,已在深圳证券交易所挂牌交易 17 年,公开发行社会公众股(A 股)1 930 万股。公司以生产制造各种电光源产品为核心,40%的产品出口到 20 多个国家和地区,在国内大多数省份及地县级城市已设立销售网点 2 000 多家。

自上市以来,公司的主营业务突出且每年都有稳定的增长,年增长率为 11%～29%。主营业务盈利能力强,近 2 年主业对利润的贡献超过 100%,且净利润年增长率保持在 5%以上。

该公司上市 17 年来,每年均发放现金股利,创造了一个长期持续分红的新的历史纪录,公司的年平均红利支付率高达 60%～80%,使一些稳健的投资者获利颇多,投资者通过现金分红可以稳定地获取长期远高于银行定期储蓄的收益率。该公司因 17 年连续分配高额的现金股利,被称为“现金奶牛”,为深市中稳健并坚持长期价值投资的股东所青睐。

探究 A 公司优厚分红背后的原因,有以下几点影响其分配战略的因素:

首先,与其董事长发放股利的承诺有直接关系。在第一次股东大会上,董事长就承诺要给投资者一个好的回报。

其次,从公司现有的股东构成来看,控股公司及第二大股东都是外资公司,都赞成并倾向于长期现金分红。该股票持有期收益率短期波动较大,但是长期持有(8 年及 8 年以上),投资者所获得股利收益(股票投资效益)均远高于同期银行存款利率,表明公司的股利政策是使长期持有股东获得较大收益。

最后,通过派发高额现金股利“自然选择”出符合公司战略的股东,其实也是一个向投资者传递信号的过程。选择出与公司的发展目标一致的股东,自然避免了不必要的分歧,减少了可能的代理成本,也起到了提高公司价值的作用。

本例中,A 公司的股利分配战略目标是促进公司长远发展,保障股东权益,稳定股价,保证公司股价在较长时期内基本稳定。

A公司的股利分配战略类型属于"稳定或持续增加的股利战略"。主要理由在于:A公司上市17年以来,每年均发放现金股利且平均红利支付率高达60%~80%。

稳定的股利向市场传递公司正常发展的信息,树立公司的良好形象;持续增加的股利,代表公司未来良好的发展前景,有利于保障股权权益,增强投资者对公司的信心,稳定股票的价格。

第五节 财务战略选择

企业总体财务战略思想必须着眼于企业未来长期稳定的发展,具有防范未来风险的意识。企业财务战略选择必须考虑经济周期波动情况、企业发展阶段和企业经济增长方式,并及时进行调整,以保持其旺盛的生命力。

一、基于经济周期的财务战略选择

从财务观点看,经济的周期性波动要求企业顺应经济周期的过程和阶段,通过制定和选择富有弹性的财务战略,来抵御大起大落的经济震荡,以减少它对财务活动的影响,抑制财务活动的负效应。财务战略的选择必须与经济周期相适应。经济周期通常要经历经济复苏期、经济繁荣期和经济衰退期,企业在不同的经济周期应选择不同的财务战略。

在经济复苏阶段应采取扩张型财务战略,增加厂房设备,采用筹资租赁,建立存货,开发新产品,增加劳动力。

在经济繁荣阶段应采取扩张型财务战略和稳健型财务战略相结合。繁荣初期继续扩充厂房设备,采用筹资租赁,继续建立存货,提高产品价格,开展营销筹划,增加劳动力。繁荣后期采取稳健型财务战略。

在经济衰退阶段应采取防御型和扩张型承接的财务战略。在初期,特别在经济处于低谷时期,继续采取防御型财务战略,建立投资标准,保持市场份额,压缩管理费用,放弃次要的财务利益,削减存货,减少临时性雇员。后期为转向扩张型财务战略做准备,迎接下一轮经济周期的到来。

总之,企业财务管理人员要跟踪时局的变化,对经济的发展阶段做出恰当的反应,要关注经济形势和经济政策,深刻领会国家的经济政策,特别是产业政策、投资政策等对企业财务活动可能造成的影响。

【例2-4】 2013年1月,Z股份有限公司(下称Z公司)发布公告指出,2012年仍将大幅度亏损,或被实施退市风险警示。据透露,Z公司很可能再度巨亏百亿元。Z公司2011年已经亏损104.5亿元,根据上海证券交易所的规则,上市公司最近两个会计年度经审计的净利润连续为负值或者被追溯重述后连续为负值的,将对该公司股票实施退市风险警示。这意味着,Z公司将正式成为A股最大的ST公司。

Z公司踏上股价暴跌以及即将戴上ST帽子之路,固然有整个行业大环境的影响,但最主要的原因是管理层在财务战略上的选择失误。近几年来,全球航运业持续低迷,寒冬仍未过去,A股市场中的航运股像长航凤凰、宁波海运、中海海盛等纷纷预亏,说明亏损的并非Z公司一家,这些上市公司都面临着行业性的难题。但为什么Z公司亏损得最严重呢?这与Z公司过于激进的扩张型财务战略有关。

在2008年下半年次贷危机爆发之际,Z公司的管理者却被一度繁荣的航运市场以及亮丽的盈利水平所迷惑,本应该开始采取防御型财务战略,却盲目乐观,再加上对形势出现误判,结果在自营船队、租入船队以及FFA(远期运费合约)三块业务上均大举做多,最终导致其一蹶不振。而为了支撑航运市场的运营,Z公司董事长还提出"资金541需求结构",即50%的发展资金来源于不还本、不付息的资本市场,40%来自于银行贷款,10%来自于企业的利润积累。在这样的结构下,Z公司的资本运营融入全球。目前已控股、参股6家上市公司,其中3家在香港地区,1家在新加坡。更令人惊讶的是,即便在持续巨亏之下,Z公司仍然在筹谋海外扩张计划。据Z公司相关人士介绍,2012年12月,公司提出了控股希腊最大港口的计划,目前仍在商谈中,收购程序时间比较长。据希腊媒体报道,此项收购Z公司预计投资金额约为10亿欧元。

假定不考虑其他因素。

本例中:(1)Z公司采用了成长型公司战略、扩张型财务战略。

(2)Z公司之所以成为"A股巨亏王",与其在经济衰退阶段未正确选择财务战略密切相关,在整个行业低迷的情况下,Z公司本应该选择防御型财务战略,但是它却在筹资方面采用了较多外部筹资的"资金541需求结构",在投资方面进行激进的海外扩张投资。

Z公司案例再次证明,财务管理人员唯有持续跟踪时局的变化、正确判断经济发展形势、合理选择财务战略类型,才是一个企业实现持续创造价值的关键。

二、基于发展阶段的财务战略选择

(一)财务风险与经营风险的搭配

从财务战略的角度看,研究经营风险和财务风险的目的应着眼于企业的筹资及所筹资本的投资上,尽管股东投入公司的权益资本风险很高,但从公司的角度来说,权益筹资财务风险却较低。

经营风险的大小是由特定的经营战略决定的,财务风险的大小是由资本结构决定的,它们共同决定了企业的总风险。经营风险与财务风险的结合方式,从逻辑上可以划分为四种类型(见图2-3)。财务风险与经营风险的不同结合模式,可供不同类型的企业进行理性的财务战略选择。

1.高经营风险与高财务风险搭配

这种搭配具有很高的总体风险。例如,一个初创期的高科技企业,假设能够通过借款取得大部分资金,它破产的概率很大,而成功的可能性很小。

这种搭配符合风险投资者的要求,他们只需要投入很小的权益资本,就可以开始冒险活动。如果侥幸成功,投资人可以获得极高的收益;如果失败了,他们只损失很小的权益

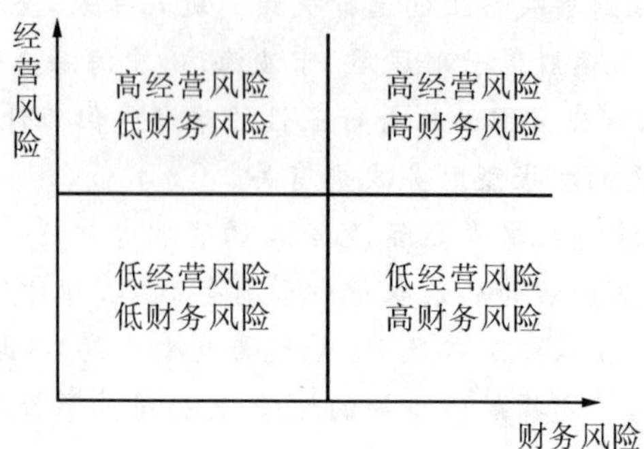

图 2-3　经营风险与财务风险的搭配

资本。由于风险投资者已经考虑了失败的概率，通过一系列风险投资的组合分散了自己风险，他们可以承受大部分投资项目失败的后果。

这种搭配不符合债权人的要求。这是因为债权人投入了绝大部分的资金，让企业去从事风险巨大的投资，如果侥幸成功，他们只得到以利息为基础的有限回报，大部分收益归于权益投资人；如果失败，他们将无法收回本金。

因此，事实上这种搭配会因找不到债权人而无法实现。

2.高经营风险与低财务风险搭配

这种搭配具有中等程度的总体风险。例如，一个初创期的高科技企业，主要使用权益筹资，较少使用或不使用负债筹资。

这种资本结构对于权益投资人有较高的风险，也会有较高的预期报酬，符合他们的要求。权益资本主要由专门从事高风险投资的专业投资机构提供。他们运用投资组合在总体上获得很高的回报，不计较个别项目的完全失败。这种资本结构对于债权人来说风险很小。不超过清算资产价值的债务，债权人通常是可以接受的。因此，高经营风险与低财务风险搭配是一种可以同时符合股东和债权人期望的现实搭配。

值得注意的是，权益筹资对于投资人来说风险大，而对于企业来说风险小。企业没有必须偿还权益投资的法定义务，可以给股东分红也可以不分红，有很大弹性。分红多少可以视企业现金流量的情况而定，是一种酌量成本。债务筹资对于债权人来说风险小，而对于企业来说风险大。企业必须按合同约定偿还债务本金，没有弹性。企业必须按期支付固定的利息，不能根据经营好坏而改变，是一种固定成本。因此，经营风险高的企业，现金流量不稳定，企业经理人员愿意使用权益资本，因为权益筹资具有偿还弹性，股利支付可以根据经营状况酌情改变。

3.低经营风险与高财务风险搭配

这种搭配具有中等的总体风险。例如，一个成熟的公用企业，大量使用借款筹资。

这种资本结构对于权益投资人来说经营风险低，投资资本回报率也低。如果不提高财务风险（充分利用财务杠杆），权益报酬率也会较低。权益投资人希望利用别人的钱来赚钱愿意提高负债权益比例，因此可以接受这种风险搭配。

对于债权人来说，经营风险低的企业有稳定的经营现金流入，可以为偿债提供保障，债权人可以为其提供较多的贷款。因此，低经营风险与高财务风险是一种可以同时符合股东和债权人期望的现实搭配。

4.低经营风险与低财务风险搭配

这种搭配具有很低的总体风险。例如，一个成熟的公用企业，只借入很少的债务资本。对于债权人来说，这是一个理想的资本结构，可以放心为它提供贷款。企业有稳定的现金流，而且债务不多，偿还债务有较好的保障。

对于权益投资人来说很难认同这种搭配，其投资资本报酬率和财务杠杆都较低，自然权益报酬率也不会高。更大的问题是，这种资本结构的企业是理想的收购目标，绝大部分成功的收购都以这种企业为对象。收购者购入企业之后，不必改变其经营战略(通常要付出成本并承担较大风险)，只要改变财务战略(这一点很容易做到)就可以增加企业价值。只有不明智的管理者才会采用这种风险搭配。

因此，低经营风险与低财务风险搭配，不符合权益投资人的期望，是一种不现实的搭配。

综上所述，经营风险与财务风险反向搭配是制定资本结构的一项战略性原则。产品或企业的不同发展阶段有不同的经营风险，企业应采用不同的财务战略。

(二)基于产品生命周期的财务战略

产品生命周期理论假设，产品都要经过引入阶段、成长阶段、成熟阶段和衰退阶段(如图 2-4 所示)。这些阶段的划分，以产品销售额增长曲线的拐点为标志。在引入期，由于买主的迟疑，销售额增长平缓。一旦产品被证明是成功的，买主会大量涌入，开始进入成长期，此时销售额能快速增长；当购买力与市场供应基本平衡后，增长放慢，产品进入成熟期；当新的代用品出现以后，产品逐步衰退，直至完全退出市场。

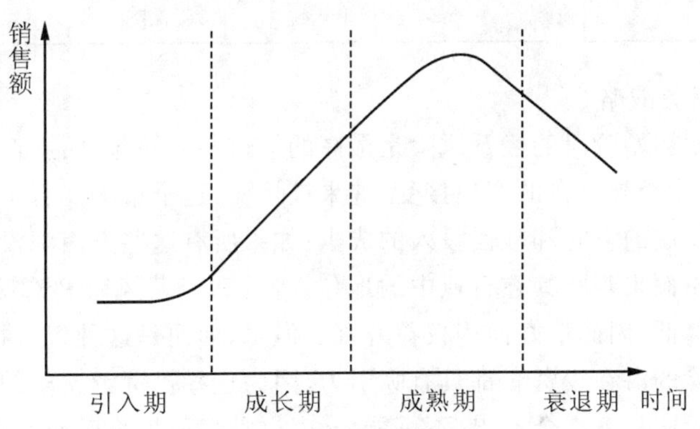

图 2-4　产品生命周期曲线图

产品的生命周期理论不仅适用于特殊产品，也适用于相关的一组产品(业务单位)。如果企业只有一个产品或业务单位，则它也适用于企业。

运用经营风险和财务风险反向搭配，可以制定适应产品生命周期各个阶段的财务战略。在产品的整个生命周期里，经营风险在降低，如果没有公司股东和债权人完全不能接受的综合风险产生的话，财务风险应该增加(见表 2-1)。

表 2-1 产品生命周期与财务风险

产品生命周期阶段	经营风险程度	财务风险程度
引入期	非常高	非常低
成长期	高	低
成熟期	中等	中等
衰退期	低	高

如表 2-1 中所示，在产品生命周期的不同阶段，企业的竞争战略所产生的风险是不断变化的，因此，其对于财务战略的影响因素也有所改变，这样就产生了服务于不同阶段企业战略的财务战略(见表 2-2)。

表 2-2 产品生命周期与财务战略

产品生命周期阶段	经营风险	财务风险	筹资来源	股利支付率	未来成长展望	市盈率	每股净利	股价/波动幅度
引入期	非常高	非常低	权益资本(风险资本)	零	非常高	非常高	几乎没有	未知/高度易变
成长期	高	低	权益资本(增长的投资者)	一般	高	高	低	增长/易变
成熟期	中等	中等	债务与权益资本(留存收益)	高	中等偏低	中等	高	稳定/稳定
衰退期	低	高	债务	100%	负数	低	下滑	下滑/易变

1.引入期的财务战略

企业生命周期初始阶段的经营风险是最高的。这些风险包括:新产品能否试制成功;如果试制成功，它能否被潜在的客户接受;如果被接受，这个市场能否扩大到一定规模，以给予该产品充分发展的空间和补偿投入的成本;如果所有这些方面都没有问题，企业能否获得足够的市场份额来判断其在行业中的地位，等等。经营风险高意味着这一时期的财务风险应尽可能降低，因此最好使用权益筹资。但是，即便是这种权益投资也不可能对所有准备接受高风险的潜在投资者都具有吸引力，因为这些投资者期望的可能是高回报率。由于在创业初始阶段只有现金流出，不可能分红，这种高回报将以资本利得的形式分配给投资者，这些结果见表 2-3。因为企业负的现金流量使得在起步阶段不可能支付股利，而资本利得的优势获得了这种高风险企业的风险资本投资者的关注。如何实现这些资本利得呢？在企业获得正的现金流并开始支付股利之前，他们不希望受到支付股利的限制。因此，一旦企业认为产品在发挥作用并且它的市场潜能使得投资在财务上更有股引力，就需要在这些权益的价值增加的时候寻找购买者。

表 2-3　引入期企业财务战略参数

参　　数	特　　征
经营风险	高
财务风险	低
资金来源	风险投资
股利分配	零分配
未来成长预期	高
市盈率	高
现实收益	名义上的或负的
股价	高速上涨，但高波动

由于风险投资家通常希望他们的投资组合获得更高的回报率，退出是符合各方利益的。由于企业的总风险在从启动到增长的过程中降低了，新的资本回报也必然降低。相应地，原来的风险投资家们可能对未来的筹资不感兴趣，因为他们必须支付越来越高的价格。风险投资家要实现他们的利得并将收益投入到更高风险的投资中。

对于风险投资家们而言，最具有吸引力的途径是企业在股票交易所公开发行。但是，企业家和风险投资家必须理解对方在投资起步阶段的需要：风险投资家最不希望的是其资金被绑定在一个成功的企业中，而企业的所有者或董事们则不希望风险投资家退出。很多时候，开办企业要么非常成功，要么彻底失败，没有中间地带。因此，风险投资家的结果要么很好，要么很坏。风险投资家们能够通过投资开办企业组合来分散他们的投资风险。这也说明非常高的回报实际上是"要求回报"，是非常不现实的，通常可能会降为零回报。

2.成长期的财务战略

较之创业阶段，销售高速成长时期所蕴含的经营风险有所降低，但在绝对数值上依然是高的。因此，必须采用适当的筹资渠道，将财务风险控制在低水平，这就意味着需要继续使用权益资金。然而，最初的风险投资家渴望实现资本收益以使他们能启动新的商业投资，这意味着需要识别新的权益投资者来替代原有的风险投资者和提供高速增长阶段所需的资金。最具吸引力的资金来源通常是来自公开发行的股票。

在高速成长时期，基于完全合理的利润水平之上的高销售额将产生比创业阶段更充裕的现金流。但是，由于企业必须在总体市场开发和市场占有拓展两个方面同时投入大量资金，结果使经营过程所产生的现金必须重新投入到经营中去，这最终导致股利支付率保持在低水平上。这对于企业新的权益投资者而言不是问题，因为他们主要是被未来的经济增长前景所吸引。这样，大多数投资者所预期的回报只有通过股价上涨来实现，这意味着公司必须在这一高速成长时期实现扎实的收益增长，见表 2-4。

表 2-4　成长期企业财务战略参数

参　　数	特　　征
经营风险	高
财务风险	低
资金来源	成长类的权益投资者
分红政策	名义上的股利支付率
成长前景	好
市盈率	高
每股净利	低
股价	上涨,但波动性大

这种增长前景已经反映在高市盈率中。这意味着企业在发展阶段的每股盈余必须有实质性的增长,这一目标应当通过在快速增长的市场中赢得统治地位来实现。

在产品生命周期的最初两个阶段中,企业拥有主要发展机会来发展其实质性的竞争优势,并将在以后的、现金流量为正的、成熟的阶段中运用这些优势。

3.成熟期的财务战略

一旦这个行业已经稳定,销售额很大而且相对稳定、利润也较合理,那么就标志着成熟期的开始。当产品进入成熟期时,企业的筹资来源就会发生巨大变化,在这一时期,经营风险相应降低使公司可以承担中等财务风险。同时,也开始出现大量正的现金净流量。这一系列变化使公司开始可以举债经营而不单单使用权益筹资。这一时期,股利分派率提高了,但公司对其目前可盈利的项目进行再投资的机会却减少了。由于再投资增量水平降低,很有可能报酬递减规律就开始起作用了。如果公司不能以股东要求的报酬率水平将这些资本进行再投资,而是将这些资本留存于公司,股东财富就会受损。当可获得的再投资机会因为成熟公司缺乏成长性而减少时,公司就把这些“多余”的资本当做股利分给股东,从而使股东财富最大化。在此期间,战略重点转移到提高效率、保持市场份额上来,通过负债筹资而提高的财务风险可以用降低的经营风险抵消。同时,伴随着当前每股的高现金净利比例,股利支付率必然提高。

由于企业未来的增长前景与生命周期中的早期阶段相比要低得多,因此股东要求提高股利支付,未来增长前景和市盈率的相互关系导致金融市场给股票确定了一个较低的市盈率,但这不会必然引起股价的下跌。在这个阶段,由于收益质量的提高,每股净利应当高且有轻微的增长,于是每股较高的净利弥补了市盈率的下降。其结果是,投资者期望的回报更多是通过股利分配而不是通过早期阶段占主导作用的资本利得来满足,股票价格就更加稳定,见表 2-5。

表 2-5　成熟期企业财务战略参数

参　　数	特　征
经营风险	中等
财务风险	中等
资金来源	留存收益加负债
股利政策	高支付率
未来增长前景	由中到低
市盈率	中等
当前的获利能力(也就是每股净利)	高
股价	稳中带小幅震荡

4.衰退期的财务战略

成熟阶段产生的巨额正的现金流不能永远持续,产品的需求将最终逐步消失,需求导致现金流逐步衰减。当步入衰退期时,产品很显然会渐渐退出市场。如果贷款比权益筹资划算,股东应尽早从濒临倒闭的企业中抽出资金,尽可能将公司的权益资本用贷款取代,就可能赚取更多利润。处于衰退期的公司,其主要筹资渠道是借款,因此具有高财务风险,但可以部分与最后发展阶段的低经营风险相抵消。这一阶段,强劲的现金净流量会减弱,利润会减少。尽管转向衰退和出现不可避免的产品淘汰,但企业风险还是比先前的成熟阶段更低了。

在衰退期,唯一存在的重大风险是,在有利可图的前提下,经营还能持续多久。低的经营风险可以同相对高的财务风险互补,即通过高的股利支付率和利用负债筹资来实施。对衰退业务的再投资应尽可能减少,因为未来的增长前景并不乐观,因此,企业应实施高额股利分配政策。

消极的增长前景表现为衰退阶段较低的市盈率上,结合在此阶段必然会经历的每股净利的下降趋势,股价将不可避免地降低,见表 2-6。

表 2-6　衰退期企业财务战略参数

参　　数	特　征
经营风险	低
财务风险	高
资金来源	负债
股利政策	全额发放
未来发展前景	不好
市盈率	低
目前盈利状况(每股净利)	低且呈下降趋势
股票价格	下降且波动大

三、基于价值管理的财务战略选择

创造价值是财务管理的目标，也是财务战略管理的目标。如果这个目标是不变的，那么财务战略问题就只剩下战略途径问题，也就是如何实现这个目标的问题。

从战略上看，管理者为增加企业价值可以操控的管理杠杆十分有限。这就如同驾驶飞机一样，虽然有很多仪表显示机器复杂的运转状态，但是驾驶员可以操纵的不外乎方向、速度和高度等有限的变量，正是依靠对主要变量的控制使飞机安全抵达目的地的。如果对主要变量的操作失误就会偏离目标，甚至机毁人亡。

为了实现财务目标，必须找到影响创造价值的主要因素，以及它们与创造价值之间的内在联系。

(一)影响价值创造的主要因素

1.企业的市场增加值

既然企业的目标是创造价值，那么管理者就需要知道如何计量价值的创造，因为计量是管理的前提。

计量企业价值变动的指标是企业的市场增加值，即特定试点的企业资本(包括所有者权益和债务)的市场价值与占用资本的差额。这个差额是企业活动创造的，是用市场价值衡量的企业价值增加额。

企业市场增加额＝企业资本市场价值－企业占用资本

公式中的“企业资本市场价值”是权益资本和负债资本的市价。如果企业的股票和债券都上市流通，则该数额不难获得。如果企业没有上市，则市场价值需要用另外的方法估计。

公式中的“企业占用资本”是指同一时点估计的企业占用的资本数额(包括权益资本和债务资本)。它可以根据财务报表数据经过调整来获得。这种调整主要是修正会计准则对经济收入和经济成本的扭曲。调整的主要项目包括坏账准备、商誉摊销、研究与发展费用等。

严格来说，企业的市场价值最大化并不意味着创造价值。企业的市场价值由占用资本和市场增加值两部分组成。股东和债权人投入更多资本，即使没有创造价值，企业总的资本市场价值也会变得更大。一个大企业的市值很大，一个小企业的市值很小，我们不能认为大企业能创造更多的价值，也不能认为小企业的管理业绩较差，关键是投入的资本是否由于企业的活动增加了价值。

2.权益增加值与债务增加值

企业的市场增加值可以分解为权益的市场增加值和债务的市场增加值两部分。

企业市场增加值＝(权益市场价值＋债务市场价值)－(占用权益资本＋占用债务资本)

＝(权益市场价值－占用权益资本)＋(债务市场价值－占用债务资本)

＝权益增加值＋债务增加值

通常，债务增加值是由利率变化引起的。如果利率水平不变，举借新的债务使占用债务资本和债务市场价值等量增加，债务增加值为零。在这种情况下，企业市场增加值等于股东权益市场增加值，企业市场增加值最大化等于权益市场增加值最大化。

利率变化是宏观经济变动决定的，管理者无法控制。从管理者的业绩考核角度看，债务增加值不是管理业绩，在考核时应当扣除。管理业绩考核应当适用的是权益的市场增加值。从可控性角度看，由于利率不可控，增加企业价值就等于增加股东价值。正是因为如此，准确的财务目标定位应当是股东财富最大化，即股东权益的市场增加值最大化。严格说来，它不同于企业的市场增加值最大化，更不同于企业市场价值最大化或权益市场价值最大化。

3.影响企业市场增加值的因素

既然在利率不变的情况下，企业市场增加值最大化与股东财富最大化具有同等意义，那么管理人员就应努力增加企业的市场增加值。影响企业市场增加值的主要因素分析过程如下：

假设企业也是一项资产，可以产生未来现金流量，其价值可以用永续固定增长率模型估计。

$$企业价值=\frac{现金流量}{资本成本-增长率}$$

其中：

$$\begin{aligned}现金流量&=息税前利润\times(1-所得税率)+折旧-营运资本增加-资本支出\\&=税后经营利润-(营运资本增加+资本支出-折旧)\\&=税后经营利润-投资资本增加额\end{aligned}$$

假设企业价值等于企业的市场价值：

$$\begin{aligned}企业市场增加值&=资产市场价值-投资资本\\&=\frac{税后经营利润-投资资本增加额}{资本成本-增长率}-投资资本\\&=\frac{税后经营利润-投资成本增加额-投资资本\times(资本成本-增长率)}{资本成本-增长率}\\&=\left[\frac{税后经营利润}{投资资本}-\frac{投资资本增加额}{投资资本}-资本成本+增长率\right]\times\frac{投资资本}{资本成本-增长率}\end{aligned}$$

由于成长率是固定的：

$$\frac{投资资本增加额}{投资资本}=增长率$$

$$\frac{税后经营利润}{投资资本}=投资资本回报率$$

所以：

$$企业市场增加值=\frac{(投资资本回报率-资本成本)\times投资资本}{资本成本-增长率}$$

这里的企业市场增加值与经济增加值(即经济利润)有联系。经济增加值是分年计量的,而市场增加值是预期各年经济增加值的现值。

$$\begin{aligned}\text{经济增加值} &= \text{税后经营利润} - \text{资本成本} \times \text{投资资本} \\ &= \left(\frac{\text{税后营业利润}}{\text{投资资本}} - \text{资本成本}\right) \times \text{投资资本} \\ &= (\text{投资资本回报率} - \text{资本成本}) \times \text{投资资本}\end{aligned}$$

因此:

$$\text{市场增加值} = \frac{\text{经济增加值}}{\text{资本成本} - \text{增长率}}$$

经济增加值与企业市场增加值之间有直接联系,为企业业绩考核奠定了最为合理的基础,可以使激励报酬计划与增加企业价值保持一致。经济增加值与净现值有内在联系。投资的净现值、投资引起的经济增加值现值、投资引起的企业市场增加值三者是相等的。正因为如此,净现值法成为最合理的投资评价方法。

综上所述,影响企业创造价值的因素有三个:

(1)投资资本回报率。反映企业的盈利能力,由投资活动和运营活动决定。

(2)资本成本。通过加权平均资本成本来计量,反映权益投资人和债权人的期望值,由股东和债权人的期望以及资本结构决定。

(3)增长率。用预期增长率计量,由外部环境和企业的竞争能力决定。

值得注意的是,这三个因素对企业增加值的影响是不同的。投资资本的回报率是公式的分子,提高盈利能力有助于增加市场增加值;资本成本同时出现在公式的分子(减项)和分母(加项)中,资本成本增加会减少市场增加值;增长率是分母的减项,提高增长率对市场增加值的影响,要看分子是正值还是负值。当公式分子的“投资资本回报率－资本成本”为正值时,提高增长率使市场增加值变大;当“投资资本回报率－资本成本”为负值时,提高增长率使市场增加值变小(即市场价值减损更多)。因此,高增长率的企业也可能损害股东价值,低增长率的企业也可以创造价值,关键在于投资资本回报率是否超过资本成本。增长率的高低只影响创造(或减损)价值的多少,而不能决定创造价值还是减损价值的性质。

增长率的高低虽然不能决定企业是否创造价值,但却可以决定企业是否需要筹资,它是制定财务战略的重要依据。

4.销售增长率、筹资需求与价值创造

在资产的周转率、销售净利率、资本结构、股利支付率不变并且不增发和回购股份的情况下:

(1)销售增长率超过可持续增长率时企业会出现现金短缺。我们将这种增长状态定义为高速增长。这里的“现金短缺”是指在当期的经营效率和财务政策下产生的现金不足以支持销售增长,需通过提高经营效率、改变财务政策或增发股份来平衡现金流动。

(2)销售增长率低于可持续增长率时企业会出现现金剩余。我们将这种增长状态定义为缓慢增长。这里的“现金剩余”是指在当前的经营效率和财务政策下产生的现金,超过了支持销售增长的需要，剩余的现金需要投资于可以创造价值的项目（包括扩大现有业务的规模或开发新的项目），或者还给股东。

（3）销售增长率等于可持续增长率时企业的现金保持平衡。我们将这种增长状态定义为均衡增长。有序的“现金平衡”是指在当前的经营效率和财务政策下产生的现金，与销售增长的需要可以保持平衡。这是一种理论上的状态，现实中的平衡是不存在的。

从财务的战略目标考虑，必须区分两种现金短缺：一种是创造价值的现金短缺；另一种是减损价值的现金短缺。对于前者，应当设法筹资以支持高增长，创造更多的市场增加值；对于后者，应当提高投资资本回报率以减少价值减损。同样道理，也有两种现金剩余：一种是创造价值的现金剩余，企业应当用这些现金提高销售增长率，创造更多的价值；另一种是减损价值的现金剩余，企业应当把钱还给股东，避免更多的价值减损。

综上所述，影响价值创造的因素主要有：①投资资本回报率；②资本成本；③增长率；④可持续增长率。它们是影响财务战略选择的主要因素，也是管理者为增加企业价值可以操纵的主要内容。

（二）价值创造和增长率矩阵

根据以上的分析，我们可以通过一个矩阵，把价值创造（投资资本回报率—资本成本）和现金余缺（销售增长率—可持续增长率）联系起来。该矩阵称为财务战略矩阵，可以作为评价和制定战略的分析工具（如图 2-5 所示）。

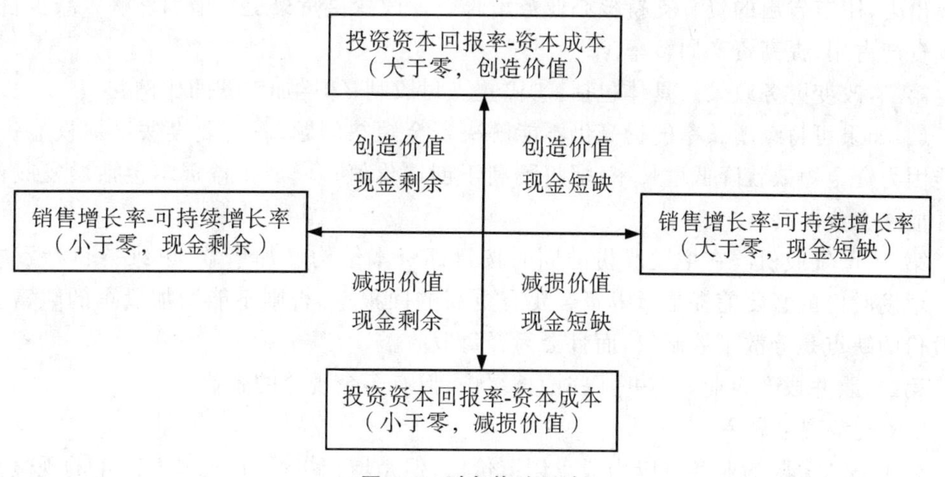

图 2-5　财务战略矩阵

财务战略矩阵假设一个企业有一个或多个业务单位。纵坐标是一个业务单位的投资资本回报率与其资本成本的差额。当该差值为正数时，该业务单位为股东创造价值；当该差值为负数时，该业务单位减损股东价值。横坐标是销售增长率与可持续增长率的差额。当该差额为正数时，企业现金短缺；当差额差为负数时，企业有剩余现金。

据此建立的矩阵有四个象限：处于第一象限的业务，属于增值型现金短缺业务；处于第二象限的业务，属于增值型现金剩余业务；处于第三象限的业务，属于减损型现金剩余业务；处于第四象限的业务，属于减损型现金短缺业务。处于不同象限的业务单位（或企业）应当选择不同的财务战略。

1.增值型现金短缺

处于第一象限的业务(或企业)可以为股东创造价值,但自身经营产生的现金不足以支持销售增长,会遇到现金短缺的问题。

首先,应判明这种高速增长是暂时性的还是长期性的。高速增长是供不应求的反映,会引来许多竞争者。高速增长通常是不可持续的,增长率迟早会下降。如果高速增长是暂时的,企业应通过借款来筹集所需资金,等到销售增长率下降后企业会有多余现金归还借款。如果预计这种情况会持续较长时间,不能用短期周转借款来解决,则企业必须采取战略性措施解决资金短缺问题。长期性高速增长的资金问题有两种解决途径:一是提高可持续增长率,使之向销售增长率靠拢;二是增加权益资本,提供增长所需的资金。

(1)提高可持续增长率的方法包括提高经营效率和改变财务政策两种。

第一,提高经营效率。提高经营效率是应对现金短缺的首选战略。它不但可以增加现金流入,还可以减少增长所需的资金数额。但是,通常企业改善经营效率的努力从未停止过,绝大多数企业的经营业绩已经达到现有经营条件下的极限,一般的降低成本或加快资金周转的措施很难解决面临的问题。企业需要改变经营战略,寻求突破性的改善。具体包括:①降低成本。进行作业分析,重构作业链,消除无增值作业,提高增值作业的效率。②提高价格。改变价格形象,在维持利润的同时抑制销售增长,减少资金需要。③降低营运资金。重构价值链,减少资金占用。④剥离部分资产。将资产利润率较低的资产剥离出去,用节省出的资金支持核心业务增长。⑤改变供货渠道。增加外购以减少自制,减少资产占用,提高资产周转率。

第二,改变财务政策。具体包括:①停止支付股利;②增加借款的比例。

(2)如果可持续增长率的提高仍不能解决资金短缺问题,就需要设法增加权益资本。不能因为资金短缺就降低增长率,那将不利于创造价值。增加权益资本包括增发股份和兼并成熟企业两种。

第一,增发股份。在增发股份的同时按目标资本结构增加借款,以维持目标资本结构。增发股份的必要前提是所筹资金要有更高的回报率,否则不能增加股东的财富。增发股份的缺点是分散了控制权,而且会稀释每股收益。

第二,兼并成熟企业。兼并那些增长缓慢、但有多余现金的企业。

2.增值型现金剩余

处于第二象限的业务可以为股东创造价值,但是增长缓慢,自身经营产生的现金超过销售增长的需要,出现现金剩余。因此,关键的问题是能否利用剩余的现金迅速增长,使增长率接近可持续增长率。

(1)由于企业可以创造价值,加速增长可以增加股东财富,因此首选的战略是利用剩余的现金加速增长。加速增长的途径包括:①内部投资。扩大产销规模,增加生产线,增加分销渠道等。②收购相关业务。收购与该项业务相关的业务,迅速扩大规模。不过,经过几次购并浪潮的盲目乐观之后,逐渐积累的证据表明,购买增长并没有给股东带来多少好处。购并所支付的大笔溢价,使买主得到的只是中等或较差的投资回报。

(2)如果加速增长后仍有剩余现金,找不到进一步投资的机会,则应把多余的钱还给股东。分配剩余现金的途径包括:①增加股利支付,陆续把现金还给股东。②回购股份,快速把现金还给股东。

3.减损型现金剩余

减损型现金剩余表明资源未得到充分利用,存在被收购的风险。减损型现金剩余的主要问题是盈利能力差,而不是增长率低,简单的加速增长很可能有害无益。首先应分析盈利能力差的原因,寻找提高投资资本回报率或降低资本成本的途径,使投资资本回报率超过资本成本。

(1)首选的战略是提高投资资本回报率。应仔细分析经营业绩,寻找提高投资资本回报率的途径。这一过程经常要增加开发费用(技术创新),进行矛盾重重的组织结构变动(管理创新)等。提高投资资本回报率的途径有:①提高税后经营利润率,包括扩大规模、提高价格、控制成本等。②提高经营资产周转率,降低应收账款和存货等资金占用等。

(2)在提高投资资本回报率的同时,审查目前的资本结构政策,如果负债比率不当,可以适度调整,以降低平均资本成本。

(3)如果企业不能提高投资资本回报率或者降低资本成本,无法扭转价值减损的状态,就应当把企业出售。

4.减损型现金短缺

处于第四象限的业务单位(或企业)会减损股东财富,并且由于增长缓慢遇到现金短缺问题。这种业务不能通过扩大销售得到改变。由于股东财富和现金都在被蚕食,需要快速解决问题。

(1)彻底重组。如果盈利能力低是本企业的独有问题,应仔细分析经营业绩,寻找价值减损和不能充分增长的内部原因,对业务进行彻底重组。这样做的风险是,如果重组失败,股东将蒙受更大损失。

(2)出售。如果盈利能力低是整个行业的衰退引起的,企业无法对抗衰退市场的自然结局,应尽快出售以减少损失。即使是企业独有的问题,由于缺乏核心竞争力,无法扭转价值减损的局面,也需要选择出售。在一个衰退行业中挽救一个没有竞争力的业务,成功的概率不大,往往会成为资金的陷阱。

关键词

财务战略 财务管理 扩张型财务战略 稳健型财务战略 防御型财务战略 筹资战略 投资战略 股利分配战略 经济周期 产品生命周期 财务风险 经营风险

思考练习题

1.如何认识企业财务战略对企业财务管理的意义?

2.试分析说明企业财务战略的类型。

3.如何根据宏观经济周期阶段选择企业的财务战略。

4.如何根据企业发展阶段安排财务战略。

5.甲公司主要生产A产品,自2010年进入市场,经过两年的探索,于2012年步入成长期,由于发展良好,自2014年至2018年处于成熟期,但2018年的销售收入出现下滑。

2018 年,该产品的投资资本回报率是 10%,资本成本是 8%,销售增长率为 7.5%,可持续增长率为 8%。

要求:

(1)简述产品生命周期中成长期和成熟期的特点;

(2)企业处于价值创造和增长率矩阵中的哪个象限,以及该象限的特点,并说明理由;

(3)为 A 产品的进一步发展提出建议。

案例分析题

资料:大连万达商业地产股份有限公司(以下简称万达商业)的主要商业地产项目是其旗下的万达广场,自从 2001 年第一代万达广场建立起来,商业模式发生多次转型,如今,万达广场已经从单一的商业广场进化到"城市综合体",按照其功能的不同,可将万达广场划分为三代。第一代万达广场单体店模式,仅体现商业功能,采取单体盒式建筑,选址仅限核心商圈黄金地段,单个规模 5 万平方米。第一代万达广场并不成功,因为其建筑形式不合理,给予个别大商户的租金很低,散户成本过高,从而造成了诉讼纠纷不断,甚至出现了重新炸掉不合理建筑重建的情况,导致公司亏损巨大。第二代万达广场组合店模式,是汲取第一代产品失败经验的情况下开发的,在商业功能基础之上还增加了住宅和酒店功能,采取"组合式盒式+高层"建筑,选址依然仅限核心商圈黄金地段。第二代产品以销售住宅的利润回补商业地产的模式,需要巨大的现金流支持,万达商业的现金流非常紧张,曾出现过出售部分万达广场的股份套取现金流的情况。第三代万达广场"城市综合体"模式,是一个集商业、酒店、写字楼、住宅的城市综合体,在功能上极大拓展,采取"组合式盒式+街区+高层"建筑,选址转向城市副中心、新区中心,极大地降低了拿地成本和同业竞争程度,因此,广场面积也大幅扩展。至此,万达商业的主要产品万达广场经过不断完善已经完全成熟。

一、第一代万达广场时期的财务战略

由于当时国内融资方式单一,对于存在严重融资约束的民营企业而言,万达商业对银行贷款的需求量很大,所以,当时万达商业的财务战略是以银行贷款为主,辅以销售回款的融资方式。万达商业银行贷款的顺序为:土地抵押贷款——开发贷款——资产抵押贷款——资金贷款——租约抵押贷款——银行贷款异地使用。首先,万达商业与国内主要银行保持了良好关系,多家大型银行给予万达商业巨额授信,并签有"总对总授信",也就是万达商业在各地分行的贷款,将无须履行既有的贷款逐级审批程序。而且,万达集团成为中央人民银行金融管理部门房地产金融改革试点企业后,单笔贷款在 5 亿元内无须审批,两三天就可以批款,在中国房地产行业实属鲜见。其次,万达商业大力开展资产抵押贷款和租约抵押贷款。在万达商业"现金流滚资产"模式中,资产抵押贷款是滚动开发的重点。最后,万达商业注重融资方式的创新,它是国内最早尝试经营性抵押贷款的企业,2002 年就与东亚银行等多家银行进行了经营性抵押贷款,并且在多个项目中尝试了租约抵押贷款。销售回款将在后续内容一并进行阐述。

二、第二代和第三代万达广场时期的财务战略

在第二代和第三代万达广场时期,万达商业的财务战略采取以银行存款为主,信托、私募和销售回款等方式为辅的融资方式。

1.房地产信托投资基金(REITs)融资

万达商业在第二代万达广场资金链紧张之际,与澳大利亚银行麦格理合资在境外成立"麦格里—万达房地产基金(MWREF)",计划在香港发行总额100亿港元的REITs产品,标准普尔和穆迪两家机构分别给予这只基金A++和A+的评级,但是经过近一年的运作,终因香港证监会提高REITs门槛而失利。此后麦格理引导万达发行跨境CMBS(商业房地产抵押贷款资产支持证券),最终于2006年私募发行了1.45亿美元跨境CMBS。这项涉及了万达商业在中国东部9个大型商业零售房地产项目的交易,成为中国大陆商业不动产的首笔资产证券化项目。虽然这笔交易最终因为国内取消外资投资内地房地产的税收优惠政策以及加强限制措施而流产,但是万达商业的这次尝试使其具备了潜在的资本市场融资渠道,增加了企业国际融资经验。

2.信托融资

2008年底至2009年年末,万达商业一共增加了11个第二代产品,总投资额达560亿元,资金需求明显增强。万达商业尝试了多种新型的融资模式,其中就包括信托融资渠道,从万达商业信托融资产品情况来看,其金额较小,并且周期较短。当时信托融资的利息高达12%,远远高于银行借款,表明万达商业当时资金链非常紧张。鉴于该融资方式的融资成本过高,万达商业仅仅是把信托融资方式作为暂时缓解现金流的一种方式。

3.私募融资

在2009年年初,万达商业为了配合A股上市,与建银国际完成了第一轮股权私募。并于2010年7月启动了第二轮私募,根据协议,万达集团将其控股的万达商业地产部分股权转让给战略投资者。鉴于万达商业高成长性带来的可预期投资回报,第二轮私募受到了投资者的热捧,在短短一个月时间内,建银国际、华控产业基金等多家投资机构认购了近400亿元的股份。万达商业的这次私募融资无论从资金规模,还是认购价格,在当时都创下了民营企业内地私募之最。值得注意的是万达商业与战略投资者签署了对赌协议:"如果万达商业没有在约定期限内上市,万达商业将溢价回购上述股份,同时,万达商业对于投资期内的业绩也做出承诺,若没有达到上述业绩承诺,大连万达将对投资方予以补偿。"因此,私募融资方式的选择也促成了万达商业在香港上市。

4.销售回款

关于销售回款对现金流的支撑,万达内部的定位是:"完成销售目标是万达集团的生命线,关系着万达集团发展战略的持续性和长远性。"万达商业内部的要求是:"首先,抓好销售工作,抓好销售回款,这是保证现金流的重要来源;其次,要重视工程付款,在任何情况下都保证工程进度;最后,科学安排现金流,提高资金周转率。"在第一代、第二代万达广场时期,销售回款的融资成本相对较低,其所带来的现金流是万达商业的一种重要资金来源。不过在该阶段,万达商业仍然以银行存款等高成本融资方式为主。

三、第三代万达广场时期的财务战略

万达商业在第三代万达广场转型过程中,在银行存款等基本融资方式基础上,采取了销售回款、债券融资与上市融资等多种融资方式。

1.销售回款

在第三代万达广场的“现金流滚资产”模式中，大幅提高了销售回款的比例，这样可以帮助公司尽快回款，保证了现金流的稳定。在保证销售回款稳定的前提下，万达地产因其“现金流滚资产”的商业模式，选择了“现金为王”的财务战略，实现了企业价值的快速提升。

2.债券融资

在第三代万达广场转型过程中，万达商业多次尝试债券融资。例如，2013 年 11 月，万达商业首次在海外发行了 6 亿美元 5 年期美元债券，票面利率为 4.875%，不仅远低于同期商业银行贷款利率，也低于同期香港上市的内地房地产企业债券利率。2014 年 1 月，万达商业通过其境外子公司 Wanda Properties International Co.Limited 在海外又一次成功发行 6 亿美元 10 年期美元债券。这些海外融资经验可以帮助万达商业在以后获得相对低廉的国际资本提供助力。

3.上市融资

万达商业在第二代产品转型过程中进行的私募融资后不久就开始准备 A 股 IPO，但是由于资本市场的低迷和房地产行业的宏观调控，万达商业的上市计划一再推迟，直到 2014 年 7 月证监会终止审查，万达商业地产长达 4 年多的 A 股上市计划宣告失败。万达商业并没有因为 A 股上市计划的失败而放弃上市，而是转向了 H 股。万达商业 2014 年 9 月 16 日向港交所提交招股书，12 月 10 日起公开发售，于 12 月 23 日在香港联交所主板挂牌交易，招股价格定于 48 港元，募资 288 亿港元，成为港交所 2014 年最大 IPO。上市所募集的股权资本将为万达商业在全国范围内布局第四代产品“万达城”以及进一步开拓国际房地产市场提供充足资金。

请思考：

1.万达商业是如何实现财务战略与其商业模式之间的匹配的？

2.采取“现金为王”的财务战略对于万达商业实现商业模式转型起到了什么作用？

3.在企业面临商业模式转型时，如何选择适合的融资方式？

4.找一家上市公司上市以来的财务报告、上市以来发生的重大事件和重大报道，分析该公司上市以来的财务战略发展变化和公司战略变化情况，总结该公司上市以来实施的财务战略的成功经验和失败教训。

第三章　公司并购

学习目标

1.掌握公司并购的含义、类型、估价方法、融资方式、支付手段、并购整合以及并购防御；
2.熟悉公司并购的动因、历史演进和程序；
3.了解管理层收购的概念、特征和融资方式，杠杆并购的概念、类型和在中国的实践发展。

开篇案例

万达并购 AMC

2012 年 5 月 21 日，大连万达集团与全球排名第二的院线集团——美国 AMC 公司（全称 American Multi－Cinema Company）正式签署了并购协议，以 31 亿美元购买 AMC100％的股权。此次并购交易金额约合人民币 196 亿元，其中包括并购的总交易金额 26 亿美元及并购后再投入 AMC 的不超过 5 亿美元的营运资金，以及承担 AMC 的相关债务。美国 AMC 公司创立于 1920 年。截至 2011 年统计，AMC 旗下拥有 346 家影院，共计 5 028 块屏幕，在美国就占有 20％的电影市场份额。AMC 公司业务范围很广，除了电影放映等基础业务外，在电影广告、电影发行、获取数字化设备的租金、先进屏幕播放业务等方面也很活跃。大连万达集团并购 AMC 公司后的两年多来，AMC 公司扭亏为盈，万达集团收益也实现翻倍。2015 年 1 月 22 日，公司旗下的万达院线成功上市，成为中国 A 股市场第一只院线股。总体而言，这是一次相当成功的并购，对国内其他企业如何实现快速扩张和走向国际化有很重要的借鉴意义。

思考：大连万达集团 2012 年决定并购美国 AMC 公司的战略动因是什么？大连万达集团在此次并购中存在的风险有哪些？由于并购双方存在企业制度、管理、文化等方面的现实差异，实施并购后如何实现并购双方的有效整合？

第一节　概述

企业并购作为市场经济发展的产物，已经成为西方发达国家一个十分重要的经济现象。在当今市场经济发达的国家中，企业越来越重视利用并购这一手段扩展经营，实现生产和资本的集中，达到企业外延式扩张的目的。因此，深入学习和研究企业并购问题对实现我国企业资产的优化配置，促进企业经济效益的提高，具有十分重要的现实意义。

一、并购的含义与类型

(一)并购的含义并购

并购是兼并和收购的简称。兼并是指一家公司以现金、证券或其他形式购买取得其他公司的产权，使其他公司丧失法人资格或改变法人实体，并取得对这些公司决策控制权的经济行为。公司兼并包括吸收合并和新设合并两种方式。吸收合并是指一家公司和另一家公司合并，其中一家公司消失，另一家公司存续，即“A＋B＝A(B)”。新设合并是指两家或两家以上公司的合并成一家新公司，即成立新的法人实体，即“A＋B＋…＝C”。

收购是指公司用现金、债券或股票等购买另一家公司的部分或全部资产或股权，以获得该公司控制权的投资行为。在收购中，被收购企业仍以法人实体存在，其产权也可以是部分转让；收购企业是被收购企业的新股东，以收购出资的股本为限承担被收购企业的风险。而在兼并中，被合并企业作为法人实体不复存在，主兼并企业成为被兼并企业新的所有者和债权债务的承担者，资产负债一同转移。

(二)并购类型

公司并购可以按照不同的标准进行分类。

1.按并购双方行业相关性划分

按照并购双方所处行业相关性，公司并购可以分为横向并购、纵向并购和混合并购。

横向并购，指两个或两个以上生产和销售相同或相似产品的公司之间发生的并购行为，实质上是竞争对手之间的合并。横向并购的主要目的在于消除竞争、扩大市场份额、增加并购企业的垄断实力或形成规模效应。但是由于并购可能会破坏竞争，形成高度垄断的局面，因此世界上很多国家都密切关注并严格限制此类并购的发生。

纵向并购，指发生在同一产业的上下游企业之间的并购，即处于生产经营同一产品的不同生产阶段的企业之间发生的并购行为，例如，供应商与客户的合并。从并购的方向来看，纵向可分为向前并购和向后并购。向前并购指的是向最终客户方向的并购；向后并购指的是向供应商方向的并购。纵向并购的优势是可以加强公司对销售或采购的控制，形成协作化经营，从而降低交易成本。

混合并购，指与企业原材料供应、产品生产、产品销售均没有直接关系的并购行为。其主要目的是为了实现多元化经营，寻求范围经济，降低企业的经营风险。在我国，一些企业希望通过混合并购的方式来实现多元化发展的格局，从而为企业进入其他行业提供有力、便捷的途径。

2.按被购企业意愿划分

按照并购双方是否友好协商划分，并购可以分为善意并购和敌意并购。

善意并购，指收购方事先与目标企业协商，征得其同意并通过谈判达成收购条件的一致意见而完成收购活动的并购方式。善意并购有利于降低并购行为的风险与成本，使得双方能够充分交流、沟通信息，避免因目标公司的抗拒而带来额外的支出。但是善意并购有时不得不牺牲自身的部分利益为代价来兼顾目标公司的利益，以换取目标公司的合作。

敌意并购，指并购公司在收购目标公司股权时遭到目标企业抗拒但仍然强行收购，或者并购方事先没有与目标企业进行协商，直接向目标企业的股东开出价格或者发出收购要约的并购行为。敌意并购的优点在于并购公司基本处于主动地位，不用被动权衡各方利益，而且并购行动节奏快。但是敌意并购通常难以从目标公司获取其内部实际经营、财务状况等重要资料，因而给公司估价带来困难，同时敌意并购还会招致目标公司的顽强抵抗或设置各种障碍。

3.按并购支付的方式划分

按照并购支付的方式划分，公司并购可以分为现金购买式并购、承债式并购和股份置换式并购。

现金购买式并购，指并购方筹集足够资金直接购买被并购企业的净资产，或者通过支付现金购买被并购企业股票的方式达到获取控制权目的的并购方式。现金购买式并购的优势在于它可以迅速达到目的，减少并购时间；其缺点是受并购方自身支付能力的限制，也可能引发较高的税收负担。

承债式并购，指在被并购企业资不抵债或者资产债务规模相当等情况下，收购方以承担被并购方全部债务或者部分债务为条件，取得被并购方控制权的并购行为。

股份置换式并购，指收购方以自己发行的股份换取被并购方股份，或者通过换取被并购企业净资产达到获取被并购方控制权目的的并购方式。采取股份置换式并购方式，关键问题在于准确评估双方股权价值以相对精确地核算彼此股权置换的比例。

除上述几种并购支付方式外，混合支付方式也是实务中最为常见的并购支付手段之一。混合并购方式是指利用多种支付工具的组合，达到获取目标公司控制权的支付方式。这些支付工具不仅包括上述的现金和股票，还包括公司债券、优先股、认股权证和可转换债券等多种形式。各种支付方式各有优劣，将若干种支付方式组合在一起，就能够集结其长处，克服其短处。

4.按实施并购的形式划分

按照实施并购的形式划分，公司并购可以分为间接收购、二级市场收购、要约收购、协议收购、股权拍卖收购等。

间接收购，指通过收购目标公司大股东的股权而获得对目标公司的最终控制权。这种收购方式相对简单，往往可以规避证券市场的很多监管要求。

二级市场收购，指并购公司直接在二级市场上购买目标公司的股票并实现控制目标公司的目的。由于这种市场化的收购方式要面对众多个性化的投资者，因此并购的难度相当大。一方面，收购可能会造成被收购方的股价上涨，从而导致公司并购所需成本增加；另一方面，并购方还要遵守相关的交易法规。

要约收购，是指并购企业对目标企业所有股东发出收购要约，以特定价格收购股东手中所持有的目标企业全部或部分股权。

协议收购，指并购企业直接向目标企业提出并购要求，双方通过磋商确定并购的各种条件而最终达到并购目的。协议收购下，并购双方往往态度友好。2006 年之前，我国绝大多数并购都是协议收购，因为在股权分置时代，上市公司中占据控股地位的大多是国有股股东，而国有股不能流动，所以主要方式是协议收购。

股权拍卖收购，指目标企业原股东所持股权因涉及债务诉讼等事项进入司法拍卖程序，收购方借机通过竞拍取得目标企业控制权。

二、并购的历史演进

以西方发达国家为代表的并购活动按历史进程可以分为以下几个阶段，每一阶段对应了并购活动的一定特征。

(一)第一次并购浪潮(1897—1904 年)

从 19 世纪 70 年代起，美国企业在铁路、钢铁、石油、金属制造、机械、煤炭等行业内，率先开始旨在扩大企业规模的同一行业内的企业并购活动，并于 1895—1904 年间出现并购高潮。本次并购浪潮几乎席卷美国所有行业，被并购企业数量达到 3 000 余家，被并购资产达 69 亿美元。在此期间，美国有 75%的公司因并购而消失。作为工业革命发源地的英国在此期间的并购活动也大幅增长，也有大量小型企业通过兼并组成了多家大型企业，垄断着主要工业部门。

这次并购浪潮的主要并购形式是横向并购，结果是形成企业垄断。大量中小型企业通过并购组成为一个或几个大型企业，这些大型企业成为某一行业现代大工业的垄断者，如美国钢铁公司、杜邦公司、标准石油公司、通用电气公司、美国烟草公司、美国橡胶公司等。

(二)第二次并购浪潮(1916—1929 年)

此次并购浪潮始于 1916 年，结束于经济大衰退初期。与第一次有着显著的不同，这次并购浪潮以大公司的纵向并购为主要特征。同时，还出现了产品扩展型和市场扩展型混合并购。这是因为反垄断法的出台促进大公司并存竞争，以扩大公司规模为主要目的横向并购受到限制。

美国钢铁公司在第一次并购浪潮中，通过并购大量中小型企业，组成了实力强大的垄断公司。到了第二次并购浪潮，该公司通过并购一系列采掘、炼铁、炼钢、轧钢、运输、港口和销售等环节的企业，形成了一个庞大的钢铁联合企业。

这一时期的并购浪潮在很大程度上也塑造了英国制造业的基本轮廓，形成了一批在各行业处于领导地位的大型企业。例如，ICI 至今仍控制着英国的制造行业。

(三)第三次并购浪潮(1965—1969 年)

这一阶段的并购是以多元化经营和品牌重组为主要特征的混合并购。各主要工业国的经济经过 20 世纪 40 年代后期和 50 年代的逐步恢复，在 20 世纪 60 年代迎来了经济发展的黄金时期，同时催生了大规模的投资建设活动。随着第三次科技革命的兴起，一系列高科技成就得到广泛应用，社会生产力实现迅猛发展。因此在第三次并购浪潮中，无论是规模还是速度都大大超过前两次，且主要是大型企业之间的并购，这使得企业和市场垄断程度进一步提高。

(四)第四次并购浪潮(20 世纪 70－80 年代)

这次并购浪潮由 20 世纪 70 年代中期持续到 80 年代末。这一阶段的浪潮规模空前、数量繁多。据统计,1980—1988 年间企业的并购数量达到 20 000 起。第四次浪潮呈现两个典型的特征:一是由于第三次并购浪潮中混合并购弊端开始显露,调整多元化经营企业的内部结构、消除混合并购带来的弊端,成为此时并购的一个重要任务;二是杠杆并购盛行,出现了大量小企业并购大企业的现象,小企业借助金融公司的财力并购多元化发展的大企业,实现"小鱼吃大鱼"。例如,KKR 公司是美国著名的经纪公司,依靠发行"垃圾债券"在 1984—1987 年购买了 11 家大型公司。1988 年又以 251 亿美元收购了在美国大公司中排名第 19 位的 RJR 纳比斯克公司。此次并购活动,KKR 出资 15 亿美元,其余资金来自两家投资银行的贷款和发行"垃圾债券"筹集的资金。

(五)第五次并购浪潮(20 世纪 90 年代至今)

自 20 世纪 90 年代以来的这次并购浪潮的主要特征为"强强联合"和"跨国并购"。参与并购的企业数量之多、单件并购交易金额规模之大及影响之广泛都是空前的。统计数据表明,1987 年全球跨国并购额仅为 745 亿美元,1990 年就达到了 11 510 亿美元,2000 年全球跨国并购额达到 11 438 亿美元。并购主要集中在通信、化工、机械、航空、电子、零售、医疗保健和银行等行业,银行、电子、网络和制药企业间并购的交易金额甚至高达上千亿美元,并购的类型又回到了一个世纪前流行的横向并购为主,但这次是跨国的横向并购。

随着我国经济的快速发展和国际化程度的显著提高,国内很多大型企业也纷纷开始参与海外并购活动。例如,仅仅 2013 年全年,中国大陆企业参与了海外并购 200 余宗,并购数量同比上升 5%,并购总金额达 515 亿美元。

三、并购的动因分析

企业作为一个资本组织,必然谋求资本的最大增值,而企业并购作为一项重要的投资活动,产生的动力主要来源于追求资本最大增值的动机,以及源于竞争压力等因素。但是就单个企业而言,其并购行为又会有不同的动因。

(一)效率理论

效率理论认为,并购活动能产生正效应的原因在于并购双方的管理效率是不相同的。具有较高管理效率的企业兼并管理效率较低的企业,可以通过提高后者的管理效率而获得正效应。该理论存在以下两个基本假设:

1.并购方的管理资源有剩余,并且具有不可分散性。之所以做出该假设是因为,如果并购方的管理资源并没有剩余即已经得到了充分利用,或者并购方的剩余管理资源具有可分散性,可以轻易释放出去,并购将是没有必要的。

2.对于目标公司而言,其管理的非效率可经由外部经理人的介入和增加管理资源的投入而得到改善。

(二)经营协同效应理论

经营协同效应是指由于经营上的互补性,使得两个或两个以上的公司合并成一家公司之后,能够带来收益增大或成本减少,从而实现规模经济,即 1+1>2 的现象。经营协同效应理论的假设前提是规模经济的存在。由于人力资本支出、固定资产支出、制造费用、营销费用、管理费用等的不可分性,在合理的范围内,分摊这些支出的产品数量越大,则单位产品的成本就越低。在企业尚未达到合理规模使各种资源得到充分利用时,并购显然是解决这一问题的有效手段。

这种理论也可用于解释纵向并购。根据交易成本理论,通过纵向一体化可以形成经营协同效应。例如,将同一产业的不同生产阶段或是不同发展阶段的企业合并起来,可以降低或避免讨价还价、沟通交流等交易成本,从而提高企业的经营效率。

(三)财务协同效应理论

财务协同效应理论认为,并购可以给企业提供成本较低的内部融资。比如,并购双方的现金流量若不是完全相关的,当一方拥有充足的现金流量但缺乏投资机会,而另一方有巨大的成长潜力却缺乏融资渠道时,两者的合并就会产生财务协同效应。

此外,企业通过并购可以实现合理避税。如果被并购企业存在未抵补亏损,而收购企业每年生产经营过程中产生大量的利润,收购企业可以低价获取亏损公司的控制权,再利用其亏损抵减未来期间应纳税所得额,从而取得一定的税收利益。

(四)多元化理论

多元化理论认为,通过并购其他企业,可使企业迅速达到多元化扩展的目的。多元化的最大好处就在于分散企业的经营风险,从而降低企业管理者和员工的人力资本投资风险;同时,通过多元化经营可以增加员工的升迁机会以及工作的安全感。此外,多元化经营可以使公司原本具有的商誉、客户群体或是供应商等无形资产得到更充分的利用。

需要指出的是,企业多元化经营并不一定要通过并购来实现,如可通过内部成长实现,但是并购方式是实现多元化最便捷的方式。

(五)战略调整理论

战略调整理论认为,企业并购是为增强企业适应环境变化的能力、迅速进入新的投资领域、占领新的市场,获得竞争优势。虽然企业也可以通过内部发展来获得新的资源和新的市场,但并购显然能使企业更快地实现这种调整。

(六)价值低估理论

价值低估理论认为,当某一公司的市场真实价值和潜在价值被低估时,获利意图使得众多企业趋之若鹜,并购活动就会产生。公司市值被低估的原因通常有以下几种:(1)公司的经营管理未能使公司达到其潜在可达到的效率水平;(2)并购公司拥有外部市场所没有的、有关目标公司真实价值的内部信息;(3)通货膨胀造成资产的市场价值与重置成本之间存在差异,从而出现公司价值被低估的现象;等等。

常用来衡量企业价值是否被低估的指标是1969年美国经济学家托宾提出的托宾 Q,因此该指标也称为托宾指数。Q 等于公司的市场价值与企业资产的重置成本之比。当企业的托宾 Q 值小于1时,就表明企业的价值被低估了,并购行为就可能发生,因为企业通过并购方式比新建一个类似的企业更合算。

(七)信息与信号理论

信息与信号理论认为,并购谈判或要约收购的宣布可能会传递给市场参与者一定信息或信号,表明目标企业的未来价值可能提高,从而促使市场对目标企业的价值进行重新评估或激励目标企业的管理层采取更为有效的竞争战略。即使收购活动最终并没有成功，目标企业的股票价格在收购过程中也会被重新提高。

在信息和信号理论中，非对称信息的假设更具有现实意义，但也存在一定的缺陷，因为该假设并没有考虑到经理人会与其他人员勾结向市场输送错误信息而使自己获益的行为。

（八）市场时机理论

市场时机选择融资理论是现代公司财务理论的重要部分。信息不对称、投资者有限理性等会导致股票市场非完全有效，股票价格将会偏离真正的价值。当公司股票价值被市场高估时，上市公司大多选择公开发行股票以融得更多资金，当公司的股票价值被市场低估时，理性的管理层会通过回购公司股票来实现公司价值最大化。在市场时机理论的基础上，施莱弗尔和维什尼提出了股票市场错误定价驱动模型，认为市场对企业错误定价是形成并购浪潮的重要动因。如果管理者认为公司自身价值高估，将会有动机去收购价值低估的目标公司，而短视的目标公司管理层会接受价值高估的股份。

（九）市场势力理论

市场势力理论认为，企业进行并购，扩大经营规模，不是为了提高效率，而是为了维持和加强其在市场上的垄断地位。企业一方面通过并购可以有效地降低进入某一行业的壁垒，通过利用目标公司的资产、销售渠道和人力资源、技术条件等优势，实现公司低成本、低风险扩张的目的；另一方面通过并购活动，将关键性的投入—产出关系纳入公司的控制范畴，以此达到减少竞争对手来增强对公司经营环境的控制的目的，提高市场占有率，并增加长期的获利机会。在横向并购的情况下，该理论认为公司数目的下降将提高该行业中剩余公司的相互依赖程度或“共谋”的可能。

（十）代理理论

詹森和麦克林在 1976 年提出的代理理论认为，所有者与经营者之间的关系是一种委托代理关系，由于两者目标或利益不一致，因此会产生代理问题（包括逆向选择和道德风险等）。在现实中，通过设计股权支付的薪酬机制、外部产品市场、资本市场和经理人才市场都可以适当降低代理成本。当这些机制都不足以控制代理问题时，接管可能是最后的外部控制机制。代理理论认为通过并购活动可以改选经理人和董事会成员从而对现有管理层构成有效的潜在威胁，因此并购是解决代理问题的重要方式之一。

（十一）管理主义理论

管理主义理论认为，并购活动本身就是一种代理问题，而不是代理问题的解决方法。穆勒（1969）认为，代理人的报酬与公司的规模相关，因此代理人有动机通过并购使公司规模扩大，从而增加自己的收入，保障其职位的安全感。管理者往往会重视企业的增长率，而忽视实际的投资收益率，可能会做出对股东不利的并购决策。罗尔（1986）提出，由于管理者的野心、自大或过分骄傲，导致他们在评估并购机会时可能过于乐观，支付给目标企业股东的价值偏高。

（十二）自由现金流理论

自由现金流理论认为，自由现金流量是指企业的现金在支付了所有净现值为正的投资计划后所剩的现金流量。如果企业是有效率的而且以股东价值最大化为目标，企业的自由现金流量必须支付给股东，但管理者不愿意把自由现金流量进行派发。这是因为派发自由现金流就会减少他们所控制的财务资源，从而削弱他们的权利。所以，管理者往往动用自由现金流量去并购企业来实现扩张，以扩大自身的代理范围和权利，而不管并购的回报如何，因而会导致进行低收益甚至亏损的并购。如果企业没有自由现金流量，管理者的这种低收益甚至亏损的并购就可能无法进行。

以上任何一种关于并购动机和效益的解释都是针对一种或几种具体的并购动机而言的，都有其各自使用的范围。现实中，一宗并购往往并不只有一个动因，而可能是多因素的综合平衡过程。

案例3-1

优酷和土豆在合并之前分别位于行业第一和第二的位置，并且两家企业在经营模式上相似度较高。当双方宣布合并后，迅速引起外界的广泛关注。一方面，双方之前一直处于激烈竞争的状态；另一方面，这起并购的交易金额达 10.4 亿美元左右，创下中国互联网市场的最大换股并购案。下面首先对优酷的基本情况、土豆的基本情况和并购过程进行简要描述，在此基础上探究优酷并购土豆的动因。

（一）优酷基本情况

优酷网是由其创始人古永锵于 2005 年 11 月在北京创办成立的，是一家领先的视频分享网站。优酷以“优酷，世界都在看”为口号，以“快者为王”为产品理念，并十分注重用户体验。成立至今，优酷网针对用户日益增长的多元化互动需求，不断完善其服务质量，以优于同行的“快速播放，快速发布，快速搜索”的产品特性，迅速成为国内视频行业中的领军企业。成立之初，优酷网的定位是视频分享平台，即通过搜集整理网友上传的视频内容，为广大网民提供一个平台，可以观看自己和别人拍下的那些五花八门的内容，然后吸引广告商投放广告，其运营模式类似美国的 YouTube 模式。2007 年 12 月 21 日，优酷日视频播放量(W)率先突破 1 亿。同年，优酷网通过沈阳大雪等一系列吸引眼球的互联网事件，跃升为视频网站的流量冠军。2008 年 7 月，优酷同时获得了国家广电总局颁发的“信息网络传播视听节目许可证”和由北京广电总局颁发的“广播电视节目制作经营许可证”。

2010 年 12 月 8 日，优酷成功在纽约证券交易所上市，股票代码为“YOKU”。其股票发行价 12.8 美元，在交易首日，股价就达到 161% 的涨幅，成功为优酷募集了 2.33 亿美元的资金。优酷是中国第一家在海外上市的视频网站，也是全球第一家独立登上美国资本市场的视频网站。2012 年 4 月，优酷获国家新闻出版总署颁发的《互联网出版许可证》，成为中国视频领域第一家获得涵盖互联网及手机互联网出版许可的商业网站。

（二）土豆基本情况

土豆网于 2005 年 4 月 15 日在上海正式成立，创立人为王微，是中国最早的视频分享平台之一。土豆网以“每个人都是生活的导演”为产品理念，即希望每个人都能够发出自己的声音，做自己想做的节目。用户可以通过其平台轻松发布、浏览、分享和下载自己和他人的视频作品，这使土豆很快成为世界上最大的视频分享网站之一。土豆网上线两年后，每日提供的视频达 5 500 万，视频播放量最高超过 1 亿次，日均独立用户数超过 1 500 万。

2011 年 8 月 17 日，土豆网成功在美国纳斯达克上市，股票代码“TUDO”。土豆的上市之路并不平坦，由于上市时机不佳，恰逢中国概念股诚信危机，因而在美国遭遇做空，上市首日就跌破发行价。土豆并没有筹集到足够的资金，其股价也一直表现不佳，因而土豆一直面临着资金困扰。

(三)优酷并购土豆的过程

2009 年到 2011 年间优酷和土豆已展开多次接触，就可能的商业合作展开非正式谈判。但谈判未能达成任何意向或协议，最后无果而终。2011 年 8 月，土豆网登录纳斯达克。从当年 11 月开始，摩根士丹利开始为土豆提供战略建议，土豆公司高管和董事会也在考虑通过与特定竞争对手的战略合作、合并来扩展业务。通过这些讨论和评估，土豆网相信中国网络视频行业整合是大势所趋，因此决定继续讨论和考虑潜在的合并战略选择，其中就包括与优酷的业务合并。

2012 年 2 月，优酷与土豆再次开启谈判。2012 年 2 月 16 日优酷 CEO 古永锵、高级副总裁兼 CFO 刘德乐和李世默在北京会见土豆大股东纪源资本代表符绩勋，双方就优酷与土豆的换股合并展开初期谈判。优酷在会后指派其外部法律顾问，就双方合作的重要条款代为起草备忘录。紧接着，双方还进行了多次会面和交流后，于 2012 年 2 月 28 日优酷法律顾问向土豆发送初步合并协议草案。在 2012 年 3 月 10 日，优酷股份有限公司和土豆股份有限公司成功签署合并协议并于当月 12 日发布了联合声明：优酷和土豆将以 100%换股的方式合并。根据协议条款，自合并生效日起，土豆所有已发行和流通中的 A 类普通股和 B 类普通股将退市，每股兑换成 7.177 股优酷 A 类普通股；土豆的美国存托凭证(Tudou ADS)将退市并兑换成 1.595 股优酷美国存托凭证(Youku ADS)。每股 Tudou ADS 相当于 4 股土豆 B 类普通股，每股 Youku ADS 相当于 18 股优酷 A 类普通股。合并后，优酷股东及美国存托凭证持有者将拥有新公司约 71.5%的股份，土豆股东及美国存托凭证持有者将拥有新公司约 28.5%的股份。合并后的新公司将命名为优酷土豆股份有限公司(Youku Tudou Inc.)，优酷的美国存托凭证将继续在纽约证券交易所交易。

(四)优酷并购土豆的动因

按参与并购双方所处产业来看，优酷和土豆这次并购属于横向并购。结合本节介绍的相关基础理论和两家公司的具体情况，可以将他们之间的并购动因归纳为以下几个方面：

1.实现经营协同效应

优酷和土豆的并购，必将带来资源上的整合。资源上的共享可以大大降低企业的内容成本和宽带成本，扩大企业的经营优势和竞争优势。在优酷和土豆合并之后，双方可以相互分摊降低成本开销，并且在购进相关热播内容的版权上，优酷土豆也可以作为最大的买方而拥有定价权和主动权，从而获得利益优势。

从内容成本上看，视频网站的重要开支是影视剧版权费。与 2010 年之前的价格相比，2011 年的版权费最高涨至几十倍。但为了吸引用户，网络视频网站愿意花钱获得热播剧的版权。在合并之前优酷和土豆曾在版权方面有过合作，合作方式主要有两种：一是双方共同出资购买热点内容。这虽然可以节省一些成本，但对于购买内容的分歧，没有很好的解决办法。二是双方进行版权互换，即优酷和土豆共享双方的资源库，从而减少引进版权所带来的成本支出。但这种合作方式的效果也并不明显，因为作为竞争对手，对于一些重要的内容资源是不可能进行共享的，所以合作的范围也比较小。而合并之后，相当于彻底地进行版权共享，可以大大地降低内容成本。另外，优酷和土豆两网站内容重复性高达70%，合并后可以采用统一采购政策，将购买的视频资源同时在两家网站放映，这有助于大大降低采购成本。

从宽带成本上看，宽带成本一直占营运成本较大比重。视频网站要想长期稳定的发展，必须要争取更多的用户黏性，而要获得用户长期稳定的收看习惯、使用户不移情别恋，就需要充足的后台流量支撑。不断地维护服务器需要对硬件设施进行大量的资金投入，保证视频的流畅程度。合并后，优酷和土豆可以将硬件设施上花费的资金平摊到两个企业身上，从而节约成本。并且，两个网站在合并之后用户数量剧增，带来了影响力的扩大以及网站传播能力的增强，从而获得更多广告商的青睐，营业收入出现大幅增长，进而有效地实现经营协同效应。

2.实现管理协同效应

合并后对管理团队的整合，可以达到管理方面的协同效应从而提高效率。根据差别效率理论，管理效率高的企业并购了管理效率低的企业后，低效率管理的企业的管理水平会提高到高效率管理企业的水平。优酷在行业中一直保持着较高的营业收入增长速度，土豆的营业收入增长速度则低于行业水平。优酷在2011年进驻中国移动旗下Mobile Market应用商城，向移动终端用户提供高品质视频和应用下载服务。同时，优酷还针对智能移动终端推出全新的站内播放器，结束了电脑用户与移动终端用户共用同一个网页视频播放器的时代。而土豆在2011年下半年登入达斯达克后，遭遇美国融资环境恶化，没有筹集到足够的资金来进行新业务的开展。合并之后，优酷可以将自己积累的丰富管理经验转移给土豆，将自身过剩的管理资本与土豆的资本结合起来，产生管理协同效应。

3.扩大市场份额，提高市场控制力

目前，我国的视频网站逐渐增多，而且内容又趋于同质化，行业内的竞争加剧。土豆和优酷本来就是竞争对手，两个互联网视频巨头曾在市场份额以及版权争夺上进行了恶战，甚至对簿公堂，双方在诉讼打官司方面就花费千万元以上，导致错过了好的发展时机。并购在一定程度上化解了这种敌对的关系，相当于消灭了一个强大的竞争对手，不可谓不是个明智的选择，防止两败俱伤。

优酷和土豆作为最为传统的网络视频企业，面对各种生力军的袭来，显得力不从心。一方面是新浪视频、搜狐视频、百度、爱奇艺等门户巨头网站拥有着雄厚的资金流量，大量投资热播电视剧，他们凭借门户所积累的强大的用户黏性而短时间吸引了大量的用户，强势崛起。另一方面是以央视为代表的湖南卫视等电视类视频网站拥有着独家的内容优势，步步紧逼。而优酷和土豆这样的传统视频网站，尽管有着最大的市场份额，但在资金和内容上明显不足，再加上国内掀起的抢购热播剧的热潮使得电视剧的版权一路飙升，优酷土豆也因此面临着严重的资本压力。

面对行业中的激烈竞争情况，优酷和土豆的并购可以集中两方的优势，将大大提高在行业中的竞争能力。

四、公司并购的程序

公司并购是一项极其复杂的运作过程，会涉及很多经济、法律、政策等方面的问题，并且不同性质企业的并购操作程序也不尽相同。尽管法律就企业并购的程序作了一些规定，但是更多的细节仍要由参与并购的各方具体商定。为此，本节首先介绍公司并购的一般程序，再介绍上市公司并购的相关特殊要求。

(一)公司并购的一般程序

总体而言，公司并购的一般程序可用图 3-1 表示。

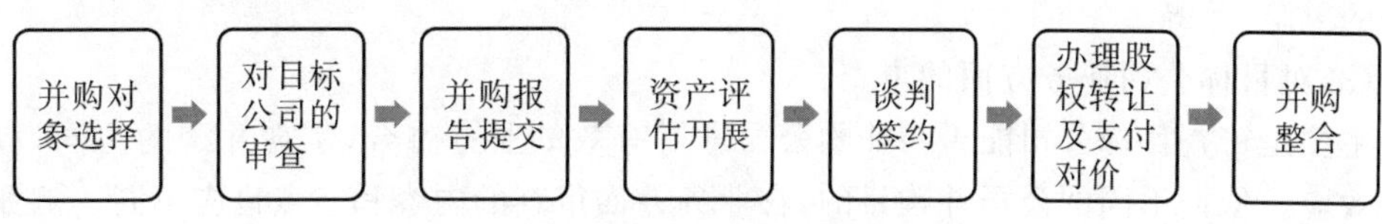

图 3-1　公司并购的一般程序

1.并购对象选择

发现和抓住适合本企业发展的并购目标是企业并购成功的关键。筛选备选目标的办法是首先将其与并购公司的并购战略做比较，看是否与公司的战略相协调。其次是通过一些细节的标准进行比较，从中挑选出最符合并购公司的目标公司。一般来说，可以重点从以下方面来考虑：①目标公司在某一行业的市场地位，例如，目标公司是否已建立自己销售渠道的市场主导者；②目标公司的盈利能力，如潜在的高边际利润的业务；③目标公司具有的优质资产比重高，但公司当前没有做到最佳的资产回报；④目标公司投资不足，但具备良好的发展前景等；⑤目标公司的技术状况及其竞争者取得或模仿其技术的难度即进入壁垒的高低；⑥目标公司服务的竞争优势；⑦目标公司当前的管理层、核心技术人员和其他关键管理人员的状况；等等。

在此阶段中出现的风险主要是备选并购目标搜寻失误、参考的外部信息虚假、参考标准选择失误等，这些将直接影响到目标公司的确定以及并购的成功实施。这些风险属于信息风险，即由于信息的不对称和不充分，造成并购扩张时并购方对目标公司了解不全面进而导致并购失败的风险。

2.对目标公司的审查

对于初步选定的并购目标公司，为尽量降低并购风险，并购方需要做进一步的分析评估和实质性的审查。审查的重点一般集中在以下几个方面：

(1)对目标公司出售动机的审查

目标公司如果出售，往往有其原因，审查其出售动机将有助于评估目标公司价值和制定相应的谈判策略。一般来说，目标公司出售动机主要为以下几方面内容：①目标公司可能是经营不善而使其股东打算出售股权；②目标公司股东为实现新的投资机会，需要把投资转向新的行业；③目标公司的大股东急需大量资金周转而出售部分股权；④目标公司的股东对目标公司的管理不满意而以并购的方式来撤换整个管理层；⑤目标公司管理人员出于自身地位与前途的考虑，而愿意被并购以在大企业谋求一个高薪且稳定的职位；⑥目标公司调整多样化经营战略，抛售不符合本企业发展战略或盈利不佳的子公司，等等。

（2）对目标公司法律文件方面的审查

即审查政府部门对产业及并购的规定、标准、条例，以及目标公司的章程、合同契约、股票证明书、主要财产目录清单等法律性文件。具体包括如下内容：①审查目标公司章程中的各种条款和股票证明书的法律性文件，尤其是与并购或资产出售有关的规定，此外，目标公司的股东大会、董事会的备忘录、各种决议也应加以审查；②审查目标公司的主要财产目录清单，明确其资产所有权、使用权、负债和资本结构等；③审查目标公司对外的各种书面合同，关注对目标公司的控制权改变后合同是否仍然有效以及是否存在面临法律诉讼的风险；等等。

（3）对目标公司业务方面的审查

主要是审查目标公司能否与并购公司进行有效的业务融合，实现并购的协同效应和战略效应。依据不同的公司并购目的，在业务方面审查的内容和重点也应不同。例如，并购的目的是利用目标公司现有的生产设备，则应关注目标公司的生产设备是否保养良好、是否实用；如果并购的目的是通过目标公司的营销资源来扩大市场份额，则应对其客户的特性、购买动机等需求情况进行关注。

（4）对目标公司财务方面的审查

财务方面的审查主要在于防止目标公司提供虚假或错误的财务报表，审查时应尽量使用经注册会计师审计过的财务报表。一般关注目标公司以下几个方面的内容：①目标公司的偿债能力和财务风险的大小；②目标公司的盈利能力和获利的高低；③目标公司的营运能力和资金周转情况。

（5）对并购风险的审查

并购风险包括市场风险、投资风险和经营风险。市场风险，即并购信息引起的目标公司在股票市场或产权交易市场的价格变动的风险；投资风险，即并购作为一种直接的外延性投资方式，其收益受到许多因素的影响，因此并购可能产生损失的风险；经营风险是指并购决策出现失误而导致公司盈利水平变化从而产生投资者预期收益下降的风险，或由于汇率的变动而导致未来收益下降和成本增加的风险。

3.并购报告提交

确定并购对象后，并购双方应当各自拟订并购报告，然后上报主管部门履行相应的审批手续。国有企业的重大并购活动或被并购均由各级国有资产监督管理部门负责审核批准；集体企业被并购，由职工代表大会审议通过；股份制企业由股东大会或董事会审核通过。并购报告获得批准后，应当在当地主要媒体上公布并购消息，并告知被并购企业的债权人、债务人、合同关系人等利益相关方。

4.资产评估的开展

资产评估是公司并购实施过程中的核心环节，通过资产评估可以分析确定资产的账面价值与实际价值之间的差异，以及资产名义价值与实际效能之间的差异，准确反映资产价值量的变动情况。在资产评估的同时，还要全面清查被并购企业的债权、债务和各种合同关系，以确定债务合同的处理办法。在对被并购企业资产评估的基础上，最终形成并购交易谈判的基准价格。

5.谈判签约

并购双方参照资产评估确定的交易底价协商确定最终成交价，并由双方法人代表签订正式并购协议书(或并购合同)，明确双方在并购活动中享有的权利和承担的义务。

谈判签约阶段属于协议的确定及正式签署阶段，因此合并交易结构的确定非常重要。交易结构主要是指支付对价的方式、工具和时间，通常涉及法律形式、会计处理方法、支付方式、融资方式、税收等诸多方面。法律形式是指合并的法律方式；会计处理方法是指采用购买法还是权益结合法合并报表；支付方式包含选择股票支付、承担负债还是现金或者多种方式组合；融资方式是指并购方资金来源；还涉及税收支付方式等其他具体事宜。

交易结构设计往往涉及定价风险、会计方式选择风险、支付方式风险、融资风险、融资结构风险和流动性风险等等，因此谈判签约的过程必须十分谨慎。

6.办理股权转让及支付对价

并购协议签订后，并购双方应当履行各自的审批手续，并报有关机构备案。涉及国有资产的，应当报请国有资产监督管理部门审批。审批后应当及时申请法律公证，确保并购协议具有法律约束力。并购协议生效后，并购双方应当及时办理股权转让和资产移交，并向工商等部门办理过户、注销、变更等手续。

并购协议生效后，并购方应按照协议约定的支付方式，将现金或股票、债券等形式的资产交付给被并购企业。

7.并购整合

并购活动能否取得真正的成功，很大程度上取决于并购后对目标公司的整合运营情况。并购整合的主要内容包括公司发展战略的整合、经营业务的整合、管理制度的整合、组织架构的整合、人力资源的整合、企业文化的整合等。并购整合往往是并购最终成败的关键，整个过程具有很大风险。在此阶段可能会出现的整合风险具体包括营运风险、企业文化风险、人事风险、法律风险等。

(二)上市公司并购流程的特殊考虑

为了规范上市公司并购及相关股份权益变动活动，保护上市公司和投资者的合法权益，我国对上市公司并购流程做出一些特殊的具体规定。

1.权益披露制度

《上市公司收购管理办法》规定，并购方通过证券交易、协议转让、行政划转或其他合法途径拥有权益的股份达到一个上市公司已发行股份的5%时，应当在该事实发生之日起3日内编制权益变动报告书，并向中国证监会、证券交易所提交书面报告，通知该上市公司，并予公告；在上述期限内，不得再行买卖该上市公司的股票。

并购方拥有权益的股份达到一个上市公司已发行股份的5%后，其拥有权益的股份占该上市公司已发行股份的比例每增加或者减少5%，也应当进行相应的报告和公告。报告和公告的内容包括：(1)持股人的名称、住所；(2)持有的股票名称、数额；(3)持股达到法定比例或者持股增减变化达到法定比例的日期。

2.国有股东转让上市公司股份

《国有股东转让所持上市公司股份管理暂行办法》规定，国有控股股东通过证券交易转让上市公司股份,同时符合以下两个条件的,由国有控股股东按照内部决策程序决定;不符合下述两个条件之一的,需报经国有资产监管机构批准后才能实施:(1)总股本不超过10亿股的上市公司,国有控股股东在连续三个会计年度内累计净转让股份的比例未达到上市公司总股本的5%;总股本超过10亿股的上市公司,国有控股股东在连续三个会计年度内累计净转让股份的数量未达到5 000万股或累计净转让股份的比例未达到上市公司总股本的3%。(2)国有控股股东转让股份不涉及上市公司控股权的转移。

国有参股股东通过证券交易在一个完整会计年度内累计净转让股份比例未达到上市公司总股本5%的,由国有参股股东按照内部决策程序决定,并报国有资产监督管理机构备案;达到或超过上市公司总股本5%的,应将转让方案逐级报国务院国有资产监督管理机构审核批准后实施。

国有股东协议转让上市公司股份的,在内部决策后,应当按照规定程序逐级书面报告省级或省级以上国有资产监督管理机构,并将协议转让股份的信息书面告知上市公司,由上市公司依法公开披露该信息。

3.国有企业受让上市公司股份

《国有单位受让上市公司股份管理暂行规定》要求,国有单位在一个会计年度内通过证券交易所的证券交易系统累计净受让上市公司的股份(所受让的股份扣除所出让的股份的余额)未达到上市公司总股本5%的,由国有单位按内部管理程序决策,并在每年1月31日前将其上年度通过证券交易系统受让上市公司股份的情况报省级或省级以上国有资产监督管理机构备案;达到或超过上市公司总股本5%的,国有单位应将其受让上市公司股份的方案事前报省级或省级以上国有资产监督管理机构备案后方可组织实施。国有单位通过其控制的不同的受让主体分别受让上市公司股份的,受让比例应合并计算。

国有企业通过协议方式受让上市公司股份后不具有上市公司控股权或上市公司国有控股股东通过协议方式增持上市公司股份的,由国有单位按内部管理程序决策;国有企业通过协议方式受让上市公司股份后具有上市公司控股权的,应在与转让方签订股份转让协议后逐级报省级或省级以上国有资产监督管理机构审核批准。

4.财务顾问制度

财务顾问在公司并购重组中扮演着重要角色,对于活跃公司并购市场、提高重组效率、维护投资者权益发挥了积极作用。我国有关法律法规规定,并购方进行上市公司的收购,应当聘请在中国注册的具有从事财务顾问业务资格的专业机构担任财务顾问;上市公司国有控股股东拟采取协议转让方式转让股份并失去控股权,或国有企业通过协议转让受让上市公司股份并成为上市公司控股股东的,应当聘请境内注册的专业机构担任财务顾问;外国投资者以股权并购境内公司,境内公司或其股东应当聘请在中国注册登记的中介机构担任顾问。

财务顾问应当勤勉尽责,遵守行业规范和职业道德,保持独立性,保证其所制作、出具文件的真实性、准确性和完整性。

第二节　并购估价和支付方式

并购价值评估是并购的中心环节,具有十分重要的地位。并购价值评估是否准确合理,在很大程度上将影响到并购的成功与否。如果高估了目标公司的价值,就会导致并购公司过于乐观而付出过高的代价,从而导致实际的并购成本过高,增加并购风险。本节简要介绍并购估价的几种常见方法,然后阐述并购融资和支付的相关问题。本书会在第九章专门介绍企业价值评估方法。如需深入学习并购估价方法,可提前学习。

一、并购估价的方法

并购估价就是要对目标公司的资产状况和经营成果进行详细的审查鉴定,并在一定的条件下模拟市场进行科学的测算,根据并购者的动因、目的以及目标公司的具体情况,可以相应地采取不同的评估方法。公司并购估价的常用方法主要有以下几种:

(一)市盈率法

市盈率法就是根据目标企业的收益和市盈率确定其价值的方法,为相对价值法(又称市场法)中最常用的方法。应用市盈率法对目标企业价值评估的步骤如下:

1.检查、调整目标企业近期的利润业绩

市盈率法使用的收益指标在性质上是目标企业在被收购以后持续经营可能取得的净利润。对目标企业净利润的分析,应该考虑下列因素并进行适当调整:①并购企业必须仔细考虑目标企业所使用的会计政策,关注目标企业是否存在滥用会计政策操纵利润的行为,或者随意调整会计政策使企业净利润缺乏必要的可比性。若有必要,需调整目标企业已公布的利润,使其与并购企业的会计政策一致。②剔除非常项目和特殊业务对净利润的影响。③调整由于不合理的关联交易造成的利润增减金额;等等。

2.选择、计算目标企业收益指标

一般来说,最简单的收益指标可采用目标企业最近一年的税后利润,因为其最贴近企业的当前情况。但是,考虑到企业经营的不确定性,尤其是有些目标企业的生产经营具有周期性,采用其最近三年税后利润的平均值作为估价收益指标或许更为适当。实际上,对于目标企业的估价还应当更多地关注其被并购之后的收益状况。

3.选择标准市盈率

采用市盈率法估计目标企业的价值,标准市盈率的选择至关重要,如果选择不当,则会对测算结果产生较大影响。通常可选择的标准市盈率是:与目标企业具有可比性的企业的市盈率或目标企业所处行业的平均市盈率。该标准应当是目标企业并购后的风险成长性结构,必须考虑由于规模经济和协同效应的影响所形成的新的盈利能力和有效使用资产的能力,而不仅仅是历史数据。

4.计算目标企业的价值

利用选定的估价收益指标和标准市盈率,就可以比较方便地计算出目标企业的价值,其公式为：

目标企业的价值＝估价收益指标×标准市盈率

(二)贴现现金流量法

贴现现金流量法也是使用得非常普遍的价值评价方法。这一方法由美国西北大学阿尔弗雷德·拉巴波特于1986年在《创造股东价值》一书中提出。并购公司的目的在于获得未来收益，所以目标公司股价应该以持续经营为基础来预测未来现金流量，并按公司加权平均资本成本折为现值。如果该现值大于投资额，这项并购是可以接受的。拉巴波特认为有五个重要因素决定目标企业价值：销售和销售增长率、销售利润、新增固定资产投资、新增营运资本、资本成本率。运用贴现现金流量法对目标企业估价的步骤如下：

1.预测自由现金流量

拉巴波特建立的自由现金流量预测模型为：

$$FCF_t = S_{t-1}(1+g_t)\times P_t(1-T_t)-(S_t-S_{t-1})\times(F_t+W_t)$$

式中：FCF_t 为现金流量；S_t 为年销售额；g_t 为销售额年增长率；P_t 为销售利润率；T_t 为所得税税率；F_t 为销售额每增加1元所需追加的固定资本投资；W_t 为销售额每增加1元所需追加的营运资本投资；t 代表预测期内某一年度。

需要注意的是：(1)用于并购估价计算所使用的自由现金流量是目标公司并购后预期每年产生的自由现金流量。理论上，其数值应大于并购双方独立经营时创造的现金净流量，这也是并购协同效应的产物。(2)销售额年增长率 g 是一种年复利增长率，而不是将不同年份的增长率简单平均。(3)对目标企业现金流量的预测期一般为5～10年，预测期太短或太长，均会影响预测的准确性。

2.估计贴现率或加权平均资本成本

折现率是考虑了投资风险后，兼并方要求的最低收益率，也就是该项投资的资本成本。这里所指的资本成本不是并购方企业自身的加权资本成本，而是并购方投资于目标企业的资本的边际成本。由于并购方用于并购的资金来源可能是复杂的，既可能用其留存收益、增发新股，也可能举债融资，这需要对各种各样的长期成本要素进行估计，包括股票、优先股和债务等。估计了各单个要素的资本成本后，即可根据目标企业被并购后的资本结构计算加权平均资本成本。

$$WACC = \sum K_i \times b_i$$

式中：WACC为加权平均资本成本；K_i 为各单项资本成本；b_i 为各单项资本所占比重。

3.计算现金流量现值，估计购买价格

根据目标企业自由现金流量对目标企业估价为：

$$TVa = \sum_{t=1}^{\infty}\left(\frac{FCF_t}{(1+WACC)^t}\right)$$

式中：TV_a 为并购后目标企业价值；FCF_t 表示在 t 时期内目标企业自由现金流量；

V_t 表示 t 时刻目标企业的终值；WACC 表示加权平均资本成本。

可以发现，现实中采用贴现现金流量法存在的主要问题就是各种参数估值的不确定性，而参数的微小偏误就会导致对目标企业估值的较大偏差。由于在估计和选择参数时必须对许多有关市场、产品、定价、竞争、管理、经济状况、利率等情况做出假定，所得出的数值有一个可信度的问题。贴现现金流量法的一个重要优点是考虑到收购目标公司通过改进绩效或协同效应所产生额外的价值；另一个优点是能够提供某个特定的管理行为所创造的潜在价值的估计，例如通过提高销售额、降低每单位销售额所包含的营业费用、加强营运资本的管理或降低加权平均资本成本等行为对企业价值的影响。只要将企业采用某种管理行为后的预计现金流进行折现而得到新的价值，并与企业原先的价值进行比较，便可估计某个特定的管理行为所创造的潜在价值。

(三)净资产账面价值法

企业账面价值是指资产负债表上资产减去负债的剩余部分，也被称为股东权益或净资产。它是以会计核算为基础的，并不能充分反映企业未来的获利能力。会计准则允许各企业选择不同的折旧方法或存货的计价方法，这就使得企业账面价值不能反映这些资产的真实价值或使用价值。而且有些无形资产，如专利权、商誉等在资产负债表上无法反映出来，但它们却能为评价企业盈利能力提供许多信息。因而，一般情况下不应以账面价值作为最终评估结果。在进行目标企业的价值评估时，一般应以净资产账面价值为基础，加入一个调整系数，以全面反映并购价值和价格。其计算公式为：

并购价值＝目标公司的净资产账面价值×(1＋调整系数)×拟收购的股份比例

或者：

并购价值＝目标公司的每股净资产×(1＋调整系数)×拟收购的股份数量

调整系数要根据目标公司的行业特点、成长性、获利能力以及并购双方讨价还价等因素确定。

采用净资产账面价值法对目标企业进行评估具有账面资料易于取得、客观性强、计算简便等特点，但其缺陷也是明显的，主要体现以下几方面：①由于企业间、同一企业不同会计期间所采用的会计政策不同，因此账面价值较易被企业管理当局操纵，使净资产指标缺乏可比性；②财务报表的净值数据代表的是一种历史成本，它与企业创造未来价值的能力之间相关性很小或显著不相关，而且企业存续的时间越长，市场技术进步越快，这种无关性就越突出；③要确定调整系数较为复杂，缺乏一个客观的标准；④没有反映企业内在的一些价值驱动因素，如人力资源、无形资产等。

二、并购融资与并购支付

公司并购的筹资来源可以分为内源融资和外源融资。内源融资，是指公司自身经营活动产生的资金，即公司内部融通的资金，例如留存收益这一方式。内源融资的特点是企业不必对外支付借款成本，风险很小，但是其融资数额一般相对有限。

外源融资是指企业通过一定方式向企业之外的其他经济主体筹集资金。外源融资方式包括银行贷款、发行股票、企业债券等。外源融资具有速度快、弹性大、资金量大等优点,其缺点在于资金成本较高,风险较大。

与初中级财务管理所介绍的融资内容相似,因此在本教材中并购融资不再赘述细节。下面开始探讨并购支付方式与选择问题。在并购实践中,常见的支付方式主要有三种:现金支付、股票支付和混合证券支付。究竟选择何种支付方式或其组合,并购公司必须综合考虑自身实际状况和目标公司股东的要求等各种因素后加以确定。当然,支付方式的最终确定取决于并购双方协商的结果。

(一)现金支付

现金支付是最常见、最迅速的支付方式,即由主并公司向目标公司支付一定数量的现金,从而取得目标企业的所有权,而目标公司特定的股东一旦收到了对其所拥有股份的现金对价,就失去了对原公司的任何权益。

1.现金支付的特点

(1)对主并企业而言

对主并企业而言,采用现金支付方式进行收购的优点主要表现在:一是,现金作为支付工具最大的优点在于速度快,是最迅速、直接而且明晰的支付方式。在敌意收购中,现金收购能让对方管理层措手不及,无法获得充分的时间进行反并购防御,因此该方式有助于提高并购成功的可能性。二是,采用现金支付方式收购不会使支付公司原有的股权结构发生变动,因此不会产生公司控制权的转移,也不会使收益稀释。

但对主并企业而言采用现金支付也有弊端。其主要表现为:收购的巨额现金支付对公司而言是一项巨大的即时现金负担,受到公司本身现金流动性和融资能力的制约。

(2)对目标公司而言

对于目标公司的股东而言,现金支付也有利弊。明显的有利之处:现金收益的风险最低,不受到市场波动的影响。当目标公司是处于财务危机的公司时,其股东往往倾向于现金支付方式,以便迅速套现。

对于目标公司的股东而言,现金支付也有弊端:一是,收取现金立即放弃股权,使目标公司的股东不能拥有并购后形成的新公司的股权,也就不能分享合并后新公司增值的成果。二是,目标公司股东获得的现金收益需要即时缴纳资本利得税,这样就不能享受递延纳税的益处。

2.选择现金支付的影响因素

(1)主并公司的短期流动性。现金支付要求主并公司在确定的日期支付一定数量的货币,立即付现可能会导致现金紧张,因此有无足够的即时付现能力是主并公司首先需要考虑的因素。

(2)主并公司的中长期流动性。有些公司可能在很长时间内都难以从大量的现金流出中恢复过来,因此主并公司必须认真考虑现金收回率以及回收年限。

(3)目标公司所在地有关股票的销售收益的所得税法。不同地方对资本收益的赋税水平的规定是不一样的。比如英国伦敦的资本收益税率高达30%,而有其他地域甚至不征收资本收益税收。因此目标公司所在地的资本收益税的水平也将影响主并公司现金支付的金额。

(4)跨国并购中货币的自由兑换程度。在跨国并购中,主并公司还必须考虑自己拥有的现金是否可谓直接支付的货币或可自由兑换的货币,以及从目标公司收回的是否可自由兑换的货币等问题。

(5)目标公司股份的平均股本成本。因为只有超出目标公司股份的平均资本成本的部分才应支付资本收益税,如果目标公司股东得到的价格并不高于平均股本成本(每股净资产),则即使是现金支付也不会产生任何税收负担。如果主并公司确认现金支付会导致目标公司承担资本收益税,则必须考虑是否存在可以减轻这种税收负担的特殊安排。

(二)股票支付

股票支付又称为股权置换,是指主并公司通过发行本公司的股票,以新发行的股票交换目标公司的股票,从而达到收购目的的一种支付方式。目前在我国国有企业的资本运营中,经常采用这一方式。与现金支付一样,股票收购对并购双方来说也有利弊之处。

(1)主并公司

对于主并公司而言,采用股票支付方式具有以下几方面的优点:①公司无须支付大量现金,不会产生挤占营运资金、影响公司日常经营活动的情况;②因为没有现金支付压力,因此公司也就无须进行外部筹资进而影响公司的资本结构;③虽然会稀释股权和每股收益,但如果目标公司的市盈率低于支付公司的市盈率,那么并购后的新公司每股收益反而可能高于原支付公司的每股收益。

但是股票支付方式对支付公司也有其弊端:①由于股票价格的波动是难以控制的,因此支付公司的收购成本也就不固定,选择并购时机就变得很重要;②换股并购经常会招来风险套利者跟进买入目标公司的股票同时卖出主并公司的股票以期在换股时抵补获利,这会导致主并公司股票下跌而目标公司的股价上升;③换股将会导致并购公司的股权被稀释,甚至可能影响到其原有股东的控制权;④股份支付将使每股收益被摊薄从而导致主并公司股价下跌;⑤换股的处理程序比较复杂烦琐,因此可能延误并购的最佳时机,给对方的反并购提供了便利。

(2)对目标公司而言

对于目标公司股东而言,股票支付方式也同样有利弊。其中,有利之处主要是:①如果主并公司是业绩优良的公司,那么股票比现金更受追捧,因为目标公司股东可以借此参与分享合并后新公司增值的成果,获得公司价值增值的资本利得;②持股股东可以等到出售股票时才缴纳资本利得税,因此可以享受推迟纳税的好处。

对于目标公司股东而言,股票支付方式也其不利之处:①由于股权和每股收益的稀释,通常会使股价下跌,如果确实发生这种情况,目标公司的股东将遭受损失;②由于股价波动的不确定性,目标公司股东的并购收益也就存在不确定性。

(三)混合证券支付

混合证券支付是指主并公司的支付方式为现金、股票、认股权证、可转换债券等多种形式的证券组合。

由于单一的支付方式总有着不可避免的局限性,通过把各种支付工具组合到一起,能集各家之长而在一定程度上克服他们的短处。由于这种优势,近年来混合证券支付在各种支付方式中所占的比例呈现逐年上升的趋势。下面具体探讨可转换债券和认股权证支付方式的特点。

1.可转换债券

可转换债券是企业向其持有者提供在某一给定时间内、可以将债权转换为股票的选择权的证明文件。

(1)对主并公司而言

对主并公司而言,可转换债券支付方式具有以下好处:

①可转换债券的利率较不具备转换权的债券一般比较低,可降低公司的筹资成本。

②可转换债券具有一定的灵活性,公司可以根据具体情况设计不同报酬率和不同转换价格的可转换债券。

③当可转换债券转化为普通股后,债券本金就不需偿还,减轻了融资公司还本的负担。

④当企业正在开发一种新产品或一项新业务时,可转换债券也是特别有用的,因为预期从这种新产品或新业务中所获得的额外利润可能正好与债权的转换期一致。

同时,对主并公司而言,可转换债券支付方式具有以下弊端:

①当债券到期时,如果公司股票价格高涨,债券持有人自然要求转换为股票,这就变相使企业蒙受财务损失。如果企业股票价格下跌,债券持有人会要求退还本金,这不但增加公司的现金支付压力,也会影响公司的再融资能力。

②当可转换债券转为股票时,公司的股权也会受到一定程度的稀释。

(2)对目标公司而言

对目标公司股东而言,可转换债券支付方式具有以下好处:

①具有债券的安全性和作为股票可使本金增值的有利性相结合的双重特点。

②在股票价格较低时,可以将它的转换期延迟到预期股价上升的时期。

2.认股权证

认股权证,是一种由上市公司发行的证明文件,赋予其持有人在指定的时间内,用指定的价格认购由该公司发行的一定数量新股的权利,其实质是一种普通股股票的看涨期权。认股权证通常随企业的长期债券一起发行。

对主并公司而言,认股权证的支付方式具有的好处是:避免并购完成后被并购企业的股东立即成为普通股股东,从而延迟股权被稀释的时点。此外,还可以延期支付股利,从而为公司提供了额外的股本基础。不利之处是:如果认股权证持有人行使权利时,股票价格高于认股权证约定的价格,会使企业遭受财务损失。

对目标公司股东的好处有:可以行使优先以较低价格认购公司新股的权利,也可以在市场上将认股权证出售获取现金。

需要指出的是,采用一揽子支付工具组合的混合支付方式并非没有风险,如果各种工具搭配不当,不但不能尽其所长,反而可能集其所短。因此支付公司及其投资银行在设计一揽子工具时应当十分谨慎。

第三节　并购整合

从企业并购的历史数据来看，虽然国内外每年都有大量的并购案例发生，但成功的企业并购并未如人们所期望的那么多，有的企业甚至因不成功的并购而陷入了困境。国外多项研究统计表明，企业并购的失败率高达50%～80%。美国《财富》杂志曾调查发现，有3/4的并购活动所产生的并购收益不足以弥补其并购成本。著名并购专家布鲁斯·沃瑟斯坦认为，并购成功与否不是仅依靠被收购企业创造价值的能力，在更大程度上依赖于被并购后的并购双方的整合能力。为此，本教材为并购整合及其管理专门开辟一节内容进行介绍。

一、并购整合的含义

所谓并购整合，就是并购双方在并购战略愿景的驱动下，通过采取一系列战略措施、手段和方法，对企业要素进行系统性融合和重构，从而实现企业价值最大化的过程。其包含了三层含义：首先，并购整合是在战略愿景的驱动下进行的，愿景是企业制定的一个明确易懂并为全体员工共同信奉和遵守的使命，它体现了企业的灵魂和发展方向；其次，并购整合的目的是创造和增加企业价值；最后，创造和增加企业价值是通过对并购双方要素的有效融合和重构来实现的，这一过程是在并购双方相互作用的过程中完成的。

二、并购整合应遵循的原则

并购最重要、最艰巨的工作是并购后企业资源要素的整合，整合需要在一定的原则指导下进行。

(一)遵循法律和法规原则

企业并购引起的直接结果是目标企业法人地位的消失或控制权的改变，因而需要对目标企业的各种要素进行重新安排，以体现并购方的并购意图、经营思想和战略目标。但这一切不能仅从理想愿望出发，因为企业行为要受到法律法规的约束，企业并购整合的操作也要受到法律法规的约束。在整合过程中，涉及所有权、经营权、抵押权、质权和其他物权、专利、商标、著作权、发明权、发现权和其他科技成果等知识产权，以及购销、租赁、承包、借贷、运输、委托、雇佣、技术和保险等债权的设立、变更和终止时，都要依法行事。这样才能得到法律的保护，也才能避免法律风险。

(二)实效原则

整合要以产生实际效果为基本准则，即在资产、财务和人员等要素整合的过程中要坚持效益最大化目标，不论采取什么方式和手段，都应该保证能获得资源的优化配置、提高企业竞争能力的实际效果。而这些实际效果可以表现为整合后企业经济效益的提高、企业内部员工的稳定、企业形象的完善和各类要素的充分利用等。整合过程中要避免华而不实、急功近利的做法。

(三)优势互补原则

企业是由各种要素组成的经济实体,这些相关要素处于一种动态平衡,这种动态平衡是要素在一定时间和一定条件下的存在状态。这里需要注意的是,平衡和最佳组合是针对不同企业而言的,甲企业的优势未必就是乙企业的优势,甲企业的劣势未必就是乙企业的劣势,最佳组合应该是适应环境的优势互补。因此,在整合过程中,一定要从整合的整体优势出发,善于取舍,通过优势互补实现新环境、新条件下的理想组合。

(四)可操作性原则

并购整合所涉及的程序和步骤应当是在现实条件下可操作的,或者操作所需要的条件或设施在一定条件下可以创造或以其他方式获得,不存在不可逾越的法律和事实障碍。整合的方式、内容和结果应该便于相关各方知晓、理解。

(五)系统性原则

并购整合是一项系统工程,涉及企业各种要素的整合,缺少任何一个方面,都可能带来整个并购的失败。系统的整合内容包括战略、产业、资产债务、管理、文化、人员、组织等方面。

三、并购整合的模式

根据并购后并购双方发展战略的特点、要求和方式,并购整合的策略可以分为同化模式、强入模式、共生模式和新设模式。

(一)同化模式

当并购公司在制度、组织、机制和文化上均优于被并购公司,且被并购公司地位明显较弱,对整个并购基本采取合作态度时,即可采取同化的整合模式。这时并购的目的在于进入一个新的生产和经营领域以减少成本;获得同类产品较大的市场份额以赢得规模效益;获得目标公司某一方面的特殊能力等。在目标公司明显处于劣势地位的情况下采取同化整合模式,一方面可以减少冲突,以便在较短时间内顺利实现整合,减少运行和磨合期的成本,提高并购的成功率。另一方面,可以使两个公司在长期形成的营运、组织、文化、制度和技术方面一次性全部融合,发展公司新的核心能力。善意并购一般采取同化整合的模式。

(二)强入模式

当并购公司在制度、组织、机制和文化上均明显强于目标公司,但目标公司拒绝整合或采取敌对态度时,整合采取的就会是强入模式。即强制实行整合,把并购公司的组织模式、管理模式、运行机制和公司文化强行植入目标公司,目标公司原有的运行和管理模式被废止。由于目标公司采取不合作的态度,因此在强行整合中并购双方冲突激烈,整合成本急剧飙升,风险很大,即使整合成功也是大伤元气,甚至两败俱伤。但是一旦整合成功,并购公司优秀的组织、制度、机制和文化就得到充分拓展,公司新核心能力的雏形开始显现。经过一段时间的磨合后,并购后的规模经济、技术协同效应和经营协同效应开始显现,公司就会以更大的优势、更强的核心竞争能力参与市场竞争。恶意并购一般采取强入整合模式。

(三)共生模式

共生模式是指并购双方在制度、组织、机制和文化上各具特色和优势，被收购公司有较高的独立性要求，并购方只能以有限干预的方式来培养被并购公司的能力。与此同时，目标公司被允许开发和利用其自身的能力，并购双方在制度、文化和能力方面相互依托、彼此互补，相互间吸收组织文化价值中优秀的因素，并将其保留或融入自身文化以增强活力。在共生整合模式中，整个整合过程比较平稳，双方生产和经营的波动不大，仅仅是一般的管理技巧的转移，并购双方的独立性被保留，且能实现并购双方优势互补。在保留原有核心能力的基础上，通过互相的协作，使各自的核心能力进一步增强，但并购方的核心能力增强更为显著。友好或善意并购以及协作式并购均可采取共生整合模式。1995 年海尔洗衣机以滚筒为主，于是其并购了青岛红星电器厂，并利用红星厂亚洲式波轮洗衣机技术弥补了自身洗衣机产品品种单一、生产技术缺乏等缺点，提高了海尔洗衣机在国内市场的竞争地位。

(四)新设模式

如果并购公司本身在制度、组织、机制和文化上均有一定的缺陷，目标公司在这些方面等同于或超过并购公司，这时整合就可以采取新设模式。并购公司坐享目标公司良好的制度、组织、机制和文化，在消化改造的基础上移植到本公司中来，同时增添新的要素，以此形成公司新的核心能力。在整合过程中，公司冲突不大，彼此心平气和，但整合的成本较大，风险也较大。因为适合于目标公司的这些制度、组织原则、机制特征与文化特征未必也适合于并购公司，一旦移植失效，就会破坏并购公司原有的核心能力，带来很大的效率损失以致形成很大的整合成本。同时这种吸收移植也不是全盘照搬，它是在投入巨额成本改造、引入新的因素的基础上进行的，这笔成本是巨大的，当然也伴随着较大的整合失败的风险。不过，一旦整合成功，公司绩效就会显著上升，竞争能力大大增强，而这正是新的核心能力所导致的。

四、并购整合的内容

公司并购整合最终是要通过公司具体职能活动来体现的，这些具体职能活动包括战略、产业、资产债务、管理、文化、人员、组织等，它们相互依赖、交叉作用形成复杂的系统。其内容主要包括：

(一)战略整合

恰当选择并购目标企业只是一个良好的开端，并购协同效应的最终实现，在很大程度上更取决于并购完成后对企业整体经营战略的调整和组合。并购的完成只是实现了资产规模的扩张，而单纯资产规模的扩张并不能影响和改善业务单元之间的内在联系和必要的相互支撑。所以并购完成后，并购企业应该在把握产业结构变动趋势的基础之上，以长期的战略发展视角对被并购企业的经营战略进行调整，使其纳入并购后企业整体的发展战略框架。具体来说，可能会涉及某些重复部门、生产线的归并、裁减、新设等。只有通过经营战略的有效整合，并购双方企业的核心能力才能同时被拓展，从而形成更强大的综合竞争力。

(二)产业整合

产业整合有助于进一步强化和培育企业的核心能力,并将其转化为市场竞争优势。从国内外并购成功案例的经验来看,相关、创新、特色、优势是产业整合应该坚持的原则。实践中,产业整合要充分考虑并购企业和目标企业所具有的产业优势和在同业中的竞争能力。一般来说,如果一个企业的主导产品缺乏市场优势,在同业中的竞争能力比较弱,那么并购后的企业在这个产业继续发展就可能会受到一些限制。更进一步,产业整合时也常常需要考虑双方原有的供销渠道和市场策略,如可将目标企业的部分中间产品交由并购企业生产,从而增加并购企业的利润,这就是并购企业获得的"控制权价值"。

(三)资产债务整合

企业并购是由并购方为获取目标企业可用资产而引起的,也是目标企业摆脱困境、调整债务结构、减轻负债的一种选择途径。并购后对资产债务进行整合的主要目的就是通过处置不必要、低效率或者获利能力差的资产,降低运营成本,提高资产的总体效率。同时,存量资产的整合也有利于缓解并购带来的财务压力。具体做法可以是精简机构和人员,将一部分有形资产出售或改作他用等。实际上,国外许多并购案例就是在并购后立即将被并购企业的资产分拆出售,从而获得可观的利润。

(四)管理整合

管理整合也是所有并购成功案例的共性所在。并购完成后,由并购企业对目标企业及时输入先进的管理模式、管理思想,这有助于在较短的时间内实现两者的有机融合,也有利于战略整合、产业整合、资产负债整合的贯彻实施。所以并购后要注重从管理组织机构一体化角度对双方原有的管理体制进行调整,使其能够正常、有效地引导企业的生产经营活动。以核心能力的构建与培育为目标的管理整合,是在资源结构、管理格局和企业规模发生变化的条件下,对能够提高企业竞争力,获得长远发展的管理观念、模式与方法进行的调整和重构,并形成新的一体化的过程。它体现在并购双方财务、人事、营销和开发等各职能制度的优势互补上。通常并购方会将本企业优秀的管理制度移植到目标企业,以改善其内部管理效率。同时并购方还要考虑充分利用目标企业优良的制度来弥补自身的不足。

(五)企业文化整合

企业文化作为企业鼓舞士气、加强沟通和优化管理的核心因素,具有个性化、一贯性和隐含的控制性特征,对企业并购的过程起着极为重要的作用。任何一个成功的企业,必然有一种良好的企业文化。在企业并购的过程中,由于并购双方企业的发展轨迹和演变过程不同,文化的变迁、冲突和碰撞是不可避免的。管理者应把握这种变迁的方向,探索双方发生文化冲突和碰撞的可能性和影响程度,发现和寻找企业文化风险的控制手段,在企业的各个层次建立起彼此信任的关系,塑造企业共同的价值观,有意识地将企业文化塑造成一种理想的模式,这就是文化整合的内涵。只有这样的企业合并才是真正的合并,而不仅仅是企业规模的简单扩张。

(六)人力资源整合

企业并购是生产力的重新配置和优化组合,而人力资源作为生产力各要素中最活跃、最关键的要素,对企业并购后生产力效率的发挥起着决定性的作用。并购实践表明,并购交易完成后,被并购方员工会产生明显的压力感、紧张感和焦虑感。这种压力、紧张和忧虑如果不能得到释放,就会出现人力资源流失,最直接的后果是企业短期经营业绩下滑,长期则会导致具有战略性资产特征的人力资源受到破坏。而人才的大量流失等于宣告并购的破产。因此,留住人才、稳定人才从而整合人才,以减少因并购引起的人员震荡,就成为人力资源整合的首要问题。由于人力资源整合受到个体内在的心理、激励、人群关系、价值观和行为方式等无形因素的影响,对其整合的难度相当大。在并购完成后,应根据员工的实际能力和水平,定机构、定岗位和定人员,通过考核,使他们适才录用。

(七)组织整合

组织是战略得以实施的组织基础,组织整合是文化整合、人力资源整合战略真正得以顺利进行的保证。威廉姆森曾说过,同在市场上公开进行核心能力交易相比,使用组织的内部机制实现在各业务单元之间转移核心能力通常更有效率。因而并购交易完成后整合的首要目标是将并购双方的关系变成统一企业内各业务单元的关系,以此为基础进行内部能力的整合。企业并购后的整合过程本身就是一种如熊比特所说的“创造性破坏”的过程,因而可以把组织整合看作是对企业能力进行更新的一种手段,它是构筑和培育企业核心能力的一种重要方式。组织整合可以从三个方面来进行:一是重构组织愿景;二是重构组织结构,包括组织职位、部门设置和人员配备,并购后的组织结构应有利于各环节、各部门相互适应、相互交流和相互学习;三是实现组织资源的快速和有效转移,以避免由于时间的延长,使正面有利的影响消失。

案例3-2

浙江吉利控股集团成立于1986年,是中国汽车行业十强中唯一一家民营轿车生产经营企业。吉利汽车20多年来凭借其扎实的经营管理和灵活的自主创新获得了高速发展,在汽车、摩托车、汽车零配件、变速器等方面取得了辉煌的成就。吉利旗下有包括全球鹰、英伦、帝豪等三个品牌30多款整车产品。吉利集团连续六年进入中国企业500强,连续四年进入中国汽车行业十强,资产总值超过150亿元。吉利被评为首批国家“创新型企业”、首批“国家汽车整车出口基地企业”,以及“中国汽车工业50年发展速度最快、成长最好”的企业。

吉利集团总部设在杭州,在全国有六个汽车整车制造基地,包括浙江临海、宁波、路桥、上海、兰州、湘潭等。吉利集团拥有30万辆整车的产能,其整车产品包括吉利自由舰、吉利金刚、吉利远景、吉利熊猫、上海华普、中国龙等八大系列30多个品种整车产品。吉利集团在国内建立了完善的营销网络,拥有近千家品牌4S店和近千个服务网点,在海外也建有近200个销售服务网点。在这约20年的时间里,吉利汽车的产销量逐年递增。吉利2009年全年共销售轿车32.67万辆,同比增长48%,其中1.93万台出口至海外,实现销售收入165亿元,同比增长28%;实现利税近24亿元,同比增长35%。在激烈的市场竞争中，吉利始终保持了行业十强地位。吉利汽车凭借着迅猛的发展势头，逐步进入国际汽车市场。

沃尔沃汽车集团是世界著名豪华汽车制造商，成立于1927年，总部位于瑞典哥德堡，在全世界拥有超过22 000名员工。沃尔沃集团是全球领先的商业运输及建筑设备制造商，主要提供卡车、客车、建筑设备、船舶和工业应用驱动系统以及航空发动机元器件，以及金融和售后服务的全套解决方案。沃尔沃汽车在瑞典、比利时和马来西亚设立了生产工厂和组装线，并在瑞典设立了发动机厂和零部件厂。沃尔沃汽车质量可靠、性能优异，尤其是在安全技术系统方面，沃尔沃在许多严格的汽车碰撞测试中都能取得较高的成绩，被称为世界上最安全的汽车。沃尔沃汽车全线车型分成豪华轿车(S系)、豪华运动型多功能车(V系)、豪华SUV(XC系)和豪华敞篷车/双门轿跑车(C系)四个系列。

1999年4月1日，美国福特汽车公司以64亿美元的价格收购沃尔沃汽车，沃尔沃成为福特旗下的全资子公司，福特汽车拥有沃尔沃汽车的100%股权。在收购后的十多年里，沃尔沃的全球销量几乎未出现大幅增长，反而从2007年开始一路狂跌，从2007年的销售量45.83万辆连续下降到2009年的33.48万辆。除了全球销量下滑，沃尔沃汽车在全球豪华汽车市场的占有率也是连年萎缩。其市场份额从1998年收购前的12.6%下降到2009年的7.2%。国际金融危机加剧了沃尔沃的经营困境，年报显示沃尔沃汽车从2006年开始出现了巨大亏损。福特汽车公司投入了大量资金企图挽救沃尔沃走出困境，但是沃尔沃的经营业绩仍然不见好转。

(一)并购历程

2007年初，艾伦· 穆拉利在福特汽车连年亏损的背景下临危受命，出任福特汽车的CEO，随即提出“一个福特，一个团队”的发展战略，主要方式是缩减福特公司的现有品牌，集中精力经营发展自有品牌。在这个战略的推动下，福特公司相继出售了多个非福特品牌。这一举动引起了吉利董事长李书福的注意。2007年，李书福致信给美国福特公司总部，表露了自己希望收购沃尔沃品牌的意向。随后李书福联系了著名公关公司博然思雅集团，通过该公司向福特进一步传达了强烈的收购意愿。

2008年1月，吉利集团与洛希尔国际投资银行签署了合作协议，确认由洛希尔作为本次收购的总承销商。2008年3月，吉利集团董事长李书福、福特全球副总裁、沃尔沃CFO、洛希尔银行以及福尔德律师事务所在伦敦就并购相关事宜举行了首次会面。2008年秋天，吉利集团与沃尔沃在瑞典哥德堡举行了高层会面。2009年2月5日，吉利集团将收购方案上报国家发改委，并获得了发改委对于本次收购的批准，同时发改委要求仅允许国内一家企业收购沃尔沃，这也就帮助吉利排除了国内其他竞争者。2009年7月16日，吉利以20亿美元的报价竞标沃尔沃。2009年10月28日，福特宣布吉利成为沃尔沃的首席竞购方。2009年12月23日，福特公司出具股东决议，决定将沃尔沃出售给吉利控股。2010年3月28日，浙江吉利控股集团宣布与美国福特汽车在瑞典哥德堡签署关于沃尔沃的股权收购协议，吉利以18亿美元的对价收购沃尔沃100%的股权以及包括知识产权在内的其他相关资产。

(二)并购融资渠道[①]

吉利收购沃尔沃实际支付的金额为15亿美元,其中的12亿美元来自于专门为此次并购成立的项目公司——上海吉利兆圆国际投资有限公司(简称"吉利兆圆")。吉利兆圆的实际控股股东为吉利集团。剩余的3亿美元中有1亿美元通过向中国银行伦敦分行贷款筹集,另有2亿美元是福特的卖方融资。

吉利成立并购项目公司吉利兆圆的目的是引入国内地方政府的资金,实现杠杆收购。地方政府的资金在国内融资中占很大比重,对于促进并购资金及时到位有着重要作用。吉利在国内的融资策略是,巧妙地将资金来源与将来沃尔沃国内生产基地紧密地捆绑在一起,哪里的地方政府投入大量并购资金,将来的国产基地就落户在哪里。吉利正是利用了地方政府希望借助沃尔沃国产项目发展当地经济的动机,成功得到了上海嘉定区和大庆两个地方政府的融资支持。

除了并购时支付的资金,福特还提出吉利要为沃尔沃的未来运营筹集15亿美元流动资金的要求。这些运营资金则来自于海外的贷款,主要是美国、欧洲、中国香港等地。对于后续的流动资金,瑞典政府承诺为吉利担保,瑞典第二大银行提高了沃尔沃的授信额度,提供了5亿美元的流动资金,欧洲投资银行愿意提供5亿美元,其余5亿美元来自于中资或美资银行。吉利为并购沃尔沃向海内外借债融资,形成了巨额的负债,还本付息的压力必然会增大,偿债能力将受到影响。

(三)并购动因

随着吉利在汽车行业发展壮大,企业战略必须不断地发展进化。吉利在国内从小到大、从弱到强的历程,离不开吉利与时俱进地制定合适的发展战略。在成立初期,作为民营企业的吉利要在市场竞争中存活下来,必然要控制成本,利用成本优势来占领市场,制造物美价廉的汽车,所以战略是"造老百姓买得起的车"。低成本战略虽然使吉利在行业内站稳了脚跟,获得了一定的利润,但是品牌档次低给消费者留下了"质平价廉"的品牌形象,无法进入中高端汽车市场。为了提升吉利的核心竞争力,取得更高的市场地位,吉利开始了艰难的战略转型。2007年吉利确立了全新的企业战略,该战略是"造最安全、最环保、最节能的好车,让吉利汽车走遍全世界"。新战略为吉利指明了发展方向,也提出了更大的挑战。汽车企业的核心竞争力是技术、品牌和市场的结合,只有三者兼具才能处于行业的领先地位。吉利进入汽车行业只有十几年的时间,企业底蕴不够深厚,技术储备不足,品牌影响力较弱,市场占有率小。吉利要想迅速提高竞争地位,需要花费大量的时间和财力,单纯依靠自身的积累是不行的,必须学习借鉴其他先进企业的发展经验,收购先进企业来实现自身的快速成长。

吉利很早就实行了"走出去"的国际化战略以抢占国际市场,但是效果一直不理想。吉利的核心竞争力与大型跨国车企相比差距太大,依靠吉利现有的实力是无法取得竞争优势的,必须依靠更高端的品牌形象,获得进入国际市场的"通行证"。而沃尔沃是一个有着80多年历史的国际知名车企,企业形象高端。吉利通过并购沃尔沃可以走上捷径,可

---

① 本部分数据资料来自:徐筑奇.吉利并购沃尔沃的动因及绩效研究[D].湖南大学专业硕士学位论文,2014.

以借鉴其先进的核心技术，凭借其高端的品牌形象，提高吉利的产品实力和国际知名度，开拓国际市场，从而达到“让吉利汽车走遍全世界”的战略目标。

（四）并购之后的整合

正如前文所言，美国《财富》杂志曾调查也发现，有 3/4 的并购活动所产生的并购收益不足以弥补其并购成本。著名并购专家布鲁斯·沃瑟斯坦认为，并购成功与否不是仅依靠被收购企业创造价值的能力，在更大程度上还依靠被并购后的整合能力。彼得·德鲁克说过，企业并购只有在整合上取得了成功，才能成为一个成功的并购。因此，收购成功只是万里长征走完了第一步，如何在投资完成之后进行有效的整合，真正实现“1＋1＞2”的协同效应，是企业面对的普遍挑战。下面主要从文化整合、财务整合、品牌整合、员工整合四个方面来分析案例中的整合问题。

1.文化整合

并购的七七定律是：70％的并购没有实现期望的商业价值，其中 70％的并购失败原因在于并购后的文化整合。并购后，双方的企业文化难以融合而引起组织上的抵制和排斥，往往使员工丧失认同感，并最终可能导致并购的失败。在对吉利与沃尔沃的各自企业文化特点进行分析后容易得出，吉利集团的企业文化与沃尔沃的企业文化具有相同点，同时也具有不同点。首先，相同的地方是两个企业都是以人为本，强调人文关怀，员工团结友爱。两者的差异主要体现在两个企业的管理方式、组织沟通和人力资源管理三个方面。文化差异导致文化冲突，但是企业文化的冲突可以依靠企业文化的共性来消除。首先在管理方式上，沃尔沃强调的是员工的个人利益，公司主张管理层与基层员工之间平等相待。而吉利集团则强调层层分级，下级服从上级的观念比较突出。在组织沟通方面，主要是由于双方的语言障碍导致双方在信息传达上的准确性受到影响。至于人力资源管理方面，由于国家的背景不同，因此员工的文化传统、教育水平和价值观等都会出现不同。吉利集团并购沃尔沃一定会面临对管理层的调整和对员工的安置问题，如果不能够妥善处理的话，将会对企业的经营发展造成巨大的影响。

针对并购双方存在的文化差异甚至文化冲突，吉利集团首先需要选择适合的文化整合模式，及时识别并购企业双方的文化冲突，实施有效的文化沟通途径，对员工实行跨文化培训，以便形成价值观比较统一的企业文化。

2.财务整合

由于吉利集团收购及后续日常运营沃尔沃所需的资金额巨大，因此企业面临的财务风险也随之升高。必须按照计划制定整个并购的进度安排，保证不同渠道的资金能够及时到位，减少支付风险，保证企业正常的生产经营活动。并购当时正好处于欧洲经济疲软的时期，欧元大幅下跌为吉利集团应对汇率风险提供了历史性机遇。吉利集团通过合理安排支付时间使得最终的交易价格减少了 3 亿美元，节省了大量现金流出。

在整合阶段，吉利集团综合采用了多种手段应对偿债风险、盈利风险和营运风险。其主要包括设立内部成本绩效考核机制、品牌区分机制，建立标准的合并报表体系，加强财务人员素质建设等。这些措施都产生了一定的效果。从后续财务报表分析中可以看出，在并购整合措施实施之后的两到三年里，吉利集团各项财务指标均出现回暖迹象，说明吉利整体的财务管理措施有一定成效。

3.品牌整合

如何进行品牌整合,确保沃尔沃的高端品牌地位,是吉利日后经营所面临的重大挑战。从品牌定位来看,吉利主要是低成本的中低档汽车的生产,而沃尔沃则在相当长的时间里一直是全球汽车品牌的佼佼者。吉利与沃尔沃之间有很大的品牌鸿沟。作为有80余年沉淀且以安全技术著称的沃尔沃,近年来在世界豪华车市场已经难以和德系三强对抗,但沃尔沃仍然坚持以安全作为主要品牌诉求,品牌老化和品牌内涵的单薄,比竞争对手逊色许多,难以得到全球年轻新贵的认同,这是沃尔沃在不同市场节节败退的根源。

为了确保沃尔沃的高端和贵族血统,李书福表示并购之后"吉利是吉利,沃尔沃是沃尔沃。沃尔沃继续专注在顶级豪华汽车领域的发展。吉利不生产沃尔沃,沃尔沃也不生产吉利"。高端品牌的维护需要巨大成本。沃尔沃可以通过国际化提升销量,降低单车成本以实现快速盈利。但豪华品牌一旦失去高端定位,直接参与大众市场的竞争,往往处于更不利的局面。吉利作为一家长期生产低端车的私营企业,无论是产品制造能力,还是管理经验都与福特存在较大差距。虽然在国际化经营方面有过一些成功,但还没有运营一家跨国汽车企业的经验。

在低档品牌和豪华品牌的对接与整合过程中,尽管吉利方面表示将自身品牌与沃尔沃严格区分,使双方各自独立运营,以期最大限度地降低双方品牌的相互干扰,但这其实是一种短期相对保守的选择。从长期发展的视野来看,可以将两个品牌融合、创新,通过沃尔沃瑞典工厂的设计技术加上吉利制造生产中档有竞争力的轿车,并沿用沃尔沃品牌,形成沃尔沃系列品牌车,开拓欧美中产阶级市场,形成新增蛋糕,进而扩大生产,提高市场占有率,增强吉利的市场竞争力。

4.员工整合

并购中员工整合通常也是影响并购成败的关键因素。中西方企业行为规范、用人制度、薪酬制度、奖惩制度等有很多差异,怎样让有着不同价值观的多国员工和谐相处,如何建立一种科学的适应于吉利企业和沃尔沃企业之间实际情况的组织架构设计、沟通方式设计非常重要。在并购中,双方特别是被并购方的管理层容易产生不信任感,甚至是敌意。吉利作为新的雇主对原有的技术人员是否有更大的吸引力,能否留住核心人才,保持沃尔沃高端品牌的研发优势是其问题的关键。

从薪资层面看,沃尔沃员工薪资和福利至少是中国同行业员工的6～8倍。公司每月要为每名员工支付2万多瑞典克朗的福利金等,这就导致并购交易后的重组费用增加。最棘手的是劳工关系问题。在以往海外并购中,诸多失败案例都归结于未能协调好劳工关系。如首钢收购南美的铁矿,上汽兼并韩国的双龙,等等。吉利并购沃尔沃后,将面临海外劳工法规及企业职工巨额的养老金缺口。北欧是高工资、高福利的国家,工会组织很强势,习惯面对弱势工会的吉利如何处理好当地复杂的劳资关系是个难题。

可以采用的员工整合策略是:第一,保持沃尔沃现有的海内外分支机构,由吉利派出一定数量的人员充实到这些分支机构当中,参与这些机构的运营和管理,但是更重要的目的就是吉利国内员工去学习沃尔沃先进的生产经营和管理理念以及进军海外市场的成功经验;第二,适当调整沃尔沃公司员工的薪资水平,尽最大努力保留沃尔沃公司一线生产员工和各条工作线上的核心员工,目的是充分保证沃尔沃轿车的产品质量和品质,保持沃尔沃良好的市场影响力,从而保持沃尔沃现有的市场份额,保持沃尔沃轿车在世界轿车市场中的知名度和美誉度。

第四节 并购防御

在市场经济条件下,一个公司可能因为外延扩张需要而并购其他公司。同样,其他公司也可能因外延扩张需要并购该公司。即收购与反收购往往是收购活动中同时存在的两种行为。当然出于股东利益的最大化或争夺对公司的控制权等目的,被并购公司的管理当局可能会采取防御公司被并购的各种措施。本节内容将介绍敌意并购的基本形式及其防御措施。

一、敌意收购的基本形式

敌意收购是指并购公司在收购目标公司股权时遭到目标企业抗拒但仍然强行收购,或者并购方事先没有与目标企业进行协商,直接向目标企业的股东开出价格或者收购要约的并购行为。在国外,敌意收购的方式主要有两种:熊式拥抱式和狙击式公开购买。

(一)熊式拥抱式

熊式拥抱式是指收购者在发动收购前与目标公司管理层接触,表达收购的意愿,如果遭拒绝,就在市场上发动收购。这是一种先礼后兵的收购方式,收购者一般会开出较为优厚的收购条件给目标公司管理层,目标公司管理层也有可能出于诚信义务将收购者的收购建议向全体股东公布,且部分股东往往也会向管理层施压要求接受收购报价。但是,如果目标管理层拒绝,收购者就可能发动要约收购。

事实上,对于一家其管理部门并不愿意公司被收购的目标公司来说,熊式拥抱不失为最有效的一种收购方法。因为管理层可能出于自身的利益回绝收购者提出的收购建议或要约,但是其董事们有义务为股东创造最大的价值。

(二)狙击式公开购买

这种收购方式一般是指在目标公司经营不善而出现问题或在股市下跌的情况下,收购者与目标公司既不做事先沟通,也没有警示,而是直接在市场上展开收购行为。其具体形式包括:要约收购、公开市场收购和委托书收购等。这种手段针对的是股权相对分散或股价被明显低估的目标公司。

1.要约收购

要约收购是指收购者直接在公开市场上向目标公司股东进行招标式(含收购的股份数量与价格等)购买的收购行为。

2.公开市场收购

公开市场收购是指收购者从二级市场上收购目标公司的股份。其常见形式为“爬行收购”,即收购者先购买目标公司一定比例的股份(法律要求的公告起点内),当达到法律规定的起点时加以公告,并通过多次购买取得足以控制目标公司的股份。

3.委托书收购

委托书收购是指一个或一群股东通过公司投票权的委托代理机制取得公司控制权的一种方式,即收购方通过与公司其他持股人以及小股东合作,使这些投资基金和小股东将其投票权委托给收购方以达到获得相对控制或绝对控制公司表决权的目的。代理权竞争主要有两种形式:一是争夺董事会的席位,以期由此控制董事会,当选董事长,进而控制公司管理层及整个公司;二是在董事会中就某项具体的议题争取影响董事会的决策。

公开市场收购与要约收购,两者既有联系又有区别。要约收购通常发生在与第三方争夺目标公司股权或对目标公司进行敌意收购时,这时公开市场收购往往是要约收购的前奏,一旦信息披露或收购意图曝光即发动标购。两者的区别是:要约收购是公开向市场出价,征求目标公司股票的出售者;公开市场收购则是在市场中随行就市按当前价买入目标公司股票,这种形式通常会比较隐蔽。如果在公开市场收购股票很可能收集不到足够的股份来获得目标公司完全的控制权,这时收购方会陷于被动。要约收购的优势是如果股东提供的股票达不到期望的数量,那么收购者可以不购买这些股票。相对于要约收购,委托书收购可能是一个成本比较低的选择。这是因为要约收购要购买数额巨大的股票,并按含很高溢价的股价进行支付,而委托书收购不需要这些开支,所涉及的主要成本有:聘请代理权顾问、投行和法律顾问的费用等相关费用。

二、敌意收购的防御

收购防御,是指目标公司为防止其控制权转移而采取的一系列旨在预防或阻止收购者收购本公司的措施。按照实施的时间不同,敌意收购的防御措施可分为两类:预防性收购防御措施和反击性防御措施。这两大类中的每一具体防御策略各具特色,各有千秋,企业应该根据实际情况选用一种或几种策略的组合。

(一)预防性收购防御措施

预防性收购防御措施是指目标公司为了降低潜在的敌意收购获得成功的可能性,而在敌意收购发生之前所采取的收购防御措施。

1.保持高度警觉

公司管理层必须保持对市场各构成要素(股东、潜在的并购者和各大投资机构等)的敏感性和警觉性。集中相当的时间和精力研究法律、证券业监管以及实际行为的种种现实等影响公司反并购行为自由度的因素,先采取一些预防性措施,并制定可以立即实施的应急措施,以免在并购行为发生时束手无策。

2.驱鲨剂条款

驱鲨剂条款是指目标公司可以通过在公司章程中设置某些条款的方式为收购设置障碍,增加收购成本从而阻止收购行为。也叫做豪猪条款,具体包括以下具体方式:

(1)分期分批改选董事会。公司章程可以对董事的更换比例做出规定,如规定董事的更换每年只能改选 1/4 或 1/3 等。采取这种方式,收购者即使收购到了"足量"的股权,也不能在短时间内完全控制董事会,从而有利于抵制敌意收购。公司未更换的董事也可以决定采取增资扩股或其他办法来稀释收购者的股权份额。

(2)绝对多数条款。我国《公司法》第 104 条规定,股东大会做出修改公司章程、增加或者减少注册资本的决议,以及公司合并、分立、解散或者变更公司形式的决议,必须经出席会议的股东所持表决权的 2/3 以上通过。可以说,我国当前的《公司法》对公司特殊事项已经做出了绝对多数表决权的规定,绝对多数的比例高于 2/3 是合法的。在并购防御中,如果目标公司在章程中对公司合并时需要获得的出席股东大会绝对多数投赞成票的比例做出规定,如 80%以上,这样若企业管理层和员工持有企业相当数量的股权,那么即使收购方控制了剩余的全部股权,收购也难以完成。

(3)限制董事资格。目标公司可以在公司章程中依据公司性质,自行就法律未规定的董事资格拟定限制规定,以增加并购方控制目标公司的难度。如从持有本公司股份年限上限制并购方取得本公司的董事资格,或对增补董事做出百分比的规定等。这样,即使并购者取得目标公司很大部分股权,成为第一大股东,也难以很快控制公司决策,从而很可能选择放弃并购企图。

3."毒丸"计划

"毒丸"计划是指目标公司通过发行证券以降低公司在收购方案中的价值的措施。最初的形式很简单,就是目标公司向普通股股东发行优先股,一旦公司被收购,股东持有的优先股就可以转换为一定数额的普通股,这一方式有效地稀释了收购方的控制。当前,"毒丸"计划出现了以下几种新形式:

(1)转致条款,指目标公司以股利形式向股东赋予购买期权:如果收购公司通过购买目标公司一定比例以上的股份与目标公司合并,被赋予期权的股东能以非常有利的价格(其价格远远低于市场价格)购买被收购公司的股份。

(2)反致条款,指目标公司以股利形式向股东赋予购买期权:如果收购公司购买了目标公司一定比例以上的股份,即便没有发生合并,被赋予期权的股东能以非常有利的价格(其价格远远低于市场价格)购买被收购公司的股份。

(3)回致条款,指目标公司以股利形式向股东赋予购买期权:如果收购公司购买了目标公司一定比例以上的股份,即便没有发生合并,被赋予期权的股东也能以非常有利的价格(其价格远远高于市场价格)强制目标公司回购其股份。

由于"毒丸"计划可以不经过股东大会表决即能获得通过,而且从法律角度看,"毒丸"计划是以股息的形式伪装出现的,所以很多大企业的股东对此表示强烈不满,认为这与股东的利益是相互对立的。一方面,"毒丸"一旦实施,企业股票价格将立即出现下降趋势;另一方面,"毒丸"的威慑作用使股东丧失向可能的收购者出售股票的基本权利。

4.降落伞计划

降落伞计划是一种补偿协议,规定在目标公司被收购的情况下,公司管理人员(包括员工)无论是主动还是被迫离开公司,公司都会向其提供相当丰厚的解职费、股票期权收入和额外津贴作为补偿费,以此来增加收购方的收购成本。降落伞计划可以分为三种形式:金降落伞、银降落伞和锡降落伞。

“金降落伞”是指公司与其高级管理人员订立雇佣合同，一旦公司被收购，公司的董事会、监事会和高级管理人员在失去其职位后，可从公司领取巨额退休金（或遣散费），获得较高的个人利益后安全降落。

“银降落伞”是指目标公司规定，一旦公司最终落入收购者手中，公司需向被解雇的董事以下级别管理人员支付较“金降落伞”稍微逊色的同类保证金或补偿金。

“锡降落伞”是指目标公司规定，一旦公司股权发生大规模转移，公司签订的合同即行终止，根据工龄长短，公司必须向雇员一次性支付数周、数月乃至数年的工资或补偿金。

但降落伞策略的弊端也是显而易见的，即支付给管理层的巨额补偿反而有可能诱导管理层低价将企业出售。

5.交叉持股

交叉持股，是指目标公司可以选择关系密切并值得信赖的公司，双方通过互换股权的方式，相互持有对方一定比例的股份，使双方流通在外的股权都大量减少，从而不易受到控股冲击。这要求持股双方之间达成默契，彼此忠诚、相互保护。当甲公司成为收购目标时，乙公司则锁住其持有的甲公司的股权，从而加大收购者收购股份的难度，同时乙公司在表态和有关投票表决时也支持甲公司的反收购，从而达到防御收购的目的。同理，乙公司受到收购威胁时，甲公司也会同样予以支持。

此外，员工持股计划，其原理与交叉持股相同，国外许多公司还通过员工持股增加敌意并购时股份收购的难度。但在我国，由于员工持股比例非常低，还不足以构成有效的反并购计划。

(二)反击性收购防御措施

反击性收购防御措施是指针对已经发起的敌意收购而采取的防御措施。尽管采取的各种预防性措施会增加收购成本，使收购变得更加困难和昂贵，但是这些措施并不能保证目标公司的绝对安全。当收购方不惜代价，绕过重重防御时，就需要目标公司采取积极的措施进行反击。

1.白衣骑士

目标企业为免遭敌意收购而自己寻找的善意收购者通常被称为“白衣骑士”。当公司在遭到收购威胁时，为不使本公司落入恶意收购者手中，可选择与本公司关系密切的有实力的友好公司，以更优惠的条件达成善意收购。一般来讲，如果收购者出价较低，目标企业被“白衣骑士”拯救的希望就大，而如果买方公司提供了很高的收购价格，则“白衣骑士”的收购成本将提高，目标公司获救的机会就相应减少。但“白衣骑士”的介入常常会引发一场并购战，目标公司的股价会因此明显上升，这也会增加收购成本，可能会使敌意收购公司知难而退。

白衣护卫是一种与白衣骑士很类似的反收购策略。该策略不是将公司的控股权出售给友好的公司，而是将公司很大比例的股票转让给友好公司。

2.资本结构调整

当面临收购时，目标公司可以采取各种措施调整自己的资本结构，以避免被收购者收购，具体措施有：

(1)管理层收购，是杠杆收购的一种类型，前文已介绍。在一般情况下，管理层对被收购公司的资产质量或运营状况最为熟悉，故有相当比例的杠杆收购是由被收购公司的管理层所发动的。

(2)员工持股计划，即公司鼓励自己的员工持有本公司股份，因为员工通常为自己的工作及前途考虑，不会轻易出让自己手中拥有的本公司股票。如果员工持股数额庞大，则目标公司的防线就比较牢固。

(3)股票回购，通过这一方式，公司一方面可以用现金回购股票，另一方面可以发行公司债券、优先股或其他金融工具组合以回收股票，达到减少流通在外股份数的目的，从而抬高公司股价，也迫使收购方提高每股收购价格。需要指出的是，中国《公司法》明文禁止公司收购本公司的股票，但为减少公司资本而注销股份或者与持有本公司股票的其他公司合并时除外。

3.帕克曼防御策略

这一反收购策略的名称来源于80年代初期美国颇为流行的一种电子游戏。在该游戏中，电子动物相互疯狂吞噬，其间每一个没有吃掉其敌手的一方反会遭到自我毁灭。作为反收购策略，帕克曼防御是指目标公司通过反向收购，以达到保护自己的目的。主要方法是当获悉收购方有意并购时，目标公司反守为攻，抢先向收购公司股东发出公开收购要约，使收购公司被迫转入防御。

实施帕克曼防御策略使目标公司处于可进可退的主动位置，进可使收购方反过来被防御方进攻，退可使本公司拥有收购公司部分股权，即使后者收购成功，防御方也可能分享部分利益。但是，帕克曼防御策略要求目标公司本身具有较强的资金实力和相当的外部融资能力。同时，收购公司也应具备被收购的条件，一般应为上市公司，否则目标公司股东将不会同意发出公开收购要约。

4."焦土战术"

"焦土战术"是指当公司在遇到敌意收购而无力反击时，在迫不得已情况下可能会采取两败俱伤的做法。该策略具体包括以下几种常见手段：

(1)卖掉"皇冠上的宝石"。这是迫于无奈的"自杀式"措施。在一个公司内，经营最好的子公司或者有盈利能力的资产被誉为"皇冠上的宝石"，这类公司或资产通常会诱发其他公司的并购企图，成为被并购目标。目标公司为保全其他子公司或资产，就将"皇冠上的宝石"卖掉或抵押出去，使目标公司失去吸引力，从而达到反并购的目的。

(2)虚胖战术。利用并购者感兴趣的现金资源或大量举债购买一些无利可图的资产，或故意做一些需要很长时间才能见效的投资，使公司负债累累，在短期内公司价值降低，使并购者望而生畏。

(3)增加债务负担。重议以前的债务偿还期限，一旦公司抵挡不住被收购，并购方将面临立即还债的难题。

5.法律手段

在收购防御中，也可以引入法律武器，包括反垄断法、证券法和其他相关法规。

(1)反垄断法。并购能起到资源配置的作用，但如果某一行业的经营本来就已经高度集中，继续并购当然会加剧集中程度，在一定程度上会导致垄断，限制公平竞争。反垄断法的目的是反对经济活动中的垄断，保护公平竞争，是政府对企业收购进行管制的重要工具,对企业收购产生了重大影响。

(2)证券法或证券交易法。证券法则对上市公司收购的条件和程序做出了明确规定。如我国的《证券法》中,对任何投资者持有一个上市公司已发行股份的5%(以后每增减幅度达5%)、30%时,该投资者所需履行的书面报告、公告及发出收购要约等强制性义务做出了规定。1993年"宝延"风波中,宝安上海公司及其关联企业就违反了此类规定,没有及时报告、公告(当时有效的是《股票发行与交易管理暂行条例》)而购入上市公司大量股票,受到了中国证监会的处罚。

(3)其他相关法规。2002年10月,中国证监会颁布了《上市公司收购管理办法》和与之配套的《上市公司股东持股变动信息披露管理办法》。这标志着中国调整上市公司收购兼并的法律制度有了新的发展。

诉讼是目标公司在遭遇敌意收购时常用的法律手段之一。目标公司在收购方开始收集股份之时便以对方收购的主体资格、委托授权、资金来源、信息披露等方面的违法违规为由向法院起诉,请求法院确认对方的收购行为无效。这种诉讼的目的并非在于目标公司管理层希望在诉讼中最终获得胜利,而是通过诉讼可以赢得宝贵的反击时间。因为从提起诉讼到具体审理乃至最终裁决,一般都需要一段时间。

第五节　杠杆收购和管理层收购

一、杠杆收购

(一)杠杆收购的概念及其演变

杠杆收购(LBO)是指购并方以目标公司资产或者未来经营现金流作为抵押,向投资者发行债务进行融资,以现金支付的方式购买目标公司的股权,然后通过变卖目标公司资产或者提高经营现金流量以偿还债务本息的购并交易。杠杆收购的主体一般是专业的金融投资公司,投资公司收购目标企业的目的是以合适的价格买下公司,通过经营使公司增值,并通过财务杠杆的作用增加权益投资收益。通常投资公司只出小部分的钱,资金大部分来自银行抵押借款、机构借款和发行垃圾债券(高利率高风险债券)等方式,由被收购公司的资产和未来现金流量及收益作担保并用来还本付息。如果收购成功并取得预期效益,贷款者不能分享公司资产升值所带来的收益(除非有债转股协议)。

杠杆收购从出现到现在,在国外大致经历了三个主要的发展阶段:20世纪70年代、80年代中后期和90年代。在这三个阶段中,杠杆收购表现出了一些不同的特征,而这些特征又与法律制度和经济环境的变化密切联系在一起。

1.杠杆收购的兴起和发展阶段:20世纪70年代

20世纪70年代至80年代初期是杠杆收购兴起和发展的初级阶段。在这一阶段中形成了杠杆收购的基本特征,例如负债通常是股权的4～5倍(即资产负债率为80%～90%)、债务偿还期限一般是5～7年。当公司因负债创造出的税收节约开始消失时,金融买家就会将公司重新上市或出售给其他公司，而公司管理层也会借此成为控股股东。在这个阶段中，金融买家的功能在于构建一个允许财务杠杆作用充分发挥的资本结构，同时通过改善公司的经营绩效来还本付息。交易所使用的资本结构往往很复杂，既有以目标公司资产为担保的银行贷款，又有无担保债务、优先股和普通股，有担保债务通常占60%左右，无担保债务占20%～25%。

2.杠杆收购的高潮阶段：20世纪80年代中后期

随着美国1986年税法的改革和资本市场的发展，这一阶段的杠杆收购特征出现了一些变化。例如，在早期收购中，目标公司的现金流量和出售资产所得的现金都可以用于还本付息，而税法的改革削弱了通过资产出售偿还债务的优势。在新税法下，交易之后立即出售资产的所得不再享受免税优惠。另一方面，1986年以后出现了新的杠杆融资来源——杠杆收购基金，这种基金既可以为杠杆收购提供担保融资和非担保融资，也可以提供直接融资，为杠杆收购提供了额外的融资来源。

3.杠杆收购的恢复阶段：20世纪90年代

到了20世纪90年代，随着股票市场的发展，公开上市成为杠杆收购的主要退出战略选择。由于垃圾债券市场的衰落，杠杆收购中的债务比例大幅度下降，从早期的80%～95%降低到70%，债务期限也延长至10年，减少了短期内迅速提高收益、改善业绩的压力。杠杆收购公司的战略目标是在最终上市之前，尽量提高公司收益率，增强股票上市时的吸引力。在股票市场有利的情况下，金融买家会出售一部分股票来偿付债务以减少杠杆收购的财务风险。

在中国由于垃圾债券尚未兴起和流行，收购者大多是用被收购公司的股权作质押向银行借贷来完成收购的。

(二)杠杆收购的特征

1.偿债基础

杠杆收购与一般收购的重要区别在于：一般收购中的负债主要由购并方的现有资产或者预期现金流量作为偿债基础，购并方不会以尚未取得控制权的目标公司资产作为抵押；而在杠杆收购中引起的负债，则主要依靠目标公司未来的经营效益并结合目标公司部分资产出售的方式进行偿还。

由于目标公司的资产是获得贷款的担保品，所以无论是购并方还是贷款方，都会非常关注目标公司资产的抵押价值。资产的抵押价值越高，购并方越容易获得贷款。因此，资本密集型行业中的公司更容易成为杠杆收购的目标。当然，在服务业中，公司没有充足的资产可以作为担保品，但如果公司未来的现金流量足以偿付债务本息，那么购并方也会考虑采用杠杆收购的方式进行并购。

2.融资结构

与一般购并相比，杠杆收购的融资结构表现为非常高的负债比例。在整个融资结构中，购并方提供的资金只在其中占较小的部分，通常为10%～30%，其余部分都是通过发行债务的方式进行筹资的。在典型的杠杆收购中，商业银行提供的短期和中期优先级债务通常比例为5%～20%，由机构投资者、银行和杠杆收购基金提供的长期债务或次级债务的比例高达40%～80%。因此，杠杆收购实际上是采用激进型融资策略，即高负债、高

(财务)风险以期望获得高收益的购并策略。

(三)杠杆收购的具体融资方式

杠杆收购的具体融资方式基本上包括担保借贷、无担保借贷融资、垃圾债券和股票融资。

1.担保借贷

对于杠杆收购来说,发行股票、长期债券都会存在高额的发行成本和潜在的控制权损失,因此并不是融资的首选方式,而以资产为担保的借贷则成为颇具魅力的替代融资方式。这种融资方式适用于目标公司拥有足够的实物资产作为担保,即担保借贷。担保借贷无疑会增加资产的管理成本,进而影响贷款总成本。此外担保借贷还有可能严重约束公司未来的借款能力。在担保借贷下,借款方会要求以某种资产作为担保,借款期限一般较短,对担保资产的流动性也有比较严格的要求。具有担保资格的资产主要是应收账款、存货和固定资产,而固定资产则可以作为中长期贷款的担保品。

(1)应收账款担保

由于应收账款具有很好的流动性,通常被用于短期融资的担保,贷款方也愿意接受应收账款的担保。但是,如果借款方提供作为担保品的应收账款目前并不存在,也会增加贷款的风险,例如商品销售退回或者质量索赔等都会降低担保的价值。一般情况下,贷款金额是应收账款账面价值的70%~80%。

(2)存货担保

与应收账款相同,存货也具有很好的流动性,可作为短期融资的担保物。在通常情况下,存货中只有原材料和产成品才能作为贷款的担保,存货的担保价值取决于存货的特征,即可识别性、流动性和市场可销售性,而不是存货的账面价值。一般存货的担保贷款金额是其账面价值的50%。

(3)固定资产担保

固定资产可以作为中长期借款的担保品,借款方通常愿意选择中长期贷款进行融资,以避免不断更新贷款协议。贷款期限的长短一般取决于担保品的经济寿命。通常以设备为担保的贷款金额是其评估价值的80%,以土地为担保的贷款金额是其评估价值的50%。由于长期贷款协议是借贷双方私下谈判决定的,所以其成本费用要低于债券或股票发行的成本。

2.无担保借贷

如果贷款方将目标公司未来的现金流作为收回贷款的基本来源,而将资产作为第二来源时,借款方就有可能获得无担保贷款。在20世纪80年代中后期,以现金流量为偿还基础的无担保借贷成为杠杆收购的主要融资方式。购并方之间的竞争使杠杆收购价格大大超过了目标公司实物资产价值,借款方必须为这部分资金缺口寻找融资来源,于是许多杠杆收购采用了无担保债务。为了补偿所承担的风险,贷款方要求更高的利率和认股权证。

无担保债务通常被称为中间融资,因为它具有股票和债务的双重特征,一方面借款方承诺要按期还本付息,另一方面在借款方无法还本付息的情况下,贷款方无法收回投资。在流动性方面,无担保债务介于担保债务和股票之间。无担保债务融资通常包括多级债务，每级债务在流动性上附属于次级债务。担保级别最低的债务通常提供最高的利率，以补偿最高的可能违约风险。

按照流动性，无担保的长期债务可以分为优先级债务和次级债务。与次级债务相比，优先级债务对公司收益和资产有优先索偿权。按照是否附属于其他类型的债务，长期债务也可以分为附属债务和非附属债务。一般来说，在对公司收益和资产的索偿权方面，附属债务比其他类型的债务和银行贷款的级别要低，有的甚至低于公司的其他任何债务。债务之间的级别差异幅度取决于债权人在契约中向公司施加的要求。

3.垃圾债券或高收益债券

(1)债券评级

在美国，债券发行需要经过各种评级机构进行风险评级，这些评级机构包括穆迪投资评级机构和标准普尔公司。债券评级通常要考虑发行公司的收益稳定性、债务比例、发行利率、债券的附属级别、公司偿债情况等。评级机构采用的债券评级标准不完全相同，穆迪投资评级机构使用的评级标准是 Aaa，Aa，A；Baa，Ba，B；Caa，Ca。C，其中 Aaa 表示最低风险级别，C 表示最高风险级别。标准普尔公司的评级标准则是 AAA，AA，A；BBB，BB，B；CCC，CC，C 和 D。其中 AAA 表示最低风险级别，D 表示最高风险级别。通常评级在 Ba 及以下(或 BB 及以下)的债券被认为是非投资级别的债券，违约风险比较高。

(2)垃圾债券

垃圾债券是指违约风险级别低于评级机构所给出的投资级别或者根本没有评级的债券。在初始发行时，垃圾债券的发行收益率要比国库券收益率高出 4 个百分点。

1970—1977 年间，垃圾债券占公司债券发行总量的 3%～4%，到 1985 年，该比例上升为 14%。垃圾债券发行量的迅速增长反映了市场的需求，因为这种融资方式打破了以往只有大公司和盈利性高的公司才能发行债券的局面。垃圾债券不仅能够满足公司迅速发展的需要，而且成为杠杆收购的重要融资工具。20 世纪 80 年代后期，随着过度负债公司违约事件的不断发生，垃圾债券作为融资工具开始衰落，即便如此，在 90 年代末期，美国垃圾债券的总价值仍然高达 6 000 亿美元。

4.股权融资

根据对公司净利润和净资产索偿权顺序的不同，股权可以分为优先股和普通股。虽然优先股获得的是优先股股利而不是利息，却是固定收益证券，因此优先股兼具了债券和股票的双重特征。在杠杆收购交易中，购并方通常发行优先股，这既可以向投资者提供固定收益，还可以使投资者获得优先于普通股的资产索取权。

(四)被选为杠杆收购的目标公司的特点

选择何种企业作为并购的目标是保证并购成功的前提条件。一般来说具有以下特征的公司适合作为杠杆并购的目标公司。

1.具有预期相对稳定的现金流

由于杠杆收购中通常涉及巨额利息和本金的支付和偿还，因此目标企业的预期现金流量的稳定性是至关重要的。目标企业预期稳定的现金流对并购者而言比利润规模更加重要。

2.并购前目标公司的资产负债率不高

因为杠杆收购是以大量的债务为基本特征的，并购完成后企业的资产负债率必然会大大提高，因此如果在并购前目标公司的资产负债率不高，则未来增加负债的空间相对较大。如果在并购前目标公司的资产负债率就已经较高，则将大大降低债权人的安全感。

3.目标公司拥有易于变现的非核心资产

如果目标公司拥有易于变现的非核心资产，就可以在必要的时候出售这些资产来偿还债务，从而增强对债权人的吸引力。相对而言，以技术为基础的知识、智力密集型企业进行杠杆收购比较困难。

4.目标公司的管理团队稳定且具有较强的责任感

考虑到贷款的安全性，其债权人往往对目标公司的管理层要求很高，只有管理层勤勉尽职，才能保证贷款本息的如期偿还。管理层的稳定性，通常可根据管理层的任职时间长短来提供参考，其任职时间越长，债权人倾向于认为其在并购完成后留任的可能性就越大。

(五)杠杆收购存在的问题

对于杠杆收购的缺点主要集中在：并购公司被认为是通过利用第三方的财富来榨取目标公司的额外现金流。尽管被收购公司由于支付利息而享受免税政策，在随后的生产运营过程中只有很少的赋税，但股东分配到的股息却享受不到这样的优惠。此外，杠杆收购最大的风险在于出现金融危机、经济衰退等不可预见事件，以及政策调整等时，将会导致定期利息支付困难或全面清盘。最后，如果被收购公司经营管理不善、管理层与股东们动机不一致，都会威胁杠杆收购的成功。

二、管理层收购

(一)管理层收购的概念与理论动因

管理层收购，是指目标公司的管理层利用外部融资购买本公司的股份，从而改变本公司所有者结构、控制权结构和资产结构，进而重组本公司并获得预期收益的一种收购行为。管理层收购实际上是杠杆收购的一种特殊形式，也就是说当杠杆收购的主体是被收购公司的管理层时，这种杠杆收购就被称之为管理层收购。

从理论而言，管理层收购的产生和发展最主要的动因是：有助于降低代理成本，有效激励和约束管理层，提高资源配置效率。与一般股份有限公司所有权与经营权分离不同的是，管理层收购的主要投资者是目标公司的经理和管理人员，他们往往对本公司非常了解，并有很强的经营管理能力。通过管理层收购，他们的身份由单一的经营者角色变为所有者与经营者合一的双重身份。管理层收购后，管理者拥有企业的股权，企业的经营绩效与管理者的个人报酬直接相关，管理者有动力挖掘企业增长潜力，有利于降低管理者与股东之间的代理成本。此外，管理层收购常常需要借助于高负债的杠杠作用得以完成，高负债可以进一步约束管理者的经营行为，有利于公司现金流量的及时回收。

(二)管理层收购的类型

管理层收购的类型主要有三种：收购上市公司、收购集团的子公司或分支机构、国有企业进行民营化时的管理层收购。

1.收购上市公司

在完成管理层收购后，原来的上市公司转变为非上市公司。这种类型的收购动机主要有四种：基层管理人员的创业尝试；防御敌意收购；机构投资者或大股东转让大额股份；摆脱上市公司制度的约束。

2.收购集团的子公司或分支机构

目标企业为集团的子公司或分支机构的管理层收购，被称为部门管理层收购和局部管理层收购。20 世纪 80 年代，一些多元化经营的企业集团为了实现紧缩战线，出售其效率低下的子公司和分支机构，甚至从某些特定行业完全退出，以便集中力量发展核心业务；或者是改变经营重心，将原来的边缘产业定为核心产业，从而出售其余部分业务(包括核心业务)。这时候最愿意购买被出售公司的人，往往是具有信息优势的内部管理者。因为他们具有以下优势：管理人员往往具有信息优势；作为内部人员，容易满足保密要求；被收购单位与原来集团的业务联系会继续保持从而有利于平稳持续的经营。

3.国有企业进行民营化

国有资产民营化有四种情况：一是将国有企业整体出售；二是将国有企业整体分解为多个部分，再分别卖出，原企业成为多个独立的民营企业；三是经营庞杂的集团公司出售其边缘业务，继续保留其核心业务；四是地方政府或准政府部门出售一些地方性服务机构等。

无论是哪种类型的管理层收购，成功地进行管理层收购应综合考虑以下三个因素：首先，目标公司的产业成熟度，其收益和现金流相对稳定。因为管理层收购属于杠杆收购，实施管理层收购的企业将会面临巨额的利息支付和分期偿还贷款压力，所以收益的稳定性和可预测性就显得非常重要。其次，目标公司的资本结构。一般要求目标公司有形资产的质量和比重都较高，资本结构具有一定的负债空间。最后，经营管理的状态。实施管理层收购的目标公司往往是具有巨大潜在管理效率空间的企业，通过投资者对目标公司股权、控制权、资产结构以及业务的重组来达到节约代理成本、获得巨大的现金流入并给投资者超过正常收益回报的目的。

案例3-3

双汇集团的管理层收购

河南省漯河市双汇实业集团有限公司(以下称双汇集团)曾是中国最大的国有肉类加工企业，总部位于河南省漯河市，漯河市国资委持有其 100％股权。双汇集团董事长为万隆，其同时担任上市公司双汇发展及集团旗下 20 多家子公司和关联公司的董事职位。2006 年 3 月 3 日，漯河市国资委将持有的双汇集团全部股权在北京产权交易所挂牌转让。高盛策略投资(以下称高盛)和鼎晖国际投资组建的财团罗特克斯有限公司，以 20.1 亿元人民币中标，成为双汇集团的 100％控股股东。

1998 年 10 月，双汇集团发起成立河南双汇股份公司，并于同年 12 月在深圳证券交易所上市交易。后更名双汇发展，交易代码 SZ000895。根据双汇发展 2008 年年报，双汇集团持有双汇发展 30.27％的股权，罗特克斯持有 21.18％，其余 48.55％则由社会公众股东持有。在前十大股东中，以基金为主的机构投资者占据八席。

双汇发展管理层8年管理层收购终成正果。随着高盛减持双汇股权等消息从2009年年底开始见诸报端，双汇管理层通过接手高盛所持有的双汇集团股权进行曲线管理层收购的做法才初见端倪。双汇发展在澄清公告中宣称公司没有施行"管理层股权激励"计划，但回顾2002年以来双汇管理层所做的种种努力，曲线管理层收购的猜测并非空穴来风。2009年底，迫于舆论压力，双汇发布公告承认其管理层已通过在英属维京群岛(BVI)设立的兴泰集团的全资子公司雄域公司间接持股双汇集团。直到2010年11月29日，在停牌8个月之久后，随着重组预案的公布，双汇管理层收购终于明朗化，管理层不再遮遮掩掩，兴泰集团即将成为上市公司实际控制人。

双汇的管理层收购平台为管理层设立于BVI的兴泰集团。兴泰集团由双汇集团及其关联企业(包括上市公司)的员工263人(其中上市公司101人)设立，通过全资子公司雄域持有双汇国际从而持有双汇集团31.82%的股份。实际上从2002年起，双汇管理层就未停止过实施管理层激励计划的步伐。海汇投资通过关联交易的方法从上市公司掘金，海宇投资则直接采用资本途径——低价受让上市公司股权。遭遇政策红线而失败后，管理层并没有就此放弃，而是采用"借道"的曲线战略：第一步引入外资高盛和鼎晖收购双汇集团全部股权并接手海汇投资所持双汇发展股权；第二步管理层通过在BVI设立的兴泰集团的全资子公司雄域公司从高盛一方接手双汇国际股权，从而控制双汇集团31.82%的股权；第三步，借助资产重组的一揽子预案，通过投票权安排，成为双汇集团及双汇发展的实际控制人，将管理层收购明朗化，预案在2010年第三次临时股东大会上通过。

关键词

并购　兼并　收购　新设合并　吸收合并　纵向并购　横向并购　混合并购　善意并购　敌意并购　并购估价　杠杆收购　管理收购　并购整合　驱鲨剂条款　"毒丸"计划　金降落伞　银降落伞　锡降落伞　白衣骑士　白衣护卫　帕克曼防御　焦土战术

思考练习题

1.什么是并购？并购的类型有哪些分类方式？

2.概述主要的并购动因理论，其中哪些理论认为并购是能够创造价值的？

3.公司并购的一般程序包括哪些？常用的估价方法主要有哪几种？

4.选择一并购案例，运用相关理论和方法对其决策动因及其经济后果进行分析。

5.并购整合的策略可以分为哪几种模式？

6.在国外，敌意收购的方式主要有哪几种？敌意收购的具体防御措施又有哪些？

7.一般来说，被选为杠杆收购的目标公司有哪些特点？

8.杠杆收购的具体融资方式包括哪些？

案例分析题

[分析题 1]

资料:(1)好孩子集团收购前的背景。好孩子集团创立于 1989 年,是世界儿童用品行业的重要成员之一,是目前中国规模最大的专业从事儿童用品的企业集团。其成品已进入全球 4 亿家庭,在中国童车市场占有 70%以上的份额。其销售额有将近 80%来自海外市场,部分产品在海外市场的占有率近 50%。2005 年,好孩子集团年生产各类童车 300 万辆,年销售收入达 25 亿元,纯利润超过 1 亿元,净利润率约 5%。来自全球各地大量而稳定的现金流,使得这家企业不断受到投资者的关注。在过去 5 年内,好孩子的年增长率达到 20%～30%。

(2)PAG 收购前的背景。PAG 是私募投资基金太平洋联合集团的英文简称。它是一家在香港注册,专门从事控股型收购的私募基金,其总部设在东京。PAG 旗下管理着大约 4 亿美元基金,投资好孩子集团是其在中国的第五宗交易。完成好孩子集团的收购后,PAG 在中国累计投资约 2 亿美元。

(3)收购方式与动因。收购方式:以小博大的杠杆收购方式。收购动因:PAG 是一个收购基金,其自身存在的目的就是通过杠杆收购等形式达到以很少的资金赚取高额的利润。收购基金所青睐的目标企业的特点是:有稳定的、可预计的现金流(意味着通常是传统行业);有加大负债比例的空间(意味着现有的负债比例相对比较低);有提高运营效率的空间(意味着目前的管理还存在改善的余地或者业务中有更多的协同效应可以榨取)。

(4)收购过程。2005 年 10 月 PAG 接触好孩子集团,12 月 13 日就签署了股权转让协议,2006 年 1 月底就完成了对价支付与股权交割。收购谈判阶段,由于收购中新旧投资者以及好孩子集团管理层等三方利益盘根错节,谈判所涉及的关系非常复杂。但从谈判的结果来看,从开始谈判到最后达成协议所耗费的时间差不多为两个月,谈判效率极高。PAG 进入好孩子集团后,对好孩子集团的法人治理结构进行了改造。好孩子集团的董事会从原来的 9 人缩减为 5 人,董事长还是由好孩子集团的创始人宋郑还担任,通过此次资本运作,好孩子集团的股东由 4 个减少到 2 个。

(5)收购财务规划。①杠杆的设计:PAG 先通过好孩子管理层组成的集团筹集收购价 10%的资金,然后以好孩子公司的资产为抵押,向银行借入过渡性贷款,该贷款金额相当于整个收购价格的 50%,并向 PAG 的股东们推销金额约为收购价 40%的债券。PAG 借助外资银行贷款完成了此次杠杆收购交易,交易所需部分资金来自台北富邦商业银行的贷款,贷款金额 5 500 万美元。②杠杆收购后的股权变动:第一上海、软银和美国国际集团获利退出,好孩子集团的股东减少到 2 个。

(6)目标企业估价及对目标企业现金流的控制。按照市盈率计算,好孩子的市场价值在 20 亿元人民币以上,折算成 PAG68%的持股比例,该部分股权的市场价值不低于 1.7 亿美元。PAG 支付的 1.225 亿美元收购款中 1 200 万美元左右,余者以好孩子的业务现金流和企业控制权价值为抵押,向金融机构借贷,其目标为博取 400%[(17 000－12 250)/1 200]的高额投资回报率。

要求:依据所给资料,运用所学的高级财务管理原理,回答下列问题:

(1)请在进一步查阅相关资料后,对该并购案例的交易设计进行分析,谈谈从中得到了什么启示。

(2)指出此次并购存在的不足之处。

[分析题 2]

资料:2013 年 1 月 18 日,金保利新能源有限公司(HKG:0686)与“招商新能源集团有限公司”的子公司“招商新能源控股有限公司”等签订股权买卖协议。通过此次交易,金保利新能源有限公司和招商新能源控股有限公司的控制权均发生了实质性变化。

此次交易中,招商新能源控股有限公司的股东(包括招商新能源集团有限公司、中国绿色控股有限公司、逸昇有限公司、Hyatt Servicing Limited、腾晖电力香港有限公司、Sino Arena Investments Limited 等)共出售了所持的招商新能源控股 530 000 000 股,占其所有发行股份的 92.17%。作为购买方,金保利新能源有限公司及所属 Profit Icon Investments Linmited 所支付的对价:金保利股份 959 462 250 股,可换股债券面值港币 1 160 447 750元(其中受托管可换股债券面值为港币 847 964 000 元)。并且,招商新能源控股向金保利及所属公司承诺及保证:招商新能源控股于利润保证期(2013 年 1 月 1 日至 2015 年 12 月 31 日)所产生之溢利将不少于 495 000 000 元港币;如未能在利润保证期达到利润保证,则对价须通过下调受托管可换股债券的本金额予以调整。

根据金保利新能源有限公司于 2012 年 12 月 18 日星期五在香港股票市场发布的声明,其担心光伏产业持续的产能过剩和价格下滑,同时它也看到了在下游光伏安装市场快速发展的机遇。因而,金保利新能源有限公司决定进军中国招商新能源集团的光伏项目业务和项目储备。中国招商新能源集团已经开发或收购了数兆瓦光伏项目,并且与东道主达成一系列具有约束力的决议,这相当于到 2016 年底潜在的项目储备量约为 5GW。收购协议完成后,金保利新能源有限公司现已经持有中国招商新能源集团 7.83%的股份,Ease Soar(保利协鑫旗下子公司)持股 17.39%,中国绿色集团持股约 8.69%,腾辉电力持股约 8.69%,Hyatt Servicing 持股约 5.22%以及 Sino Arena 持股约 4.35%。

由于招商新能源集团有招商新能源控股公司 47.83%的股权,并为其第一大股东,该收购交易完成后,招商新能源集团直接持有金保利新能源公司 25.39%的股权,变身成为金保利第一大股东。因此,通过此次交易,招商新能源实现在香港联合交易所有限公司借壳上市,这将更有助于其全球光伏电站运营、开发、交易。并且预期,公司对招商新能源的投资将实现较大升值。

要求:依据所给资料,运用所学的高级财务管理原理,回答下列问题:

(1)请进一步查阅相关资料信息,分析该并购案例的特点是什么。

(2)从交易的双方来看,其各自的交易动因是什么?

(3)评价交易的支付方式有哪些特点及其影响。

第四章　公司收缩

学习目标

1.掌握公司紧缩及其方式，资产剥离交易结构设计及其价值效应；

2.熟悉公司紧缩的决策动因，公司分立和股份回购交易结构及其价值效应；

3.了解公司紧缩的理论基础，公司扩张与公司紧缩的相互关系。

开篇案例

中国远洋资产剥离

中国远洋控股股份有限公司(601919,SH)于2007在上海证券交易所上市，公司控股股东为中国远洋运输(集团)总公司，是全球第二大综合性航运企业，实际控制人为国务院国有资产监督管理委员会。中国远洋自上市以来始终奉行成长型战略，在发展过程中对航运价值链不断整合，形成包括航运、物流、码头、货代、租箱等业务的主业产业链。由于行业周期、企业战略决策失误等诸多因素，中国远洋在2011年、2012年分别亏损104.5亿元和95亿元，根据证监会的相关规定，因为公司连续两年亏损，2013年3月起实行"退市风险警示"特别处理，股票简称变为*ST远洋。

中国远洋于2013年3月28日、2013年5月21日和2013年8月30日分别发布公告称：拟将控股子公司中国远洋物流有限公司100%股权以67.39亿元的价格转让给母公司中远集团；拟将中国远洋控股子公司中远太平洋下属子公司中远集装箱工业有限公司所持有的中集集团4.3亿股A股以及1.48亿H股作价75.4亿元转让给关联方Long Honor Investments Limited；拟将青岛远洋资产管理有限公司81%股权以20.58亿元价格转让给关联方裕航投资有限公司、将上海天宏力资产管理有限公司81%股权作价16.8亿元转让给关联方领惠投资有限公司。中远物流和中集集团股权是中国远洋航运价值链上的重要业务，是与其主营业务相关的资产；青岛远洋和上海天宏力公司的主要收益源自对地产项目的管理，其主要资产是位于青岛CBD的远洋大厦和上海市虹口区东大名路378号上海远洋大厦的房地产。剥离交易共获得收益84.75亿元，2013年中国远洋净利润为2.35亿元。

中国远洋2013年资产剥离交易信息首次公告日公司股票对上证指数[-2,+2]、[-5,+5]和[-10,+10]窗口期的累计超额收益率如表4-1所示。

表 4-1　中国远洋 2013 年资产剥离交易累计超额收益率数据表

单位：%

首次公告日	剥离资产	[－2,＋2]	[－5,＋5]	[－10,＋10]
2013 年 3 月 28 日	中远物流	－6.30	－7.55	－8.47
2013 年 5 月 21 日	中集集团股份	－3.58	－7.49	－0.39
2013 年 8 月 30 日	青岛远洋和上海天宏力	4.79	11.72	11.78

思考：中国远洋为什么要进行资产剥离？资产剥离对公司价值或股东财富产生了什么样的影响？

第一节　概述

一、关于公司紧缩

（一）公司紧缩的含义

公司紧缩，也称公司收缩。公司紧缩是指通过对公司的股本或资产进行重组，从而缩减主营业务范围或者缩小公司规模的各种资本运作方法，主要有资产剥离、公司分立和股份回购等多种方式。

理解公司紧缩概念，需要把握以下几个基本要义：(1)公司紧缩是公司资本经营领域的两大基础性重组类型之一，其与并购等公司扩张共同构成了公司资本经营的完整范畴；(2)公司紧缩的对象既可以是某项资产，也可以是公司的一个部门、子公司和分公司等；(3)公司紧缩的判断标准是看重组后的结果是否缩减了主营业务范围或缩小了公司的资产规模，如果通过资本运作能够实现其中的任何一个结果就可以认为这一资本经营行为是公司紧缩；(4)公司紧缩是站在母公司的角度来研究的，如果原来由母公司管理层直接经营的许多业务通过资本运营而变为由另外一支专业的管理团队来经营，母公司只对该业务单位拥有股东权利，这种情形就被认为是对母公司经营业务的紧缩。正因如此，在现实经营管理中，母公司通常是公司紧缩战略的实施主体。

公司紧缩是针对公司的资产规模或者主营业务范围而进行的重组。它与目前在国内外理论界流行起来的“企业再造”完全不同。“企业再造”重点研究的是在企业主营业务范围不变的情况下，如何通过对内部业务流程和经营方式进行改造从而提高经营效率。而公司紧缩则是通过资产剥离、经营主体的分设或者股票回购等，甩掉不良资产，缩小经营管理的幅度，从而提高企业的经营效率。

（二）公司紧缩的产生

公司紧缩是与公司并购相对应的提升企业价值的捷径之一，是企业经历了大规模、连续型扩张带来的不利后果之后做出的战略调整。在 20 世纪 80 年代之前，公司的资本经营以并购扩张为基本内容。20 世纪 80 年代之后出现的公司紧缩，实际上是西方对 60 年代以来形成的混合兼并浪潮进行反思的结果。20 世纪 60 年代西方企业界比较盛行多元化的发展思路,认为多元化经营可以有效地分散投资风险,发掘新的市场机会,稳定企业的现金流量,增强企业竞争能力。于是,各大公司纷纷把并购作为主要的扩张手段。由于一些国家制定了反垄断法,限制企业进行横向兼并或纵向兼并,所以从 60 年代到 80 年代所发生的一些大的兼并案例大多是混合兼并,即跨行业之间的兼并。但是,实践表明,这些混合兼并的公司在日后的发展中大多遇到了很大的经营困难,特别是因为高层管理人员对非本专业的业务领域缺乏管理经验、指挥不当,使许多被并入的公司出现亏损,拖累了公司的整体盈利水平。这时一些企业开始认真对之前的多元化的并购进行反思,并有计划地放弃一些与本行业联系不甚紧密的业务和资产。所以,公司紧缩在很大程度上是作为并购扩张的纠错机制出现的。可以说,如果没有并购扩张,或者说如果没有并购扩张而导致的经营失败,就不会出现公司紧缩这种资本经营方式。

相较于兼并、收购等扩张性战略,人们对公司紧缩的关注程度还比较低,对企业如何进行主动性的经营业务或资产规模的缩减缺乏深入的研究。20 世纪 90 年代中后期,我国一些具有战略眼光的企业开始自觉地对公司的业务进行梳理,收缩经营范围,并且取得了比较明显的成效。当下,公司紧缩的理论研究和具体实施方式,已经引起了越来越多的理论界和企业界人士的重视。

(三)公司紧缩与公司扩张的关系

公司扩张与公司紧缩密切相关。在企业的兼并与收购过程中,收购方有时只是想购买目标公司的某些资产,但是由于某些原因却不得不购买整个公司。这种情况下,收购方在完成收购之后,通常会采用紧缩的方式对目标公司的资产进行梳理,剥离掉与其发展战略无关的资产或者经营业务,即先并购(扩张),后剥离(紧缩),二者之间是交替进行的。从理论上看,公司扩张与公司紧缩之间的关系主要体现在如下几个方面:

1.公司购并和公司紧缩都是重新配置企业资源的重要手段。公司并购是资本的扩张行为,它通过不同企业之间生产要素的重新配置,使资产组合更加合理,进而最大限度地发挥经济资源的使用效率。而公司紧缩则是资本的收缩行为,它通过同一企业内部生产要素的分化和重新组合进而提高企业经济资源的配置效率。通常情况下,一个公司的紧缩会伴随着另外一个公司的并购,所以,公司紧缩有时也被称为逆向并购。

2.公司并购和公司紧缩都是为了追求企业利益最大化。理论上,通过并购方式把符合市场需求的目标企业及其业务吸收进企业,或者通过出售或分拆方式把不符合企业发展战略和市场需要的部门或业务剥离出企业,都可以使企业的产品结构和市场的需求结构调整到一致,进而实现对业务结构进行调整的目的。但是,两者在采取的手段方面仍有一定的区别。公司并购,一般是通过跨企业之间的重组,实现 1+1>2 的重组效果,即企业并购的目的是实现购并之后的总体效益大于并购之前的效果;而公司紧缩则是通过同一企业内部的重组,将企业一部业务或资产出售,或一分为二甚至多个主体,实现 1+1>2 的效果,即企业紧缩的目的是为了实现分拆后的两个或多个独立企业的效益之和大于分拆前的企业总体效益之和,或者将企业的资产、业务从现有企业中脱离出去,使剥离之后的经营效率高于剥离之前的经营效率。

3.公司并购与公司紧缩是辩证统一的关系,两者互为因果,相互转化。一方面,公司并购通常会引起企业紧缩。这是因为横向并购虽然可以降低成本,实现规模效应,但是当企业规模的扩大导致规模不经济时,必然引起企业的紧缩;纵向并购虽然可以通过市场交易内部化节约交易费用,但是随着并购可能引起企业管理半径加大,必然造成企业管理费用的增加,当增加的管理费用大于节约的交易费用时,也必然需要通过企业紧缩的方式使之外部市场化,从而降低管理费用;混合并购虽然可以分散企业的经营风险,但是当企业通过并购而进入不熟悉的领域时,反而可能使企业的经营风险加大,此时也需要通过企业紧缩以降低企业的整体风险。另一方面,企业紧缩又是企业并购的基础,是为实现更大规模的企业扩张积蓄能量。这是因为通过紧缩,一是企业可以剥离出不符合企业发展战略的业务或部门,轻装上阵;二是企业可以以退为进,将主要资源和精力用于发展核心业务,增强核心竞争力;三是可以弥补企业并购时的决策错误,将其造成的损失降低到最低限度。这些都可以增加企业的竞争能力和经济实力,为企业开展大规模的并购性扩张奠定坚实的基础。

分久必合,合久必分,这是事物发展的一般规律。企业的发展同样也不例外。从表面上看,公司紧缩仅是企业内部各项经济资源的分化和重新组合,但从本质上来看,企业经济资源的分化和重新组合必然伴随着企业组织结构、人事结构、产品结构的调整,最终是通过企业战略、市场、组织、人事、技术以及产品的调整进而提高企业资源的配置质量,充分发挥经济资源的最大使用效能,从而提高企业的整体运行效率。因此,公司紧缩在本质上是一种以退为进的发展策略。因为大企业管理机构臃肿,制度简单划一,组织成本较大,对外部环境变化不甚灵敏,容易造成决策滞后、效率降低。此时,退的目的是为了更快地前进。公司紧缩之后,随着企业管理水平的提高、主导产品的培育成熟、核心能力的增强,可以使企业在更加坚实的基础上快速发展。因此,公司紧缩不能认为是企业经营失败的表现,它是企业进一步发展的基础和前奏,是企业发展中的一种主动性策略。

二、公司紧缩的理论基础

企业紧缩具有比较坚实的经济理论基础。这些理论基础为公司紧缩的合理性提供了令人信服的解释。

(一)纵向边界理论

企业(以生产型企业为例)一般都存在着一个由原料采购到产品生产、再到产品销售的产业链,由于这个链条具有承上启下的上下游性质,因此,又称为纵向链条。按照纵向产业链的分析逻辑,对于上游企业提供的原材料、下游企业提供的产品销售或其他专业性服务(如法律、咨询等等),企业将面临两种选择:一是自己生产;二是向其他厂商购买。如果选择自己生产的话,企业可能采用的一种策略是收购这些处于上下游位置上的企业,使之成为本企业生产经营的一部分。这种发展策略就是前面有关章节中所讲的“纵向并购”或“纵向一体化战略”。这种并购下,一个显著的优点是原材料供应、产品销售包括其他专业性服务由原来不同企业之间的交易变成了企业内部之间的交易(通常表现为母公司与子公司或分公司之间的交易),即实现了经济交易的内部化,从而节省了交易费用,提高了生产经营的效率。但是,纵向一体化有一个合理的边界。如果企业突破了这个边界,就会出现"大而全、小而全"所带来的种种弊端,从而降低企业的整体经营效率。这时候就需要采用公司紧缩的方式,比如把一些分公司或者子公司分离出去以消除"大而全、小而全"所出现的负效应。在经济学上,纵向一体化的边界主要取决于内部生产成本与外部采购成本之间的比较。一般情况下,如果内部生产的成本低于外部采购的成本,说明企业能够从纵向一体化中获利,因为企业还没有达到边界;反之,如果内部生产成本大于外部采购的成本,则说明企业已经突破了应有的纵向边界,出现了负效应。此时,企业就应该采用公司紧缩战略,把有些产品或劳务的生产业务分离出去。

(二)横向边界理论

企业的横向边界是指企业提供产品或服务的数量和种类。企业的横向边界主要与规模经济与范围经济问题有关。与纵向边界理论相同,企业的横向边界理论既是解释企业并购扩展的理论基础,也是解释企业紧缩的理论基础。因为公司紧缩是公司扩张的反向操作,两者的理论渊源是相同的。

1.规模经济

所谓规模经济是指由于规模扩大而带来的经济效益。这些经济效益主要表现为生产成本的下降。按照规模经济的理论解释,当产品的单位平均成本随着产量增加而下降时,企业就能实现规模经济性。这是因为当平均成本随着产量增加而递减时,边际成本(也就是增加1单位产出而增加的成本)一定会小于平均成本,说明企业可以在产量的扩张中实现经济效益的增长。从理论上讲,规模效应之所以存在,主要由于两个原因:其一是随着产量的增加,企业的固定成本会被有效地稀释,从而使得单位产品所负担的固定成本减少,并使得整个产品的单位成本下降;其二是由于"学习曲线"效应的存在,一般来说,生产效率会随着产量的增加而提高,这是在大批量生产条件下,"熟能生巧"必然导致的结果。而生产效率的提高,可以使单位的人工费用、固定成本等费用降低,并相对地降低整个产品的单位生产成本。

2.范围经济

与规模经济不同,范围经济主要涉及企业生产经营的品种界限。理论上讲,如果把两条或多条产品生产线组合在一家企业内部组织生产,而其生产成本低于分别由不同企业生产这些产品的成本时,这种成本降低的经济现象就称为范围经济。范围经济,实际上就是人们所讲的"协同效应"。范围经济的产生主要来自于企业内部各业务单位对一些资源(如研究开发活动、管理费用、市场推广、公司无形资产)的共享。这些资源的共享显然可以带来生产成本的相对节约。比如,与把两条生产线放在两个企业进行生产相比,放在一个企业内部进行生产时,可以明显地降低组织管理方面的费用。再比如,两种产品共用一条销售网络,要比为每种产品各自独立的建立销售网络更加具有经济合理性和成本节约性。

然而,上述规模经济和范围经济都存在着合理的边界。在这个边界之内,规模的扩张或范围的增加可以给企业带来一定的经济效益。但是,如果超出这个边界,企业就可能出现机构臃肿、信息传递失实、效率低下等"大企业病",从而使企业的整体经济效益下降。这时候就必须采用公司紧缩的战略使企业的规模或范围重新回到合理的边界之内。

三、公司紧缩的具体原因

公司紧缩的理论基础只是从经济理论或者经济原理的角度解释公司紧缩存在的合理性。但是，在现实中各个企业的情况千差万别，每个企业进行紧缩的具体原因是不同的。因此，了解公司紧缩的具体原因对于掌握和熟练运用公司紧缩这种资本经营方式非常必要。梳理有关研究文献，发现公司紧缩的决策动因主要有以下几种情况：

(一)管理层追求“主业清晰”

追求主业清晰，即归核化，是企业实施公司紧缩的主要原因之一。几乎所有的公司在解释公司收缩的战略动机时都会提到追求主业清晰这个因素。之所以会出现这种现象，一个很重要的原因是公司在实施紧缩之前都有过不适当的以多元化为基本特征的扩张行为。公司进行紧缩就是为了纠正以前的战略失误，使企业的经营半径重新回归到合理的边界之内。

公司从多元化重新回归到主业清晰，昭示了这样的一个道理和事实，即管理经验不具有完全的可移植性。通常情况下，当公司管理人员集中于其所擅长的专业领域时，他们经常能做得很好。但是，即使是最有天才的管理人员，在进入一个新的业务领域时，他在以前的成功经验中所积累起来的种种技巧和知识往往也不适用于新的业务领域。因为这些经验和技巧很难被成功地移植到新的行业上。

(二)获得一个公平的市场价格

在资本市场上，一方面，对于一个组织结构和资产结构复杂的公司，投资者一般很难获得对该公司大部分资产完全正确、及时的信息。另一方面，资本市场中的专业研究人员一般只对一个公司的初始主要业务有深入研究，对其多元化经营的其他领域很难有准确的评价。因此，与主业清晰的专业化公司相比，业务过于分散公司的价值极易被掩盖。市场对“主业清晰”公司的偏好也反映出信息传递的完整性和准确性对投资者进行投资决策时所具有的重要影响。比如，一个石油行业的分析师常常会错误评估一个石油公司下属的房地产、化学或钢铁企业的价值。而公司分立等公司紧缩的应用则可以使得原来业务复杂的公司主业变得清晰突出。通过紧缩，公司将其下属其他行业的子公司独立出来，单独去面对资本市场，这样可以使母公司和被独立出来的子公司的资产都可以在市场上得到相对较为准确的、公平的价值评估和分析。比如，美国著名的AT&T公司的董事长罗伯特·艾伦(Robert Allen)在评论公司当时实行大规模的公司分立的动机时曾说：“AT&T的真实价值在分立前被市场严重低估了，因为投资者对一个混业经营的大公司的经营战略难以看得清楚。在分立后，AT&T将成为电信领域内最大的单一业务运营商。现在投资者就可以很容易理解我们的业务了。”①

公司分立之所以能够使公司的价值得到比较准确的评价，并由此增加公司的价值，主要原因是它能减少市场中对公司下属不同类型业务部门的业绩和经营情况进行分析时所存在的信息不对称情况。美国学者经过研究发现，与单一经营的同行业竞争者相比，大多数实行公司分立的企业在分立前均存在着较严重的信息不对称情形。而这种信息不对

① 俞铁成.公司紧缩——资本运营的新境界[M].上海：上海远东出版社，2001：18.

称，使得公司的价值无法被投资者和分析师们所认识。

近年来，公司紧缩可以提高公司股票的市价，已经被许多学者和投资银行经过长期的研究和实践所证实。理论上讲，公司紧缩导致股价高升的原因主要有以下三方面：一是公司在紧缩前，市场会低估该企业的价值，而紧缩则给了市场一个改正错误和重新评价公司价值的机会；二是资本市场更加喜欢“主业清晰”的公司；三是公司紧缩使被分立出的公司业务清晰，容易受到追求“业务协同效应”的收购企业的注意，从而容易因成为被收购对象而使其股价上升。

公司紧缩导致股票价格上升的一个比较典型的案例是美国埃斯马克(Esmak)公司对其非消费品生产部门的剥离。埃斯马克公司是一个拥有快餐、消费品生产和石油生产等多种业务的国际企业集团，但是，在多数投资者印象中它却仅仅是一个快餐和消费品生产企业，而忽视了该公司所拥有的大量有价值的石油储备。这些石油储备在公司的资产负债表上仅以较低的价值反映出来，该公司的股票价格因此被市场严重低估了。公司管理人员经过研究后认为，目前公司的状况可能会造成被其他公司接管的危险，因此决定将其拥有的包括石油生产在内的非消费品生产部门出售给美孚石油公司，由此获得了11亿美元的现金收入，公司股票的市场价格也因此从19美元上升到45美元。

(三)满足公司对现金的需求

公司有时需要大量现金来满足业务扩张或减轻债务负担的需要，而通过借贷和发行股票的方式来筹集资金可能会面临一系列的障碍，此时通过出售公司部分非核心或非相关业务的方式来筹集所需要的资金，就不失为一种有效的选择。尤其在杠杆收购中，收购方为了偿还收购过程中借入的巨额债务，通常需要出售部分被收购公司的资产或业务来满足对现金流的需求。例如，美国的KKR公司在1985年出资62亿美元收购了比邱雷斯消费品集团公司，这在当时是一宗金额巨大的杠杆收购案例。在62亿美元的收购资金中，KKR公司通过发行债券筹集了25亿美元，其余的绝大部分资金则来源于银行贷款。KKR公司的债券融资在两年内不需要偿还本金，而在此之前，可以通过公司经营中产生的现金流和资产出售的方式来偿还大量的债务。在通过杠杆收购使比邱雷斯公司转为私人控股公司之后，该公司相继出售了化妆品生产线、牛奶制品生产线、冷藏仓库网络等业务，总共筹集了37.5亿美元的资金，从而满足了并购业务对现金的需要。

(四)减轻债务负担

公司紧缩的原因有时可能是迫于债务偿还的压力。出于这种原因实施的公司紧缩通常有两种情形：第一，是把债务负担比较重的子公司或者是通过举债而购置的资产从母公司中分离出去；第二，是首先把母公司的债务剥离给子公司，然后再采用公司紧缩的手段把子公司从母公司中分离出去以达到减轻债务的目的。比如，汉森(Hanson)公司在1994年决定把其在美国的业务分立出去，主要原因是为了减轻公司的债务负担。在公司分立前，汉森公司先把14亿美元的债务先转移到美国的子公司——西尔斯·罗巴克公司。1994年，该子公司从汉森公司中分立出去，这次分立大大减轻了汉森公司的债务负担。

(五)满足经营环境和公司战略目标改变的需要

从管理学原理上讲，公司的发展战略必须与经营环境保持一致性。因为只有和所在的经营环境相互协调、一致，企业的可持续发展才具有比较坚实的保证。但是，现实中任何一个公司都是在一个动态的环境中经营的。经济发展和技术进步经常导致企业所在的经济环境发生巨大变化，并使企业原先的发展战略和业务布局显得过时。此时，公司为了适应经营环境的变化，经营方向和战略目标也必须随之做出必要的调整和改变，而公司紧缩则是实现这一改变的有效手段。比如，20 世纪 80 年代之后，我国由于实行土地承包制使原来的大型农用拖拉机没有了用武之地，一些拖拉机生产企业为了适应这种经济环境的变化，及时地处置拖拉机生产线而建造用于生产摩托车的生产线从而使自己的产品能够适应新时代的要求，保持了公司的发展战略方向和社会经济环境的协调性。再比如，古尔德公司是一个主要从事电力设备制造和电子产品生产的公司，为了适应电子技术迅速发展的需要，公司决定将经营重点由原来的电力设备制造转向电子产品生产领域。为此，该公司在数年的时间里，先后出售了所有的技术水平一般的电力设备制造部门，并用所获得的资金大量收购拥有先进技术的电子产品的生产企业，从而在短期时间内大幅度提高了该公司电子产品的生产技术水平。另外，一个公司也可以采用紧缩的方式从一个竞争激烈的市场中退出来。例如，国际收割机公司曾在一些产品的市场上遇到了强大的竞争，就该公司的生产率水平、研究开发能力而言，很难在竞争中取胜。因此，该公司管理人员决定从这些产品市场中退出，并将这些业务部门出售给一家规模较大、有较强融资能力的公司，从而避免了公司在激烈的市场竞争中可能造成的经济损失。

(六)反并购的考虑

收购分为善意收购和恶意收购两种。在面临着收购方的恶意收购时，目标公司的管理层对恶意收购的恐惧常常使其采用公司紧缩的手段以避免自己成为收购者的猎物。在 20 世纪 80 年代之后，世界资本市场上出现的一个显著变化是随着杠杆收购的盛行和股票越来越从个人集中到大的机构投资者手中，引起了越来越多的恶意收购事件。这方面比较经典的一个案例是英美烟草公司采用公司紧缩的方式成功地进行了反收购。1986 年，有三家公司共同组成一个收购团体对英美烟草公司发动了恶意收购，并把这个收购作为拆散英美烟草公司的前奏。在要约收购过程中，英美烟草公司为了进行反收购，开始进行一系列的收缩计划，先后把一批零售企业、造纸厂和其他各种类型的企业都分立或出售出去，从而成功地阻止了收购方的收购意图。同时，随着公司收缩计划的实施，这些被拆出的公司都兴旺起来，其股价也都有了不同程度的上涨。

(七)甩掉经营亏损业务的包袱，扭转公司经营困境

在生产经营过程中，有时随着环境的变化，公司中的某些业务可能对公司的长远发展已经没有益处，或者会阻碍公司获得良好的收益，这时候就应该把这些不赚钱的或亏损的业务系统从现有公司中剥离或分立出去，以减轻总公司的负担。

这表明，利润水平低或正在产生亏损以及达不到初期利润增长预期的子公司或部门，往往成为公司紧缩的首选目标。公司之所以这么做，是为了避免这些不良资产可能拖累整个公司。例如，沃尔玛公司是美国著名的零售业集团公司，该公司曾经有一些分店出现经营亏损，影响了整个集团公司的利润增长。为了不使公司继续受到影响，该公司决定对这些亏损商店进行紧缩，先后自愿清算了其拥有的 336 个亏损和微利的商店。尽管这一措施使得公司当年的销售额几乎下降了 30%，但是该公司首席执行官仍然认为，这对于公司的未来发展是有利的。

(八)政策法规的限制因素

世界上很多国家为了鼓励充分竞争,都制定了反垄断法案,强制性要求大公司进行解体或分拆。这是许多大公司尤其是在行业中居于垄断地位的公司进行紧缩的重要原因之一。从时机上看,政府的这种强制性干预经常会出现在大规模的兼并与收购项目完成之后。如 AT&T 公司作为一个控股集团公司已经存在一百多年,是美国电信业中最大的公司。该公司最兴盛时除在全国各地拥有 22 个地方营业公司以外,还拥有一家规模巨大的制造业公司(西方电气公司)、一家著名的电子研究机构(贝尔试验室)和一个巨大的长途通信网络系统(作为母公司的一个部门)。美国最高法院和美国司法部在 1982 年根据"反托拉斯法"对该公司提起诉讼,要求公司进行改组。后来根据达成的改组协议,该公司放弃了对全国 22 个地方营业公司的所有权,仅保留西方电气公司、贝尔试验室和长途电信业务。同样的情况也曾发生在具有明显垄断性的其他大型公司,如 20 世纪 50 年代,美国司法部门根据"反托拉斯法"曾对杜邦公司进行起诉,要求杜邦公司剥离其拥有的通用汽车公司的股权。

(九)管理效率因素

提高管理效率,也是公司实施紧缩的原因之一。研究表明,管理效率通常和管理的幅度、业务的复杂性和母公司与子公司之间的业务协调性密切相关。就公司紧缩而提高管理效率来说,其主要发生于两种情形:第一,公司把与主营业务无关的资产进行剥离。公司管理层管理一个业务很复杂的公司时,通常其管理效率比较低下,即使是最好的管理组织人员,在所管理的资产业务和规模膨胀时,其所得到的收益回报也会呈递减的趋势。这是因为一些特殊行业中的管理通常需要懂得一些特殊的业务知识和技巧,而公司管理层难以兼顾成为多行业的专家。第二,把发展目标、经营策略和母公司不一致的子公司剥离出去。当子公司的经营业绩、发展目标与母公司不一致时,比如母公司已进入成熟发展时期而子公司处于高速增长阶段,或母公司是开拓型的而子公司则非常保守时,整个公司的管理效率就会很低。这时候就需要通过公司分立等公司紧缩的方式将子公司分离出去,这样对母公司和子公司的发展可能都有好处。

(十)税收优惠或管制方面的考虑

不同国家出于调节经济的需要制定了不同的税收政策。而这些税收政策或者管制政策经常会使母公司或者子公司的经营受到影响,以至于制约整个企业的经营效果。比如,如果子公司从事受管制行业的经营,而母公司从事不受管制行业的经营,则一方面母公司常常会受到管制性检查的"连累",另一方面如果管制当局在评级时以母公司的利润为依据,那么受管制的子公司可能会因与盈利的母公司的联系而处于不利地位。此时,如果让子公司独立出来,既可以使从事不受管制行业经营的母公司不再受到有关规章的约束与审查,又可使子公司得以有更多的发展机会。

(十一)消除负协同效应

随着企业的发展和经营政策的改变,在企业并购业务中经常会出现一个现象,即:一个公司的某些业务对实现公司整体战略目标来说可能是不重要的,或者说这些业务已经不适合于公司的其他业务发展,这时就会产生所谓的负协同效应,即"1+1<2"的负效果。在这种情况下,尽快地剥离掉这些不适宜的业务,对整个公司的发展来说可能是一个较好的选择。例如,收购一家公司的目的常常是为了增加它与本公司之间的业务协同效应,但

是要真正实现这种协同效应往往是很困难的事情。国外有关研究表明，在全部的兼并和和收购业务中，有50%以上最后没有实现预期的收购目标，其中许多在收购后的若干年内又不得不剥离掉。而造成这一情况的原因，可能是收购过程中管理人员的判断失误，也可能是两个公司在经营方式、企业文化以及价值观念方面差异过大，使得预定的整合和重组计划难以实现。

这方面一个比较典型的例子是美国艾勒吉斯(Allegis)公司和赫尔兹(Hertsz)汽车租赁公司、希尔顿国际宾馆公司之间的整合案例。艾吉斯公司在20世纪80年代曾经出巨资高价收购了赫尔慈汽车租赁公司和希尔顿国际宾馆公司，希望能使这两家公司和自己的主要业务系统——联合航空公司一起产生旅游业领域内的"业务协同效应"。但是，遗憾的是公司期待的这一美好局面一直没有出现，股价开始回落。这时，来自纽约的投资公司康斯顿(Coniston)合伙公司对艾勒吉斯公司发动了恶意收购，其收购的理由就是认为艾勒吉斯公司的资产分拆后单独运营的价值要远大于其目前合并在一起的价值。在这种压力下，艾勒吉斯公司最终被迫卖掉了赫尔兹汽车租赁公司和希尔顿宾馆。

很多学者的研究结果表明，通过公司分立可以提高母公司的业主清晰度，并由此减少母公司与被分立的子公司之间的"负业务协同效应"。比如，希特(Hite)和欧文斯(Owers)通过对公司实行分立的原因进行分类研究后发现，凡是基于主营业务清晰、减少"负协同效应"的公司分立，公司的股价在分立消息发布前50天到消息发布日之间的涨幅是最大的。

(十二)财富转移因素

财富转移也是促成公司紧缩的一个原因之一。至少在理论分析层面上，它可以比较合理地解释为什么股东们会同意对公司进行业务紧缩。按照财富转移说，在公司分立过程中，企业原有的资产和负债都将被重新组合分配，财富将从债权人向股东发生一定程度的转移，即股东获利、债权人受损。比如，美国学者帕里诺(Parrino)在1997年对莫瑞特公司的分立案例进行研究后发现，分立不但减少了莫瑞特公司现有债务的可供抵押的资产，而且使债权人对公司现金流的控制明显减弱。因此，这一公司分立的行为使该公司的股价大幅上升，但却使其债券迅速贬值。

上述12个因素从企业经营者的角度分析了企业实施紧缩的原因或者是实施紧缩的动机。在现实中，每个公司以及同一个公司在不同时期实施公司紧缩的原因都是不同的，但是总体上讲不外乎这12个方面的考虑，只是有些公司侧重于某一个因素而有些公司侧重于某几种因素而已。

第二节　资产剥离

一、资产剥离的特点与类型

虽然公司紧缩有资产剥离、公司分立、股票回购等多种方式，然而受制于诸多内外部环境因素的影响，上市公司在进行公司紧缩时普遍倾向于采取资产剥离方式。为数不少的公司，正是通过资产剥离方式处置其没有竞争优势的非核心业务，以摆脱过度多元化带来的低效率，使企业回归到最具优势和竞争力的核心业务上。

(一)资产剥离的含义

资产剥离是指公司将现有的子公司、部门、产品生产线、固定资产等出售给其他的公司，并取得现金、有价证券或其他与之相当的回报。在典型的资产剥离中，购买者是一家已经存在的企业。因此，资产剥离通常不会产生新的法律实体。对购买者而言，实际上只是并购了一家公司或买入了一些资产。

资产剥离，如果从公司所拥有的资产数量来看，只是资产的一进一出、对等交易，公司的资产总量并没有减少，甚至可能因评估增值而增加。我们之所以将其视为公司紧缩，主要是因为随着资产剥离，公司从某个领域中撤退了出来或者是减少了在某个领域内的产能，即业务规模实现了减缩。例如，公司如果想脱离或减少服装行业的业务，就可以把生产经营服装的子公司、部门、生产线或其他与服装生产相关的所有固定资产与辅助设备等资产卖给其他的公司。这样一来，虽然公司的资产并没有减少，但是其在服装行业中的业务却减少了，甚至是没有了。所以，判断一项资产出售交易行为是否为公司紧缩时，关键是看资产交易之后是否对企业的业务结构和生产规模进行了调整性的减少，这也是普通的交易和资产剥离的最根本区别之所在。

在我国，随着现代企业制度改革的深入和资本市场的日益完善，资产剥离作为资本运营的重要工具在21世纪后日益受到实务界的重视。2002—2014年期间我国A股上市公司共1 755家上市公司成功进行了10 917起资产剥离，具体数据见图4-1。

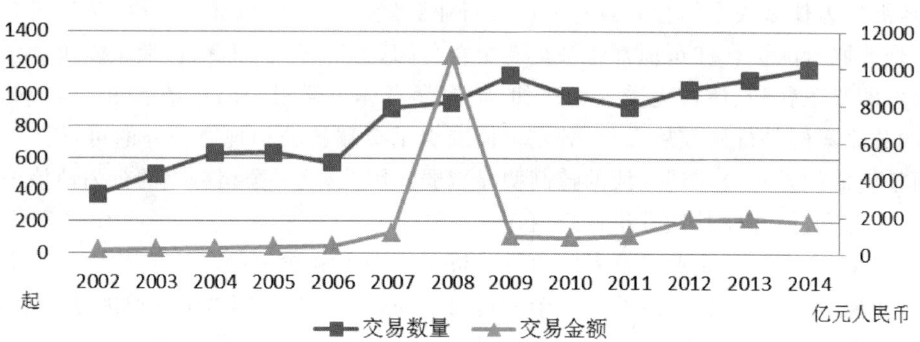

图4-1 2002—2014年中国A股上市公司资产剥离交易数量与金额

资料来源：国泰安数据库

图4-1显示，我国上市公司资产剥离交易的数量呈上升趋势，交易金额也持续增加，尤其是2008年，交易规模达到峰值10 650.6亿元。

(二)资产剥离的特点

与公司分立、股票回购等紧缩方式相比较，资产剥离具有如下几个特点：

1.资产剥离是简单的公司紧缩手段，不涉及公司股本的变化

按照有关规定，公司股本的变动需要得到绝大多数股东和债权人的同意。因此，凡是涉及股本变化的，往往需要复杂的手续，耗时比较长。而资产剥离只是母公司出售其一部分资产，公司管理层可以自主决定，一般情况下不需要征得股东大会和债权人的同意。因

此,资产剥离操作起来比较方便、快捷。

2.资产剥离的适用对象比较广泛

资产剥离中所说的"资产"是指广义上的资产,其和会计核算中的资产概念是不同的。在会计核算中,资产通常指固定资产、流动资产、无形资产等具体的资产形式,比较强调资产的可计量属性和可辨认性等。而在公司紧缩中,资产剥离既可以用于对机器设备、厂房、无形资产等具体资产的剥离,也可以用于对子公司、分公司或者某个部门的剥离。在后一种情况下,所剥离出去的既有设备、材料等具体的物质资产,也包括了子公司、分公司、部门中所属的工作人员。正因为资产剥离的适用对象比较广泛,使其成为公司紧缩时应用最广的一种手段。

3.资产剥离可以直接带来大量的现金收入

在公司紧缩中,公司分立一般没有现金流量的变化而只涉及经营主体的调整。股票回购,不但没有现金流入,反而会导致现金的流出。而资产剥离则不同,随着资产剥离的实施,企业通常都会有相应的现金流入,这使得资产剥离比其他的公司紧缩手段更加具有吸引力。这也是一些公司乐意选择资产剥离进行公司紧缩的重要原因之一。

4.资产剥离的方式比较灵活

在资产剥离时,既可以出售给公司之外的机构和个人,也可以出售给公司内部的管理层或职工,非常灵活。

(三)资产剥离的类型

对于资产剥离,可以根据不同的依据进行分类。这些分类依据为我们多视角地研究资产剥离提供了有益的帮助。目前,资产剥离的划分标准主要有:

1.按照是否符合公司的意愿划分

按照资产剥离是否符合公司的意愿,可以把资产剥离划分为自愿性剥离和非自愿或强迫性剥离两种。所谓自愿性资产剥离,是指公司管理人员认为剥离有利于提高公司的竞争力和资本的市场价值而主动进行的资产剥离行为。而非自愿或强迫性资产剥离,则是指政府主管部门或司法机构依据反垄断法等法律法规,迫使公司剥离其部分资产或业务的一种资产剥离行为。

自愿性资产剥离的目的是使企业获取更大的发展空间或者争取有利的经营条件,是企业的一种自利行为。因此,在资产剥离中,公司是主动的,判断是否进行资产剥离的标准是否能够提升企业价值。而强迫性资产剥离的目的是为了保证社会经济系统的公平性和竞争性,是一种政府主导的行为,站在企业的角度理解是完全的利他行为,企业在资产剥离的决策和实施中是被动的。实务中,绝大多数公司的资产剥离都是自愿的。

2.按剥离资产与公司留存业务的产业关系划分

按剥离资产与公司留存业务的产业关系,资产剥离可分为横向资产剥离、纵向资产剥离和混合资产剥离。资产剥离交易完成后,公司仍然从事出售资产业务,只是规模缩小了,则称为横向剥离。当出售资产为公司产业链的一段,即剥离的是公司生产经营链条的上游或下游的资产或业务时,为纵向剥离。混合剥离是指出售处于不同产业领域的资产或业务,即公司多元化资产或业务,又称归核化资产剥离。中国铝业(601600,SH)是一家从事氧化铝和原铝生产经营的上市公司,是我国最大的氧化铝和原铝生产商,也是全球第二大氧化铝生产商,拥有氧化铝、原铝、铝加工、贸易和能源等多个业务板块。2013年5月将旗下的8家铝加工企业的股权、西北铝加工分公司的全部资产(含负债)和贵州分公司的氧化铝生产线转让给中国铝业公司;2013年10月其全资子公司中铝香港将其持有的中铝铁矿的65%股权转让给中铝公司旗下的中铝海外控股。其剥离资产涉及铝加工、铁矿开采和氧化铝三个业务板块,从与公司留存业务的关系看,分属纵向剥离、横向剥离和混合剥离。

3.按剥离后公司战略是否重新定位划分

按资产剥离后公司战略是否重新定位划分,资产剥离有战略性和战术性之分。当资产剥离交易完成后,公司战略会重新定位,为战略性资产剥离。战术性资产剥离则着眼于公司短期绩效的改善,不涉及公司战略的重新定位。Montgomery & Thomas(1988)则将资产剥离决策分为旨在改善短期绩效的战术性剥离、基于价值创造的战略性剥离和迫于压力的沮丧的剥离三种类型。

案例4-1

百大集团资产剥离案

百大集团股份有限公司(600865,SH)是一家正由百货零售业公司向商业地产公司转型的上市公司。杭州百大置业是百大集团旗下唯一的房地产项目公司,公司的全资子公司浙江百大置业持有其70%的股权,绿城集团持有另外的30%股权。2012年,百大集团以注册资本额加上按同期银行贷款利率计算的利息,即24 125万元的价格将其所持有的杭州百大置业的40%股权转让给杭州大厦;2013年,绿城集团收回其持有的30%股权的表决权,百大集团失去了对杭州百大置业的控制权。杭州百大置业旗下的西子国际项目,未来的物业出售会给公司带来较大利润回报,回笼资金对公司长期业务规划给予支持,持有物业的商业运营会增强公司长期的业务盈利能力和核心竞争力。百大集团将这一优质资产的控股权出售,不是因为公司愿景或战略改变。出售后公司战略仍然是以商业地产板块为核心业务,以商贸运营和酒店连锁板块为周边业务,以金融投资板块为支持业务的"航母"战略。也不是基于短期业绩改善的战术性资产剥离。近年来,百大集团盈利比较稳定,每股收益在0.20~0.30元区间波动,况且剥离交易虽然对资产负债表产生巨大的影响,但对利润表影响极为有限,获得的投资收益仅为6 713.56万元,没有一家非ST公司会为了获得几千万元的当期利润而将未来能够带来十几亿利润的项目公司的控股权给出售了。百大集团这一资产剥离交易的主因是公司恶化的资本结构和严重的融资约束。由于西子国际项目的建设资金主要来源于银行借款,截至2011年12月31日,公司的负债总额已达27.45亿元,资产负债率为62.09%。虽然对房地产公司来说,这样的资产负债率水平还算不上高,但问题是百大集团的负债中没有来自房产预售的款项,经营性负债仅为4.18亿元,金融债务却高达23.27亿元。此外,因房地产调控,旗下有房地产业务的上市公司的再融资闸门完全关闭。此时,公司账面的货币资金只有5.10亿元,5个月后又有5.66亿元的股权信托资金及报酬需要支付,短期借款和一年内到期的长期借款合计高达9.34亿元,项目建设完成还需要十几亿的资金投入,西子国际项目的房产预售却还是个未知数。如何完成融资"接力"并筹措到新的建设资金是摆在公司面前急需解决的难题。在没能为项目公司寻找到财务投资者,或愿意成为少数股东的战略投资者的情况下,公司只能将项目公司控股权和控制权转让给愿意接盘的杭州大厦,以免陷于资金链断裂的财务危局之中。因此,百大集团这一资产出售交易,为严重融资约束状态下沮丧的资产剥离的典型案例。

4.按交易双方是否存在关联关系划分

按交易双方是否存在关联关系,资产剥离有关联交易和非关联交易之分。非关联交易资产剥离,是指将剥离的资产出售给与公司不存在关联关系的第三方;关联交易资产剥离是指将资产出售给与公司存在关联关系的企业或自然人,包括公司大股东及其关联企业、公司实际控制人、管理层或员工等。出售给管理层是指公司管理人员自己买入被剥离资产并进行经营管理。通常情况下,这种方式有利于管理人员摆脱过去的盲目指挥和过多限制,全权、全力地经营好属于自己的资产。而对于出售企业来说,把资产出售给自己的经理层要比卖给同业竞争者更为安全。出售给内部职工,是指将资产出售给企业的职工。其典型方式是职工持股计划(ESOP)。这种方式下,企业通常首先建立一个壳公司,由壳公司发起组织 ESOP。在母公司担保下以实行 ESOP 为由申请贷款,用以向母公司购买欲剥离的资产。壳公司运营剥离资产,并以经营利润支付 ESOP,使之可偿还贷款。最后,贷款全部偿清后,由 ESOP 将由其保管的股份转至公司员工的个人账户。

5.按资产剥离中所出售资产的形式划分

按照资产剥离中所出售资产的形式,资产剥离可以划分为出售资产、出售生产线和出售子公司等形式。出售资产,这里仅指出售公司的部分场地、设备等固定资产;出售生产线,是指将与生产某种产品相关的全套机器设备等出售给其他公司;出售子公司,是指将独立的、持续经营的子公司整体性出售给其他公司,其剥离方案中不仅包括产品生产线,而且还包括相关的职能部门与职能人员。

案例4-2

宝钢股份资产剥离案

宝山钢铁股份有限公司(600019,SH)是我国最大的钢铁制造企业,主要生产碳钢、不锈钢和特种钢等钢铁产品,其中碳钢业务是公司收入和利润的主要来源。2011 年年末公司的总资产为 2 311.00 亿元,2011 年年度营业收入和净利润分别为 2 228.57 亿元和 77.36亿元。2011 年 12 月 12 日,公司发布公告称:为优化资产配置,巩固并强化公司在优质碳钢扁平材领域的领先地位,提升公司业绩,拟向控股股东上海宝钢集团及其关联公司出售不锈钢、特钢事业部的相关资产:向宝钢集团出售宁波宝新不锈钢有限公司 54%股权、上海实达精密不锈钢有限公司 40%股权、日鸿不锈钢(上海)有限公司 20%股权;向上海宝钢不锈钢公司出售不锈钢事业部全部资产及少量经营性负债;向宝钢特钢公司出售特钢事业部全部资产及少量经营性负债、上海宝钢特殊金属材料有限公司 100%股权、宝银特种钢管有限公司 58.50%股权、上海五钢气体有限责任公司 94.50%股权、中航特材工业(西安)有限公司 9.71%股权。

宝钢股份这一资产剥离交易类型为:(1)自愿性资产剥离。虽然宝钢股份为中国最大的钢铁企业,但其经营优势主要是在碳钢领域。2011 年公司不锈钢产品销售量为 135.3 万吨,特钢产品销售量为 96.2 万吨,国内市场占有率不到 15%,资产剥离交易是基于公司的自主意愿,而非法律强制。(2)关联交易资产剥离。宝钢集团是宝钢股份的控股大股东,持有公司 74.87%的股份;上海宝钢不锈钢公司和宝钢特钢公司是宝钢集团的全资子公司,交易双方存在关联关系。(3)战略性资产剥离。随着不锈钢和特钢资产的剥离,宝钢股份战略目标由"成为全球最具竞争力的钢铁企业",修正为"成为全球最具竞争力的碳钢板材供应商"。(4)横向资产剥离。不锈钢和特钢资产剥离后,宝钢股份将专注于碳钢业务。宝钢股份原本就是一个专业化的钢铁公司,资产剥离虽然减少了公司业务和产品种类,但不锈钢、特钢与碳钢只是钢铁产品中的不同品类,将其解读为横向剥离或许比混合剥离更为合适。

二、资产剥离理论基础与动因

资产剥离是企业收缩性资本运营的主要方式,国内外理论界对资产剥离这一资本运营工具进行了大量的研究。在我国的现有研究中,许多学者都将资产剥离作为深入研究收缩性资本运营的实证对象,这在很大程度上与我国的产权制度和资本市场现状有关,在我国实践中资产剥离的发生频率远远高于公司分立等其他收缩方式。

(一)资产剥离的理论基础

企业进行资产剥离的理论解释主要有信息理论、管理效率理论、管理激励理论、交易费用理论和委托代理理论等。信息理论认为,为信息使用者提供真实有效的信息是企业价值充分实现的保障,只有主业清晰的公司才能提供真实完整的信息,而过度多元化的公司由于其复杂的结构可能会湮没许多真实的信息,导致企业价值被低估,因此,资产剥离可以通过提高信息真实性和完整性而提升企业价值。管理效率理论认为,过度多元化,尤其是非相关多元化极易引发管理效率的降低;追求多元化和致力于扩大规模而不注意经济规模临界点的公司,必将遭受管理效率降低带来的损失;剥离非相关业务回归主业,突出优势,才能提高管理效率。管理激励理论认为,在一个规模过大的公司中,管理机构的官僚化膨胀和不同业务部门或子公司之间业绩的差异被抹平,使得对管理者的激励往往不够科学合理,通过资产剥离可以有效解决这一问题。交易费用理论认为,企业的规模不是越大越好,原因在于用企业组合取代市场来协调交易、组织生产和分配投资,虽然有助于克服市场失灵带来的无效,却产生了因为企业内部科层化所衍生的官僚失灵问题。委托代理理论认为,两权分离导致的管理者和所有者之间的矛盾冲突可能会渗透到资产剥离行为中,管理者为了自身利益最大化而实施的资产剥离,是其转移利润的手段。

(二)资产剥离的动因

推动企业进行资产剥离的现实原因有以下方面:一是来自外部的压力或政策驱使,包括政府的参与、监管部门的制度安排等;二是公司自身的主动性需求,主要有战略调整的实施、优化企业的财务状况(通过甩掉包袱扭转亏损、获取现金、减轻债务负担)、提高管理效率、强化核心业务等;三是特殊情况所驱使,包括逃避管制、节约税收、配合反并购策略的有效实施或纠正已经发生的错误的并购行为(李国秀,2000;莫迁,2008)。

外部环境通常会刺激资产剥离现象发生的诱因。环境的不确定性、竞争活动的激烈以及制度的变化等环境因素对企业成长带来强大的压力。Bergh(1992)的研究表明,资产剥离的目标是不断适应变革的环境以维持企业生产与发展,外部环境的不确定性给企业带来了巨大的压力,企业更愿意通过收缩边界和规模实现归核化经营;李占猛(2004)认为企业面对适应环境变革的问题时,会采取资产剥离行为削减由于动态环境不确定性带来的内部管理成本上升。此外,也有学者认为行业内竞争加剧也是企业资产剥离活动大量增加的重要因素,研究发现随着行业竞争白热化,越来越多的企业诉诸资产剥离来缓和激烈的竞争。制度环境的改变也会促使企业重新配置资产规模,Shleifer et al.(1990)的研究发现,严厉的反托拉斯政策是20世纪80年代资产剥离频繁发生的主因。

与外部环境变革因素相比,更多学者认为企业自身因素是导致其进行资产剥离的直接原因,例如企业面对的融资约束、多元化程度和绩效。Lang et al.(1995)提出了资产剥离"融资假说",认为当企业财务状况不佳甚至濒临破产的时候,与其他筹资方式相比,资产剥离无疑是一种迅速筹集到现金资产的有效措施;得到类似观点的还有 Kruse et al.(2002)、Minoru Otsubo(2013)、Tatsuo(2015)。多元化程度越高的企业,其内部控制问题可能会更严重,因而对资产剥离的渴求更迫切。苏文兵等(2009)基于企业核心能力理论,验证了多元化程度越高的上市公司越倾向于进行资产剥离的假设;Constantinos et al.(1992)、Richard et al.(1996)指出较高水平的多元化会使企业业绩下降、经营效率降低,从而引发资产剥离的行为的发生。有学者认为绩效差是资产剥离最好的指示器,Montgomery(1988)认为企业做出资产剥离决策的主要目的是为了避免破产;homas(2007)提出了绩效反馈的模型,在理性决策者的假设下,企业实现的绩效相对于历史愿望水平的绩效差距越大,就越有可能剥离资产;俞铁成(2001)发现我国上市公司的"年末效应"和"关联交易"特征显著,而这些迹象均表明了企业的资产剥离活动往往是为了改善短期业绩。

也有学者研究发现,被剥离部门单元的业绩、与公司战略的相关程度等因素也会影响公司的剥离决策。Duhaime et al.(1984)采用实地访谈方式,对40家美国大型企业负责人进行调查,总结出被剥离单位盈利能力、与公司其他业务相关性、公司自身盈利情况是影响企业做出资产剥离决策的主要因素;Ravenscmf et al.(1991)发现被剥离的业务部门盈利状况和该业务部门是否为通过并购(尤其是混合并购)获取这两个因素是企业进行资产剥离的首要原因;JunXia(2012)实证研究了美国上市公司,发现并购得来的子公司若与母公司的依存度高或该子公司在集团中的优势明显,其被剥离出去的概率就会减小,否则,母公司会将并购得来的子公司再次剥离出去;Alexandros et al.(2015)认为资产剥离发生主要是因为与其他业务单位相比,该业务单位的绩效低。

三、剥离交易结构和操作方法

(一)交易结构

资产剥离,通俗地讲就是变卖资产或卖家当。其每次交易过程中,都会涉及资产卖方(资产剥离方)和买方(资产收购方)两方。通常的交易内容是,资产剥离方向资产接受方让渡自己的实物资产或股份，同时从资产接受方那里得到相应的现金或其他形式的回报。这样一来，交易的结果是资产剥离方让出实物资产或股权而收到现金，资产接受方则是付出现金而收到实物资产或拥有股权。通过资产交易，资产的剥离方和资产的接受方各得其所，实现了各自的目的。通常情况下，资产剥离方通过资产交易把不再适合自己的资产或业务剥离了出去，减轻了自己的负担；而资产接受方则是通过交易得到了适合自己的资产或者业务，为企业的生产扩张奠定了基础。显然，资产剥离是站在资产的出售方而言的，是出售者的一种资本运作方式。而对于资产是否适合于自己的发展，剥离方和收购方的判断则是正好相反。这种对于资产适合性的判断差异是资产剥离业务能够得以成立和实施的经济基础。反之，如果对于一项资产来说，资产剥离者认为不再适合于自己未来的发展，而资产剥离者之外的其他人也同样认为不适合于自己未来的发展，那么其必然结果是只有卖方而没有买方，资产剥离就不可能真实发生。

在会计处理中，不同的剥离对象其会计处理方式是不同的。通常情况下，如果剥离的是子公司，应将收到的现金与长期投资的账面价值之差额确认为投资收益。如果被剥离的是某项资产或生产线，则应将之视为资产处理看待，并根据情况确认资产处置的收益或损失。但是，不管怎样，企业在资产剥离后必定会影响其当年的损益。

(二)具体操作方法

资产剥离的实际操作有两个关键环节：一是找到合适的买家；二是要以合适的价格成交。因此，资产剥离对生产要素市场的依赖性非常强，如果没有一个发达的资产交易市场或者企业对市场的利用不够熟练，都会给资产剥离增加很多的困难。一般来说，在资产剥离业务中，企业应该注意如下几个方面的工作：

1.充分披露信息，找出“卖点”

在资产剥离中，企业应该尽可能地提供详细的信息，让收购方对企业准备剥离的资产有一个比较的了解。首先，应提供全面描述企业的市场及经营情况的材料，把欲剥离资产的“卖点”即资产的潜在价值(包括状况、性能等)充分地展现出来，同时需要说明自己剥离资产的具体原因等；其次，提供准备剥离资产完整资料和数据，对于可以公开的财务报表也应该予以披露和公开；再次，让潜在的收购者有机会接触公司的经营层和了解详细的情况；最后，是保证每个潜在收购者可以得到相同的信息。

2.聘请财务顾问

资产剥离时，可以考虑聘请财务顾问或者其他的中介组织以帮助，从而享受专业化所带来的效率和效果。在决定是否聘请以及如何聘请财务顾问公司时，需要注意如下几个问题：

一是考虑聘请财务顾问是否具有必要性。是否需要聘请财务顾问主要取决于所剥离资产的规模以及资产本身的专业性。通常情况下，专业性比较强、涉及金额比较大的资产剥离有必要聘请财务顾问，否则就没有必要聘请财务顾问。聘请财务顾问的好处主要体现在：财务顾问对资产剥离具有比较丰富的操作经验；对行业和市场情况比较了解；其社会资源、渠道、在金融及各行业中的网络，可以使企业容易接触到高素质的买家；具有财务分析和公司价值评估方面专业特长；对法律和政策的理解比较透彻；有丰富的谈判技巧等。

企业在考虑是否聘请财务顾问时，需要搞清楚如下问题：(1)企业是否必须财务顾问的帮助？如果没有财务顾问，公司能否顺利地独立完成交易？(2)是否在交易的每个环节都需要财务顾问？(3)聘请大的还是小的财务顾问？

二是聘请合适的财务顾问。确定需要聘请财务顾问之后，就需要选择适合的财务顾问。一般情况下，在选择财务顾问时，需要考虑如下因素：(1)财务顾问的收费水平；(2)财务顾问的实际操作经验；(3)财务顾问的职业信誉等。

3.找到合适的买家

作为资产剥离方，一旦做出剥离某项资产的确定之后，就应该尽可能快地找到合适的买家。这一过程中应注意如下问题：一是减少与不适合买家谈判的时间，节省精力和开支；二是减少公司机密消息外泄，虽然在进行资产剥离的谈判中必然伴随着公司内部信息的外泄，但是公司可以在一定程度上限制机密的外泄程度；三是对买家提出保守机密的要求，在和买家谈判向对方提供一些内部资料时，应该要求对方保守秘密。

4.竞拍和谈判

在资产剥离时应尽可能地避免只有一个买家的情况。如果出现这种情况，企业将处于非常不利的境地。在实际中，通常的情况是一个卖家、多个买家。要想营造这种“一对多”的局面，最有利于卖方的解决方法是进行公平性竞拍和多方谈判。具体的办法有：

(1)有控制性地竞拍：在广泛接触可能买主的情况下，通过询价和报价过程，以封闭式投标进行销售。这种方式通常适用于存在大量买主，而且泄露公司意图对公司影响并不重要的资产剥离的情况。其特点是有一个竞争性的环境，而且成交比较迅速。

(2)是分别连续谈判：从众多买家中选择1～2家最可能的买主，然后进行一对一的谈判。谈判过程中，可以向对方提供最机密的内部资料和信息。该种方式比较适合于保密性非常重要的一些资产剥离，如子公司的出售等。其优点是谈判过程比较机密，可以把资产剥离带来的不利影响降到最低程度，而且终止过程也比较简单。但是，其缺点是比较耗时，并且有时很难在各个买家之间做出全面的比较与分析。

(3)同时多方谈判：暗地里少量接触潜在的买家，通过相互询价和报价，确定买卖意向，然后通过封闭式投标来确定买家。这种方式的特点是同时与三家或者四家感兴趣的买主进行不公开的协商，包括提供机密信息并就货币与非货币条款进行谈判。其优点是引入了竞争机制，谈判过程的保密程度高，可以把资产剥离对内部职工的影响降到最低程度。这种方式的缺点是竞争范围有限，而且谈判时花费的时间和精力都比较大。

四、资产剥离的经济效果

资产剥离的经济效果可以从财务绩效和市场效应两个角度进行评价。通过构建财务指标体系分析资产剥离前后财务指标的变化来评价剥离绩效，这种方法称为财务指标法；另外一种方法是事件研究法，利用资产剥离前后的股票价格变动来反映剥离绩效，也即资产剥离的市场效应。同时，剥离绩效可以从短期绩效和长期绩效两方面进行全面评价。虽然财务学都已在理论上阐释了资产剥离行为存在的合理性，但对资产剥离是否能为股东带来财富、为公司创造价值，迄今尚无定论。主流的观点认为，资产剥离可以提高企业的管理效率，降低交易成本和所有权成本，加之来自买方的收益转移，对剥离公司价值的增加具有有利的影响，剥离公告往往会产生积极的市场反应，也能够显著改变公司财务状况或提升盈利能力。

(一)事件研究法

短期事件研究法通常选用资产剥离公告前后[-5,+5]、[-10,+10]、[-30,+30]、[-45,+45]、[-60,+60]等为窗口期,考察这一时期股东财富的变化。绝大多数研究表明,上市公司的资产剥离公告短期会给股东带来显著为正的异常收益。然而,Montgomery & Thomas(1988)、Alexander,Benson &Kampmeyer(1984)、Parrino &Marriott(1997)、陈信元和张田余(1999)、李善民和陈玉罡(2002)、唐莉(2004)、刘礼安(2000)、王俊(2006)等的研究发现,资产剥离的市场绩效或财务绩效是消极的。上述研究结论的差异,除受研究方法、窗口期长短和财务指标选择等因素的影响外,与所选样本有着很大的关联。

罗良忠等(2006)对我国上市公司 1998—2002 年的 44 起资产剥离事件进行实证研究,发现样本公司剥离公告前后的一个交易日内以及剥离公告后的 7 个交易日内累计平均超常收益为正;严复海等(2010)以沪深两市证券交易所 2006 年发生资产剥离的 76 家公司为样本,通过市场模型法计算得出剥离公告日后 5 天的公司累计超常收益显著大于零;Weiting Huang et al.(2012)研究了中国市场上 1998—2006 的 1 376 起资产剥离,得出宣告日前 5 日的超额累计收益率为 0.46%,资产剥离为股东创造了短期收益;Ginka et al.(2013)采用事件研究法,对 1998—2008 年间 1 458 家公司资产剥离宣告日股东的累计异常回报进行分析,发现在窗口期[-1,0]、[-1+1]均能产生积极的股东财富效应,跨国剥离的收益高于国内剥离实现的收益,而且财务效应与流动性增强有关;付彦(2015)以 2009—2013 年中国上市公司剥离事件为样本,观察企业归核化资产剥离公告期间 CAR 的变化,研究表明归核化战略整体上能持续提升企业市场价值,与前期多元化水平呈现 U 型关系。也有少数学者持相反观点,他们认为资产剥离对公司价值没有影响或者剥离公告会产生负的市场反应。Alexander et al.(1984)选取了 1964 年到 1973 年间 53 家出售资产的美国公司为样本,发现在资产出售公告前[-30,-2]期间,公司的累计超额收益率显著为负,而在公告后[1,30]期间,公司的累计超额收益率为负,但未通过显著性检验;Tatsuo et al.(2015)以 1996—2010 年东京上市公司资产剥离事件为样本,发现公司出售资产公告前的短期 CAR 平均值和中间值均小于 0,认为资产剥离不但不能为股东带来股价的提升,反而会毁损企业价值。

短期事件研究因期间较短,难以客观反映资产剥离的价值效应,因为投资者有时候会错误判断资产剥离事件的影响。仅仅考察短时间窗口的超额收益可能会使结论有失偏颇,应该对资产剥离公告前后 1~5 年间的股东财富变化进行考察。运用事件研究法对股东资产剥离长期财富效应的研究较少,结论大多认为长期绩效不佳。雷辉等(2006)对 1999—2000 年的 182 起资产重组的长期超额收益率进行研究,结果表明资产剥离的长期超常收益在剥离完成当年为正,但是第二、三年逐步下降至负数;张星(2012)基于 BHAR 法对 2005—2007 年三年间的 205 个上市公司资产剥离样本的长期绩效进行分析,同样也发现企业资产剥离的长期绩效较差,从长远讲资产剥离并未对企业价值创造产生积极作用。

(二)财务研究法

财务研究法是利用会计报表数据,从不同角度考察企业资产剥离活动对企业经营绩效和财务状况的影响。通常做法是选取一个代表性的财务指标或是用多个财务指标构建的指标体系来观察企业业绩在资产剥离前后年度的变化。由于选取的财务指标和样本规模不同,得到的结论并不一致。

Hanson et al.(2003)选用托宾 Q 值,采用 OLS 回归分析对 1980—1991 年间 225 个剥离样本的绩效进行分析,发现资产剥离能增加母公司的托宾 Q 值,公司在剥离后第二年从低于行业平均水平提高至高于行业平均水平;卫建国等(2009)选取了 2003 年 91 家进行了资产剥离的 A 股上市公司为样本,利用主成分分析和非参数检验法对上市公司资产剥离的长期绩效进行实证检验,发现剥离资产属性与企业价值有密切关系,当企业出售非相关资产时对企业价值提升的作用更显著;孙春晓(2011)利用因子分析法评价 2004—2008 年间仅发生一次资产剥离上市公司的剥离绩效,研究发现剥离发生后连续两年绩效下降,之后的第三年显著上升,说明与资产剥离短期绩效相比,剥离的长期绩效改善作用更加显著;黄炜婷(2013)以 1998—2006 年间的 44 家资产出售事件作为样本,发现企业的财务指标在出售前显著恶化,而在资产剥离事件发生的当年度,企业的偿债能力和现金流状况均有显著的提高;Alexandros(2015)使用 ROA 增加值作为企业业绩的衡量指标,实证检验了 1980—2011 年间 378 家公司分立和 4192 家资产剥离,发现资产剥离显著改善了企业的财务绩效,在对两种收缩方式的比较中,他认为资产出售方式实现的绩效优于企业分立。

Haynes et al.(2003)以资产收益率指标来测算企业的财务业绩,通过对 1985—1993 年间发生资产剥离的 132 家英国样本公司的实证研究,发现企业业绩与资产剥离行为之间不存在显著的联系;王福胜(2013)的研究则表明我国上市公司利用资产处置操纵盈余,实现盈余管理的目的;阎晓春等(2013)选取了我国 2009 年发生资本剥离的 94 个有效样本,通过因子分析法构建样本公司资产剥离的财务绩效综合得分,发现该得分虽然在完成后的两年显著提升,但在第三、四年非但不能继续保持该趋势,反倒一定程度上有所下降;Tatsuo Ushijima et al.(2014)利用现金流量/资产和托宾 Q 两个指标,选择了 749 家发生资产剥离的日本公司,发生资产剥离公司的这两个指标显著低于未发生资产剥离的公司。

第三节 公司分立

前述资产剥离比较简单,因为它一般不会产生新的法律实体。然而,公司分立不但将企业现有的资产或者业务从母体中分离出去,而且还产生新的法律实体,甚至有些法人主体会随着公司分立而消失。所以,公司分立通常会涉及比较烦琐的法律问题以及组织结构的设计问题等。

一、公司分立的概念及原因

(一)公司分立的概念

公司分立是指一个公司通过依法签订分立协议,将其经营系统分成两个以上公司的行为。而原公司要么经清算程序而解散,要么以被缩小的状态继续存在。公司分立作为一种法律制度和公司紧缩的运作方式，它具有如下几个方面的特征：

1.公司分立强调的是公司组织的变更和调整。在公司分立中，无论哪种类型的分立行为，都会涉及对于原有企业的组织结构的调整问题。比如，通过分立，新设置了相应的子公司，或者通过分立而注销了原有的一些公司。

2.公司分立具有整体性转移的特性。与资产剥离不同，公司分立时分离和转移出去的是某一个相对独立的、完整的经营系统。比如，把某个子公司分立出去时是把该子公司的资产、负债、人员等作为一个整体剥离出去的。

3.公司分立需要公司大部分股东的认可。公司分立需要股东大会做出特别的决议。有限责任公司分立的决议，必须经代表 2/3 以上表决权的股东通过；股份有限公司分立的决议，必须经出席会议的股东所持表决权的 2/3 以上通过，而且通知债权人并在报纸上进行公告。

4.公司分立的后果通常导致原公司注册资本的减少及相应的股份总数的减少。

(二)公司分立的原因

在企业的管理实践中，公司分立具有很多方面的动机和打算。概括起来讲，主要有：

1.企业进行战略调整和转移

企业的发展战略必须要和市场需求及其变化保持一致性。在经营中，当企业主要产品的市场需求量明显萎缩或甚至已经不复存在时，或者企业生产经营所需的资源条件已经不足以满足维持现有经营规模等情况发生时，企业就有必要通过分立来缩减生产经营规模，以便使企业的发展和已经变化的环境保持一致。比如，采油、采矿、森林砍伐业等资源性行业，如果出现资源不足时，就必须缩减企业原有的经营规模及进行战略转移。

2.释放企业家的潜能

当公司的某些业务系统(子公司)保留在母公司之内时，往往由于和母公司的战略不一致以及具有依赖母公司的等靠心理而无法快速地发展和壮大。这时候采用公司分立的方式，把这些子公司分立出去单独面对市场经常能够激发子公司管理人员的积极性。因为分立之后，子公司的管理人员和股东的利益更加直接地连在一起，并且子公司的管理具有了比较大的独立性。

3.谋取税收方面的利益

公司分立对公司和股东都是免税的，而资产剥离则可能带来巨大的税收负担。因为公司在资产剥离中得到的任何收益都要纳税，如果这笔钱再以股利的形式发给股东，还要继续纳税。所以，当公司需要进行紧缩而又想避免税收负担时，往往采用公司分立的方式。

4.反收购方面的考虑

公司分立有时也是一种反收购的手段。当一个公司的下属子公司被收购方看中，收购方要收购整个企业时，母公司可以通过把该子公司分立出去以避免被整体收购的厄运。

二、公司分立的主要形式

(一)标准的公司分立

西方标准的公司分立是指母公司将其在子公司中所拥有的股份，按照母公司股东在母公司中的持股比例分配给现有母公司的股东，从而在法律上和组织上把子公司的经营从母公司的经营中分离出去。这会形成一个与母公司有着相同股东和持股结构的新公司。在公司分立中不存在股权和控制权向母公司和其股东之外的第三方进行转移的问题，因为现有股东对母公司和分立出去的子公司同样保持着他们的权利。这里的子公司既可以是现有的子公司，也可以是为了分立资产而临时组建的子公司。其分立过程如图 4-2 所示。

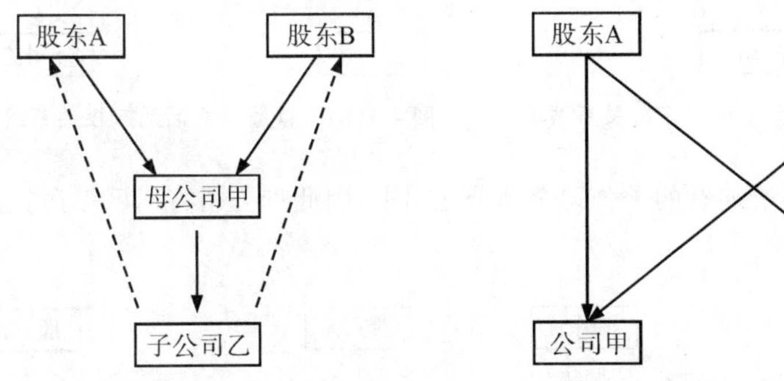

图 4-2(A)　分立之前的产权关系线路　　图 4-2(B)　分立之后的产权关系线路

注意：分立之后，公司甲和公司乙之间已经没有任何产权关系和经营管理上的联系，之前的所谓的母子公司之间的关系已经不复存在。

说明：图 4-2(包括后面的图)中，虚线表示交易过程，实线表示持有的股权或者产权，箭头表示交易或者产权的方向。

(二)公司分立的衍生形式

除标准的公司分立外，公司分立还存在多种形式的变化，常见的有换股分立和解散分立两种。

1.换股分立

换股分立是指母公司把其在子公司中所拥有的股份分配给母公司的一些股东(而不是全部母公司的股东)以便交换其在母公司中的股份。在换股分立中，两个公司的所有权结构都发生了变化，换股分立之后母公司的股东可能不再对子公司拥有间接的控制权。在现实生活中，换股分立不像标准的公司分立那样经常发生，因为它需要一部分母公司的股东愿意放弃其在母公司中拥有的股份而转向投资于子公司。实际上换股分立也可以被看作是一种股份回购，即母公司以下属子公司的股份向部分股东回收自己的股份。在标准分立方式下，母公司的股本没有变化，而在换股分立方式下母公司的股本将会减少。换股分立的过程如图 4-3 所示。

说明：上述换股分立的交易过程是，股东 B 把其在母公司中的股份与母公司在子公司中的股份相互交换。交换之后的结果是，股东 B 由原来直接持有母公司的股份变成直接持有子公司的股份，同时不再拥有母公司的股份。换股分立之后，通常情况下，母公司也不再持有子公司的股份。

2.解散分立

解散分立与标准分立比较相似。它是指母公司将子公司的控制权移交给它的股东。

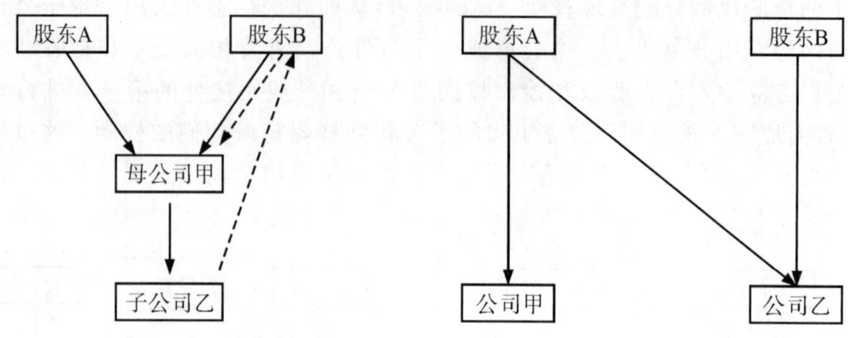

图 4-3(A)　换股分立前的产权关系线路　　**图 4-3(B)　换股分立后的产权关系线路**

在解散分立中,母公司所拥有的子公司全部分立出去,因此母公司将不再存在。其交易过程如图 4-4 所示。

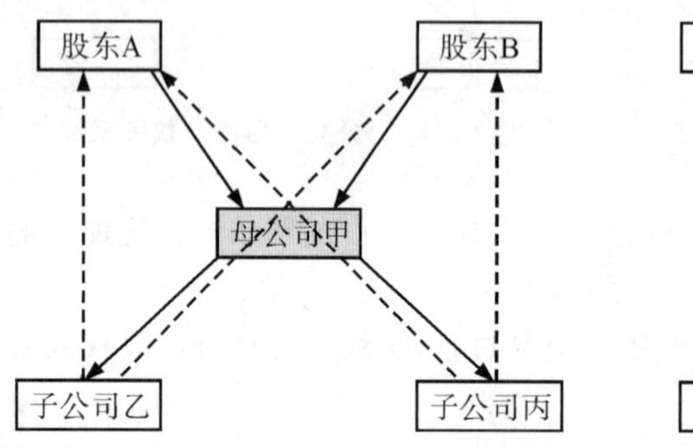

图 4-4(A)　解散分立之前的产权关系线路

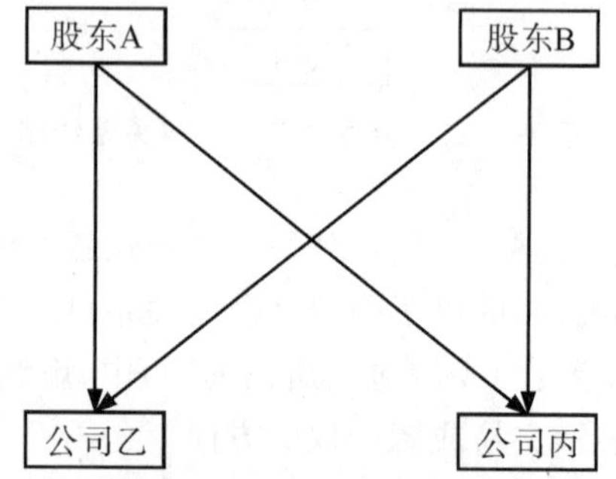

图 4-4(B)　解散分立后的产权关系线路

三、公司分立的经济后果

从理论上分析,公司分立可以激发管理人员的经营积极性。因为公司分立之后,可以解决大公司的综合征,消除子公司管理人员的等、靠心理。另外,在资本市场上,公司分立也有助于提高公司的股价。

在美国,有关研究结果显示①:过去五年内 101 家分立公司的经营情况是,年均投资回报率达到了 25.1%,远高于同期标准普尔 0.1% 以及罗素 2000 指数 8.3%的回报水平。但是,这些分立的公司实际收益差异比较大。其中,9 个分立公司的年回报率超过 100%,26 个年回报率为负值。研究结果还显示,股市环境、分立时机选择对公司经营业绩也有比较大的影响,最近分立的公司股价走势要好于以前分立的公司。

但是,公司分立也有其缺点。这些缺点主要体现在如下三个方面:

(1)公司分立只不过是资产的契约性转移,通常情况下,并不能使公司的经营管理发生根本性改变与提高。虽然随着分立公司的股票价格提高了,但是这种提高只是市场预

---

① 刘虹俊.公司分立[J].证券导刊,2002(12).

期改变的结果，并不一定是其经营业绩改善的结果。

(2)公司分立可能使规模化经营所带来的成本节约效应消失。公司分立后，被放弃的公司需要设立必要的职能管理部门，增加管理人员，从而引起管理费用的增加；另一方面对存续的公司来说，随着业务缩小，单位产品分担的管理费用也会随之增加。除非公司对管理机构和管理进行裁减。

(3)公司分立的手续比较复杂。与资产剥离相比较，公司分立中涉及的法律问题比较复杂，如果被放弃部分不是独立核算的子公司，还必须首先把它从母公司的母体中分离出来，为此要设立新的法人实体，要把资产和负债在母公司与新的法人实体之间进行分摊等。这些都是比较棘手的问题，经常会消耗管理者相当多的精力和时间。

四、公司分立的决策考虑和实施程序

当一个公司需要进行业务或者资本紧缩时，可以选择的方式比较多，比如资产剥离、股票回购、清算和公司分立都应该纳入考虑的范围。一般情况下，在选择分立方式时公司会有如下方面的基本考虑：

第一，是单纯的业务紧缩还是资本紧缩。如果是单纯的业务紧缩，即从某个经营领域中退出来，则公司通常会考虑采用资产剥离的方式，也就是把有关此业务系统的资产对外进行出售。反之，如果企业需要在业务紧缩的同时缩小资本规模，那么就可能采用公司分立的方式。

第二，是否需要保全公司整体的价值。公司分立相对于清算来说，可以保全公司的商誉、营运价值，减少司法干预。假如公司只是因为“人合”性基础丧失，即投资者之间失和而陷入经营僵局，采用公司分立的方式既可以实现控制权和资本结构的调整，又可以不损害公司本身的价值。反之，如果采用清算的方式，则可能使一个本来具有发展潜力的公司毁掉。

第三，能否取得债权人的支持。公司分立对于公司债权人的影响极其重大，也极容易成为不良商人逃避责任的手段。在现实经济生活中，出资人往往采用公司分立的方式来逃避债务，即通过分立的形式设立新的公司，将负债累累的原公司的大量资产转移给新的公司，然后试图借公司有限责任使原来负债累累的公司实际清偿能力大幅度降低，极大地损害原公司债权人的权益。鉴于这种情况，为了切实保护债权人的合法权益，我国《民法通则》、《合同法》和《公司法》都明确要求在公司分立过程中要保护债权人的利益。比如，我国《公司法》规定，公司应当自做出分立决议之日起 10 日内通知债权人，并于 30 日内在报纸上进行公告。另外，新《公司法》虽然删除了“不清偿债务或不提供相应担保，公司不得分立”的禁止性规定，但是公司分立中仍然需要尽可能地征求债权人的同意。如果债权人不同意债务分割方案，公司分立就很难实施下去，严重时债权人甚至会要求公司进行破产清算以申请自己的债权。

(二)公司分立的程序

根据我国《公司法》的规定，公司分立需要践行以下法律程序：

(1)由董事会拟定分立方案；

(2)股东大会做出分立决议，此决议属股东大会特别决议，须经出席会议的股东所持表决权的2/3以上通过；

(3)由分立各方签订分立协议，公司分立协议涉及分立后各公司的重大事项，关系到当事人利益及公司分立的正常进行，应予以明确；

(4)依法办理有关审批手续、履行保护债权人的程序、变更登记等各项分立事宜。

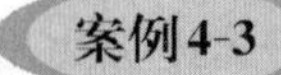

东北高速的分立

东北高速是一家由(600003,SH)由龙高集团、吉高集团、华建交通三家公司于1998年7月17日发起设立的股份有限公司。1999年7月5日向社会公开发行A股股票30 000万股，1999年8月10日在上海证券交易所上市。上市之初，龙高集团、吉高集团和华建交通分别持有上市公司30.18%、25.00%和20.09%的股份，社会公众持有其余的24.73%。与中国的大多数上市公司不同，东北高速有三个大股东。如果三者目标一致，能对管理者进行有效监督并实现相互制衡，避免“一股独大”的治理问题。然而，因龙高集团和吉高集团分属于不同地方政府，而转型经济中国有企业的一个主要问题是其承担了政府的多重目标，地方政府有动机和能力要求其控制的上市公司缓解当地的失业率问题或者实现其政治晋升目标。东北高速这种股权结构，将不可避免导致两地政府争夺公司控制权。而大股东之间的利益冲突，导致了严重的治理缺陷，公司上市第2年就被证监会认定“法人治理结构不健全，存在政企不分，两地推荐的经营班子不团结，财务管理混乱，内部控制薄弱”。2007年7月2日公司因治理问题被“ST”。2009年3月16日，东北高速发布公告披露将要进行公司分立事项(停牌)。2009年12月31日，东北高速发布公告称拟分立为龙江交通和吉林高速两家股份有限公司，原股东持有每股ST东北高速转换为龙江交通和吉林高速。龙高集团将分立获得的吉林高速的股份与吉高集团获得的龙江交通的股份相互无偿划转，龙高集团和吉高集团分别成为龙江交通和吉林高速第一大控股股东，原东北高速依法解散并注销。吉林高速(601518,SH)和龙江交通(601188,SH)于2010年3月19日在上海证券交易所上市。资本市场对这一交易给予了积极反应，两公司市值之和较分立前翻了一倍。

第四节 股票回购

一、股份回购及其动因

股份回购是指公司将自己发行在外的股份进行回收的一种行为。作为公司紧缩的一种手段，它与资产剥离、公司分立的区别在于，股份回购不是针对公司某项资产或某些业务进行的紧缩，其目的也不是使公司经营业务清晰化。股份回购的“紧缩”只是表现在其缩小了公司的股本与资产规模。这种行为在上市公司中尤其在国外资产市场上之所以特别普遍，主要基于如下动因：

1.巩固既定控股权或转移公司的控股权

许多股份公司的大股东为了保证其所代表的股份公司的控股权不被改变，往往采取直接或间接的方式回购股份，即公司直接以自身名义或通过自己的关联公司购回自己的股份，从而提高自己所持股份占整个公司发行在外的股份中的比重，稳定自己的控股权。有些股份公司的法定代表人并非是公司最大股东，在实际中，这些法定代表人为了保证不改变在公司中的地位，也为了能在公司中实现自己的意志，往往采取回购股份的方式来分散或削弱原控股股东的控股权，以实现原控股权的转移。

2.提高每股收益

在财务上，每股收益指标是以流通在外的股份数作为计算基础的。不少股份公司基于自身形象、上市需求和投资人渴望高回报等原因，采取股份回购并库存自身股份的方式来操纵每股收益指标，以减少实际应支付红利的股份数量。

3.稳定或提高公司股价

过低的股价会降低人们对公司的信心，使消费者对公司的产品产生怀疑，削弱公司出售产品、开拓市场的能力，使公司难以从证券市场上进一步融资，对公司经营会造成不良影响。在这种情况下，公司回购股票可以支撑股价，从而有利于使投资者重新关心公司的运营情况，恢复消费者对公司产品的信任，公司也有了进一步配股融资的可能性。因此，当股价过低时回购股票是维护公司形象的有力途径。此外，在按照市价发行的股票市场上，为使市价发行的新股能顺利地被投资者吸收，上市公司也经常在二级市场进行股票回购，以稳定交易和提高股价。

4.改善资本结构

任何产业的发展都会经历初创期、上升期、成熟期和衰退期。在上升期，企业内部融资不足，往往通过发行股票融资，加快资本集聚和产能的形成。当产业进入衰退期后，公司资金较为充裕，但却由于行业进入衰退期而不愿进行扩大投资。这部分剩余资金若无适当的投资项目，只能作为银行存款或购买短期证券，其必然影响公司的净资产收益率。这种情况下，通过股份回购减少公司的实收资本，不仅可以调整和改善公司的资本结构，还可提高每股收益。

5.反收购策略

股票回购在国外经常被用作重要的反收购策略加以使用。因为股票回购可以提高公司股价，减少流通在外的股份，从而使收购方的收购成本和收购难度增加。但由于回购的股票无表决权，回购后收购方的持股比例也会上升，因此公司需将回购股票再卖给稳定的股东，才能真正发挥出反收购方面的作用。

二、股票回购的负面作用

世界各国法律为保护债权人的利益，维护证券市场的交易秩序，大都对股票回购做出了较具体也较为严格的规定。这是因为股份回购存在如下弊端：

1.削弱了对债权人的保障能力

公司回购其股票，除无偿收回以外，都无异于股东退股和公司资本的减少。而公司资本规模的减少则从根本上动摇了公司的资本基础，削弱了对公司债权人的财产保障能力。

2.公司和股东的关系发生混乱

在现代企业制度下，公司和其股东各自具有不同的法律地位和角色。股票的拥有者（出资人）和股票的发行者（资金筹集者和资金营运者）是分开的。而股份回购则使公司持有自己的股票，成为自己的股东，这样公司的法律地位与股东的法律地位就出现同一，公司与股东之间的法律关系发生混淆，同时这也背离了公司与股东原本具有的法律含义。

3.容易出现不公平交易

上市公司回购本公司的股票，容易导致其利用内幕消息进行炒作，或对一系列财务报表指标进行人为操纵和粉饰，从而加剧公司行为的非规范化和股票买卖的不公平性，使外在于公司的社会投资者蒙受经济损失。

上述股票回购的负面作用是显而易见的，但是其并非不可避免。只要对上市公司回购股份的条件做出严格的规定，则可抑制其负面作用，发挥其积极作用。

三、股票回购的财务分析

公司回购股票将引起股价的变化。这种变化主要来自于两个方面：首先，股票回购后，公司的每股净资产值将发生变化。若假设净资产收益率和市盈率都不变，股票的净资产值与股价应存在着基本的对应关系，即净资产倍数不变。因此，股价将随着每股净资产值的变化而相应变化。其次，由于公司回购行为的影响及投资者对此的心理预期，将促使资本市场看好该股票并带来其股价的上升。这种影响一般总是向上的。

【例 4-1】 乙公司股本为 8 000 万股，全部为可流通股，每股净资产为 5 元。现准备回购 20％的股票，即 1 600 万股流通股。假定股票回购前后公司的市净率保持不变。

要求：就以下互不关联的三种情况，分别计算回购后公司净资产和每股净资产，并分析对公司股价的影响。

解答：

(1)当股票市价为 4 元时

$$公司净资产=8\,000\times5-1\,600\times4=33\,600(万元)$$

$$每股净资产=\frac{33\,600}{6\,400}=5.25(元/股)$$

在股票价格低于每股净资产的情况下，回购后每股净资产上升了 0.25 元。如果市净率保持不变，公司的股票价格将上升。

(2)当股票市价为 6 元时

$$公司净资产=8\,000\times5-1\,600\times6=30\,400(万元)$$

$$每股净资产=\frac{30\,400}{6\,400}=4.75(元/股)$$

在股票价格高于每股净资产的情况下，回购后每股净资产下降了 0.25 元。如果市净率保持不变，公司的股票价格将下跌。

(3)当股票市价为 5 元时

$$公司净资产=8\ 000\times5-1\ 600\times5=32\ 000(万元)$$

$$每股净资产=\frac{32\ 000}{6\ 400}=5(元/股)$$

在股票价格等于每股净资产的情况下，回购后每股净资产不变。如果市净率保持不变，公司的股票价格也将维持不变。

例 4-1 分析显示，在每股净资产和股票价格存在正常经济对应关系的情况下，股票回购对股东利益的影响将主要取决于股票回购价格的高低。在某些情况下，回购股票会降低公司每股净资产，损害公司股东(指回购后的剩余股东)的利益。因此，股票回购主要作为股市大跌时稳定股价、增强投资者信心的手段，或者作为反收购战中消耗公司剩余资金的"焦土战术"，若非为了应付非常状况，一般无须进行股票回购。

四、股票回购的方式

股票回购方式通常有固定价格自我认购、荷兰式拍卖自我认购和公开市场收购三种。

1.固定价格自我认购

固定价格认购是指企业向股东发出正式的报价以购买部分股票，通常是以一个固定的价格回购股票，认购价格一般高于现行市场价格，股东有权决定是以固定价格出售股票还是继续持有股票，认购期通常为 2～3 星期。如果股东提供的股票数量超过了企业最初计划收购的股票，则企业有权决定是全部或者部分购买超额部分的股票，但是企业并没有这样的义务一定要这样做。

2.荷兰式拍卖认购

荷兰式拍卖自我认购是指企业明确愿意回购的股票数量，以及愿意支付的最低和最高价格。最低价格通常会略高于市场价格。然后，股东向企业提出愿意出售的数量，以及在设定的价格范围内能够接受的最低出价，这个价格将用于支付给那些报价低于或者等于该价格的股东。如果报价低于或者等于该回购价格的股票数量超过企业事先设定的回购数量，则企业就按比例进行购买；如果股东提供的股票数量太少，则企业可以取消这次回购，或者以设定最高的价格来收购股东所提供的全部股票。

3.公开市场收购

公开市场收购是指企业与其他投资者一样通过经纪人购买自己的股票。经纪人的费用由双方协商确定。这种方式下，企业往往需要花费较长的时间才能够积累起相对数量较大的股票，所以它比较适合于企业回购大量股票的情况。

需要注意的是，无论采用何种方式，企业都必须对于回购股票的意图进行及时、公开的披露。

案例4-4

邯郸钢铁股票回购案

2005年,作为国内首家提出回购流通股的上市公司,邯郸钢铁将国际成熟市场普遍采用的股份回购引入国内证券市场,开创了我国上市公司在二级市场回购社会公众股的先河。

邯郸钢铁股份有限公司董事会于2005年6月17日刊登了关于回购社会公众股的公告,宣布公司将通过深圳证券交易所以集中竞价的方式回购本公司不高于6 000万股的社会公众股。参照国内证券市场和钢铁类上市公司整体市盈率、市净率水平,并结合公司经营状况和每股净资产值,确定的回购价格不超过5.8元/股,在2005年第一季度每股净资产值基础上溢价6.03%。以回购6 000万股计算,在不考虑可转换债券摊薄效应的情况下,回购比例将占目前总股本的4.027%,占流通股本的12.161%。据此估算,回购资金总额预计将不超过3.5亿元,回购资金来源主要是自有资金。

邯郸钢铁2005年第一季度末账面现金有35.6亿元,而此次回购资金预计不超过3.5亿元,相对该公司经营活动产生的现金流入量所占比例较小,回购完成后该公司仍能保持良好的流动性,可以满足正常的生产经营活动。同时,该公司资产负债率提高约1个百分点,回购后流动比率约1.67倍,速动比率约1.04倍,利息保障倍数约7.66倍,仍能保持良好的流动性和偿债能力,对该公司债权人利益不会造成损害。

邯郸钢铁之所以进行股份回购,公司管理层在回购公告中表示是为了传递内幕信息、调整公司股价和有效利用自由现金流量。邯郸钢铁自1998年上市以来,多年来保持良好的盈利能力和分红能力,历年的每股收益基本上维持在0.5元左右。然而其二级市场上的股价表现与经营业绩形成了鲜明的对比。伴随中国证券市场长达五年的调整,邯郸钢铁的股价也经历了持续的调整,总的趋势是持续走低。自2004年10月份股价跌破每股净资产以来,股价长时间徘徊在每股净资产以下。与此形成鲜明对照的是,近几年来公司经营业绩呈现持续增长的良好态势,2003年、2004年和2005年上半年公司主营业务收入分别同比增长61.66%、52.79%和22.30%,净利润分别同比增长29.21%、46.34%和65.20%。邯郸钢铁的投资价值已经被低估。并且,股价的持续低迷和公司价值的非理性低估不仅给公司股东和可转债持有者带来损失,同时也使公司在资本市场上的形象受到损害。从现金流的角度来看,邯郸钢铁2004年的实体现金流量为54 732.19万元,货币资金为350 299.52万元,充分表明邯郸钢铁在生产经营过程中产生了多余的现金,经过对资金使用所产生的收益分析后认为,通过股份回购能够使现金流达到充分的利用,并且对公司产生最大回报。

第五节　分拆上市

与其他资本运营方式相比,分拆属于资产收缩的范畴。资产重组或资本重组,虽然形式多,但内涵只有两方面:资产的扩张和资产的收缩。属于扩张形式的通常有收购、兼并等;而资产剥离、股份回购与分拆等则属于收缩的范畴。分拆在某种程度上可以理解为吸收合并的逆操作。吸收合并是运用股权互换的方法,将两个或两个以上的独立法人合并为一个法人,而分拆则是运用股权互换的方法,将一个法人分散为两个或两个以上的独立法人。在同为资产收缩方式中,股份回购与分拆两个方式,其适用条件与目的是有所差异的。前者多是危机中稳定投资者信心和活跃市场的重要手段,而后者更多的则是考虑提高公司资产运作效率。

一、分拆上市的概念及特点

(一)分拆上市的概念

分拆(spin-off)是指一个母公司通过将其在子公司中所拥有的股份按比例地分配给现有母公司的股东,从而在法律上和组织上将子公司的经营从母公司的经营中分离出去,最终出现两家独立的、股权结构相同的公司。这种意义上,分拆和前述公司分立具有相同的含义,同属于一个范畴,都是对公司的分解行为。所不同的是,公司分立强调的只是公司从母公司或者公司母体中分立出去,分立出去的部分既可能继续存在,也可能被注销;而分拆则是将分立出去的部分再上市,这种情况下,分拆和上市是联系在一起的,即先分拆,后上市,所以又把这种资本经营方式称为分拆上市。

分拆上市分为广义和狭义两种。广义的分拆上市是指已上市或尚未上市的集团公司将部分业务从母公司中分离出去,在另一个证券市场单独上市。我国不少上市公司都是属于这种情况,即将某个企业集团的一个分公司或一个企业中的优质资产组合,然后在资本市场上市。狭义的分拆上市是指已上市公司将其部分业务或者某个子公司独立出来,另行公开招股上市。

案例4-5

同仁堂股份公司和同仁堂科技分析上市案

北京同仁堂是中药行业闻名遐迩的老字号,创建于清康熙八年(公元 1669 年),创始人乐显扬。清雍正元年(公元 1723 年)同仁堂开始供奉御药房用药,享受皇封特权,历经八代皇帝,长达 188 年。

北京同仁堂股份有限公司是以中国北京同仁堂(集团)有限责任公司为独家发起人,以集团公司中的北京同仁堂制药厂等 6 家单位的生产经营性资产投入,以募集设立方式设立的,1997 年 6 月 18 日在北京市工商局注册登记,注册资金为 20 000 万元。经中国证监会批准,股份公司于 1997 年 5 月 29 日采取上网定价发行的方式,向社会公开发行了每股面值为 1 元的人民币普通股 5 000 万股,并于 1997 年 6 月 25 日在上海证券交易所上市交易。

去海外上市是许多企业的梦想和追逐的目标。而对于有 331 年历史的中药第一品牌同仁堂来说,更有其独特的优势和意义。1999 年,同仁堂股份有限公司面对法国里昂证券提出的同仁堂在 A 股基础上增发 H 股、中银国际提出的在同仁堂 A 股公司之上构筑一家控股公司去香港上市和中证万融公司提出的同仁堂 A 股公司分拆部分高科技资产和业务设立同仁堂科技发展股份有限公司上香港创业板等三种海外上市方案,经反复比较研究,最终选择了中证万融的方案,即:同仁堂 A 股公司分拆部分高科技资产和业务设立同仁堂科技发展股份有限公司在香港创业板上市。

北京同仁堂科技发展股份有限公司是由北京同仁堂股份有限公司将其所属的同仁堂制药二厂、同仁堂中药提炼厂、进出口分公司和研发中心四部分进行投资,联合中国北京同仁堂(集团)公司和 6 位自然人共同发起设立的股份有限公司,于 2000 年 3 月 22 日,在北京市工商行政管理局登记注册。同仁堂股份公司和同仁堂科技分拆上市过程和时间见表 4-1。

表 4-1 同仁堂股份公司和同仁堂科技分拆上市过程和时间表

时 间	事 项	信息来源
2000 年 1 月 14 日	董事会同意组建同仁堂科技并争取在香港创业板上市	中国证券报 2000 年 1 月 15 日
2000 年 2 月 22 日	同仁堂 2000 年第一次临时股东大会同意组建同仁堂科技并争取在香港创业板上市	中国证券报 2000 年 2 月 23 日
2000 年 3 月 22 日	同仁堂科技在北京宣布成立	中国证券报 2000 年 10 月 30 日
2000 年 5 月 10 日	同仁堂科技与德国麦尔海生物技术公司合资组建的同仁堂麦尔海生物技术有限公司宣告成立	中国证券报 2000 年 10 月 30 日
2000 年 10 月 7 日	同仁堂科技与和记黄浦及京泰实业共同组建同仁堂(香港)和记药业发展有限公司	中国证券报 2000 年 10 月 9 日
2000 年 10 月 16 日	公司与和记黄埔正式签订入股协议,和记黄埔成为同仁堂科技最大的战略投资者	中国证券报 2000 年 10 月 30 日
2000 年 10 月 25 日	同仁堂科技香港创业板上市公告	中国证券报 2000 年 10 月 25 日

2000 年 10 月,同仁堂科技在香港发行 H 股 7 280 万股(不含超额认购部分),每股发行价 3.28 港元,融资 23 878 万港元(不含超额认购部分)。2000 年 10 月 31 日,同仁堂科技在香港联交所创业板挂牌交易,首日开盘价 4.00 港元,以 4.30 港元报收,比其招股价高出近三成,升幅高达 31%。本案成为国内上市公司将其资产分拆并在境外上市的首案(再融资案)。

同仁堂科技设立时发起人认购的同仁堂科技的全部股份为 11 000 万股,公开发行(H 股)前同仁堂 A 股持有同仁堂科技 90.9%的股份,公开发行后同仁堂 A 股持有同仁堂科技 54.7%的股份。

(二)分拆上市的特点

1.不存在控制权转移

从程序上讲,分拆出来的子公司上市与一般公司上市在具体操作上并无差异,只要原有股东决议同意,并符合上市地的标准,即可以按程序申请上市。在分拆上市过程中,一般不存在股权和控制权向第三者转移的情况,公司的资产也没有必要进行重估。

2.分拆上市将导致总资产的增加

分拆上市,通常情况下,母公司控制的资产不是减少而是增加了。我们之所以把这种资本运作方式作为紧缩策略看待，主要基于两个方面的原因和考虑：第一，分拆上市后，虽然母公司控制的资产总量增加了，但是实际运作的资产却是减少了；第二，分拆上市后，母公司的经营业务范围缩小了。在一般情况下，分拆之后，子公司和母公司只是在资本纽带上有联系，经营业务却是从母公司分离出去了，母公司不再直接经营这些业务，得到了紧缩的效果。

二、分拆上市的类型

1.集团型上市公司的分拆

这种类型下，分拆上市的主体是集团公司。具体情况又有两种基本类型：第一种类型，企业当初在进行股份制改造和上市时，采用的是"集团整体上市"的模式。但是，不良资产未能彻底剥离，资产质量不佳，负债比率高，部分子公司因经营不善拖累了整个上市公司的业绩，使集团公司最终丧失再融资条件和进一步进行资本经营的能力。这时候，集团公司会将其中一部分资产或者子公司分离出去，单独面对资本市场进行融资。第二种类型，集团公司采取部分上市或分步上市的模式，将最好的资产改组成为上市公司。集团公司的优质资产可以逐步注入上市公司中去，从而在集团公司和上市子公司之间形成良性循环，即集团公司培植和孵化优质资产或业务项目，一旦条件成熟时将该项资产注入上市子公司。然后，集团公司将从子公司中套现的资金再去培植和孵化下一项优质资产的项目，一条件成熟时再注入上市子公司，从而形成集团公司与上市子公司之间资本的良性循环，促进两者共同发展。

2.项目型公司的分拆上市

项目型公司分拆上市的企业，其资产规模一般比较小，不存在复杂的组织结构，业务也较为简单。但是，这类企业正处于投资扩张的发展阶段，一些项目处于投入期，项目尚未产生效益或已开始产生效益却仍需资金扶持以扩大产能。这种情况下，公司可以以这些项目为主体成立全资子公司，再将子公司进行改制，引入其他发起人成立有限责任公司或股份公司或者直接吸收非母体上市公司的权益共同发起设立新的子公司。这种分拆上市方式下，母公司既可以通过控股形式继续保持对子公司的控制权，又可以将这些子公司分拆上市引入社会资本，由社会投资者共同承担子公司的投资风险。

三、分拆上市的优点

1.可以拓宽筹资渠道

通过分拆，可以使分拆出去的子公司从外部单独地筹集资本，资本来源将不再局限于母公司这一渠道，即不再完全依赖母公司的收益所产生的现金流这一资金渠道。因为通过出让母公司持有的股权，一些社会投资者进入到了子公司，为子公司带来新的现金流或者资产。这种意义上，分拆上市具有"一种资产、两次使用"的筹资效果。

2.有助于进行业务重组

对于业务多元化的公司来说，通过分拆上市，可以使主业更加清晰。在企业发展过程中，当发展到一定阶段之后，通常会出现一些“大企业病”，诸如规模过于庞大，业务过于繁杂，子公司与母公司的业务关联度低，以及母公司和子公司发展周期不一致等。这种情况下，采用分拆上市的方式，既可以使母公司从繁杂的业务管理中脱身出来，使自己的业务清晰化，又可以提高对于分离出去的这部分资产的管理效率。比如，假定母公司为运输企业，子公司为网络信息企业，由于业务跨度比较大，其现有管理层已无法灵活高效地控制这一庞大机构，使得整个公司的管理效率降低。此时，将部分业务分拆出去，不仅可以使企业的主业结构更加清晰，而且会提高公司的管理效率，降低多元化业务之间的负协同效应。

3.有助于解决委托代理问题

通过分拆，能够较好地解决上市公司中一直困扰我们的委托代理问题。就一般意义上讲，股权激励在解决高级管理人员的代理问题方面是比较成功的。但是这些措施在驱动和激励分支机构或者子公司的经理时却并非很有效果。原因在于，在一个子公司、分支机构较多或者多元化发展的企业中，基于整个企业价值之上的股权激励措施和子公司、分支机构的经营业绩是脱节的，至少其关联性比较低；另一方面，由于分支机构经理和母公司之间信息不对称，也可能导致低效率的内部资本分配和投资决策。比如，经营不善的子公司经理人员可能粉饰他们控制下的投资项目，以努力保住他们的“位子”。然而，通过分拆，子公司的管理人员将直接对财务和投资决策承担起了主要的而且独立的责任。由于分支机构或者子公司单独地面对资本市场，其经营业绩也可以通过股票价格直接地体现出来，报酬和业绩直接关联在了一起，从而能够激励子公司管理层的工作积极性。

4.有助于提升母公司的收益

分拆上市可以提高母公司的收益。子公司分拆上市成功后，母公司将获得超额的投资收益。按照相关会计准则，上市公司投资所获得的股权投资差额的收益可以在以后期间摊销。这样，母公司可以通过子公司的分拆上市而提高其收益，而且还可保持一定的稳定性。

5.可以借助战略投资者提高子公司的管理能力

企业在分拆上市的过程中，所产生的新的战略投资者往往拥有雄厚的资本实力和丰富的国际化经营经验，可以为公司带来先进的管理理念和充裕的资本，有利于开展国际化经营，拓宽国际市场，从而提高公司的综合竞争能力。

四、分拆上市决策需考虑的因素

分拆上市利弊皆具，是一把“双刃剑”。因此，企业在决策是否进行分拆上市时，需要认真考虑，进行利弊方面的充分分析。通常需要注意如下因素：

1.公司本身的盈利能力和成长性

就母公司来说，在采用分拆上市时，其自身要具有比较强的盈利能力和持续的高成长性。否则，如果分拆了具有良好盈利能力的高科技子公司上市，而其自身的盈利能力和成长性又很弱，那么母公司实际上就丧失了一个很好的利润增长点，可能造成经营能力进一步下降。

2.分拆是否具有必要性

对于待分拆出去的分支机构或者子公司，在决策是否分拆时一定要考虑是否具有必要性。如果不分拆，该部分资产也可以获得良好的发展空间，或者分拆后其成长性在现有格局下不会有太大的变化，那么就没有必要进行分拆。否则，如果不分拆，该资产就无法获得更大的发展空间，也就是说现有的管理组织已经不利于分支机构或者子公司发展时，就应该坚决地实施分拆上市。

3.分拆出去的分支机构是否具有独立的营运能力

分拆上市之后，资本市场将对分拆出去的分支机构或者子公司的经营提出严格的要求。例如，分拆出去的公司将受到来自股东和市场分析人士的直接压力，信息披露将会非常详细和严格，这些都明显地有别于公司内部管理所带来的压力。因此，要考虑分支机构或者子公司是否具备这些能力。如果不具备这些能力，要么不要进行分拆，要么分拆之后，在法律服务、财务、金融业务、人力资源、公共关系、战略规划以及研究开发等方面对分拆出去的公司提供有力的支持。否则，企业之间将难以形成必要的协同，企业的整体感将受到削弱。

4.分拆核心业务还是分拆次要业务

对于是分拆核心业务还是次要业务，企业需要根据不同情况进行全面分析。一般来说，大多数上市公司是将积极投资介入的高科技行业以符合上市条件的标准来进行分拆，但是，对于一些本来就集中于高科技行业发展的上市公司来说，则需要认真权衡，如果这些企业也将高科技行业分拆出去的话，将可能导致其本身的产业空洞化。另外，有些传统行业的上市公司正依靠通过参股投资高科技行业和发展前景不错的成长型行业来谋求自己的发展，一旦将属下的高科技公司和成长型企业分拆出去，将有可能造成原先投资上市公司“高科技概念”的投资者分流，上市公司的市盈率可能会下降，结果使公司面临着要么重新转回原来的传统行业，要么离弃原来的传统行业的不利选择。

5.不能仅仅将分拆上市视为上市“圈钱”的工具

分拆上市，公司固然可以通过分拆的方式以股权为纽带达到以少量资产控制大量资产的目的。但这一方式对债务同样具有放大效应，即使母公司的名义负债很低，如果分拆的子公司负债较高，母公司的实际债务也可能放大到惊人的地步。假如公司只希望通过分拆上市一味“圈钱”而不注重负债的控制和分拆上市后的经营发展，最终可能作茧自缚。

6.分拆业务的市盈率不可低于母公司

分拆上市的一个重要前提，就是确保在可预见的一段时期内分拆业务的市盈率高于母公司。如果低于母公司的市盈率，分拆上市不仅无法获得收益，而且会成为亏本买卖。

7.不可动摇母公司的独立上市地位

对母公司而言，分拆上市在本质上属于资产收缩范畴，势必影响到母公司的业绩，对于原本业绩一般的公司来说，分拆优质资产后对母公司业绩的影响会更大。对此，在制订分拆方案时，母公司要有充分的估计。

8.重视母公司与子公司之间现金流量的平衡

从分拆上市的实践来看，“母贫子贵”或“母贵子贫”等母公司与子公司现金流量不平衡的情况十分普遍。有些公司视分拆为“圈钱”的工具，使分拆出去的子公司得不到正常发展。而另有一些公司将处于发展期的业务单位分拆后，母公司为避免控制权易手而被迫不断投入大量现金和资产，结果导致“母贫子贵”。

9.不可忽视股权稀释带来的外来威胁

分拆上市几乎不可避免地会造成一定程度的股权稀释。这些本来可由母公司完全控制的业务单位在分拆成为公众公司后将导致控制权的分散，从而使其被收购的可能性大为增加。

10.注意管理模式和经营机制的创新

分拆上市作为一种金融创新，也需要有相应的管理创新与之配合。分拆上市将使公司的股权结构和组织架构更为复杂，再加上新的合作伙伴的加入，往往会对企业的管理效率、管理水平和经营机制提出更高的要求。尤其是当国内上市公司分拆业务到海外上市时，往往还存在与国际规范接轨的问题。如果企业不及时做出调整，切实进行管理创新和经营机制转换，最终可能由于管理和机制失效而导致分拆失败。

基于上述分析，在选择分拆上市这一资本运营模式时，企业应特别慎重对待，必须从上市公司自身发展状况及适应市场竞争出发综合考虑，千万不能盲目跟风，一拥而上。否则，将得不偿失。

关键词

公司紧缩　理论基础　资产剥离　公司分立　股份回购　分拆上市

思考练习题

1.何谓公司紧缩？为什么要进行公司紧缩？

2.公司紧缩的理论基础是什么？

3.公司紧缩的主要手段有哪些？请就这些公司紧缩方式的特点进行比对分析。

4.什么是资产剥离？企业为什么要进行资产剥离？

5.自选一资产剥离案例，对其决策动因及经济效果进行研究。

6.什么是公司分立？公司分立的类型有哪些？

7.公司为什么要进行股票回购？股票回购对股东利益会造成何种影响？

8.何谓分拆上市？公司应该从哪些方面对分拆上市进行决策分析？

案例分析题

资料：中国铝业股份有限公司（简称中国铝业，下同）成立于2001年9月10日，于2001年12月11日、12日分别在纽约证券交易所和香港联合交易所挂牌上市，在换股吸收合并山东铝业和兰州铝业后，在上海证券交易所上市。控股大股东为中国铝业总公司（简称中铝公司，下同），持有公司38.56%的股份。中国铝业主要从事氧化铝和原铝的生产经营，为我国最大的氧化铝和原铝生产商，也是全球第二大氧化铝生产商，拥有氧化铝、原铝、铝加工、贸易和能源等多个业务板块。

2013 年 5 月 10 日，中国铝业发布公告，将 8 家铝加工企业的股权、西北铝加工分公司的全部资产(含负债)和贵州分公司的氧化铝生产线转让给中铝公司；2013 年 10 月 1 日，中国铝业再次发布公告，全资子公司中铝香港将其持有的中铝铁矿的 65%股权转让给中铝公司旗下的中铝海外控股。资产剥离交易基本情况与数据见表 4-2。

表 4-2　中国铝业 2013 年资产剥离交易基本情况

单位：万元

公告日	剥离资产	业务板块	受让方	账面价值	剥离收益
2013 年 5 月 10 日	河南铝业公司 86.84%的股权、西南铝板带公司 60%的股权、西南铝冷连轧板带公司 100%的股权、华西铝业公司 56.86%的股权、瑞闽铝板带公司93.47%的股权、青岛轻金属公司 100%的股权、萨帕特种铝材公司 50%的股权、贵州铝业公司 40%的股权	铝加工	中铝公司	215 338.62	50 891.00
	贵州分公司的氧化铝生产线	氧化铝	中铝公司	157 538.74	3 324.70
	西北铝加工分公司	铝加工	中铝公司	439 583.56	8 422.90
2013 年 10 月 1 日	中铝铁矿 65%的股权	矿产开采	中铝海外控股	1 155 531.89	541 324.40
合　计				1 967 992.81	603 963.00

中国铝业是一家周期性很强的公司，其经营业绩与原铝价格高度相关，每吨 15 700 元的原铝价格为公司盈亏平衡点。2008 年金融危机后，世界经济步入下行通道，全球原铝市场供过于求，原铝价格持续走低。2013 年，虽然世界经济缓慢复苏带动了全球原铝消费量的回升，但新增原铝产能加剧了全球铝市场产能过剩矛盾，加之全球流动性收缩预期升温，对价格构成持续压制，原铝价格延续震荡下行格局。详见图 4-5。

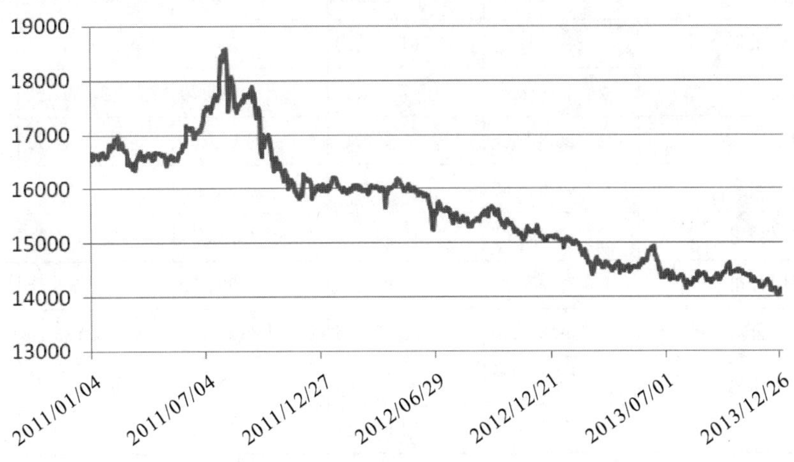

图 4-5　2011—2013 年沪铝价格走势图

自 2001 年上市以来，中国铝业的经营规模不断扩大，2012 年营业收入达到 14 947 882.10万元。然而，公司利润并未随营业收入的增长而同步增长，在 2006 年达到历史最高峰 1 184 168.10 万元后，步入下行轨道，2009 年更是亏损464 606.80万元。在 2010 年和 2011 年盈利后，2012 年公司再次巨亏，归属于母公司股东的净利润为 -823 375.40万元。详见表 4-3。

表 4-3　2008—2012 年中国铝业经营业绩数据表

单位：万元

项　目	2008 年	2009 年	2010 年	2011 年	2012 年
营业收入	7 872 814.70	7 026 800.50	12 099 484.70	14 587 443.30	14 947 882.10
营业成本	6 984 923.10	6 904 569.00	11 318 835.70	13 779 029.10	14 840 644.00
营业利润	25 205.30	-552 000.00	94 518.30	61 743.40	-988 749.90
净利润	15 795.60	-468 276.80	96 913.80	69 050.40	-86 458.30
归属于母公司的股东净利润	881.20	-464 606.80	77 800.80	23 797.40	-823 375.40
每股收益	0.0007	-0.3435	0.0600	0.0200	-0.6100

2013 年，原铝价格仍然波动于盈亏平衡点之下，铝业经营难以扭亏为盈，归属于母公司股东的经营亏损高达 780 662.40 万元。

中国铝业核心业务为氧化铝和原铝，铁矿开采属公司多元化业务板块，铝加工居于产业链的下游且毛利率为负。剥离资产 2012 年主要财务数据见表 4-4。

表 4-4　中国铝业剥离资产 2012 年主要财务数据表

单位：万元

剥离资产	资产	负债	权益	营业收入	净利润
河南铝业公司	391 157.69	538 136.59	-146 978.90	168 194.47	-51 615.56
西南铝板带公司	119 138.47	57 233.33	61 905.14	391 194.98	-1 840.25
西南铝冷连轧板带公司	214 741.12	161 844.83	52 896.29	155 707.36	-17 091.58
华西铝业公司	45 438.53	17 324.83	28 113.70	27 367.65	-9 968.03
瑞闽铝板带公司	426 375.56	275 358.47	151 017.09	257 641.72	-22 510.94
青岛轻金属公司	47 688.60	34 051.87	13 636.73	13 774.29	-5 495.44
萨帕特种铝材公司	35 893.67	15 110.08	20 783.59	0.00	-894.49
贵州铝业有限公司	39 950.80	5 985.82	33 964.98	68.54	1 848.05
西北铝加工分公司	209 815.10	52 276.36	157 538.74	72 733.20	-12 141.01
贵州分公司氧化铝生产线	472 691.76	33 108.20	439 583.56	251 593.88	-46 089.57
中铝铁矿公司	1 158 108.11	2 576.22	1 155 531.89	0.00	-1 249.94

出售的中铝铁矿还在投资建设阶段，预计 2018 年建设完工。

以资产剥离首次公告日(2013 年 05 月 10 日和 2013 年 10 月 01 日)为事件基准日($t=0$)，分别选择[-5，+5]，[-10，+10]，[-20，+20]作为事件公告的时间窗，采用市场指数调整模型(计算公式为:$CAR_{it}=\sum_{t=t1}^{t2}AR_{it}$,式中 $AR_{it}=R_{it}-R_{mt}$,其中 R_{it} 为中国铝业在交易日 t 的实际收益率;R_{mt} 为交易日 t 的市场指数收益率),分别以上证指数和上证原材料行业指数为市场指数计算的累计超额收益率(CAR)如表 4-5 所示。

表 4-5　中国铝业资产剥离累计超额收益率数据表

单位:%

公告日	市场指数	[−5,5]	[−10,10]	[−20,20]
2013 年 5 月 10 日	上证指数	2.94	−1.08	−4.71
	上证原材料指数	5.50	3.08	1.89
2013 年 10 月 1 日	上证指数	19.64	12.59	20.07
	上证原材料指数	20.44	14.27	27.02
平　均	上证指数	11.29	5.76	7.68
	上证原材料指数	12.97	8.67	14.45

中国资本市场具有很强的投机性,短期累计超额收益率的正负,有时并不能切实地反映财务交易是否为股东创造了价值(朱武祥、杜丽虹,2004)。本案例通过测算公司股票购买持有超额收益率来观察资产剥离之于股东财富的影响。截至 2014 年 8 月 29 日,中国铝业 2013 年的两次资产剥离对上证综指和上证原材料行业指数的购买持有超额收益率全部为负,具体数据见表 4-6。

表 4-6　中国铝业剥离交易购买持有超额收益率数据表

单位:%

剥离交易 / 市场指数	第一次剥离(15 个月)	第二次剥离(11 个月)
对上证综指的 BHAR	−10.66	−20.14
对上证原材料行业指数的 BHAR	−0.74	−17.60

要求:依据所给资料,运用所学的高级财务管理原理,回答下列问题:

(1)从多个分类视角,解读中国铝业 2013 年资产剥离类型。

(2)中国铝业为什么要在 2013 年进行一系列的资产剥离?

(3)中国铝业 2013 年资产剥离交易创造了价值吗?

(4)就这一资产剥离案例的启示,谈谈你的认识。

第五章 公司重整与清算

学习目标

1.掌握非正式财务重整主要方式、正式财务重整计划制定和财务危机 Z 分数预警法；

2.熟悉重整和清算程序以及破产财产、破产债权界定和破产财产分配程序；

3.了解财务危机、公司破产、公司重整和公司清算等基本概念，财务危机定性预警方法和定量预警方法。

开篇案例

五谷道场盛极而衰与绝地重生

2001 年，中旺集团的前身是由 13 位股东出资 180 万元创建的河北中旺食品有限公司。2003 年 12 月，中旺集团获得“康师傅”天津顶益国际食品有限公司的注资 3 亿元。2005 年，中旺集团总部由河北省隆尧县迁至北京，五谷道场的品牌开始运作，中旺集团步入二次腾飞的阶段。2006 年，五谷道场的销售额达到 15 亿元，中旺集团因此荣登第五届中国成长企业 100 强的榜首。2007 年，誓言增加到 48 条生产线，拿下方便面市场份额 60%的五谷道场命运急转直下，衰落速度比成长时还快。

2007 年上半年，因为原材料价格大幅上涨，虽经历了集体涨价风潮，但是方便面行业的整体利润均下滑明显。特别是以广告投放为主要营销手段的“五谷道场”，由于盲目扩张、广告支出过大及研发新产品的费用激增，出现了供应商货款给付不及时、无法给经销商正常发货、拖欠广告费和员工工资等问题。

自从 2007 年 10 月起，五谷道场全面爆发财务危机，劳动争议、法律诉讼不断增加。2007 年底至 2008 年上半年，仅房山区法院就受理涉及五谷道场的案件近 80 件，标的额 3 000 多万元。据报道，2007 年 9 月，北京建设银行房山支行贷款 1 000 万元给五谷道场，2008 年 4 月到期后，五谷道场只归还了 30 万元的借款本金。另根据五谷道场向房山法院提供的数据，截至 2008 年 8 月 31 日，公司的资产总额为 1 亿元，但负债 6 亿余元。

2008 年 10 月 16 日，企业全面停产，负债总额高达 6.2 亿元，600 多名债权人遍布全国 15 个省市。在严重资不抵债的情况下，中旺集团向法院递交了破产重整申请书。根据评估公司出具的报告，中旺集团—北京五谷道场公司已经符合破产的条件。2008 年 11

月 20 日，中旺集团—北京五谷道场公司破产重整。房山区法院受理此案后确定了专业律师团队、清算事务所和房山工业局三方组成的五谷道场重组清算组为破产管理人。

2009 年 2 月 12 日，中粮集团以 1.09 亿元取得该企业控股权。2 月 26 日，中粮集团正式接管北京五谷道场公司。中粮入主后的五谷道场继续做大非油炸方便面业务，还进一步注入大量资金。通过重组五谷道场，中粮集团成功进入方便食品行业。2009 年 10 月 22 日，曾经一度在大众视野中消失的"五谷道场"方便面高调宣布回归市场。

思考：在一个市场上升空间较大的成长型企业，其步入财务危机的财务表现和非财务表现体现在哪些方面？破产重整对于陷于危机的企业又有什么意义？企业在发展进程中避免破产的对策有哪些？这正是本章重点介绍的内容。

第一节　概述

任何公司都存在产生、成长、成熟和衰退的生命周期发展过程，即使是处于成熟期的公司也可能会因为各种因素而陷入财务危机。重整和清算是陷于财务危机公司所面临的选择。进行清算，意味着公司的法人资格消失，从而结束各种债权和股权关系。但清算作为公司不复存在或终结的一种形式，对大多数公司来说，是一种万不得已的选择。通常情况下，公司大多会尽全力通过债务、股权或资产的重组等方式，来完成对公司的重整，使之从财务危机的阴影中走出来，获得重生的机会。只有在重整无望或重整失败情况下，才会进入清算的轨道。公司重整既能起到保护债权债务人的合法利益，也能够通过努力使一些公司重整旗鼓、起死回生，起到保护社会资源并使之得到充分利用的作用，还能够减少职工因破产造成的利益损害。处于财务危机的公司，要对其进行的财务管理是一种"例外"性质的危机管理，此时主要的职能是防止财务状况进一步恶化，组织和落实整顿计划的制定并实施，采取应急对策，纠错、治错，避免破产清算。财务管理的内容也具有相对性和变异性，需要随着理财环境的变化及时调整或改变。如果财务危机公司选择申请破产，在破产法的法律框架下完成重整、和解或清算，公司的财务活动及财产就受控于破产管理人，并置于法院的监督之下。

一、财务危机

对于财务危机的概念内涵，国外学术界目前尚没有一种权威的界定标准。威廉姆·比弗将公司的"财务困境"定义为出现破产、债务拖欠不偿付、银行透支、不能支付优先股股利等。卡迈克尔认为财务危机是企业由于流动性不足、权益不足、债务拖欠及资金不足等因素，导致履行债务义务受阻。斯科特认为，以债信不足或债权到期无法偿还本息定义财务危机比较恰当。福斯特将财务危机定义为，除非对企业的经营或结构进行大规模重组，否则就无法解决严重的变现问题。罗斯进一步从四个方面概括了企业财务危机：技术失败，即企业无法按期履行债务合约来付息还本；会计失败，即企业的账面净资产出现负数，资不抵债；企业失败，即企业清算后无力支付到期债务；法定破产，即企业或者债权人由于债务人无法到期履行债务合约，并成持续状态时，向法院申请破产。

国内很多数学者倾向将财务危机定义为一个过程，既包括较轻微的财务困难，也包括极端的破产清算以及介于两者之间的各种情况。如谷棋与刘淑莲将财务危机定义为“企业无力支付到期债务或费用的一种经济现象，包括从资金管理技术性失败到破产以及介于两者之间的各种情况。由于资金管理技术性失败而引发的支付能力不足，通常是暂时的和比较次要的困难，一般可以采取一定的措施加以补救，如通过协商，求得债权人的让步，延长偿债期限，或通过资产抵押等借新债还旧债”。

综上所述，财务危机是指企业经营管理不善、不能适应外部环境发生变化而导致企业生产经营活动陷入一种危及企业生存和发展的严重困境，反映在财务报表上已呈现长时间的亏损状态且无扭转的趋势，出现资不抵债甚至面临破产倒闭的危险。

在财务管理实务中，财务危机通常是指公司无法偿还到期债务的困难与危机。导致公司无法偿还到期债务，或因现金流量不足，或因资产价值不足。因此，财务危机又有技术性财务危机和实质性财务危机之分。

（一）技术性财务危机

技术性财务危机是指公司总资产的公允价值等于或大于总负债，但由于资产配置的流动性差，无法转变为足够现金用于偿还到期债务而导致的财务危机。这样性质的财务危机通常是暂时的和比较次要的财务危机，一般可以采取一定的措施加以补救。例如，通过出售资产、减少资本支出、进行资产重组、与债权人协商谈判、发行新股或以债权换股权等方式，使公司免于清算。如果补救措施无效，则公司仍然可能停止经营，通过清算来偿还到期的债务。

（二）实质性财务危机

实质性财务危机是指公司的全部负债超过其全部资产的公允价值，所有者权益为负数，并且公司无法筹集到新资金以偿还到期债务的一种极端性财务失败。当公司资金匮乏和信用崩溃两种情况同时出现时，公司的破产便无可挽回。

二、公司破产

“破产”一词源于拉丁语“falletux”，意思为“失败”。但从经济学和法学的角度来看，“破产”和“失败”的含义有所不同。经济学意义上的破产，是指公司由于管理无能、不明智的扩张、激烈的竞争、过高的负债等原因导致经营和财务状况恶化，在市场竞争中被淘汰。破产意味着公司经济实体的解体，它是公司的终结，又是经济资源重新分配的开始，在财务管理上为原有理财主体的消亡或再建恢复。从法学角度来看，破产是指在债务人不能清偿到期债务时，由法院强制执行，将其全部财产公平清偿全体债权人，或者在法院监督下，由债务人与债权人会议达成和解协议，整顿复苏公司，清偿债务，避免倒闭的清算制度。破产意味着公司法律“人格”的丧失、法律主体的消亡。由此可见，经济学上的破产，侧重于破产淘汰；法学上的破产，侧重于破产还债。

我国《破产法》第三条规定：“企业因经营管理不善造成严重亏损，不能清偿债务的，依照本法规定宣告破产。”但是，若没有人向法院提出申请，法院不会宣告某一企业破产。破产的申请人既可以是债权人，也可以是债务人。当债权人的到期债权无法收回，又获知公司达到破产界限时，债权人可以向法院申请债务人破产。当债务人已不具备偿债能力，且公司在正常情况下无生存的可能时，债务人主动向法院申请破产也不失为一种明智的选择。法院对符合破产法规定的申请予以受理，并在 10 日内发布公告。当有下列情形之一的，由法院宣告破产：

(1)法院受理破产申请后，破产公司与债权人未能达成和解协议。

(2)公司整顿期间，破产公司不执行和解协议，或财务状况继续恶化，或存在严重侵害债权人利益的行为。

(3)公司整顿未达到预期效果，公司整顿以失败告终。

三、公司重整与清算决策

当公司面临财务危机、濒临破产时，必须决定是通过清算来解散公司，还是通过重整生存下去。这项财务决策正确与否直接关系到公司的生死存亡，故必须慎重进行。这一决策关键取决于公司重整后的价值与清算价值两者孰高孰低。

重整价值是指公司重整后继续经营，所能得到的现金流量现值；而清算价值则是指公司进行清算所能得到的现金流量，它等于全部资产的变现价值扣除清算过程中所发生的资产清理费用及法律费用后的余额。通常，以重整价值大于清算价值作为重整优先考虑的条件。

如果公司重整价值高于清算价值，那么公司就会利用这一点来迫使债权人进行重整，这就可能造成重整计划对债权人的不公平对待。因此，法院或债权人对公司重整的认可是以重整计划是否具备公平性和可行性为依据的。公平性是指公司重整的认可是以重整过程中对所有债权人一视同仁，按照法律和财产合同规定的先后顺序，以各债权人的求偿权予以确认，不能违背法律。可行性是指重整应具备的相应条件，主要包括债权人与债务人两个方面。为了使重整可行，债务人一般应具备如下条件：一是必须具有良好的道德信誉，在整个重整过程中，债务人不能欺骗债权人，如非法变卖公司财产，损害债权人利益；二是债务人能提供详细的重整计划，以表明其有足够的把握使重整成功；三是债务人所处的经营环境有利于债务人摆脱困境，取得成功。为了使重整可行，必须经债权人会议讨论通过同意重整，并愿意帮助债务人重建财务基础。

第二节　公司重整

公司重整按是否进入法律程序，借助法律强制性地调整相关利益人的利益，分为破产重整和非破产重整。破产重整，又称正式财务重整，是指通过向法院申请破产的方式，对公司进行重整。非破产重整，又称非正式财务重整，是指不进入破产法律程序，通过债务公司、投资者与债权人等相关利益人的协商，完成利益调整，对公司进行的重整。

一、非正式财务重整

如果债务人属于技术性破产，财务危机也不是十分严重，而且能够恢复或偿还债务的前景比较乐观，债权人通常愿意私下和解，而不通过法律程序进行处理。

(一)非正式财务重整的一般程序

非正式财务重整虽然不需要像破产重整那样严格遵守法律程序，但也必须经过一些必要的程序才能完成。通常情况下，非正式财务重整主要包括以下几个步骤：

1.自愿和解提出

当公司出现不能及时清偿到期债务时，可由公司(债务人)或债权人提出和解。

2.召开债权人会议

自愿和解提出以后，要召开债权人会议，研究债务人的具体情况，讨论决定是否采用自愿和解的方式加以解决。如果认为和解可行，则成立相应的调查委员会，对债务人的情况进行调查，写出评价报告。如果认为自愿和解不适宜，则向法院申请破产，采用正式法律程序来加以解决。

3.债权人与债务人会谈

在和解方案实施以前，债权人和债务人要进行会谈，确定或调整公司重整方案。由于双方利益冲突和信息不对称，这一谈判过程往往是艰难而漫长的。债务和解谈判往往会涉及许多专业技术问题，在一些重大的债务重组中，通常会聘请专业财务顾问。

4.签署和解协议

债权人与债务人签订的和解协议，是一个以债务偿付比率、偿债金额及偿债期限为主要内容的协议，在实务中通常称之为债务重组协议。

5.实施和解协议

债务重组协议签订以后，债务人要按协议规定的条款对公司进行整顿，继续经营，并于规定的时间清偿债务。

(二)非正式财务重整的主要方式

公司重整的基本思路是通过对资产、股权和债务等方面的重整，改变资产负债表的左右两边，改善财务状况。其主要方式包括出售不良资产或非核心公司、债务和解、债务展期、债转股、减少资本支出及研究开发费用、发售新股、与其他公司合并等。

当公司陷于财务危机时，首先想到的是能否通过债务展期、债务和解或债转股等债务重组方式来摆脱。不过，即使是与债权人达成债务展期或债务和解协议，公司仍然需要以一定数量的资产来偿付债务。况且，公司重整的目的在于重新恢复公司的财务状况，维持正常的经营活动。因此，在重整过程中，能否获得新的融资，往往事关重整的成败。由于重整公司的信誉较低，很难通过发行证券或向银行借款募集到所需的资金。因此，在重整的过程中，债务公司通常会通过出售一些不良资产或非核心公司、引入新的投资者或与其他公司合并等方式来获取重整所需的资金。因此，公司重整实质上是一项包括资产、负债和股权的综合性的重组工程，其中债务重组是核心，资产重组是为了保障债务重组的完成，债务重组则是股权重组的前提。

1.债务展期

债务展期是指推迟债务的偿付日期,以使陷入财务困境的公司有机会生存下去,并在未来偿还其全部债务。债务展期是通过与有关各方签署展期协议来进行的。签署展期协议的一般前提条件是:一是债务公司具有良好的商业道德和信誉,确实愿意忠实地履行其对债权人的义务,而不会试图利用各种可能将公司资产转作他用;二是债务公司具有扭转不利局面、偿还债务的能力,从资金、技术、生产能力、市场、管理经营与才干等各方面都具备东山再起的条件;三是外部环境,特别是经营环境朝着有利公司恢复正常的方向发展。

债务展期要得到所有债权人的同意,故往往由主要债权人组成一个债权人委员会,负责与全体债权人沟通,并与债务人协商确定能满足各方利益的计划。如果反对债务展期的债权人所占比例较大,则公司只能申请破产,进入破产程序。

为取得债权人的同意,财务危机公司的所有者通常会同意债权人在债务展期期间,有权对公司经营管理进行一定程度的干预,例如限制产品赊销、限制股利支付等,以使公司能按债权人的意愿发展。债务展期会为财务危机公司赢得时间,使其调整财务,避免破产。虽然债务展期会使债权人暂时无法收取价款,但债务公司一旦从财务困境中恢复过来,债权人不仅能如数收回价款,还能给公司带来长远效益。

2.债务和解

债务和解是指债权人自愿减少对债务公司的索偿权。如果债权人认为债务和解所收回的款项高于或接近于其在公司清算中支付法律费用后的所得,则债权人一般愿意接受和解。虽然债务和解会使债权人蒙受损失,但所回收的债权额通常要比破产清算所收回的数额多。债务和解要通过债权人与债务人之间,或债权人之间达成债务和解协议来进行。债务和解协议通常要规定减少债务额的数额或比例以及延长支付债务的最后期限。这种方法的实质是偿还部分债务以解决全部债务。但最重要的是应当公平地对待每一位债权人。债务和解的主要优点是:一是与将债务公司诉诸法律相比,可使债权人获得更多的利益;二是债务公司还可维持生产经营活动。但导致公司财务危机的原因不会因债务和解而消除,如果债务公司经营手段依然如故,其财务状况仍有可能进一步恶化。

在债权人与债务人双方协商的过程中,通常还会产生一种债务展期与债务和解综合运用的解决办法。例如:先以现金清偿债务额25%,其余的分6次分期偿还,每次偿还债务额的10%,全部偿还额为债务额的85%。分期偿还部分通常用票据作为抵押凭证,债权人也可以寻求其他控制手段来确保其债权额的安全。

3.债转股

将债务转换为股权,即"债转股",也是一种可供选择的债务重组方案。需要指出的是:可转换债券的持有人根据转换协议将债券转换为股份,则属于正常情况下的债务转股份,不是此处所讲的债转股。

事实上,在成熟的市场经济国家,债转股是有严格的限制条件的。首先,这种转换基本上是与证券的流通性结合在一起的,即一般只有流通性债券才可转换股权,而且一般被转换成流通性股票。其次,转换程序和规则有选择性,且一般是在破产程序中进行,债务人可以在破产重组方案中将一部分债券转为股票,但必须经过各类债权人投票批准;如果债权人不愿意债转股,这样的方案是不会被通过的,重组协议不被通过就必须清算。再次,债券一般并不是被转换成普通股,而是优先股,甚至被转换成可赎回的、可回售的优先股,总之与债券的性质越相近越好。从国际经验看,虽然政府主导的大规模债转股可以脱离破产程序,但也并不背离破产制度的基本规则。

4.资产处置

当企业陷入财务危机时,通常处于资不抵债的状态,留存收益可能出现赤字,资产的账面价值严重失真。因此,企业往往会进行一系列的资产处置。虽然资产的处置可以获得资金或进行债务剥离,但由于公司重整的目的是要持续经营,因此,核心优质资产必须保留下来。能够用于出售的主要是一些非主业或非核心资产。同时,在重整的过程中,公司也会对一些不良资产进行处置,以期获得一些重整所需的资金,并提升公司资产质地和未来盈利能力。

5.引入新的投资者

即引入新的股权投资者,作为战略投资人。投资人注入的资金,可以帮助公司缓解偿债压力,还能在较大的程度上改善公司财务状况。此外,战略投资人也可为完成重整后继续经营的公司提供技术、管理和资金等支持,使公司尽快恢复元气,从财务危机的阴影中走出来。

案例5-1

三九集团公司非破产重整案

经历 19 年的拼搏,三九集团从 80 年代的一个普通中药厂,通过中外合资、增资扩股、买壳上市和 IPO 等一系列的重大资本运作,建立起了涵盖药业等“八大产业”的庞大集团。支持三九集团高速发展的资金主要来自银行的借款。到 2005 年 4 月,三九集团整体银行负债高达 102 亿元。此时,三九集团陷入财务危机,处于银行逼贷、诉讼不断的境地,公司经营难以为继。因此,企业要经营下去,当务之急是要与债权银行达成和解。

在公司重整的 3 年中,三九集团对原有的 400 多家子公司进行了一部分资产整顿,包括大量资产剥离,地产、工程类资产整合和酒店、药店出售等一系列处置。2005 年三九集团通过出售三九医药旗下两家上市公司——三九生化、三九发展全部股份,在债务随资产走的原则下,受让方承担了两家上市公司 21 亿元的债务。

债务重组是三九集团重整的核心,也是引进战略投资者的前提。三九集团所欠银行的巨额债务,一直是重组过程中最棘手的难题。2004 年年底工商银行控股的香港投资银行工商东亚被聘为债委会财务顾问,介入三九重组方案的制定和谈判等具体工作。三九集团则聘请德勤会计师事务所作重组财务顾问。2006 年 10 月,经过债权人大会反复讨论后,由 23 家债权银行组成的三九债权人大会最终通过了三九集团债务重组金融债权总体受偿率为 60%,以及三九医药 36 亿元债务 80%清偿率,三九集团及辅业资产 47 亿元债务 30%清偿率的方案。这也就意味着,需要偿还的债务总计 60 亿元左右,考虑三九生化、S 鼎立(三九发展)两家上市公司合计 21 亿元债务剥离(由购买方承债),剩余债务在 40 亿元左右。

巨额债务的减免吸引了许多的投资人期望能参与重组三九。2006 年 12 月，共有上海实业(联合体)、复星集团、德意志银行(联合体)、华润集团、新世界集团(联合体)等五组潜在战略投资者向国资委提交了三九集团重组方案。2007 年 3 月，国资委发布通告，选定华润集团有限公司为三九重组的战略投资者。华润集团随后在国家工商总局注册成立新三九控股有限公司，并以该公司为依托启动了对三九集团的全面重整。

实力雄厚的华润集团入主，债务问题重新提上桌面。经过再次艰辛的谈判，2007 年 9 月，20 余家金融债权单位和债务人三九集团，偿付方华润集团、新三九控股有限公司及三九集团签署债务重组协议。债务重组的基本方案为：以华润集团、新三九控股有限公司、三九集团及其下属公司作为偿付方，将自债务重组协议生效日起 1 个月内向债权人一次性全额支付 44.57 亿元，用以清偿全部三九集团层面和 S 三九层面的重组债务本金、S 三九层面的欠息以及诉讼费。

三九集团成功重整表明：当公司陷入技术性财务危机时，可以通过债务、资产和股权等一系列的重组，完成对公司重整，使之得以重生。

(三)非正式财务重整的利弊分析

非正式财务重整对债务人和债权人利益主要在于：一是可以避免履行正式法律手续所需发生的大量费用，所需的律师、会计师的人数也比履行正式手续要少得多，使重整费用降至最低；二是可以减少重整所需的时间，使公司在较短的时间内重新进入正常经营的状态，避免了因漫长的正式程序使公司迟迟不能进行正常经营而造成的公司资产闲置和资产回收推迟等浪费现象；三是使谈判有更大的灵活性，有时更易达成协议。

但是，非正式财务重整也存在着一些弊端。这主要表现在：一是债务人仍然控制着公司，这种情况可能引起法律纠纷，即仍由债务人经营的资产不断受到侵蚀而产生的种种问题。当然，可以采取许多控制手段来保障债权人债权额的安全。二是当债权人人数很多时，可能很难达成一致，特别是小债权人可能会纠缠不清，坚持要全额偿还。对此，一般的解决办法是设定一个基数，再加上他们的债权余额，按协商、调整后的百分比所计算出来的数额为准。三是没有法院的正式参与，协议的执行缺乏法律保障，可能得不到破产保护的好处。

二、正式财务重整

正式财务重整是在法院受理债权人申请破产案件的一定时期内，经债务人及其委托人申请，与债权人会议达成和解协议，对公司进行整顿与重组的一种制度安排。正式财务重整需要经过法院裁定，履行正式的法律程序，也是对达到破产界限的公司采取的拯救措施，具有债务清理和拯救公司的双重目的，是一种再建型的制度设计，以促进债务公司复兴，进而实现尽量减少债权人和债务人股东损失的目标。经过重整后，多数公司能起死回生，重新经营。不过，如果和解和重整无效，继续亏损，显然也可能会使债权人的利益受到更大程度的损害。正式财务重整中，法院起着重要作用，特别是要对协议的公司重整计划的公正性和可行性做出判断。

(一)正式财务重整的程序

1.债权人或债务人向法院提出重组申请

公司在陷入财务危机时,可以向人民法院申请破产,进入正式财务重整程序。在向法院申请重组时,申请人必须阐明对公司实施重组的必要性,以及不采用非正式重组的原因。同时还要满足我国新修订的《破产法》规定:债权人、债务人可以直接向人民法院申请对债务人实施破产重整;如果是债权人申请对债务人实施破产清算,在破产宣告前,债务人或者出资额占债务人注册资本10%以上的出资人可以向人民法院申请重整。也就是说,债权人、债务人以及出资额占债务人注册资本10%以上的出资人均可以申请对债务人进行破产重整。

2.法院指定管理人

为了保护原有公司债权人的利益,在公司重整期间,公司股东和董事会的权力被终止,由法院指定的管理人接管债务公司,负责或监督管理财产和营业事务。经债务人申请,人民法院批准,债务人可以在管理人的监督下自行管理财产和营业事务。管理人是重整工作的执行者,由有关部门、机构的人员组成的清算组或者依法设立的律师事务所、会计师事务所、破产清算事务所等社会中介机构担任。在重整期间,对债务人的特定财产享有的担保权暂停行使;债务人的出资人不得请求投资收益分配;同时,债务人的董事、监事、高级管理人员除经人民法院同意,不得向第三人转让其持有的债务人的股权。

3.制定重整计划草案

公司要完成破产重整,关键是要制定出能获得相关利益各方认可的重整计划。按照《破产法》的规定,重整计划草案由管理人或者债务人提出。重整计划草案至少应当包括债务人的经营方案、债权分类、债权调整方案、债权受偿方案、重整计划的执行期限、重整计划执行的监督期限和有利于债务人重整的其他方案等内容。

重整计划草案制作完成后,由债权人会议分组进行表决。按照《破产法》的规定,债权人会议应依照以下债权分类分成四个组:一是对债务人的特定财产享有担保权的债权;二是债务人所欠职工的工资和医疗、伤残补助、抚恤费用,所欠的应当划入职工个人账户的基本养老保险、基本医疗保险费用,以及法律、行政法规规定应当支付给职工的补偿金;三是债务人所欠税款;四是普通债权。同时,当重整计划草案涉及出资人权益调整事项的,应当设出资人组,对该事项进行表决。出席会议的同一表决组的债权人过半数同意重整计划草案,并且其所代表的债权额占该组债权总额的2/3以上的,即为该组通过重整计划草案。各表决组均通过重整计划草案的,重整计划即为通过。

重整计划通过,并经人民法院裁定批准后,即可实施。同时,为了增加重整计划通过的可能性,公司破产法还赋予了人民法院强制批准权,即重整计划草案虽然未获通过,但符合法定条件的,人民法院也可以强制批准重整计划。

4.执行重整计划

债务公司应按照重整计划所列示的措施逐项予以落实,包括整顿原有公司、联合新公司,以及随时将整顿情况报告债权人会议,以便债权人会议及时了解公司重整情况。重整计划由债务人负责执行,由管理人负责监督执行。人民法院裁定批准重整计划后,管理人应向债务人移交财产和营业事务。在重整监督期内，债务人应当向管理人报告重整计划执行情况和债务人财务状况。

5.重整失败与终止

如果债务人或者管理人未在法定期间（人民法院裁定重整的6个月内）提出重整计划草案，或重整期间出现法定事由，或重整计划草案未获通过，或重整计划未获人民法院批准，或债务人不执行或者不能执行重整计划的，意味着重整失败，人民法院宣告债务人破产，对其实施破产清算。

重整终止既可能出现在重整期满，也可能发生于重整期间。一些公司经过重整后，能按协议及时偿还债务，法院则会宣告终止重整；也有一些公司重整期满，不能按协议清偿债务，法院宣告破产清算而终止重整。在重整期间，如果债务公司的经营状况和财产状况继续恶化，缺乏挽救的可能性；或者债务人有欺诈、恶意减少债务人财产或者其他显著不利于债权人的行为；或由于债务人的行为致使管理人无法执行职务的，经管理人或者利害关系人请求，人民法院即裁定终止重整程序，并宣告债务人破产。

案例5-2

我国首例上市公司破产重整案——浙江海纳破产重整案

浙江海纳科技股份有限公司(000925)是由浙江大学企业集团控股有限公司、浙江省科技风险投资公司以及四位自然人发起设立的股份有限公司，于1999年6月11日在深圳证券交易所挂牌交易。2004年3月，浙江海纳实际控制人变更为邱忠保，由于邱忠保和其控制的“飞天系”高管人员挪用上市公司巨额资金并以浙江海纳的名义擅自为其掌控的公司向银行贷款或个人借款提供连带保证担保。当这些担保债务到期后，债权人纷纷起诉、申请执行，导致债务危机全面爆发，公司经营难以为继。

2007年4月23日浙江海纳股票停牌。9月13日，经最高人民法院同意，杭州市中级人民法院受理了浙江海纳破产重整一案。10月，公司债权人会议决议通过了重整计划，其核心内容是：为避免破产清算，浙江海纳实际大股东——深圳大地公司，以浙江海纳资产价值1.1亿元左右为基数提供等值现金，用于清偿债权人。债权人债权本金的清偿率为25.35％。2007年11月20日杭州市中级人民法院批准了浙江海纳的重整计划并裁定终止重整程序。这是我国首例上市公司重整计划经债权人会议通过、并成功走完破产重整程序的经典案例。它对上市公司通过司法途径进行破产重整、优化资产配置产生了深远的影响。

（二）公司重整计划

公司重整计划是指由管理人或公司其他利害关系人（包括债权人、股东等）拟定的，以清理债务和复兴公司为内容，并经债权人会议通过和法院认可的法律文书。它是对公司现有债权、股权的清理和变更做出的安排，是重整程序中最为重要的法律文件，事关债权人、股东等利害关系人的切身利益。重整程序能否提起，取决于重整计划草案是否被债权人接纳得以通过，或者虽未通过但内容齐备、切实可行，被人民法院批准。

重整计划的内容通常包括：公司价值的估算；债务重整方案，包括债务调整方案和债务清偿方案；资产与业务重整方案，包括全部业务或部分业务的变更、实现业务变更的手段、业务发展规划等；经营管理重整方案，包括经营管理改进方案、管理人员的调整、人员的精简等；股权重整方案，包括股权转让方与受让方情况、股权转让的进度安排和作价、股权转让中股东的利益受损或没有受损的说明、公司减资计划等；融资方案，包括公司增资的规模、公司增资的方式、债务融资等；重整执行人；重整计划的执行期限。现以我国《破产法》规定的重整计划草案至少应当包括的几个方面的内容为框架，以某酒店有限责任公司为例，提供一个重整计划草案范本，供参考。

1.重整期间的经营方案

债务人经营方案是制定重整计划草案的重中之重。经营方案应当对债务人的资产状况、产品结构、市场前景等进行深入的分析和论证，找出债务人陷入濒临破产困境的原因，并以此提出解决之道。在制定经营方案时，应根据债务人的具体情况，有的放矢，提供切实可行的方案。

案例5-3

××酒店有限责任公司重整计划草案——经营方案

(一)主要经营和财务指标

1.总体指标：年营业收入________万元，年净利润________万元。

2.部门指标

(1)客房：年营业收入________万元；毛利率________%；

(2)餐饮：年营业收入________万元；毛利率________%。

(二)客房工作方面

酒店的经济收入主要来源于三部分：一是客房收入；二是饮食收入；三是配套服务收入。在经营管理的过程中，要使客房出租率上升，取决于客房管理，主要包括以下几个方面：

1.科学合理地计划与组织客房部工作的运转。加强客房工作的监督力度，保证接待服务和客房整理的质量。

2.加强员工队伍建设，提高员工综合素质。

3.开源节流，做好客房设备、物资的管理与控制。

4.建立和开拓客源渠道，保证月平均入住率达到85%，按月检查，与利益挂钩。

……

(三)餐饮工作方面

餐饮业是一种十分特殊的行业，这种特殊性主要表现在它提供给顾客的产品具有双重性，即有形性和无形性。在餐饮经营方面应采取如下措施：

1.加强服务人员和督导层的素质培训，向客人提供一流的服务。

2.形成主体菜系，丰富菜肴品种，提高菜品质量，保证充足客源。

3.开发、引进新菜体系，满足各方、各层次、各类型的服务需求，形成多功能餐饮部。

……

(四)营销工作方面

营销工作是酒店管理极为重要的一项工作,它不仅关系到酒店的经营效益,还关系到酒店的形象、生存和发展。营销工作重点抓以下几项:

1.加强营销队伍的领导和力量,营销工作由总经理亲自抓。

2.重新进行市场细分工作,做好市场调研,熟悉市场,细分客源对象。

3.定职、定责、定任务、定奖惩。

4.抓紧抓好营销宣传攻势。

5.预测市场行情,把握销售良机,预测销售市场,把握良好商机。

6.制定以招揽会议、旅游为重点的营销计划。

……

2.债权类别

将各种利害关系人分门别类、分组表决,是我国《破产法》对重整计划表决方式的规定。债权根据性质不同,其让步幅度和清偿顺序也有所区别,一般可分为四类:一是对债务人的特定财产享有担保权的债权;二是债务人所欠职工的工资和医疗、伤残补助、抚恤费用,所欠的应当划入职工个人账户的基本养老保险、基本医疗保险费用,以及法律、行政法规规定应当支付给职工的补偿金;三是债务人所欠税款;四是普通债权,即由于各种合同违约或侵权形成的他人对债务人的债权以及担保权人放弃优先权或未受偿优先权而转成的普通债权。

案例5-4

××酒店有限责任公司重整计划草案——债权分类

(一)担保债权共计 4 000 万元

截至 2018 年 12 月 1 日,申请人________公司欠某市交通银行________万元,抵押物为本酒店第 10～13 层房产,他项权证为某房________号;欠某市商业银行________万元,抵押物为本酒店第 14～16 层房产,他项权证为某房________号;欠中国银行某分行贷款________万元,抵押物为本酒店第 17～20 层房产,他项权证为某房________号。以上债权共计 4 000 万元。

(二)职工债权共计 105 万元

其中职工工资 20 万元;医疗费 10 万元;因工负伤两人,拖欠伤残补助 20 万元,抚恤费 10 万元;拖欠职工个人账户养老保险、医疗保险共计 45 万元。

(三)拖欠某市税务局营业税款 10 万元

(四)普通债权 8 笔,共计金额为 3 500 万元

其中拖欠________建设公司建筑工程款 2 000 万元;拖欠________装饰公司工程款 1 000万元;拖欠________酒店用品商场 350 万元;拖欠________公司牛肉、猪肉款项 100 万元;拖欠________工商户菜款、________工商户餐具款、________工商户酒款、________工商户烟款等共计 50 万元。

3.债权调整方案

债权调整方案是债务人对重整计划具体措施的体现。内容涉及公司整体情况的处理;公司重新发展的资金来源,主要包括可借入资本、出售部分资产换取资金、股份公司可征得证券监管部门的同意增发股票或债券募集资金或进行合理的资本置换等。

案例5-5

××酒店有限责任公司重整计划草案——债权调整方案

通过测算和协商,对享有抵押权等银行贷款本金不予调整。职工债权和税务局税款不予调整,重整期间的利息予以减半。而对于普通债权,各债权人非常清楚,本酒店万一进入破产程序,对普通债权的清偿比例不超过30%。经协商和估算,酒店将两项工程款按60%比例偿还,即1 800万元;拖欠________酒店用品商场和________公司共计450万元,按80%的比例偿还,共计360万元。剩余债权50万元为小额债权,清偿比例为95%,即47.5万元。所有普通债权在重整期间的利息予以减免。

4.债权受偿方案

在债权受偿方案中,应规定各类债权变动的具体情况、债权的受偿时间、金额、受偿方式和受偿条件、履行的担保等。

案例5-6

××酒店有限责任公司重整计划草案——债权受偿方案

通过测算和协商,对享有抵押权等银行贷款本金,各银行同意在重整期间对利息减半收取;贷款本金从重整计划被批准的第10个月起,每月偿还________万元,到重整期限结束时,全部还清。职工债权和税务局税款从重整被批准的第2个月起分期偿付,其中税款一次性付清;职工债权3个月内付清。对普通债权,两项工程款按60%比例偿还,在重整计划被批准的第5个月起开始偿付,每月支付80万元。拖欠________酒店用品商场和________公司共计450万元,按80%的比例偿还,在重整计划被批准的第4个月起开始偿还,每月40万元。剩余债权的50万元小额债权,清偿比例为95%,在重整计划被批准的第1个月起开始支付,每月偿还10万元。

5.重整计划的执行期限

确定重整计划的执行期限应该恰当,执行期限过长,不利于保护债权人利益;如果过短,难免操之过急,不利于重整计划的实现。

6.重整计划执行的监督期限

对重整计划的执行进行监督是保证重整计划执行效果的一种重要手段。为了保证债务人严格按照重整计划进行公司重整工作,积极争取实现重整目标,在重整计划规定的监督期内,由管理人监督重整计划的执行。债务人应当向管理人报告重整计划执行情况和债务人财务状况。

重整计划执行的监督期限,建议与重整计划的执行期限相一致,保证整个重整计划期间都在管理人的监督之下。这样不仅能带给债权人信任感和安全感,更有利于管理人对债务人经营状况深入了解,一旦出现债务人不能执行重整计划的情形,即可请求人民法院裁定终止重整计划的执行,进入破产清算程序。

7.有利于债务人重整的其他方案

这一项属于任意性内容,其内容可根据不同重整案件的具体情况而定。一般包括待履行合同的终止或确认、债务人对抗第三方权利的行使或调整、债务人财产的运用和其他与重整计划有关的重要问题等内容。

第三节　公司清算

公司清算是公司解散或破产后,结束其未了事宜,收取债权,清理债务,并分配公司剩余财产的总称。

一、公司清算的分类

(一)按其原因,公司清算可分为解散清算和破产清算

通常导致公司解散清算的原因主要有:出现公司章程规定的营业期限届满或公司章程规定的其他解散事由,例如,经营目标达到而不需继续经营,或目的无法到达且公司无发展前途等;公司的股东大会决定解散;公司合并或者分立需要解散;公司违反法律或者从事其他危害社会公众利益的活动而被依法撤销;发生严重亏损,或投资一方不履行合同、章程规定的义务,或因外部经营环境变化而无法继续经营,等等。破产清算是因经营管理不善造成严重亏损,不能偿还到期债务而进行的清算。其情形有如下两种情况:一是公司的负债总额大于其资产总额,事实上已不能支付到期债务;二是虽然公司的资产总额大于其负债总额,但因缺少偿付到期债务的现金资产,未能偿还到期债务,被迫依法宣告破产。

(二)按其是否自行组织,公司清算可分为普通清算和特别清算

普通清算是指公司自行组织的清算,一般指合资公司由于合资经营期届满,或由于政府主管部门认为没有必要继续存在而引起的清算。在这种清算状态中,公司财务状况并不困难,不但有充分的债务清偿能力,而且还可能分配股息和红利。特别清算是指公司由于财务状况恶化、被迫解散或破产而引起的清算。这种清算情况下,公司已经负债累累,各种存货和资产又难以变现或只能低价变现,各项债务已不能如数按期清偿。

(三)按其性质,公司清算可分为自愿清算、行政清算和司法清算

自愿清算是公司法人自愿终止经营而进行的清算,上面所讲的公司经营届满所进行的清算即属于这种类型。这种情况一般由公司内部人员组成清算机构自行清算。行政清算是指公司法人被依法撤销所进行的清算,如公司违反国家法律、法规被撤销而进行的清算,一般由有关主管机关负责组织清算机构并监督清算工作的进行。司法清算是指公司宣告破产,由人民法院按有关法律规定组织清算机构对公司进行破产清算。

二、公司清算的内容

公司清算主要是对公司的财产、债权、债务三个方面进行全面清查，并按清偿方案对债权、债务进行清偿和对遗留问题做出妥善处理。各种清算的主要内容有共同性。下面对公司清算财务处理的阐述主要以破产清算为主，同时也会涉及其他类型清算的某些特点。

(一)财产清算

财产清算的对象是公司的破产财产，也称之为破产资产。在公司宣告破产时，凡属于破产人的能用于清偿破产债务的资产，均属于破产财产。破产财产具体包括：宣告破产时破产公司经营管理的全部财产；宣告解散或破产后至破产程序终结前所取得的财产；应当由破产公司行使的其他财产权利。

破产财产具有一般特征：

1.破产财产必须是财产或财产性权利。破产财产既包括动产，也包括不动产；既包括固定资产，也包括流动资产。财产性权利，既包括物权，也包括债权。凡应当由破产公司行使的财产性权利，都属于破产财产。

2.破产财产必须是破产企业经营管理的财产。这是指破产公司对财产具有相对独立的财产权和经营管理权。就国有企业而言，破产企业经营管理的财产，应包括国家授予企业经营管理的财产、企业自由支配的各项资金、企业自有资金以及其他企业和个人的投资和股金。

3.破产财产必须是破产企业财产的全部，而不是其中一部分。所谓“全部”，既包括破产宣告时破产企业经营管理的全部资产，也包括在破产程序进行中所取得的财产；既包括国内的财产，也包括国外的财产，还包括由破产企业其他财产权所取得的财产。已经作为抵押担保的财产不能作为破产财产，应优先偿还该债权人。

4.破产财产必须包括清算期间按法律规定追回的财产。例如，清算前无偿转移或低价转让的财产；对原来没有财产担保债务在清算前提供担保的财产；对未到期的债务在清算前清偿的财产；清算前放弃的债权。

按照制度规定，以下财产不应作为企业的清算财产：租入、借入、代外单位加工和代外单位销售而存放企业的财产；递延财产、待摊费用；相当于担保债务数额的担保财产。

我国《破产法》明确规定，如有第三人对某项财产是否属于破产财产存在争议，应向清算组提出交涉；如交涉不成，应以清算组为被告，向人民法院提出诉讼。任何单位和个人不得非法处理破产公司的财产及账册、文书、资料和印章等。单位和地方人民政府，要坚决保护公共财产，防止公共财产的损失和浪费。对于私分、哄抢、贪污、盗窃或破坏公共财产者，必须依法严肃处理。

(二)债权清算

债权清算的对象是破产债权。破产债权是指基于破产宣告前成立，以破产程序申报并得以确认，可以从破产财产中受到清偿的债权，或者有担保债权中其数额超过担保财产价款而未受清偿的部分。尚未到期的债权，应减去未到期的利息。破产债权的构成要素，有形式要素与实质要素之分。

1.从实体法角度讲，破产债权的构成必须具备以下实质要素：①破产债权必须首先是一种债权。所谓债权，是指依合同约定或法律设定的民事法律关系中权利主体请求义务主体为一定行为或不为一定行为的权利。②破产债权必须是一种财产上的请求权。③破产债权必须是无财产担保的债权或放弃优先受偿权利的有财产担保的债权。④破产债权必须成立于破产宣告之前，破产宣告后成立的债权，不得作为破产债权。

2.从程序法律角度讲，破产债权的构成还必须具备以下形式要素：①破产债权必须依照破产程序申报并确认，否则不得作为破产债权。破产债权是否成立，还须经债权人会议确认，未经债权人会议确认者，也不得视为破产债权。②破产债权必须是依照破产程序能在破产中受到清偿的债权。

3.破产债权的算定，可分为以下三种情况：①无财产担保的破产债权，有财产担保而放弃优先受偿权的破产债权，依破产法确定的基本标准评定。②附期限的破产债权，具体分为附利息债权和无利息债权。附利息破产债权额＝本金＋破产宣告前的利息。无利息破产债权额＝本金－破产宣告之日至规定期限终止之日的法定利息。③附条件的破产债权，依所附条件确定。例如，租赁合约由于破产而中止时，其租赁债权只能算到申报破产之日为止，另外加一定百分比的加成。

(三)债务清算

债务清算的对象是破产债务。破产债务是指合同约定或法律设定的民事法律关系中企业对债权人应当履行的一种义务。它同破产债权是相对应的概念。例如，企业解散或破产前甲、乙双方已经发生但尚未终结的同一笔经济业务，若对甲方来说是破产债权，对乙方来说则是破产债务。当然破产债权和破产债务在量上并不完全一致，如果某些债权由于各种原因未依法定程序按时申报而放弃了求偿权，就会使破产债权小于破产债务。《破产法》规定，债务人提出破产申请时，应当说明企业亏损的情况，提交有关的财务报告、债务清册和债权清册。为了使债务得到公平的偿还，或者使债权人得到公平满足，必须对破产债务进行清算。债务清算的主要依据是企业清算前正常经营期间的财务报告、破产企业向法院提交的债务清册和债权人向法院申报的债权金额及有关情况等。如果破产企业向法院提交的债务清册和债权人向法院申报的债权金额不一致，应查明原因，最后由法院认定并做出裁决。

三、公司清算的一般顺序

公司解散清算或破产清算均需按法定程序进行，其主要程序及要求如下：

(一)提出解散或破产申请

公司陷入破产状态后，债权人和债务人均有权提出破产申请，由人民法院立案审理。人民法院受理破产案件后，应在10日内通知债务人并发布公告。公司由债权人申请破产的，在人民法院受理破产案件后3个月内，被申请破产公司的上级主管部门可以申请对该公司进行整顿，整顿期限不超过2年。申请破产的公司，或经整顿无效而终结整顿，或整顿期满仍不能按和解协议清偿债务的，由人民法院裁决，宣告公司破产。

(二)组成清算委员会或清算小组

人民法院应当自宣告公司破产之日起15日内成立清算组全面接管公司,负责破产公司财产的保管、清理、估价、处理和分配。清算组成员由人民法院从公司上级主管部门、政府财政部门等有关部门和专业人员中指定。清算组是破产公司的法定代表,其基本职能是:

1.接管破产公司。包括接管破产公司的所有财产及一切账册文件;对需要保全的破产财产,采取必要的保全措施;申请人民法院追回由公司破产前的无效行为所处理的破产资产。

2.管理破产财产。包括在破产清理程序范围内,继续经营的破产公司;对破产公司履行的合同决定解除或继续履行;随时从破产财产中支付破产费用及债务;解除有关破产财产的各种争议等。

3.清算变卖破产财产。包括对破产财产进行清理、估价和依法变卖等。

4.分配破产财产。包括依法制定债权人顺序表,分配破产财产,报告人民法院终结破产程序等。

(三)全面清查财产、债权和债务

清算机构成立后,要对公司的财产、债权、债务进行全面清查。在全面清查公司财产和债权、债务的基础上,编制资产负债表、财产目录和债权、债务清单,提出财产作价计算依据和债权、债务处理方法,报经主管部门批准后,依法对公司的财产进行处理和拍卖,以便清偿各种债务。合资公司的清算方案应报经公司董事会讨论后执行。

(四)妥善处理各项遗留问题

清算机构在全面清查公司财产和债权、债务,并按清算方案对公司债权、债务进行清偿后,应对各项遗留问题进行妥善处理,包括分配偿债后的剩余财产,依法缴纳所得税等。在所有账户都已结清上封,清算工作宣告结束后,还应由清算机构提出结束报告,并编制清算期内的收支表和各种财务账册,经会计师事务所审核,上报主管部门批准,并向公司所在地的工商行政管理部门办理注销手续,缴销营业执照,宣布公司终止经营,同时,向税务部门办理注销税务登记手续。至此,公司法人资格正式终止,清算完毕。

四、债务的清偿

债务清偿是指债务人根据法律或债权人的请求,履行自己的债务以满足债权人利益的以财产为内容的给付行为。债务清偿在公司清算中具有重要的地位,它直接关系债权人和债务人的合法权益能否得到切实保障。在公司清算过程中,进行债务清偿应当注意以下几个问题:

1.明确债务清偿的基本特征

债务清偿一般是以当事人双方已存在的债权、债务法律关系为前提的。这种法律关系实质上是一种财产法律关系,它的内容和核心是需要债务人偿还债务,履行具有财产内容的给付行为。而且,这种法律关系是一种单方面义务的法律关系。也就是说,债权人只享有接受债务人偿还债务的权利,而债务人只有偿还债务的义务。就破产公司而言,尽管债务人已经严重亏损、资不抵债,不能清偿到期债务,但在公司清算过程中,债务人仍然必须履行偿还债务的义务,使债权人在有限的范围内得到清偿。

2.明确债务清偿的范围

债务清偿的范围主要是债务人的哪些资产能够用来清偿债权人的债务。在我国,由于债务主体的性质不同,债务清偿的范围也应有所不同。就集体企业、私营企业、中外合资、合作企业以及外国独资企业而言,债务清偿的范围应是债务人享有所有权的财产以及享有所有权的智力成果。享有所有权的财产主要表现为企业创建时所投资的财产以及后来积累的财产,包括企业的固定资产、流动资产等。享有所有权的智力成果是指企业在科学技术领域中以其脑力劳动所创造的无形财产,如技术发明、专利、商标等。就国有企业而言,债务清偿的范围就是债务人享有经营权的财产和享有所有权的智力成果。根据我国法律的有关规定,国有企业的经营权实际上是指国有企业对国家财产依法享有占用、使用、收益和处分的权利。因此,在企业清算中,国有企业可以用其经营的国家财产偿还债务。此外,债务清偿的范围还应考虑一些例外情况,以下几种情况不应列入债务清偿的范围:(1)债务人所必需的一定的生活费用和设备;(2)国家法律特殊规定的不得用于清偿债务的财产,如矿藏、土地、森林、河流、武器、弹药等;(3)民事诉讼法效力所不能涉及的财产。

3.严格遵守债务清偿的法定顺序

债务清偿顺序是指对债务人的财产进行清理,并依法律规定的清偿原则以及债权的性质和地位所确定的债权清偿的法定顺序。债务清偿顺序关系到有关债权人能否收回借款或能否足额收回借款原值的问题。因为在债务清偿的不同顺序中,前一个顺序应优先于后一个顺序受到清偿,只有在前一个顺序的债权全部得到满足后,后一个顺序的债权才有可能得到满足或部分得到满足。根据我国《破产法》的有关规定,债务清偿必须在企业破产财产中优先扣除清算费用后方可进行。这样,当企业变现财产拨付清算费用后就有可能出现不足以偿还全部债务的情况。为了依法保证债权人的合法权益,清算组在负责偿还企业债务时,必须依照法定顺序进行,不得擅自进行。对于拒不按照债务清偿顺序履行债务的,人民法院有权采取执行措施,包括冻结、划拨企业的银行存款,查封、扣押企业资产等。

根据我国《民法通则》、《民事诉讼法》和《破产法》的有关规定:公司债务应按下列顺序进行清偿:

(1)应付未付的职工工资、社会保险费。这是债务清偿的第一顺序。职工工资是职工收入的主要来源,是维持本人及其家庭成员生活的基本保证。社会保险费是职工社会保障制度的基本体现。这两项费用能否得到保证,直接关系到职工的物质利益,关系到社会的安定。因此,在债务清偿中,必须把职工利益放在第一位,优先偿付应付未付的职工工资和社会保险费,使职工的基本生活尽可能少受影响。

(2)应缴未缴的国家税金。应付未付职工工资和社会保险费清偿之后,公司的财产将被用于清偿应缴未缴的国家税金。税收是国家财政收入的主要来源,是国家实现其政治和经济宏观调控职能的物质基础。因此,在债务清偿中必须把应缴未缴的国家税同普通的债务区别开来,优先予以清偿。

(3)尚未偿付的债务,即普通破产债权。债务清偿的最后一个顺序是尚未偿付的普通债权人的债务。之所以将普通债权人的债务放到最后给予清偿,并不意味着普通债权人的利益不重要,而是因为普通债权人债务性质和形成原因与职工工资、社会保险费和国家税金不同,普通债权人理应承担更多的风险。有担保的债权人不在此序列中,他们有权基于担保物优先受偿。这种分配原则可以充分保护债权人的利益,特别是担保制度的存在,有效地保证债权人在债务人违约时的资金回收。

由于破产财产数量有限,有时可能会不足以清偿全部债务,即处于同一清偿顺序的债务不能全部得到清偿。鉴于此,我国《破产法》规定:如果破产财产不能清偿同一顺序的债务,则应在同一顺序的债权人之间按债权的比例进行分配。

在实务中,管理人必须严格按上述程序清偿债务。如果出现财产不足清偿全部债务时,用可供清偿的财产金额除以于同一顺序债务累计额,计算出债务清偿率,再以债务清偿率乘以每个债权人的债务金额,求得每个债权人的清偿金额。债务清偿率和清偿金额的计算公式如下:

$$债务清偿率=\frac{可供清偿财产金额}{同一清偿顺序债务总额}\times 100\%$$

某一债权人应得的清偿金额=该债权人在同一清偿顺序内的债务总额×债务清偿率

偿还各项债务后,如果有剩余的破产财产,管理人应将剩余财产依法在所有者之间进行分配。剩余财产按所有者出资比例进行分配。

4.明确偿债方式

一般来说,破产公司的财产应先变现后偿债,但因债务性质不同而也会有所区别。具体有以下三种方式:

(1)实物清偿。这主要是指财产抵押债务、收回债务的偿还。财产抵押债权人可以依据破产公司抵押的财产折价后获得清偿。当然也可以由该抵押权人将财产变现后现金抵债。

(2)无形资产清偿。公司破产后,具有一定价值的无形资产如专利权、非专利技术、著作权和商标权等丧失所有的主持。如某些债权人愿以上述有价值的无形资产获得清偿,也可以由清算组决定,在财产分配方案中实施。

(3)现金清偿。定金、担保债务、优先债务、破产债务一般应以货币偿还。而抵消债务则通过与抵消财产的对销偿还,即采用的是账面核销方式。

四、剩余财产的分配

偿还上述各项债务后,如果有剩余的破产财产,应按所有者出资比例进行分配。有人认为,公司破产清算后必然产不抵债,实际上并非完全如此。因为公司破产界限是“因经营管理不善造成严重亏损,不能清偿到期债务”,并没有产不抵债的界限要求。因此,剩余财产分配是完全可能的。

1.剩余财产的计算

剩余财产是公司清算中的一个重要范畴。它与清算净收益是两个不同的概念。清算净收益是指公司的清算收益扣除清算损失和清算费用后的结余，用公式表示即为：

清算净收益＝清算收益－清算费用－清算损失

清算收益是公司在清算过程中实施清算程序、处理未了结业务事项取得的收益，主要包括以下几个方面：①财产盘盈收益，按盘盈资产的变现价值计算；②财产变现收益，按财产变现所得价款大于财产账面价值的差额计算；③财产估价收益，按不需变现财产的估计价值大于财产账面价值的差额计算；④经营收益，按清算人在清算期间处理未了结业务事项取得的收入扣除相关的成本、费用后计算；⑤不用支付的债务，因债权人放弃债权的原因不需要归还或无法归还的债务；⑥其他收益，除上述事项以外取得的收益。

清算费用是清算人在执行程序过程发生的各项费用开支，包括清算人酬劳、办公费、差旅费、诉讼费、公告费、财产保管费、财产清查费、财产估价费、财产变现手续费、税金、审计费、公证费、结业申请费等。

清算费用在清算财产中优先支付。一种方式是根据清算人提出的清算费用预算，由公司股东大会或法院确定后，在清算财产中先行拨付，由清算人掌握使用，最后结算。如果聘请专业机构担任清算人，也可先由清算人垫支，清算结算时经股东大会或法院债权人会议审核后从清算财产中一次给付。清算人在清算过程中一旦发现清算财产不足以支付清算费用，应立即向法院申请终结清算程序。

清算损失是指由于清算使公司的财产发生的损失及在清算中予以注销的公司存续期间发生而未分摊的费用，主要包括以下几个方面：①财产盘亏损失，按盘亏财产的账面价值计算；②财产变现损失，按公司财产变现时实际收到的价款小于财产账面价值的差额计算；③财产估价损失，按不需变现财产估计价值小于账面价值的差额计算；④经营损失，按清算期间处理未了结业务收到的价款小于其成本、费用的差额计算；⑤坏账损失，按公司实际无法收回的债权金额计算，若已经计提坏账准备的，按债权额扣除计提的坏账准备计算；⑥核销损失，公司在存续期间发生的尚未摊销的费用在清算时应予以核销，如计提的待摊费用、尚未摊销完毕的房屋装修工程支出等。如果清算财产无法变现或无法直接用于向债权人或所有者分配，也应予以核销，形成报废损失。

根据《破产法》规定，清算净收益应视同公司利润，要按规定所得税税率计算缴纳所得税。因此，剩余财产是指清算净收益中依法缴纳所得税以后的结余部分，用公式表示即为：

剩余财产＝(清算收益－清算费用－清算损失)(1－适用所得税税率)

2.剩余财产的分配步骤

按照我国《破产法》的有关规定，剩余财产的分配应分两步进行：

(1)确定分配方案。剩余财产的分配方案应当由清算组提出，经债权人会议讨论通过。《破产法》规定，债权人会议拥有三种职权：审查有关债权的证明材料，确认债权人有无财产担保及其数据；讨论和通过和解协议草案；讨论和通过破产财产的处理和分配方案。人民法院或债权人会议主席均有权在必要时召集债权人会议。债权人会议的决议已经通过，便对全体债权人发生效力，全体债权人必须执行。剩余财产的分配方案经债权人会议讨论通过后，还应报请人民法院裁定后执行。

(2)执行分配方案。剩余财产分配方案确定之后,应由清算组立即开始执行。破产财产分配完毕,应由清算组提请人民法院终结破产程序。破产程序终结之后,未得到清偿的债权不再清偿。

在实际工作中,对于不同类型的公司,剩余财产的分配方案应有所不同。对于有限责任公司,一般是按合同、章程的规定或出资者出资比例进行分配。如果没有在合同、章程、协议中做出明确规定,董事会也没有就此做出任何规定的,则应按合资法的规定,按投资各方的股权资本比例进行分配。

案例5-7

新《破产法》实施后审结的首例破产清算案——中远公司破产清算案

中远(北京)机电设备贸易有限公司是一家成立于2003年6月的有限责任公司,注册资金200万元。由于长期经营不善,公司严重资不抵债,向北京市第二中级人民院申请破产。法院于2007年1月正式受理该案,依法对其申请进行了审查,认为中远公司的破产申请符合法定条件,北京市第二中级人民院依法宣告中远公司破产还债。这一破产清算案的审理跨越了新破产法的实施之日。在审理中,北京市第二中级人民院参照2007年6月1日开始施行的新《破产法》关于破产管理人的规定,尝试使用破产清算事务所,采用当事人选定和法院指定相结合的方式,成立了以破产清算事务所人员为主的中远公司破产清算组,对中远公司进行清算。此后,清算组对中远公司的破产财产进行了清理。由法院主持召开了债权人会议,清算组向债权人会议提交中远公司破产财产清偿分配方案,该破产财产清偿分配方案经债权人会议表决通过。北京二中院裁定确认了债权人会议通过的破产财产清偿分配方案。清算组对破产财产进行分配。

第四节　财务危机预警方法

预警是指根据系统的外部环境和内部环境的变化对系统未来所带来的风险进行预测和警报。财务危机预警是指以财务会计信息为基础,其他相关信息为补充,以特定的敏感变量或者数值为标识,对导致公司整体运营陷于财务危机的状态予以警示的行为。财务危机预警方法可分为两类:财务危机的定性预警方法和财务危机的定量预警方法。

一、财务危机的定性预警方法

(一)风险调查法

风险调查法是指专业人员或调查公司等对公司可能遇到的问题进行详细的调查与分析,形成报告文件供公司管理人员参考。其特点是在调查过程中所提的问题对大多数公司都适用,不足之处是无法针对特定企业的特定问题进行调查分析,不能对其中的问题进行深入解释,从而不能引导使用者对调查的问题之外的相关信息做出恰当判断。

(二)资金周转表分析法

资金周转表分析法是进行短期财务预警的重要方法,也是自我判断企业经营状况是否有效的一种方法,因为现金周转是否正常,直接关系到企业运营是否正常。其判断标准是:若公司制定不出三个月资金周转表,这本身就说明发生财务危机问题;若能制定出资金周转表,就要查明转入下个月的结转额是否占总收入的 20%以上,应付票据总支付额是否在销售收入的 60%以下(批发商)或 40%以下(制造业)。这个方法的思路是当销售额逐月上升时,兑现付款票据极其容易。可是反过来,如果销售额每月下降,已开出的付款票据也就难以支付。在面对变幻无穷的理财环境,要避免发生支付危机,企业就应当细致计划,制定安全度较高的资金周转表,如果做不到,就表明企业财务已经陷入紧张状态。该方法简单易行,但由于其判断标准过于主观武断而存有争议。

(三)四阶段症状分析法

"四阶段症状"分析法是把企业财务危机病症大体分为四个阶段,而且每个阶段都有其典型症状。如果企业有相应情况发生,就一定要尽快弄清病因,采取相应措施,以摆脱财务困境,恢复财务正常运作。财务危机四阶段症状见图 5-1。

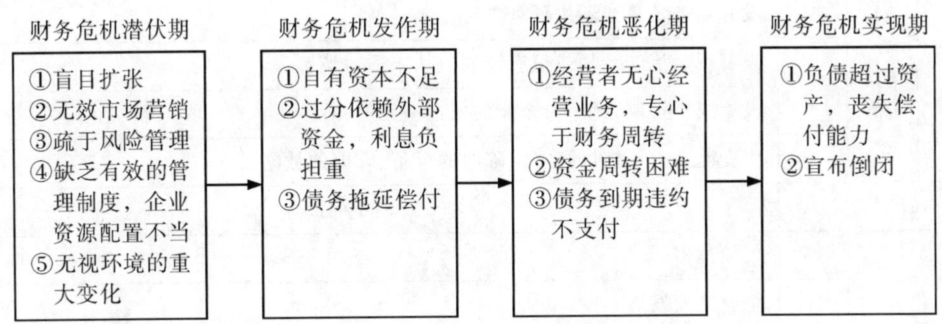

图 5-1　财务危机四阶段症状图

(四)资金流程图分析法

资金流程图分析法是一种动态分析方法,它是根据资金在社会再生产过程中随着经营过程的不断循环周转,其形态也会随之发生改变这一特性,制定企业资金的动态流程图,对资金运动流程进行分析,综合可能遭受的各种风险。它可以暴露企业潜在的风险,对识别企业生产经营和财务活动的关键点特别有用。企业在生产经营过程中,必然存在着一些关键点,若在关键点上出现堵塞和发生损失,将会导致企业全部经营活动终止或资金运转终止。画出企业流程图,找出关键点,可以对企业潜在风险进行判断和分析,并采取相应的防范措施。流程图层次分明,脉络清晰,易于分析,但需要画图人员有较高水平。

(五)管理评分法

该方法就是试图把定性分析判断定量化。美国的仁翰·阿吉蒂调查了企业的管理特性以及可能导致破产的公司风险以及缺陷,按照这些缺陷、错误和征兆进行对比打分(如表 5-1 所示),并以它们对财务危机发生过程产生影响的大小程度,进行加权处理。总分为 100 分,企业得分越高,处境越差。如果评价的分数总计超过 25 分,就表明企业正面临失败的危险;如果总分超过 35 分,企业就处于严重的危机之中;企业的安全得分一般小于

18 分。因此，在 18～35 分之间构成企业管理的一个“黑争区域”。如果企业所得评价总分位于“黑争区域”之内，就必须要提高警惕，迅速采取有效措施，将总分数降低到 18 分以下的安全区域。该方法要求使用者深入企业调查，全面了解企业管理的各个方面，并且能对企业的管理进行正确的打分，从而对企业管理进行客观的评价。该方法简单易行，但效果取决于使用者对企业的了解程度。

表 5-1 管理评分表

项目		评分	表现
缺点	管理方面	8	总经理独断专行
		4	总经理兼任董事长
		2	独断的总经理控制着被动的董事会
		2	董事会成员构成失衡
		2	财务主管能力低下
	财务方面	1	管理混乱
		3	没有财务预算或不按预算进行控制
		3	没有现金流转计划或虽有计划但从未适时调整
		3	没有成本控制系统，对企业的成本一无所知
		15	应变能力差，过时的产品、陈旧的设备、守旧的战略
合计		43	及格 10 分
错误		15	欠债过多
		15	企业过度发展
		15	过度依赖大项目
合计		45	及格 15 分
症状		4	财务报表上显示不佳的信号
		4	总经理操纵会计账目，以掩盖企业滑坡的实际
		3	非财务反映：管理混乱、工资冻结、士气低落、人员外流
		1	晚期迹象：债权人扬言要诉讼
合计		12	
总计		100	

二、财务危机的定量预警方法

自 20 世纪 30 年代开始，西方经济学界就有学者陆续开始对企业财务进行研究，到目前为止国内外学者研究出了许多较为成熟的工具和方法来解释和预测企业的财务危机，并结合各国上市公司的实际数据作了大量的实证分析。财务危机的定量预警方法包括单变量模型和多变量模型两大类。

(一)单变量模型

单一变量模型是运用单个变量(即财务比率)来预测(警)财务危机的方法。美国学者费兹帕屈克率先将财务比率引入财务危机的预测中。威廉姆·比弗于19世纪60年代在这方面的研究中取得突破性进展。他运用统计方法和财务比率,对公司财务危机预测进行了研究,创立了单变量模型。威廉姆·比弗的研究表明:对于公司失败最具有预测能力的是现金流量与债务总额比,其次是债务总额与资产总额比(资产负债率)、净利润与资产总额比(资产净利率)。这是因为现金流量、净收益和债务状况不能改变,并且表现为公司的长期状况。由于失败对相关利益人来说代价是高昂的,因此,决定一个公司是否宣告破产或拖欠偿还债务,主要是长期因素,而不是短期因素。比弗的研究还表明,在预测企业财务危机时,应给予现金、应收账款和存货三个流动资产项目特别注意,对于现金和应收账款较少,而存货较多的企业,分析时应特别警觉。

在进行财务危机预警时,单变量模型尽管有效,但局限性明显。通过分析单一财务比率是不可能全面预测公司财务状况的。一方面,可能用某一财务比率单独分析时效果不明显,与其他财务比率一同考虑却可能增强解释能力;另一方面,不同的财务比率可能对同一公司有相互矛盾的预测,以至于难以判断。正是由于这种先天局限性,加之和其他利用财务比率预警方法一样,受到行业、地区、通货膨胀和虚假会计信息等因素的影响,因此单变量模型只是朦胧地说明了公司正处于困境或未来可能处于困境,但不能具体证明公司可能破产或何时破产。因此,单变量模型在财务危机预警中的应用并不广泛。

(二)多变量模型

多变量模型是一种综合评价公司财务危机的方法。当预测公司是否会面临财务危机时,只需将多个财务比率输入模型中,模型会通过计算得到一个结果,然后根据结果判断是否会面临财务危机或破产。多变量模型又包括多元线性回归分析模型、多元逻辑模型、多元概率比模型和人工神经网络模型等,其中以奥特曼的多元线性回归分析模型(*Z*分数模型)应用最为广泛。

1.*Z*分数模型

美国经济学家爱德华·奥特曼于20世纪60年代中期创建了*Z*分数(Z-score)模型。它是运用多种财务比率加权汇总产生的总判别分(称为*Z*分数值)来预测财务危机。Z分数值的计算公式为:

$$Z=1.2X_1+1.4X_2+3.3X_3+0.6X_4+0.999X_5$$

其中:

X_1 是营运资本与总资产比值。营运资本与总资产比率是公司的流动资金相对于总资产比例。营运资本是流动资产减去流动负债后的差额。一般来说,对于经历长期经营损失的公司来说,其营运资本相对于总资产将会有所缩减。这是公司是否将面临财务危机的最好指示器之一。

X_2 是留存收益与总资产比值。该比率反映公司累计获利能力。留存收益是公司在整个寿命期内投资的收益或损失总量,为未分配利润与盈余公积金之和。在使用该比率时,要考虑到公司已存续时间(年龄)因素。一家成立时间不长的公司,其留存收益与总资产比值很低是正常的。

X_3 是息税前利润与总资产比值。息税前利润与总资产的比率可以衡量除去税收及杠杆因素外,公司资产的获利能力。因为公司的最终生存是基于资产的盈利能力,所以该比率分析对公司财务危机的预警尤其有效。息税前利润可用税前利润与财务费用之和来算。

X_4 是权益市场价值与负债账面价值的比值,即(每股市价×股数)/总负债。权益市场价值与债务账面价值之比能够说明在公司债务超过资产、无力偿清债务而破产前,公司的资产价值能下降多少。例如:公司权益市场价值为1 000万元,债务为 500 万元,资产为 1 500 万元,这意味着在公司无力偿还债务之前,资产价值只能下降 2/3 即 1 000 万元。然而,若公司权益市场价值为 250 万元,则公司资产价值下降 1/3,即 250 万元,公司将陷入无力偿还债务的境地。

X_5 是营业收入与总资产的比值。资产周转率是一种能够反映公司资产营运能力的财务比率。该比率可以衡量公司在竞争环境中的资产管理能力高低。

一般来说,Z 分数值越低,公司就越可能破产。Z 分数值如果大于 2.675,破产可能性很小;Z 分数值小于 1.81,破产概率很高;当 Z 值介于 1.81～2.675 之间时,处于灰色地带。值得一提的是:由于进入该区的公司财务状况不稳定,运用 Z 分数值预测财务危机发生误判的可能性很大,因此,奥特曼称之为"灰色地带"。运用这一模型,可以通过对 Z 分数值的计算来判断公司处于何种状态,一旦发现处于警戒状态,就应当及时采取措施,调整经营战略和财务策略,以降低破产概率。

由于计算简单,可操作性强,Z 分数模型的运用较为广泛。在各大证券机构的交易操作系统中,大多能检索到各上市公司的 Z 分数值。由于每股市价是一动态数据,因此,证券机构在计算 Z 分数值时,不是采用权益市场价值,而是用股东权益合计数除以负债合计数计算 X_4 的数值。

案例5-8

现有 C 公司的有关财务资料如下:资产总额为 8 000 万元,负债总额为5 000万元,营运资金为 3 000 万元,营业收入 10 000 万元,息税前利润为 1 200 万元,留存收益为 400 万元,股票市值为 9 600 万元。要求用 Z 分数模型进行计算分析。

根据案例资料可以计算下列变量:

$$X_1=\frac{3\ 000}{8\ 000}=0.375$$

$$X_2=\frac{400}{8\ 000}=0.05$$

$$X_3=\frac{1\ 200}{8\ 000}=0.15$$

$$X_4=\frac{9\ 600}{5\ 000}=1.92$$

$$X_5=\frac{10\ 000}{8\ 000}=1.25$$

$$Z=1.2\times0.375+1.4\times0.05+3.3\times0.15+0.6\times1.92+0.999\times1.25=3.42$$

由于 Z 值大于 2.675，预期该公司的财务状况良好。

2.F 分数模型

由于 Z 分数模式在建立时没有充分考虑到现金流量变动等方面的情况，因而具有一定的局限性。为此，有学者拟对 Z 分数模式加以改造，并建立其财务危机预测的新模式——F 分数模式。F 分数值的计算公式为：

$$F=-0.1774+1.1091X_1+0.1074X_2+1.9271X_3+0.0302X_4+0.4961X_5$$

其中：X_1、X_2 及 X_4 与 Z 分数模型中的 X_1、X_2 及 X_4 相同，X_3 和 X_5 的计算公式如下所示：

$$X_3=\frac{\text{税后利润}+\text{折旧}}{\text{平均总负债}}$$

$$X_5=\frac{\text{税后利润}+\text{利息}+\text{折旧}}{\text{平均总资产}}$$

F 分数模型与 Z 分数模型中各比率的区别就在于其 X_3、X_5 与 Z 分数模型中 X_3、X_5 不同。X_3 是一个现金流量变量，它是衡量企业所生产的全部现金流量可用于偿还企业债务能力的重要指标。一般来讲，企业提取的折旧费用，也是企业创造的现金流入，必要时可将这部分资金用来偿还债务。

X_5 测定的是企业总资产在创造现金流量方面的能力。相对于 Z 分数模式，它可以更准确地预测出企业是否存在财务危机(其中的利息是指企业利息收入减去利息支出后的余额)。

F 分数模式中的五个自变量的选择是基于财务理论，其临界点为 0.0274：若某一特定的 F 分数低于 0.0274，表明企业可能发生财务危机，存在破产的风险；反之，若 F 分数高于 0.0274，则企业将被预测为可以继续生存。

3.ZETA 模型

为了便于为非上市公司评分，1977 年奥特曼等人又对 Z 分数模型进行扩展，建立了第二代模型——ZETA 模型。该模型包括 7 个解释变量，它们分别是：

X_1 为资产报酬率，用息税前收益与总资产之比度量。

X_2 为盈余稳定性，用 X_1 在前 5～10 年的标准差。

X_3 为债务保障，用人们常用的利息保障倍数。

X_4 为累计盈余，用公司 $\frac{\text{股东权益}}{\text{总资产}}$ 来度量。

X_5 流动性，用流动比率度量。

X_6 资本化率，用普通股权益与总资本之比度量。

X_7 规模，用公司总资产的对数来度量。该变量可以根据财务报告的变动情况进行相应的调整。

实证研究表明，ZETA 模型的分类正确率高于原始的 Z 分数模型，特别是在破产前较长时间的预测准确率较高，其中灰色区域为 −1.45～0.87，Z 分数值在 0.87 以上为非破产组，小于−1.45区域为破产组。

三、财务危机预警方法评述

（一）定性预警分析方法的优缺点

定性预警分析方法的特点是通过分析企业是否存在导致企业发生财务困境的原因以及是否出现了财务困境征兆来判断未来财务危机发生的可能性。定性预警分析的这种特点决定了该方法的优点和缺点。其优点是：(1)与定量分析依赖个别指标进行判断相比，由于定性预警分析是对许多困境原因征兆项目进行分析后做出的判断，因此定性分析考虑的问题可能更加全面，进行判断的基础更加扎实。例如，标准调查法分析的项目有数十个，甚至数百个，这么多的项目可以将方方面面的问题包括进去了。(2)与定量预警分析将预警指标与标准值比较来判断财务困境发生的可能性相比，定性分析主要依赖人的经验判断来做出预测，而人的判断可以将企业面临的复杂的、内外环境因素考虑进去，特别是将个别企业面临的一些特殊因素考虑进去，这是定量分析难以达到的。其缺点是：(1)定性分析研究的项目多，考虑的问题全面，但这也使得分析成本变得较高。(2)定性分析依靠人的经验进行判断，从而使得判断结果的主观色彩较强，不同分析人员对同一项目进行分析可能会得出不同的结论，有时甚至会得出相反的判断结论。

（二）定量预警分析方法的优缺点

定量预警分析方法的主要特点是根据数据进行判断。这种特点也决定了该方法的优点及缺点。其优点是：(1)由于定量预警分析方法是根据数据进行决策，不同的人根据相同的信息一般能得出相同的判断结论，因此客观性比较强。(2)由于定量分析是根据数据进行决策，因此只需要收集被决策企业的有关数据，进行计算，然后与标准值相比较，就可以对企业的财务状况进行判断。显然，这种决策程序简单，决策成本低。其缺点是：(1)定量预警分析是根据一个或数个指标来做出决策，由于一个或数个指标只能反映问题的某一或某些方面，根据不同的指标进行的判断可能会得出不同的结论，这样使人不得不怀疑定量预警分析结果的科学性。例如，假设某企业的流动比率以及速动比率很高，如果不考虑其他指标，就很可能会得出该企业将陷入财务困境的结论。但是，事实上如果该企业有很强的盈利能力，则未必一定会陷入财务困境。(2)多元判别函数是根据特定样本建立起来的判别模型，是对样本企业所处特定内外部环境的反映。环境对多元判别函数的影响具体体现在两个方面：第一，根据不同地区、国家中的样本企业建立的判别函数具有不同的形式，这是由于他们选择的样本企业所处的地区不同，而不同地区具有不同的环境；第二，根据不同时期相同样本的数据建立的判别函数具有不同的形式，这是由于不同时期的环境不同。环境对多元判别函数的影响产生的后果是根据一个地区样本企业建立的判别函数也许不能有效地对另一个地区的企业进行预测；根据一个时期样本企业建立的判别函数也许不能有效地对另一个时期的企业进行预测。不同国家的学者建立不同的判别函数佐证了前一个问题，而奥特曼模型长期预测效果很差佐证了后一个问题。

关键词

财务危机　公司破产　公司重整　非正式财务重整　正式财务重整　公司清算　破产清算

思考练习题

1.什么是财务危机？当公司陷入财务危机时，你认为应该如何进行抉择？

2.公司破产、公司重整和公司清算有何区别与联系？

3.非正式财务重整有何利弊？财务危机公司在何种情况下会考虑选择非破产重整？

4.非正式财务重整的主要方式有哪些？各有何特点？

5.简述正式财务重整的含义及法律程序。

6.检索在新《破产法》法律框架下完成的破产重整案例，并作简要叙述。

7.简述破产财产的界定和分配程序。

8.财务危机的定性预警方法和定量预警方法分别包括哪些具体方法？

9.H 公司 2018 年相关数据如下表所示：

项　目	金额(万元)
流动资产	5 161 130
流动负债	4 726 631
资产总额	15 105 958
负债总额	6 418 480
权益市值	16 005 968
主营业务收入	15 779 147
留存收益	3 164 461
息税前利润	2 031 410

要求：计算该公司的 Z 分数值，并依据计算结果判断该公司是否处于财务危机状态。

案例分析题

[分析题 1]

资料：无锡尚德太阳能电力有限公司曾是中国首家通过国际权威认证的光伏企业。2005 年，无锡尚德的“尚德电力”在纽交所上市，成为全球四大光伏企业之一。然而在 2013 年 3 月 20 日，无锡市中级人民法院依据《破产法》裁定，对无锡尚德太阳能电力有限公司实施破产重整。

2001 年，满怀对太阳能光伏产业的坚定信念和报效祖国的创业激情，留学澳大利亚十多年的施正荣博士怀揣着世界领先的光伏专利技术，义无反顾归国创业。在无锡市委、市政府的战略决策与鼎力支持下，创立尚德太阳能电力有限公司，专业从事晶体硅太阳能光伏电池、组件、硅薄膜太阳电池、光伏发电系统和光伏建筑一体化(BIPV)产品研发、制造与销售。以施正荣博士为核心,由200多位全球光伏行业顶尖科学家、管理专家组成的精英团队,在全球率先提出"三年实现光伏发电一元钱一度"的目标,极大地推动了产业技术进步和规模发展。尚德电力是中国首家获得TUV、IEC、CE和UL等国际权威认证证书,唯一获得出口免验的光伏企业,产品被广泛应用于通信、广电、交通、海事、照明、军事等领域。2005年7月,在美国Red Herring杂志亚洲高科技领域最具前瞻性的100强企业排行榜上,尚德公司以其独特的创新能力、发展潜力、产业前景和科研实力强势入榜亚洲百强。同年12月份,无锡尚德太阳能电力有限公司成为第一个在纽约股票交易市场成功上市的中国民营企业。2006年12月,无锡尚德年产能力达到300兆瓦,成为全球光伏电池制造企业前三强。2009年1月无锡尚德的太阳能电池和组件产能达到1GW,这是中国乃至全球光伏企业发展过程中的重要里程碑,同年4月,尚德电力启动碲化镉薄膜电池项目。从2010年二季度开始,无锡尚德的出货量已经超过美国同行,排名全球第一。2011年9月28日,无锡尚德电力有限公司(NYSE:STP)举行了成立十周年庆典,另外尚德电力第四期项目600MW工厂也同期竣工。无锡尚德从的10MW产能到近2400MW产能,已经成为全球最大的光伏产品制造企业。也是全球最大太阳能面板制造商。在过去十年中,尚德电力组件出货量已累计达到5GW。

随着尚德电力的快速发展,其中的问题也渐渐浮出水面。2010年6月,尚德逼迫盟友"叛逃",国内有媒体以《尚德光伏联盟哗变联盟核心辉煌硅能分拆,原主体转与美国硅料巨头MEMC合作并进军下游》为主题,报道了辉煌硅能源解体的事实,无锡尚德苦心经营的"光伏帝国"瓦解。2012年7月,尚德电力决定卖出持有GSF80%的股权时发现,其对环球太阳能基金管理公司(GSF)提供的约5.6亿欧元的反担保"可能系捏造,尚德有可能成为受害者"。尚德电力发布了这则让业界为之震动的公告。这条消息发布的当日,尚德电力股价下跌15.67%。尚德电力2011年年报显示,净利润率由2010年的8.2%暴跌至-32.3%。2012年一季报显示,尚德电力的财务状况未好转,净利润率为-32.4%。雪上加霜的是,美国对中国企业发起了征收光伏产品反倾销税,确定尚德电力的征税额为31.22%。2013年3月18日,由于所欠银行债务陆续到期,考虑到尚德电力的现实境况及至今未对债权银行逾期授信提出切实可行的还款方案等因素,尚德电力债权银行联合向无锡市中级人民法院递交尚德电力破产重整申请。截至2月底,包括中国工商银行、中国农业银行、中国银行等在内的9家债权银行对尚德电力的本外币授信余额折合人民币已达71亿元。

要求:结合上述资料,请进一步查阅无锡尚德电力年报的相关信息,分析尚德破产的原因及给予我们的启示。

[分析题2]

资料:2013年7—11月,万科(000002)因在十余天内"三拿地王"而遭受热议,万科的解释是:万科将适应房地产过冬模式。那么,冬天该如何过?万科的答案是——只有多锻炼身体,更谨慎对待现金流,更多去满足客户的主流需求,才能对抗各种可能的不利因素。通俗理解万科抗险的策略无非两点:第一,身体好,即盈利能力和营运能力强;第二,"棉衣厚",即现金储备多。这可以通过查看万科2004—2012年财务报表的数据,体会万科的过冬法则。

房地产开发行业是资金密集型行业,公司往往要通过负债的方式来筹措部分资金。万科的流动负债主要有:有息负债、预收款项、应付票据、应付账款和其他负债。理论上,预收款项与资产之比大,表明在公司的资产中预收款项支撑的占比多,可以认为公司主要通过快速开发、快速销售取得好的经营现金流入,这是营运能力强的表现。万科的预收款项与资产之比从 2004 年的 13%大幅上升至 2013 年的 38%,同时有息负债与资产之比从 37%降至 16%。对银行贷款等有息负债的依赖减少,转而主要依赖自身的销售,这足以表明万科的“身体好”。万科的存货周转率 2010—2012 年低于 0.5 次(在此以当年的营业成本/两年前的存货来计算存货周转率,这是对传统的存货周转率指标的修正,因为前两年的存货与当年的开发成本更具相关性),非历史较好水平,这与万科实施的精装修、高端楼盘等战略有关,精装修使得开发楼盘的竣工速度放慢,当然可能还有其他原因。

万科的应付票据和应付账款与资产之比有所上升,这是否意味着公司的资金更紧张了呢?答案是肯定的。衡量房地产开发公司的资金紧张程度还可以观察另一指标:(期末应付票据+期末应付账款)/当期销售商品、提供劳务收到的现金,因为应付票据加应付账款比总负债、流动负债、有息负债等对资金的紧张反应更为敏感;而销售商品、提供劳务收到的现金比营业收入能更直观稳健地反映公司的经营规模。

要求:请进一步查阅万科年报的相关信息及结合上述资料,运用财务危机预警的理论和方法对万科的“厚棉衣”能否御寒过冬的案例进行分析。

[分析题 3]

资料:保定天威保变电气股份有限公司(简称“天威保变”)位于河北省保定市,其前身为始建于 1958 年的保定变压器厂。1999 年 9 月 27 日,由保定天威集团有限公司作为主发起人注册成立了天威保变。2001 年 2 月 28 日,天威保变在上海证券交易所成功上市,股票以 17.50 元开盘,创下了中国电力设备股开盘价的新高。2008 年天威保变正式成为中国兵器装备集团公司的成员企业。天威保变以保定为核心,形成辐射全国的产业布局,在秦皇岛、合肥、昆明等多地建有十大变压器厂,公司主要生产输配电及发电所需各类变压器、互感器、电抗器等。天威保变作为国内输配电设备制造行业中的佼佼者,与特变电工和中国西电在行业内长期形成了三足鼎立的局面。

天威保变在实施新能源战略转型后的资产规模得到一定规模的增加。2010 年,天威保变旗下的天威硅业实现净利润 533.08 万元,此业绩也得到了天威集团的充分肯定。然而好景不长,随着市场变化,一场围绕着天威保变的财务危机开始爆发。根据天威保变 2013 年年报显示,其旗下控股的六家新能源类业务子公司全部亏损,总额约为 30 亿元。由于天威保变连续亏损,公司资产大幅下降,导致其资产负债率开始攀升,偿债能力的下降导致公司经营风险主要由债权人来承担,这是债权人不愿意看到的。银行此时非但没有出手相救,反而前来上门追债。中国银行保定分行于 2014 年年初向河北省高级人民法院提请诉讼,诉讼请求天威薄膜偿还固定资产借款本金及利息 2.42 亿元,担保人天威集团承担连带清偿责任,天威保变则承担连带责任。与此同时,中信银行石家庄分行于 2014 年 4 月向保定市新市区中级人民法院提请诉讼,请求撤销天威集团向天威保变转让保定天威电力线材制造有限公司股份的行为。

与此同时,2014 年 2 月 26 日,天威保变发布临时公告,宣布上市公司在近期收到通告,此通告来自国内专业从事资本市场信用评级业务的公司联合信用评级有限公司。联合信用评级有限公司决定将天威保变及其“11 天威债”列入信用评级观察名单。观察期间,联合评级将持续关注天威保变 2013 年经营和财务情况的最终结果,并评估最终结果对天威保变的主体长期信用等级以及“11 天威债”的债项信用等级产生的影响。2015 年 4 月 21 日,天威集团发布公告称,由于公司发生巨额亏损,无法按期兑付“11 天威债”本年利息 8 550 万元,天威保变也因此成为国内首只利息违约的国企公募债券。

要求:请以天威保变为研究对象,对比国内行业具体指标,运用定性分析法和定量分析法对天威保变的财务危机进行分析。

第六章　私募股权融资

学习目标

1.掌握私募股权融资的渠道、融资对象和私募股权资本退出方式的选择；

2.熟悉私募股权融资、风险资本(VC)、私募股权基金(PE)、财务投资者和战略投资者等与私募股权融资相关的概念；

3.了解中美私募股权融资的发展简史和私募股权融资的基本流程。

开篇案例

小米公司的高速成长捷径:私募股权融资

1992年,创业家雷军参与创办金山软件,1998年他出任金山软件CEO,同年创办了卓越网。2007年,金山软件上市后,雷军卸任金山软件总裁兼CEO职务,担任副董事长。之后几年,雷军作为天使投资人,投资了凡客诚品、多玩、优视科技等多家创新型企业。2010年4月6日,雷军选择重新创业,正式成立北京小米科技有限责任公司,并入驻银谷大厦。小米公司的基本定位是专注于智能手机研发的移动互联网公司。该公司有三大核心业务:米聊、小米手机和MIUI。与其他手机公司相比,小米公司开创了基于互联网模式来开发手机系统的先河,即及时、有效地了解用户需求并吸引了约60万的手机发烧友一起参与手机开发。

2010年8月,小米推出了首个MIDI内测版,12月正式发布了米聊安卓系统内测版,同时月底小米公司获得了首轮融资,募集资金4 100万美元,投资机构为Morningside(晨兴创投)、启明、IDG等,公司估值约2.5亿美元。到2011年,小米公司销售额为1.99亿元(含税),手机销售数量为10万台,年底小米公司完成第二轮融资,融资金额9 000万美元,投资方为启明、IDG、淡马锡、晨兴、高通和顺为基金,公司估值约10亿美元。2012年6月,小米公司再次获得了融资,募集资金为2.16亿美元,公司获得的估值约40亿美元,2012年小米公司销售额为126亿元(含税),手机销售数量为719万台。2013年8月,小米公司完成了第四轮融资,公司估值约100亿美元,2013年小米公司销售额316亿元(含税),手机销售数量为1 870万台。随着广大用户对小米手机的追捧,小米公司在2014年再次取得了优异的成绩,公司的销售额为743亿元(含税),手机销售数量为6112万台。年底公司完成了第五轮融资,融资金额约11亿美元,投资方为ALL-Star Investment(科技投资基金)、DST Global(俄投资公司)、GIC(新加坡政府主权基金)、云峰基金和厚朴投资,公司估值约450亿美元。

小米这一有着仅仅4年历史的中国公司正成为全球科技行业顶级的公司之一,保持着平均每年完成一次融资的节奏。几乎每次融资之后,小米都会实现身价的“三级跳”,现在一跃成为仅次于BAT(百度、阿里和腾讯)的中国第四大互联网企业,估值超过索尼和联想的总和。

思考:小米作为创业企业,其实现高速扩张的重要条件是什么?如何理解私募股权融资的特征和作用?

第一节 概述

股权资本亦称权益资本或自有资本,是企业依法取得并长期拥有、自主调配的资本。根据我国有关法规制度,企业的股权资本由实收资本(或股本)、资本公积、盈余公积和未分配利润组成。按国际惯例,股权资本通常包括投入资本和留存收益两部分。筹集股权资金的方式有私募和公募两种。本章先讨论私募股权融资,公募股权融资将在随后的第七章介绍。

一、私募股权融资的含义与分类

私募股权融资一般是指非上市企业通过谈判协商等方式向特定的私募股权投资者出售股权而募集权益资金的行为。通常,在交易实施过程中私募股权投资者会附带考虑这些权益资金将来的退出机制,即通过上市、并购或管理层回购等方式出售持股获利。根据融资企业的发展阶段,私募股权融资主要可分为创业资本、成长资本、并购资本、夹层投资、Pre-IPO融资等。[①]

(一)创业风险资本

创业风险资本融资,是指当融资企业处于创业阶段或产业化早期阶段,即从萌发创业想法,到组建企业,再到投入生产、投放市场这一期间,引入私募股权资金,为融资企业提供产品开发、市场调研、建立商业团队和发展计划以及早期阶段营运所需的资金。它是一种权益性融资,融资企业一般是新兴的,有着快速增长并潜力巨大的初创企业。由于在创业初期,许多情况难以准确预测,企业在这一期间存在巨大的技术风险、市场风险和管理风险。但融资企业若发展成功,也将会给创业企业带来超额的利润。种子期以及创建期融资更多涉及天使投资者而不是机构投资者。在本阶段,风险投资家的联络协调能力比其他任何阶段都显得更为重要。

(二)成长资本

成长资本,是指向正在生产和销售产品并且已经产生应收账款和存货的企业提供发

---

① 潘从文.私募股权基金治理理论与实务[M].北京:企业管理出版社,2011.

展所需的资金。企业在这个阶段由于项目经营已经产生一定的收益和积极的现金流，并在从研发阶段进展到营销阶段，可以确定企业研发的产品有着良好的增长潜力。但是此阶段企业可能已经盈利也可能尚未盈利。企业的重要任务是不断优化产品设计，扩大厂房，降低生产成本，打开销售渠道，赢得更多市场份额。处于成长期的企业，由于其已经运营一段时期，许多投资考核指标可以量化与评估，风险相对创业风险资本而言较低，企业未来的发展潜力大，深受私募股权投资者青睐。此时，越来越多的机构投资者将加入其中，与之前各期的初始投资者们合作。创业风险投资家在本阶段的作用将从扶持的角色向战略的角色转化。

（三）并购资本

并购资本，相对于其他资本而言，属于较大资金规模的私募股权融资资本，是筹资企业筹集用于收购目标企业的资本，其策略是通过收购目标企业股权，获得目标企业的控制权，掌握目标企业的话语权与决策力，甚至在必要时改变企业原有的发展策略与管理模式以提升企业价值。对企业进行改造重组成功后，在合适的时机将持有融资企业的股份出售，赢得资本的增值。并购资本与其他类型资本的不同表现在于：风险投资主要投资于创业型企业；并购资本选择的对象是成熟企业，通常这些企业当前的发展遇见较大障碍，连续亏损，但转型后仍然具有高潜力的企业；其他私募股权资本一般对企业控制权无兴趣，而并购资本旨在获得目标企业的控制权。

（四）夹层资本

夹层资本，是指在风险和回报方面兼有债权投资和股权投资双重性质、拥有两者各自优势的资本。其实质是一种附有权益认购权的无担保长期债权。这种债权总是伴随相应的认股权证，投资人可依据事先约定的期限或触发条件，以事先约定的价格购买被投资公司的股权，或者将债权转换成股权。夹层资本的风险和收益低于股权投资，高于优先债权，因而称为“夹层”。与风险资本不同的是，夹层资本很少寻求控股，投资方一般也不愿长期持有股权而是更倾向于迅速地退出，这种融资的稀释程度要小于一般的股权资本。当企业在两轮融资之间，或者在希望上市之前的最后冲刺阶段，资金处于青黄不接的时刻，夹层投资者往往就会从天而降，带给企业最需要的现金，然后在企业进入新的发展期后全身而退。这也是它被称为“夹层”资本的另一个原因。

（五）企业上市前融资

企业上市前融资（Pre-IP0），是指私募资本投资于预计近期能上市的企业，其退出方式是在企业上市后的公开资本市场上出售股票，获取 IPO 溢价以实现投资收益。这种类型的投资者往往是投行型和战略型投资基金。由于企业引入了投行型基金，企业可以得到一笔资金来发展自己的公司，还可以让投行对自身上市进行辅导。由于投行帮助企业得到广泛的宣传，公众市场投资者对公司发展信心提升，有利于股票成功发行。而引入战略型投资基金，投资者可能获得技术、管理、客户等资源，并在其指导下逐步建立规范的治理结构和财务结构。这种资本由于具有风险较小、回收周期短和投资回报高等优点而成为私募股权投资市场上的重要组成部分。

二、私募股权融资的特点

从私募股权融资的发展历史来看，这种新兴的融资渠道，在其短暂的历史进程中，为企业融资，尤其是中小企业的融资做出巨大贡献。在其发展过程中，展现的潜能与蓬勃的生长力是史无前例的。私募股权融资作为一种新兴的融资体制，下面主要从与银行融资和公开上市融资这两方面的比较来讨论私募股权资本的特点：

（一）私募股权融资与银行融资的比较

银行融资资产管理以“安全性、流动性和收益性”为原则，偏好资金实力雄厚、经营业绩良好且收益稳定的资金需求者。银行尤其关心企业的偿债能力，是典型的“锦上添花”型金融机构。与银行融资方式相比，私募股权融资投资者不仅关心企业的偿债能力，而且更加注重企业未来的发展能力，企业管理水平及与企业原股东之间的融合等方方面面。私募股权融资更适合多数中小企业，尤其是创业企业和经营困难的企业，主要有以下原因：

一是，由于缺乏可抵押的资产和资信，企业往往在最缺乏资金的时候难以获得银行贷款。私募股权资本对企业规模大小和资信状况则无限制，其往往更倾向于投资那些具有良好发展潜力和基础创新型的企业，而并购资金则乐意对虽处在困难中但通过重整和提供关键资源能够重新获得发展的企业提供资金。

二是，银行融资作为债务融资，往往会增加企业的财务负担。而私募股权资本则为股权融资，在一定程度上有利于公司资本结构的优化。

三是，银行在资产管理方面是被动的，对欠款企业首先是以保守的心态去挑选，放贷之后又是被动的监管，不能为企业提供必要的关键资源和增值服务。而私募股权资本在为被投资企业提供急需的资金的同时，还能够为被投资企业积极主动地提供关键资源和增值服务，提高企业的竞争力和抗风险能力，从而为顺利退出以及获得良好的投资收益奠定坚实的基础。

（二）私募股权融资与公开上市融资的比较

与公开上市融资相比，私募股权融资有如下特征：

1.私募的非公开性

公开上市企业是在达到一定规模和盈利能力之后，被市场接纳为具有较高估值的“优质企业”，公开市场融资往往对企业的资产规模、盈利能力和记录、规范运作、信息披露等方面都有严格的要求。企业进行私募股权融资主要是在私下分别向投资机构或是个人筹集资金，期间所有过程和细节都是经融资企业和投资方进行商榷后，最终解决。

2.筹资费用相对较低

特别是首次公开募股（IPO），对企业的生产仅仅经营业绩就有着很高的门槛，往往需要一定的运作周期，更不要说高昂的中介费用等其他额外费用的支出。而且即使上市成功，也不代表企业一定能够融资成功。私募股权融资由于其非公开性，就省去了公募融资所需要的注册费用、服务费用和承销费用，以及债券融资所需要支付的利息费用，在整个融资过程中企业只需承担尽职调查所产生的费用，且融资速度相对较快，融资方式相对灵活。

3.能获得资金支持和管理支持

由于私募股权融资一般是采用权益融资的方式，所以投资者对融资企业的经营管理具有一定的话语权。投资者在给融资企业投入资金的同时，还会参与到企业的经营管理之中，包括对追加投资、制定发展策略、进行营销策划、监控财务状况和制定上市计划进行监督和协助。事实上，很多私募股权投资机构都拥有丰富的企业经营管理经验和行业资源。因此，企业进行私募股权融资，在获得发展资金的同时，还可以从投资者处获得经营管理等各方面的经验与支持。

4.估值存在较多的主观成分

和公募融资方式相比，私募股权融资在估值上带有明显的主观色彩。私募股权融资通过协商和谈判的方式确定企业价值，在此过程中，企业需要以各种方式来向投资者展现自身的价值和发展潜质，投资者凭借企业所提供的所有资料、数据并结合自己的经验、判断来对企业进行估值，这自然会带有一定的主观性。

5.私募资本的高风险性

由于企业发展的不确定性和投资者的逐利性，私募股权融资比其他任何一种融资方式所带来的风险更为巨大。再加上中国资本市场的法律法规尚不健全，种种因素都加剧了私募股权融资的高风险性。因此，私募股权融资的资本成本高于公募股权融资。

6.融资企业多为处于上升期的高潜力行业

在私募股权融资中，投资者选择投资对象时，对投资对象所处行业的前景、往年的盈利、未来的发展潜力、企业所处的发展阶段都有所要求。通常，投资者为获得较大的投资收益，使资本发挥最大的效益，会选择处于朝阳行业的企业。行业面临的宏观环境乐观，发展前景良好，才能保证企业未来发展不仅不受外界环境政策的限制，甚至能得到宏观政策的支持。

第二节　私募股权融资渠道

企业股权融资需要通过一定的融资渠道筹集。企业的融资渠道是指企业筹集资本的来源方向与通道，体现着资本的源泉和流量。不同融资来源的资金，有着不同的投资战略和收益率要求等特点，适合于不同的企业。本节首先介绍私募股权融资渠道的分类，然后再介绍私募股权融资渠道的具体来源。

一、融资渠道的分类

从资金来源看，私募股权融资主要有金融资本和产业资本两个来源，其中金融资本通常又分为风险资本和私募股权投资基金两大类。

（一）金融资本

1.风险资本

对于风险资本的定义不甚统一，用于表示风险资本的中文词汇有创业资本、创业基金、风险资金和风险投资等。通常认为，风险资本是一种专门从事投资于未上市的新兴中小型企业(尤其是新兴高科技企业)、承担高风险谋求高回报的资本形态。美国全美风险投资协会认为,风险投资是由金融家投入到新兴的、迅速发展的、有巨大竞争力的企业中的一种权益资本。

从投资对象看,风险资本主要投资处于创业期、未上市的新兴中小型企业,尤其是新兴高科技企业。在美国,风险资本约80%的资金投资于创业期的高科技企业。这些企业着重开发创新产品,市场前景不好预期,不像成熟产业部门中的企业那样能从银行和证券市场募集资金,而只能借助风险资本寻求资金支持。

从投资风险和收益看,风险资本具有高风险和高收益的特点。风险资本的投资一般需要3～7年才可能收回投资,其间通常没有收益,一旦失败血本无归。而如果成功,则可获得丰富的回报。风险资本的基本运作机制在于:成功项目获得的巨额收益,在弥补其他失败项目的亏损后仍能获得超过一般金融投资的高额风险收益。尽管风险投资的失败率很高,但其平均收益率还是要高于其他金融资产。

从投资风格看,风险资本是一种主动参与管理的专业投资。风险投资家一般都擅长于企业经营管理,对所投资企业的行业情况以及整个市场的发展趋势都有较深刻的理解。因此,风险投资家不仅投入风险资本,还利用他们长期积累的经验、知识和商业网络关系帮助创业家管理好风险企业。

从组织结构看,风险资本主要以公司的形式设立。风险投资公司的组织结构主要包括有限合伙型和公司型两种类型。有限合伙型是由投资者(有限合伙人,即LP)和基金管理人(一般合伙人,即GP)合伙组成一个有限合伙企业,投资者出资并对合伙企业负有限责任,管理人在董事会的监督下负责风险投资的具体运作并对合伙企业承担无限责任。公司型,即风险资本以股份公司或有限责任公司的形式设立。由于风险投资运行具有高收益、高风险的特征,因此,风险投资公司大多以有限合伙型的形式组建。

除风险投资公司外,天使投资者也是风险资本的重要提供者。天使投资者是指以个人名义对风险企业进行股权投资的个人。这类投资者包括退休的企业家、行业分析家和商业银行或投资银行的富有客户。它是私募股权融资发展早期阶段最重要的资金来源之一。比尔·盖茨就是一位著名的天使投资者,他以个人的名义资助了为数不少的小企业。与风险投资公司相比,天使投资者在单个投资项目中投入的金额不多,投资的对象多为处于早期发展阶段的高技术风险企业。他们通常能够为创业者提供经营或管理上的建议。天使投资者在推动科技人员创业中具有举足轻重的作用。

2.私募股权投资基金

私募股权投资基金,在我国又称为“产业投资基金”,是指通过私募形式对非上市企业进行权益性投资,投资者按照其出资份额分享投资收益、承担投资风险。他们将资金投资于认为有投资价值的公司,然后通过上市、并购或管理层回购等方式,出售持股获利,一般不以控股为目的。

私募股权投资基金的资金既可以通过私募,也可以公募的方式募集。大多数私募股权基金是以私募方式筹集的。有些私募投资基金发展到一定的规模时,会在公开市场上,募集资金。私募股权资金有专门的独立投资基金和大型多元化金融机构下设的投资基金两大类。

需指出的是，私募股权投资基金不同于私募证券投资基金，后者主要通过投资于上市公司的股票和债券，获取市场收益。通常所说的收购基金，实际上也是私募股权投资基金的一种特殊类型。它主要投资于成熟上市公司或未上市公司的股权，意在获得成熟目标企业的控制权，以整合企业的资源，提升价值。

私募股权投资基金有公司型和契约信托型之分。公司型的私募股权投资资金以有限合伙制为多。有限合伙制企业的投资者包括一般合伙人和有限合伙人两类。一般合伙人承担无限责任，有限合伙人承担有限责任，公司的控制权掌握在一般合伙人手里。这种企业的组织形式有较高的投资管理效率，并避免了双重征税的弊端。

3.风险投资与私募股权投资的概念辨析

风险投资是私募股权投资的一种，就其实质来看，为培养型私募股权投资。2007 年首次在达沃斯之外的大连举行的世界经济论坛年会上，私募股权投资和风险投资就被归为一个行业。

私募股权投资与风险投资虽然都是对企业在上市前的权益投资，但是两者在投资阶段、投资规模、投资理念和投资特点等方面有很大的不同。一般来说，风险资本主要投资于公司发展早期，从种子阶段到上市前不等；而私募股权基金主要投资于已经形成一定规模并产生稳定现金流的成熟企业。

随着私募股权投资市场的发展，很多传统上的风险投资机构现在也介入私募股权投资业务，而许多传统上被认为专做私募股权投资业务的机构也参与风险投资项目，也就是说私募股权投资与风险投资只是一个概念上的区分，在实务中两者的界限越来越模糊。比如著名的私募股权投资机构凯雷也涉足风险投资业务，其投资的携程网、聚众传媒等便是 VC 形式的投资。

(二)产业资本

现代企业经营不只是一个生产适销对路商品并实现其销售的商品研产销过程，同时又是一个持续地进行资本吞吐、资本配置和结构聚合与裂变的资本运动过程。资本经营是实现企业价值最大化目标的重要途径，是做大做强企业的捷径之一。资本经营领域包括资本流动、收购、重组、参股和控股等能实现资本增值的领域。进行股权或准股权投资是企业资本经营的主要形式。因此，大型企业集团的资本也成为私募股权融资的重要资金来源之一。产业资本进行股权投资，主要是基于企业集团自身的发展战略和投资组合的需要，且通常不以直接获取报酬为主要目的，更多时候是为了控制被投资企业。

一些大企业或集团也会基于培育考虑，进行一些风险投资业务。通常，大公司的风险投资业务往往是为本集团所属的上市公司或核心企业孵化培育项目。由于上市公司要经常公布业绩报告，利润对股价和企业的形象至关重要，而风险投资项目往往刚开始时没有效益。因此，不少企业集团都把风险投资业务放在上市公司之外，等风险投资培育的项目有了利润，再让本集团控制的上市公司溢价收购，这样既有利于上市公司利润稳定，又实现了风险投资的增值退出。

近年来，许多国际大型私募股权基金都已经开始在中国投资，华平投资入股国美、大唐电信和哈药集团，凯雷投资携程网、太平洋百货和徐工集团，百事通(黑石)入股蓝星集团，最大机床装备企业沈阳集团 30％的股权转让给美国 JANA 基金等等。与这些国际私募股权投资基金收获颇多相比,国际产业资本并购中国资产的步伐要缓慢得多。最典型的就是法国达能收购娃哈哈非合资企业遭遇后者顽强抵抗。其主要原因在于私募股权投资基金是金融资本,大多以财务投资者的身份进入,一般情况下,不会谋求企业的控制权,只希望若干年后能够从投资对象获得丰厚的回报。产业资本则不同,可能会谋求企业的控制权。

二、私募股权融资对象的选择:战略投资者和财务投资者

不同来源的资金有不同的投资目的和战略,要求的投资报酬率和风险承受能力也不同。从投资者的目的和战略看,私募股权融资的对象有财务投资者和战略投资者之分。虽然目前对战略投资者和财务投资者的定义不太统一,但比较普遍的看法是财务投资者以获得资本回报为目的;而战略投资者是能够通过注入雄厚资金、带来管理方式、技术或品牌等资源以促进企业总体运行质量产生质的飞跃的投资者。

虽然企业在确定私募股权融资对象时需要考虑的因素很多,包括企业特点、优势和对资金提供者的吸引力、融资需求、融资成本、投资价值变现、提高企业的知名度以及对员工利益的照顾和奖励等等,但控制权的最终归属仍然是大多数创业者不能不考虑的。因此,进行私募股权融资时,企业需要在引进战略投资者还是财务投资者之间仔细斟酌、权衡得失。

(一)战略投资者

在私募股权融资中,战略投资者主要是具有资金、技术、管理、市场、人才优势,能够促进产业结构升级,增强企业核心竞争力和创新能力,拓展企业产品市场占有率,致力于长期投资合作,谋求获得长期利益回报和企业可持续发展的境内外大企业、大集团。他们往往拥有比较雄厚的资金、核心的技术和先进的管理方法等,有较好的实业基础和较强的投融资能力。因此他们不仅能为企业带来大量资金,更能带来先进技术和管理,能促进产品结构、产业结构的调整升级,并致力于长期投资合作,谋求长远利益回报。引进战略投资者往往不只是为了获得资金,还可以获得先进的管理经验和技术手段,促进公司治理结构的完善,提高管理水平。不过,战略投资者可能会谋求企业控制权或成为潜在竞争者。

战略投资者更致力于通过产业整合、改善产业结构、增强产业的竞争力等手段,以获取长期的利益回报和企业的可持续发展。如果融资企业希望在降低财务风险的同时获得投资者在公司管理或技术方面的支持,通常会选择战略投资者。这有利于提高公司的资信度和行业地位,同时可以获得技术、产品、上下游业务或其他方面的互补,以提高公司的盈利和盈利增长能力。而且,企业未来有进一步的资金需求时,战略投资者有能力进一步提供资金。

战略投资者通常比财务投资者的投资期限更长。因为战略投资者进行的任何股权投资必须符合其整体发展战略,是出于对生产、成本和市场等方面的综合考虑,而不仅仅着眼于短期的财务回报。因此,战略投资者对公司的控制和在董事会席位数的要求会更多,会较多地介入公司的管理,这可能会增加合作双方在管理和企业文化上的磨合难度。

(二)财务投资者

财务投资者,又称金融投资者,以风险投资、私募股权投资和投资银行等金融资本为

主，以提供资金、获取高额投资回报为其主要宗旨。多数财务投资者仅仅出资，除了在董事会层面上参与企业的重大战略决策外，一般不参与企业的日常管理和经营，也不太可能成为潜在的控制权竞争者。一旦投资，财务投资者对自己的投资就很难控制。因此，挑选出管理好、成长性高和拥有值得信赖的管理团队的投资对象对其来说十分重要。

财务投资者关注投资的中期回报，以上市为主要退出途径。所以在选择投资对象时，他们就会考察企业 3～5 年后的业绩能否达到上市要求，其股权结构适合在哪个市场上市，而他们在金融方面的经验和网络也有助于公司未来的上市。即使财务投资者在投资后获得了控股权，他们也不准备长期保持对一家企业的控制。在企业公开上市后，公司的控制权会再次回到企业内部。所以如果一家企业希望保持其独立性，财务投资者是最佳的选择。

财务投资者大多以优先股(或可转债)入股，通过实现约定的固定分红来保障最低的投资回报，并且在企业清算时有优先于普通股的分配权。国外私募股权融资的常见条款还包括卖出选择权和转股条款等。卖出选择权要求引资企业如果未在约定的期限内上市，必须以约定价格回购引资形成的那部分股权，否则投资者有权出售公司，这将迫使经营者为上市而努力。转股条款是指投资者可以在上市时将优先股按一定比率转换成普通股，分享上市的成果。

由此可见，财务投资者和战略投资者在对公司的控制权、投资回报的重要性和退出的要求等方面对所投资企业的要求是不同的。企业应全面熟悉财务投资者和战略投资者的特点和利弊，以及他们对投资对象的不同要求，并结合自身的特点与现实情况，在引入财务投资投资者和战略投资者中做出恰当的选择。

现把财务投资者和战略投资者的区别进行归纳如表 6-1 所示。

表 6-1　财务投资和战略投资者的比较

特征	战略投资者	财务投资者
行业背景	与被投资企业从事的产业相同或有合作关系，或两者所从事的业务具有一定的互补性	既可以与被投资企业有行业关联，也可以与被投资企业没有行业关联
投资者	境内外的大型企业、集团	风险投资基金、私募基金
投资目标	产业链的横向、纵向扩张	高风险下的资本增值，要求一定的投资收益率
持股比例	一般以控股为最终目的	持股比例相对较少
投资时间	一般是长期稳定持有	以上市、股份转让等方式择机退出
参与管理	参与日常的经营管理，纳入其整体战略规划	一般不参与企业日常经营管理，主要在财务、资本运作方面提供建议
完成时间	内部考虑因素较多，决策程序复杂	规范化运作，决策速度相对较快
同行业竞争	可能存在同行竞争，核心技术可能被投资人剽窃	竞争风险较小

三、私募股权融资渠道的具体来源

当前，我国私募股权融融资渠道的具体来源主要包括政府资本、社会保障基金、金融资本、非金融类企业资本、外资资本等。

（一）政府资本

鉴于高新技术产业对一国经济的巨大推动作用以及创业风险投资与发展高新技术产业的密切关系，政府往往是发展创业风险投资业的积极倡导者和大力支持者。私募股权基金资金来源中的政府资本包含两种形式：其一是指政府为了促进科技发展或推进行业进步而提供的直接投资，包括中央和各级政府的财政拨款、国家科学基金、国家科技计划项目的资助资金等；其二是政府参股建立私募股权投资机构，这已成为我国私募股权投资机构中最重要的构成之一，例如深圳创新投资集团——我国最大的本土私募股权投资机构之一，便是这种形式。

在我国创业投资的起步阶段，政府资本是其资金来源中的主要构成部分。但随着市场经济步伐的加快，政府资本在我国私募股权基金的资金构成中所占比例正逐步下降。但政府资本对指导其他投资者参与企业投资具有较强的杠杆作用和示范效应，这是其他资本来源都无法比拟且不可替代的作用。

2007 年，我国出台了《科技型中小企业创业投资引导基金管理暂行办法》，正式成立了“科技型中小企业创业投资引导基金”（以下简称“引导基金”），对创业风险投资进行直接投资、财政补贴和风险分担。在此作用下，全国各地陆续进入创建引导基金的热潮中，引导基金的规模呈逐年递增趋势，而且在市场化运作方面也探索到了适合的模式。

（二）社会保障基金

我国的社会保障基金可以分为社会救济基金、社会保险基金、社会福利基金和社会优抚基金。其中，社会保险基金是我国社会保障基金的主体，它包括养老保险基金、失业保险基金、医疗保险基金、生育保险基金和工伤保险基金。社会保障基金由被保险人、政府和被保险人所在单位共同承担。在社保基金的投资运作上，目前实行的是社保基金会直接运作与社保基金会委托投资管理人运作相结合的方式。因为社保基金关系百姓民生，因此在投资运作上必须以控制风险为第一要务，在此基础上争取收益。

2009 年，中国社会保障基金获批可将不超过其总量的 10％投向私募股权基金市场。这对我国私募股权基金的发展起到积极的促进作用。

（三）金融资本

我国金融机构参与私募股权投资的主体主要包括商业银行、证券公司、保险公司等，主要通过两种方式参与股权投资：首先是代替政府职能建立科技风险贷款基金，发放科技项目贷款；其次是直接参与风险较小的高新技术项目投资。近年来，多类金融资本获准涉足股权投资领域。

1.商业银行

2008 年 12 月，中国银监会发布《商业银行并购贷款风险管理指引》，允许符合条件的商业银行开办并购贷款业务，批准商业银行资金进入股权投资领域。但 2009 年银监会发布《关于进一步规范商业银行个人理财业务投资管理有关问题的通知》规定，理财资金不得投资于未上市企业股权和上市公司非公开发行或交易的股份。这一禁令使银行理财资金无法直接投资于私募股权业务。

在发达国家，商业银行是私募股权基金的重要资金来源渠道，然而我国商业银行受法律制约无法在私募股权投资领域有较大发展。

2.证券公司

证券公司相继获准开展直接投资业务，现在我国证券公司多是通过旗下的直投部门或者以自有资金投资建立股权投资子公司参与私募股权投资，广泛采用“保荐＋直投”的模式。

2007 年 9 月中信证券和中金公司获得了直接股权投资的试点资格，以不超过净资本 15%的自有资金设立直接投资专业子公司，实现母公司与子公司之间的法人隔离，专业子公司以自有资金进行直接投资。由于私募股权基金高收益的特点和券商在私募股权投资领域的偏好和优势，随着政策的放开，券商对私募股权投资领域的资本投入一定会继续加大。

3.保险公司

2010 年 9 月 7 日，保监会颁布了《保险资金投资股权暂行办法》，其规定，至少需要 2 名或 5 名三年以上经验的专业人员；同时上一会计年度末以及投资时上季末的偿付能力充足率不低于 150%；且在上一会计年度盈利的基础上，净资产不低于 10 亿元人民币。据此分析，国内符合此要求的保险公司至少有十余家。

(四)非金融类企业资本

非金融类企业资本主要来源于股份有限公司、有限责任公司以及其他类型的企业，通过自筹资金，对一些民营高科技企业进行了私募股权投资。许多大型企业集团为了实现企业战略调整和可持续发展，不断加入私募股权投资中来，例如联想、腾讯、首钢等大型企业集团均纷纷参与私募股权投资。

(五)民营资本(民营企业/富有个人)

民营资本也是我国创业风险投资重要的潜在来源。近年来，我国民营企业积极投身于科技成果转化和高新技术产业化，促进科技与经济结合，取得了丰硕成果。虽然民营资本相对于机构投资者的资金规模较小，但是数量大且投资决策灵活。随着民间资本的充足，投入私募股权基金的民营资本也呈逐年增长趋势。

(六)外资资本

我国私募股权基金的外资资本是指境外企业(含我国港、澳、台地区)以及在境内设立的外商独资、合资以及合作机构提供的资本。改革开放的中国经济快速增长，充满活力，有庞大、潜力巨大的市场，对国外创业风险投资机构来说是一块充满商机的土地。从 1985 年起，国外创业风险投资就开始源源不断地进入中国，而且，其规模也越来越大，并获得了丰厚的投资回报。引进海外创业风险投资基金和私募股权基金进入国内私募股权投资业的意义，不仅在于拓宽资金来源，更重要的是借此吸取国外成熟的私募股权投资机构的管理经验和技术。

案例6-1

达能与哇哈哈之争

法国达能集团是总部设在巴黎的欧洲第三大食品集团，产品遍及100多个国家。在90年代初开始进军中国，曾拥有乐百氏92%的股权、梅林正广和的50%股权、光明20.1%的股权、汇源22.18%股权。杭州娃哈哈集团是创建于1987年的一家校办企业，现已发展为中国最大全球第五的食品饮料生产企业，在资产规模、产量、销售收入、利润、利税等指标上已连续多年位居中国饮料行业首位，是目前中国最大、效益最好、最具发展潜力的食品饮料企业。

1996年，娃哈哈集团由于在国内上市失败，四处急于寻觅资金，最终与达能及百富勤洽谈投资合作成功，合资成立娃哈哈合资公司。娃哈哈集团以现有厂房、设备、土地出资占49%的股份，香港百富勤与达能以出资1.5亿美元占51%的股份。在1997年的亚洲金融风暴中，百富勤将所持股权转让给达能，因此达能成为合资公司的最大控股方。合资公司成立之时双方在合作协议中约定，娃哈哈集团同意向合资公司转让价值为1亿元的商标。其中5 000万作投资，另外5 000万则用于向娃哈哈购买商标。但是，这个商标转让协议不符合中国的有关法律，因此未能通过政府审核，后来双方在《商标使用许可合同》中规定，中方将来可以在其他产品的生产和销售上使用商标，而这些产品项目已提交给娃哈哈与其合营企业的董事会进行考虑。接下来的几年与达能集团没有合资关系的非合资企业，主要生产饮料和食品，并以“娃哈哈”为商标。

2006年后，达能以商标使用合同中娃哈哈集团“不应许可除娃哈哈达能合资公司外的任何其他方使用商标”为由，要求以40亿人民币的价格收购杭州娃哈哈集团有限公司总资产达56亿元、当年利润达10.4亿元的其他非合资公司51%的股权。收购一旦实现，中方将丧失对杭州娃哈哈集团的绝对控制权。娃哈哈董事长宗庆后表示出强烈的不满，认为《商标使用许可合同》实际上是另一种形式的商标转让合同，作为商标所有权人有权使用商标，被许可人无权干涉。而达能也对娃哈哈给予了强烈指责，认为达能与娃哈哈是在公平、合法基础上签订的合同，娃哈哈合资企业享有独家生产、经营、销售娃哈哈品牌食品和饮料的权利。娃哈哈集团董事长宗庆后组建非合资企业，未经合资公司同意使用娃哈哈商标，违背了合作协议。为此，娃哈哈集团和达能集团之间的矛盾日益激化，纠纷不断升级，达娃之争最终得以爆发。

从20世纪90年代起，达能就开始将触角伸到中国，控股了娃哈哈、乐百氏、益力和正广和等四大非碳酸饮品品牌公司，同时又与光明乳业、蒙牛酸奶、汇源果汁合作。为什么有这么多的中国著名食品品牌企业选择达能作为合作者？一个重要原因是达能通常先以财务投资者身份介入，用财务投资完成产业布局。达能在进入娃哈哈的前10年间，娃哈哈集团的经营权都掌握在以宗庆后为首的团队中，达能投资后的初期其扮演的是财务投资人的角色。逐渐地，中国已经成为达能在法国之外的最大市场之一，2006年达能在中国的收入占其全球总收入的10%。在中国饮料市场上达能的优势十分明显，特别是瓶装水行业，达能在中国市场的占有率已达23%，仅达能控股的娃哈哈和乐百氏两个品牌的瓶装水的年销售量就已经达到36亿升，远高于其本土品牌依云(Evian)瓶装水在全球15亿瓶的年销售量。瓶装水确立了达能在全球饮品市场中的地位。因此，达能开始腾出精力整合其在中国市场上的瓶装水产业，还原其本来面目，做战略投资者，掌握娃哈哈非碳酸饮料业务。

达娃之争的案例表明，娃哈哈集团在股权结构、公司治理等方面意识淡薄，对合资潜在的风险估计不足。因此在合资前，双方应对此有充分估计。而在合资时，我国企业往往“重管理、轻治理”，强调企业的经营控制权，而对股权结构和董事会等安排不够重视，娃哈哈集团也犯了这一错误。娃哈哈集团最初是与百富勤、达能两家公司合资的，在股权分配上，娃哈哈拥有相对控股权（49%股份）。然而，在合作之初，百富勤与达能就是联系很紧密的合作伙伴，若两家股权合并，娃哈哈集团的控股地位就丧失了。显然，合资前娃哈哈集团忽视了这一点。在1998年亚洲金融危机中，百富勤将股份转让给了达能，使达能掌握了合资公司的控股权。事实上，这一“陷阱”最终彻底显露出来。

第三节　私募股权融资程序

企业寻求私募股权投资从项目接洽到最终融资成功主要经历四个阶段：第一阶段是项目咨询阶段。此阶段一般是与拟融资企业初步接触，了解拟融资企业的具体要求，双方全面沟通并建立信任关系，同时确定私募融资比例和价格。第二阶段是准备阶段。此阶段一般是拟融资企业准备好商业计划书和企业价值分析报告，与意向投资者接触，并递交商业计划书，向投资者进行项目推荐。第三阶段是谈判阶段。此阶段一般是拟融资企业与意向投资者进行初步谈判，安排现场考察，配合投资者进行尽职调查，与投资者进行商务谈判，签订股权转让法律文件。最后一个阶段是实施阶段。此阶段一般是私募融资资金到位，调整股权结构和董事会成员，明确管理体制，保证项目的正常运转。

上述四个阶段进一步可细分成七大基本流程，如图6-1所示。

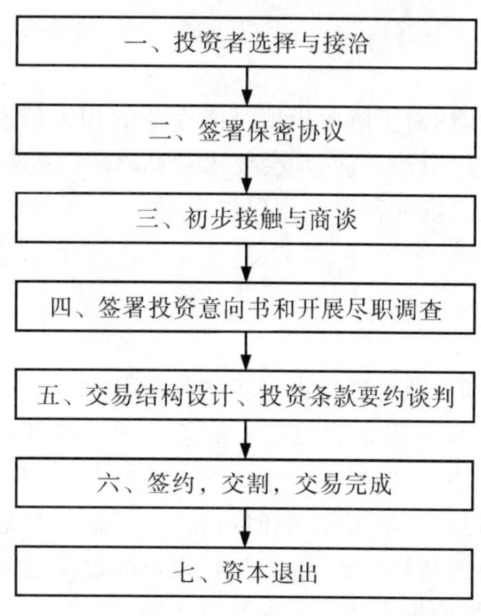

图 6-1

一、投资者选择与接洽

很多缺乏资金支持的成长型企业，在面对私募股权投资基金时会有迁就和急于求成的心态，往往不会对私募股权投资基金进行选择，这极有可能为以后的合作埋下隐患。其实选择一个合适的风险投资机构是非常关键的，因为大多数风险投资机构都会对所投企业提供一定的增值服务，以帮助企业快速成长。这种增值服务包括：首先，是企业管理方面，大多数风险投资家都是企业管理者出身，很大一部分还是创业成功后转型为风险投资家，所以他们对于一个初创期或成长期的企业所可能出现的问题以及如何解决相当熟悉，他们的建议有助于创业企业顺利排除这些障碍。其次，风险投资机构多数专注于一个或少数几个投资领域，比如电子元器件、软件或互联网等。一家被投资企业往往可能是其投资产业链中的一个，那么被投资企业很容易获得采购或是下游市场方面的支持。最后，一种支持尽管是名义上的，但也是十分重要的。一家企业如果能够得到那些颇负盛名的风险投资机构的投资，相当于被一个权威认定了企业的发展前景，企业的声誉也会大为提高，客户和银行的信任度会成倍增加。因此，只要在可能的情况下，拟融资企业对风险投资方也应当精挑细选，仔细甄别，选择最适合自己企业的投资者为上策。

此外，由于不同的私募股权投资基金各有自己擅长的投资领域和习惯的投资标准，因此他们往往只会投资他们较为熟悉的行业和领域。如果是企业主动寻找私募股权投资的话，事先一定要在众多的私募股权投资基金中作一些考察和了解，包括了解相应的私募股权投资基金的投资方向和投资标准，尤其是该私募股权投资基金以往的投资经历以及投资偏好是不是和自己所从事的行业在同一个领域，了解清楚后再有针对性地和投资者进行接洽、协商，这样往往能够使融资事半功倍。

二、签署保密协议

由于私募股权投资时，均需了解所投项目或企业的相关信息及商业秘密，因此，企业在和私募股权投资者进行融资洽商前，均会要求和私募股权投资基金签署一份保密协议，以期对企业相关重要信息及商业秘密起到保护作用。

三、初步接触与商谈

双方签署完保密协议后，即可进行进一步的接触和商谈。一般来说，此阶段，私募股权投资基金一方主要是了解一些企业的基本信息和项目的基本情况，并进行现场考察。在与拟融资企业初步接触中，了解拟融资企业的具体要求，双方进行全面沟通并建立信任关系，并在合适的时机商讨私募融资比例和价格。而拟融资的企业或项目一方，在此阶段主要是了解拟投资的私募股权投资基金的实力、投资的过往业绩、能够给企业或项目带来的资源优势、预期能够支付的投资额及所占股份比例，等等。

私募股权投资基金在接触项目后，会对项目进行初审，初审通常包括书面初审和现场初审两部分。书面初审以项目的商业计划书为主,而现场初审则要求私募股权投资基金熟悉相关行业的人员到企业现场走访,调研企业现实生产经营、运作等状况。

(一)书面初审

私募股权投资者对企业进行书面初审的主要方式是审阅企业的商业计划书或融资计划书。私募股权投资基金需要从中了解项目的基本要件,包括项目基本情况、证件状况、资金投入、产品定位、生产过程的时间计划保证等,其真正的关注点集中于商业计划书的一部分内容,即企业和经营者的核心经历、企业的项目概况、产品或服务的独创性及主要顾客群、营销策略、主要风险,尤其融资要求、预期回报率和现金流预测等内容更是私募股权投资者考察的重点。同时,还应特别关注企业优质的管理模式、发展计划的高增长率、潜在的成长性和企业规模等。投资者会从投资组合分散风险的角度来考察一项投资对其投资组合的意义。因此,私募股权投资者本身需要具备相应的财务知识或数据分析的专业人才,以便根据企业商业计划书作适当调整后测算投资回报率,判断是否满足私募股权投资基金的投资需求。

商业计划书的一般内容和格式如下:

1.商业计划书摘要

商业计划书摘要是投资者首先要看到的内容,它浓缩了商业计划书的精华,反映了商业计划书的全貌,是全部计划书的核心之所在。它必须让投资者有兴趣,并渴望得到更多的信息。商业计划书摘要篇幅一般控制在 2 000 字左右,主要包括以下几项内容:①企业概述;②研究与开发;③产品或服务;④管理团队和管理组织情况;⑤行业及市场;⑥营销策略;⑦融资说明;⑧财务计划与分析;⑨风险因素;⑩退出机制。

2.企业概述

企业概述主要介绍企业的历史沿革、现在情况以及未来规划。具体而言主要有:企业基本情况(包括企业名称、地址、联系方式等);企业的业务情况;企业的发展历史;对企业未来发展的预测;本企业与众不同的竞争优势或者独特性;企业的纳税情况;等等。

3.研究与开发

介绍投入研究开发的人员和资金计划及所要实现的目标,主要包括:①研发资金投入;②研发人员情况;③研发设备;④研发产品的技术先进性及发展趋势。

4.产品或服务

经营者必须将自己的产品或服务创意向投资者做出介绍。主要有下列内容:①产品的名称、特征及性能用途;②产品的开发过程;③产品处于生命周期的哪一阶段;④产品的市场前景和竞争力如何;⑤产品的技术改进和更新换代计划及成本。

5.管理团队和管理组织情况

在投资者考察企业时,“人”是非常重要的因素。在某种意义上讲,创业者的创业能否成功,最终要取决于该企业是否拥有一个强有力的管理团队,这一点特别重要。应全面介绍企业的管理团队情况,主要包括:企业的管理机构,主要股东、董事、关键雇员、薪金、股票期权、劳工协议、奖惩制度及各部门的构成等情况都要明晰地展示出来。还要展示企业管理团队的战斗力和独特性及与众不同的凝聚力与团结战斗精神。

6.市场与行业分析

分析目标市场，对产品的销售金额、增长率和产品或服务的总需求等做出有充分依据的判断。目标市场是企业将产品送达的目的地，而市场细分是对企业的定位。经营者应该细分企业的各个目标市场，并且讨论企业到底想从各个目标市场那里取得多少销售总量收入、市场份额和利润，同时估计企业的产品真正具有的潜力。

投资者不会因为一个简单的数字就相信拟融资者的计划，经营者必须对可能影响需求和市场、策略的因素作进一步分析，以使潜在的投资者们能够判断企业目标的合理性，以及他们将承担的风险。

目标市场的阐述应解决以下问题：①企业的细分市场是什么？②企业的目标顾客群是什么？③企业的5年生产计划、收入和利润是多少？④企业拥有多大的市场？企业的目标市场份额为多大？⑤企业的营销策略是什么？

行业分析，应该回答以下问题：①该行业发展程度如何？②该行业现在发展动态如何？③该行业的总销售额有多少？总收入多少？发展趋势怎样？④经济发展对该行业的影响程度如何？⑤政府是如何影响该行业的？⑥是什么因素决定该行业的发展？⑦竞争的本质是什么？企业采取什么样的战略？⑧进入该行业的障碍是什么？企业将如何克服？

竞争分析，要回答如下问题：①企业的主要竞争对手？②企业的竞争对手所占的市场份额有多少？市场策略是什么？③我们可能出现什么样的新发展？④企业的策略是什么？⑤在竞争中企业的发展、市场和地理位置的优势是什么？⑥企业能否承受竞争所带来的压力？⑦产品的价格、性能、质量在市场竞争中所具备的优势何在？

市场营销，这是投资者十分关心的问题，企业的市场营销策略应该说明以下问题：①营销机构和营销队伍；②营销渠道的选择和营销网络的建设；③广告策略和促销策略；④价格策略；⑤市场渗透与开拓计划；⑥市场营销中意外情况的应急对策。

7.生产经营计划

生产经营计划主要阐述企业新产品的生产制造及经营过程。这一部分同样非常重要。投资者从这一部分可以了解生产产品的原料如何采购、供应商的有关情况、劳动力和雇员的情况、生产资金的安排以及厂房、土地等。内容要详细，细节要明确。这一部分是以后投资谈判中对投资项目进行估值的重要依据，也是经营者所占股权的一个重要组成部分。

生产经营计划主要包括以下内容：①新产品的生产经营计划；②企业现有的生产技术能力；③品质控制和质量改进能力；④现有的生产设备或者将要购置的生产设备；⑤现有的生产工艺流程；⑥生产产品的经济分析及生产过程。

8.财务分析与融资说明

财务分析资料是一个需要花费经营者相当多时间和精力来编写的部分。投资者将会从企业的财务分析来判断企业未来的财务状况和经营成果，进而从中判断能否确保自己的投资获得预期的理想报酬。财务分析包括以下几个方面的内容：①过去三年的历史数据和今后三年的发展预测。主要提供过去三年资产负债表、损益表、现金流量表以及年度财务总结报告书。②投资计划：预计的风险投资数额；拟融资企业未来的筹资资本结构如何安排；获取风险投资的抵押、担保条件；投资收益和再投资的安排；投资者投资后双方股权的比例安排;投资资金的收支安排及财务报告编制;投资者介入企业经营管理的程度。

融资需求包括以下两方面内容:①资金需求计划:为实现企业发展计划所需要的资金额;资金需求的时间性;资金用途(详细说明资金用途,并列表说明)。②融资方案:企业所希望的投资额及所占股份的说明;资金的其他来源,如银行贷款等。

9.风险因素

详细说明项目实施过程中可能遇到的风险,如技术风险、市场风险、管理风险、财务风险及其他不可预见的风险,并提出有效的风险控制和防范手段。

10.退出机制

关于私募股权资本的退出方式,本书将在第四节专门介绍和阐述,在此不展开讨论。

(二)现场调研

私募股权投资者在仔细审查过企业的商业计划书后,如果认为初步符合私募股权投资基金的投资项目范围,一般会要求到企业现场实地走访。这一过程中,私募股权投资基金主要的目的是将上述书面调查获得的信息和现场调研相互印证,对企业生产经营情况有一个感性认识,如生产性企业的生产线是否正常运转,管理是否规范,企业客户数量与质量如何,客户对企业的服务是否满意等。

四、签署投资意向书和开展尽职调查

通过项目初审,投资者往往要求与企业经营者进行谈判。此轮谈判的目的在于签署投资意向书,因此谈判的主要内容围绕投资价格、股权数量、业绩要求和退出安排等核心商业条款展开,双方就上述核心条款达成一致后,才有进行下一步谈判的可能和必要。同时,本轮谈判的过程中仍然可能穿插进行一些类似现场考察、问卷调查的程序,以便投资者进一步评估企业的投资价值。若涉及一些商业秘密,拟融资企业可能要求投资者先行签订保密协议,并在满足投资者了解企业目的的基础上尽量少披露企业商业秘密。当双方就核心商业条款达成一致后,就可以签订投资条款清单,内容就是一些已经确定的核心商业条款,这些条款在签署正式收购协议时一般不能修改。

尽职调查,也称谨慎性调查,一般是指投资者在与拟融资企业达成初步合作意向后,经协商一致,投资者对拟融资企业一切与本次投资有关的事项进行现场调查、资料分析的一系列活动,其内容包括企业的背景与历史、企业所在的产业、企业的营销、企业的制造方式、企业的财务资料与财务制度、企业的研究与发展计划等各种相关的问题,主要是财务尽职调查和法律尽职调查。

尽职调查对于项目投资决策意义重大。首先,尽职调查能够帮助私募股权投资者了解项目企业情况,减少合作双方信息不对称的问题;其次,尽职调查结果也为合作双方奠定了合理估值及深入合作的基础;再次,尽职调查对有关的单据、文件进行调查,这本身就是一个保存和整理证据的过程,相关情况能以书面证据的方式保存下来,以备查询或留作他用。因而详尽准确的尽职调查是私募股权投资者客观评价项目、做好投资决策的重要前提条件。

尽职调查的主要内容覆盖创业项目及项目企业的运营、规章制度及有关契约、财务等多个方面，其中财务会计情况、经营情况和法律情况这三方面是调查重点。由于尽职调查涉及的内容繁多，对实施尽职调查人员的素质及专业性要求很高，因此，私募股权投资者通常要聘请中介机构，如会计师事务所、律师事务所等协助调查，为其提供全面的专业性服务。

(一)财务尽职调查

会计信息往往是企业经营和发展情况的综合体现，是投资者评价企业经营情况、做出投资决策的重要依据。但一般投资者由于受专业水平的限制，无从了解会计信息真实性。财务专业人员有这方面的专业优势，通过对以会计报表为主要内容的财务报告的全面审计，客观、公正地评价财务报告的内容是否真实、公允，以向投资者提供鉴证服务。因此，某种程度上说，财务专业人员是投融资过程中的第一道防线。通过财务专业人员对拟融资企业进行审计，能够在一定程度上防止投融资交易的欺诈行为，增强投资者的信心和安全感。

财务尽职调查主要是指由财务专业人员针对拟融资企业中与投资有关的财务状况的审阅、分析等调查。财务尽职调查可分为对拟融资企业总体财务信息的调查和具体财务状况的调查，具体而言包括调查了解拟融资企业会计主体的基本情况和拟融资企业的财务组织、薪酬制度、会计政策及税费政策。

在调查过程中，财务专业人员一般会用到以下一些基本方法：①审阅方法，通过财务报表及其他财务资料的审阅，发现关键及重大财务问题；②分析性程序，如趋势分析、结构分析，通过对各种渠道取得资料的分析，发现异常及重大问题；③访谈方法，与企业内部各层级、各职能人员以及中介机构充分沟通；④小组内部沟通，调查小组成员来自不同专业背景，其相互沟通也是达成调查目的的方法。

由于财务尽职调查与一般审计目的不同，因此财务尽职调查一般不采用函证、实物盘点、数据复算等财务审计方法，而更多使用趋势分析、结构分析等分析工具。财务尽职调查要充分估计财务风险或危机；分析企业盈利能力、现金流，预测企业未来前景；了解资产负债、内部控制、经营管理的真实情况，这是投资及整合方案设计、交易谈判、投资决策不可或缺的基础；判断投资是否符合战略目标及投资原则。

(二)法律尽职调查

法律方面的尽职调查是由律师完成的，其基本要求是：遵守法律、行政法规及相关规定，遵循诚实、守信、独立、勤勉、尽责的原则，恪守律师职业道德和执业纪律，严格履行法定职责，保证其所出具文件的真实性、准确性、完整性。具体来说，法律尽职调查的主要内容包括以下几个方面：①拟融资企业章程中的各项条款，尤其是重要的决定。如增资、合并或资产出售须经持有多少比例以上股权的股东同意才能进行的规定；也应注意章程中是否有特别投票权的规定和限制；还应对股东会(股东大会)及董事会的会议记录加以审查。②拟融资企业主要财产，了解其所有权归属，并了解其对外投资情况及企业财产投保范围。该企业若有租赁资产，则应注意此类合同对收购后的运营是否有利。③拟融资企业全部的对外合同书，包括知识产权许可或转让、租赁、代理、借贷、技术授权等重要合同。特别注意在控制权改变后合同是否继续有效。在债务方面，应审查拟融资企业的一切债务关系，注意其偿还期限、利率及债权人对其是否有限制。其他问题如企业与供应商或代理销售商之间的权利义务、企业与员工之间的雇佣合同及有关工资福利待遇的规定等也须予以注意。④拟融资企业过去所涉及的以及将来可能涉及的诉讼案件,以便弄清这些诉讼案件是否会影响目前和将来的利益。

企业在面对私募股权投资者所委托的进行尽职调查的律师时,首先,应当要专业,不要在回应尽职调查的律师要求时答非所问或者随意地提供相应的文件。应当充分征求和尊重己方律师的建议,毕竟己方律师更加能够从维护拟融资企业的权益出发帮助拟融资企业恰当、周全地回应尽职调查律师的问题和提供相关的文件。其次,在提供核心、关键的文件或商业机密时,应当要求私募股权投资者提供相应的保证,尤其忌讳在不了解投资者的背景、实力的前提下,毫无保留地将己方关键文件或商业机密无保留地提交给投资方。再次,对于有问题的地方,事先可以在己方律师的指导下,在符合法律规定的范围内,进行合法性整改和补救,等到正式面对尽职调查律师时,能够有备无患,从容以对。最后,面对投资方时不要一次性将自己所有的底牌全部打出,以免失去讨价还价的筹码,应当在己方律师的指导下根据谈判的进度和时机,逐步地将自身的优势展露出来。

(三)其他调查

除上述两大类尽职调查外,还可能需要进行的调查包括环保尽职调查、业务和技术尽职调查、人力资源调查等等。环保尽职调查即关于拟融资企业是否符合国家环保标准或其目标市场的环保标准。例如,企业产品打算出口欧美市场,那么投资前一定要先确定产品甚至产品的生产过程均符合欧美的严格环保标准。业务和技术尽职调查即通过全面分析企业的业务和技术优势,判断企业在收购后是否还能保持高速增长和竞争优势。人力资源调查则包括管理层人员的组合与水平,以及员工情况和工作水平。

总之,各中介机构完成尽职调查后,将向私募股权投资者提交尽职调查报告。私募股权投资者根据尽职调查报告做出最终决定。如果在尽职调查报告结论和拟融资企业披露的情况基本一致,或符合预期的情况下,才按照投资意向书继续与拟融资企业或项目就细节问题进行协商、谈判。最终双方走向成功,投融资顺利完成。如果拟融资企业披露的部分情况和最终尽职调查报告的结论有差别,则需与拟融资企业重新进行协商,包括重新确定收购价格或重新进行补充尽职调查。如果拟融资企业披露的情况和最终尽职调查报告的结论存在重大差别,与私募股权投资者预想的情形相差较远,投资的风险将可能远大于收益。此种情形下,私募股权投资者则会放弃投资。

五、交易结构设计、投资条款要约谈判

这一阶段主要是指私募股权投资者与企业之间经过协商达成一系列的协议,目的在于协调投融资双方的不同需求。此阶段需要解决的问题有:金融工具的选择、交易价格的确定和投资协议的签订。在进行协商时,投资者一般把握的原则是:①相对项目的风险水平获取合适的风险收益;②对企业要有一定的控制权;③确保资本在任何情况下都能够退出;④未来现金流的纳税最小化。当然在协商过程中,私募股权投资者也会考虑企业的合理要求,如企业家通常要求控制自己创建的企业等。

私募股权投资对金融工具的选择,除通常意义上的股权外,经常使用混合金融工具,最常见的有可转换优先股、可转换债券和附认股权债券等。可转换优先股等会成为私募

股权投资的主要投资工具,这是因为这些金融工具的使用为设定转换条件提供了一定的灵活性。私募股权投资机构常常会把优先股或可转换债券的转换比率和企业的业绩激励联系起来。这是为了保护投资者自身的利益,也为了起到激励管理层的作用。如果企业经营得出色,转换价格会相对提高,对管理层股权的稀释作用相对会小些。例如,在投资协议中可以规定:如果企业的年盈利增长率达到50%以上,创业企业家最多可获得40%的股份,私募股权投资者可拥有50%的股份,优先股和普通股转化比率为1∶1;如果盈利增长率超过60%,规定创业企业家最多可持有50%的股份,投资者得到40%的股份,转换比率下降为1∶0.8。当预定盈利率不能实现时,私募股权投资机构的股份比例将大大增加,创业家存在着失去控制权的危险。这种灵活的转换条件将改变风险和收益,会减少创业家在开始时对企业价值增加预期的高估,而激励他们去真正地实现价值增长。这就是通常所说的对赌协议。许多私募股权融资交易构造中,常常可以见到类似的对赌协议。

六、签约,交割,交易完成

当双方对所涉投融资条款达成一致后,即可进入签约环节。同时,投资者将会根据相关协议,将资金注入到拟融资企业。而拟融资企业也同时根据协议的规定,将相应的企业股份转让、变更给投资方。至此,交易完成。

七、资本退出

私募股权资本的最后阶段是资本退出环节,这是整个资本运作的关键,既是某一私募资本投资活动的结束,也是新投资行为的出发点。所谓私募股权资本退出,指的是在其所投资的企业实现增值以后,把之前所持有的投资企业的股份部分或完全减退从而转为资金,即股权的变现过程。对于私募股权投资而言,能否成功退出是其投资时所考虑的最重要的环节,因为这涉及私募股权投资是否能够顺利回收资本以进行再投资,同时,这一过程也关系到私募股权资本这一产业本身的健康发展。

(一)私募股权资本的退出方式

由于融资企业的成长过程、外部环境等存在着差异,私募股权投资的退出方式也存在着差别。概括来讲,私募股权资本的退出方式主要包括:IPO、收购退出、回购、二次售出和清算五种方式。

1.IPO退出

首次公开上市的退出方式,是指被投资企业成长到一定程度时,通过在证券市场首次公开发行股票,将私人权益转换成公共股权,在上市后的一段时间内,私募股权基金经理人逐步抛售手中股票,实现资本回收和增值。IPO被通常认为是最佳的退出方式。它可以使被投资公司的股权充分实现社会化和公众化,所带来的价值也最大,收益高;从私募股权投资机构的角度来看,IPO可以使它获得比较好的声誉,对于其日后募集到更多资金,选择项目投资都有好处;从被投资企业的管理者角度来看,企业上市在保住企业自身独立性的同时,也获得了在资本市场上持续融资的平台。

但是，任何事情总是有其利弊的，IPO 方式的退出有很多优势，毫无疑问也有很多缺点。首先，IPO 退出方式有着较高的门槛，每个国家对首次公开上市的企业都有诸多限制和要求，这就导致能满足上市条件的企业在众多私募股权投资企业中为少数，也只有那些非常优秀和有潜力的企业才能通过首次公开上市完成资本循环。并且企业在上市以后，就需要定期披露公司经营报告等，容易泄露一些信息，这些信息被其竞争对手利用就有可能给企业带来风险。其次，IPO 退出方式所耗费的时间成本和资金成本较高。公开上市一般需要雇佣大量的中介机构进行上市的相关准备工作，如会计师、投资银行、律师行等，这些费用一般约占到筹集资金总额的 10%乃至更高。再次，私募股权投资机构所持有的股份有一定的限售期，限售期内股价的波动也为收益率增加了一定的不确定性。比如我国规定，上市公司控股股东和实际控制人在公司首次公开发行股票上市后 36 个月内，经交易所同意，可以在受同一实际控制人控制的或转让双方存在实际控制关系的法人中转让所持股份。为适应全流通市场发展的需要，对于在发行人刊登首次公开发行股票招股说明书前 12 个月内以增资扩股方式认购股份的持有人，要求其承诺不予转让的期限为 12 个月，还要考虑到受宏观经济带来的影响。首次公开上市后，企业的经营业绩和发展潜力固然是导致股价波动的重要因素，但是宏观环境的态势对公司股价的影响也很大，熊市和牛市中同一家公司的股价差别很大，这也增加了私募股权投资者投资回报率的不确定性。

案例6-2

IPO 退出案例

李宁是世界体坛名声鹊起的中国运动员，在 18 年的运动生涯中一共夺得国内外大赛 100 多块金牌，在中国，李宁(Li－Ning)又是一个很有品牌影响力的运动品牌。李宁实现了从一个运动健将的名字向一个运动品牌的华丽转型，1990 年成立公司，数年后，李宁公司飞速发展。1999 年，李宁公司的销售额大约为 7 亿元人民币，远远超过耐克在中国的 3 亿销售额和阿迪达斯销售额。2001 年，中国品牌运动鞋市场中李宁公司市场占有率大约占比 12%，耐克大约占比 7%，阿迪达斯占比 7%，一时间，李宁公司风光无限。

在经历了 20 世纪 90 年代的品牌急速扩张后，李宁公司遭遇了发展瓶颈，一直不能突破成长上限，营业额停滞不前。李宁公司认识到，品牌重塑的道路势在必行，要想成为中国的第一，必须成为国际品牌。为了满足企业进一步做大做强的战略目标，李宁公司于 2003 年 1 月，引入新加坡政府投资公司和中国鼎晖，两家公司根据股权投资协议，分别以 1 500 万美元及 350 万美元认购公司股份，分别持有公司 19.9%和 4.60%的股权。在 PE 资本加入后，PE 协助李宁公司在海外注册公司以及收购改组等一系列资本运作，并引导李宁公司选择改组为全外资企业在境外上市的路径。公司在此后财务表现优异，2004 年 6 月 28 日，李宁公司在香港联交所成功上市，两家 PE 公司通过 IPO 的方式退出投资项目，项目投资回报超过 10 倍。

2.收购退出

在收购退出中，整个公司的资产(或股权)将出售给第三方，第三方通常为战略收购者，其在规模上比被投资企业大很多。收购退出中的买方一般是为了合并被投资公司的资产、人才或者技术，以获得战略、经营或财务上的某种协同效应。收购退出也有可能是因为被投资企业与私募股权投资者之间的协议。例如，如果被投资企业在一个约定的期限内没有上市，私募股权投资者将有权要求原有股东和自己一起向第三方转让股份，原有股东必须按私募股权投资者与第三方谈好的价格和条件向第三方转让股份。

企业并购退出方式与其他退出方式相比，一个最明显的可能优势就是预期产权出售后所产生的协同效应，进而增加私募股权投资者的退出收益。但是在并购中，由于企业的创始人有可能会失去控制权，这使其在前期会避免此种退出方式。同时，对于私募股权投资者来说，并购不利于其投资机构的声誉。因为作为逐利性质的私募股权投资机构，如果认为该企业发展前景良好，是不会轻易地转让给他人的，那么转让给他人可能被外界解释为企业存在问题，或者是该私募股权投资者所提供的资金难以满足企业的当前发展，这会向市场传达一个不利的信号。

案例6-3

收购退出案例

上海英孚思为信息科技股份有限公司成立于2003年，注册资本人民币3 600万元，是汽车行业最优秀的应用管理软件供应商之一。公司定位为专业的汽车行业业务咨询服务供应商以及专业的汽车行业应用解决方案供应商，为汽车流通企业和整车制造企业提供专用管理软件及咨询服务整体解决方案，帮助汽车行业企业优化业务流程、建立以客户为中心的精益管控模式、有效提升市场竞争能力。公司2009年9月引进东方富海等PE战略投资者注入资金3 850万元，2010年6月用友全资收购上海英孚思为信息科技股份有限公司，PE战略投资者通过收购的退出方式全额退出投资项目，总成交金额7 502万人民币，9个月的时间东方富海等PE战略投资者获利94.9%。

3.二次售出退出

在二次售出中，私募股权投资者将其持有的股份出售给第三方，第三方通常是战略收购者，有时也会是另一家风险投资者或私募股权投资者。在种子期、起步期、成长期、扩张期，甚至到成熟期的各个阶段中，都会有不同投资主体的介入。因为不同风险投资者或私募股权投资者的偏好和关注阶段不同，风险投资者一般比较擅长投资的初期运作，私募股权投资者则比较擅长投资的后期运作；也有可能是由于不同风险投资者或私募股权投资者对被投资企业未来发展前景的预期存在不同的观点。二次出售在某种意义上也可看作一种财务性股权转让，即当私募股权投资企业发展到一定阶段后，如果原投资的私募股权基金存续期届满，或因为种种原因使得收益需要变现，此时原私募股权投资机构将所持股份转让给另一家私募股权投资公司，而原投资者实现退出。

二次售出的退出方式与收购退出方式的区别在于二次售出仅将私募股权投资者所持的股份出售给第三方，而被投资企业的其他投资者（所有者）并未出售其所持股份。收购的退出方式则是将整个公司的股权全部出售给第三方。

4.管理层回购退出

在回购中，指私募股权投资企业的管理层或者其他合伙人通过现金、票据等有价证券向私募股权投资基金回购企业股份,从而使投资资本顺利退出的行为。回购的发生很可能是由于被投资企业无法达到合约中的特定条款:①如果被投资企业在约定的期限内没有上市,其管理层将被迫以约定的价格买回私募股权投资者所持的全部或部分股权;②虽然在约定的期限内被投资企业可以上市,但是由于其盈利不够,以至于它上市后的市值没有达到一个约定的数值,即没有达到一个合格 IPO 的条件,回购也可能发生。

对私募股权投资基金而言,以管理层回购的方式实现退出更容易获得一个合理的脱手价格。同时,管理层对企业的情况非常了解,这就使得回购过程中的谈判、签约成本得到降低。但是与首次公开上市相比,管理层收购的收益率较低。并且管理层回购可能给资本市场传递一种信号,即私募股权投资机构不太看好该企业的发展前景,甚至是无法找到合适的下家接手而只能进行管理层回购,这会给企业未来的融资等行动带来消极影响。在某些情况下,管理层回购也会导致企业家个人负债率增加。由于管理层拥有的财富通常相对有限,如果他们进行大幅收购,大部分收购资金要靠借款,这就会导致大量的债务成本,因此企业家需要一个稳定的现金流才能满足偿付要求。如果在回购后企业运转出现波动,管理者个人资金压力将增大,抗风险能力则会降低。

案例6-4

回购退出案例

哈尔滨光宇蓄电池有限公司成立于 1999 年,注册资本 3 500 万元,是光宇国际集团的核心子公司,专业生产固定型阀控密封铅酸蓄电池,为国内同类产品中设备最先进、技术最领先、规模最大的专业生产企业。2003 年资产总值达 14 亿人民币,现有员工 3 700 余人,其中各类专业技术管理人员 816 人。其已是在国内外拥有 10 家子公司,5 家关联企业和光宇研究院、光宇博士后科研工作站,以及多家海外办事机构近千个营销服务网点的专业从事研究、开发、生产蓄电池、锂离子可充电电池等电源产品为主的多元化产业集团。

2007 年光宇集团提出进一步提高企业国际化程度,成为"全球最大的蓄电池产品制造企业之一"的发展目标,为健康发展奠定基础,改进公司治理与国际惯例接轨,企业提出筹集发展所需要资金的融资计划,并准备于 2009 年在海外上市。2007 年 3 月九鼎投资公司与哈尔滨光宇蓄电池公司达成战略投资计划,一次性投入 2 789 万元人民币,支持光宇蓄电池的核心战略发展规划。但是,市场情况复杂多变,光宇蓄电池公司海外上市存在很大变数,2010 年年底,九鼎投资与哈尔滨光宇蓄电池公司经协商,哈尔滨光宇蓄电池公司以 3 800 万人民币回购九鼎投资股份,九鼎投资以股份回购的方式退出投资企业,两年半的时间投资回报率约为 36%。

5.破产清算退出

破产清算是私募股权投资各方最不愿采用的一种方式,也是投资失败后最无奈的退出方式。因为私募股权投资自身的高风险性,不是每一笔私募股权投资都能以 IPO 或企业产权出售的方式退出。当投资企业成长缓慢或者市场出现较大波动,使得项目成功的条件难以成立时,破产清算可以保证收回一定比例的投资,减少继续经营的损失,使得投资基金损失最小化，将退出的资金和富余的人力投入到下一个有发展潜力的项目中，以实现未来可能的资本增值。但是，破产清算一般耗时较长，涉及烦琐的法律程序，因此退出成本较高。更让投资机构不愿意采用破产清算这种方式的原因是它会向市场传达一种不利的信号：该投资机构筛选项目能力较差。而这种信号会给私募股权投资机构在下一次投资时带来一定的阻力。所以现实中很多投资机构有时会宁愿坚持不收回投资资金，也不愿在最恰当的时间选择破产清算退出。

案例6-5

破产清算退出案例

批批吉服饰有限公司（简称 PPG），2005 年 10 月 24 日正式在上海成立，PPG 借助高速发展的互联网技术应用、借鉴直销模式的高效传递，创新性融合传统零售业和现代化网络电子商务模式，采用优化的直效营销方式，区别于传统的渠道分销模式，不开设任何线下的门店，不自己生产任何衬衫，只通过邮购和网络直销衬衫，将生产和物流统统都外包出去，应用现代商务的统一品牌战略管理理念，完全呈现了一种全新的高效商业管理模式。公司开业两年的时间，营业额达到 10 多亿人民币，2007 年迅速跻身国内衬衫市场的前三甲，势头直逼连续 12 年占据国内衬衫市场老大的“雅戈尔”。

开业约两年的时间内，PPG 就获得三轮风险投资：第一轮融资由华盈创投和集富亚洲于 2006 年 8 月联合投资 600 万美元，获总股份 20%的股权；第二轮融资由美国 KPCB 风险投资公司于 2007 年 4 月投资 1 500 万美元，获总股份 20%的股权；2007 年 12 月三山投资公司击退其他竞争对手，向 PPG 投了超过 1 500 万美元的资金，获总股份 10%的股权，PPG 创始股东及高管占总股本 50%的股份。三山投资宣称选择 PPG 是因为很看好其市场、模式及团队，并提出 PPG 计划 2009 年去到美国纳斯达克上市的宏伟蓝图。

有了风投助阵的 PPG 如虎添翼，PPG 秉承广告轰炸战略，在媒体上开始了大规模的广告投放，对重点市场北京、上海等地狂轰滥炸，仅 2007 年广告投放总额达 2.3 亿元。

但是，到了 2007 年 11 月，法院的传票接二连三地针对 PPG，网络上众多“PPG 消费者”纷纷发出指责，过去对 PPG 褒奖有加的公众语境立即倒戈相向，PPG 的品牌形象犹如坐上了过山车。2007 年以来纠纷不断的 PPG 终究未能熬过 2009 年的严冬，2009 年 12 月，批批吉服饰有限公司彻底关闭，因为拖欠债务而登上了法院的查封名册，其银行账户被冻结，公司进入破产清算，PE 共投资 3 600 多万美元遭受重大损失。

（二）私募股权资本退出方式的影响因素与选择

从成本收益角度出发，下面对各种可能影响私募股权投资退出时间和退出方式的因素进行分析，以更好地掌握在现实环境下如何选择私募股权资本的退出方式。

1.信息不对称所引发的成本

由于不同退出方式中买方解决信息不对称的能力不同，对卖方股权售价的折价程度也存在区别。因此，私募股权资本在退出时会倾向于选择可以更好解决信息不对称的买方，从而获得更高的估价。下文就信息不对称所引发的成本因素，讨论私募股权投资者对各种退出方式的偏好程度。

在IPO退出方式下，由于上市后公司的股权较为分散，中小股东收集信息的动力不足，因为他们会倾向于选择“搭便车”行为，而不愿意承担较大的信息收集成本，尤其是对新兴行业或高新技术行业来说更是如此。IPO退出方式下的买方解决信息不对称并对公司正确估价的能力最弱。

在收购退出中，整个公司的资产(或股权)将出售给第三方，其买方通常是战略投资者。由于战略投资者通常与被收购公司处于同一行业或上下游行业，对公司的经营状况、技术、产品价值、行业前景、市场前景等信息比较熟悉，因此能够更好地解决信息不对称问题，并对公司形成合理估值。收购退出方式下的买方解决信息不对称并对公司正确估价的能力最强，这种能力在高新技术产业中更为突出。

二次售出中的买方通常是战略投资者，具有较强的行业、公司分析判断力。但是，由于这种退出方式中买方只购买私募股权投资者所持股份，他们的谈判地位低于收购退出中的买方，收集企业内部信息的动力和能力也相应被削弱，因为这种退出方式中买方解决信息不对称的动力和能力通常与其所购股份占比重的多少成正比。因此可以认为，二次售出中买方解决信息不对称的动力和能力比收购退出的方式弱，但总体上比IPO退出方式的买方强。

由于回购退出中的买方通常是公司的管理层或企业家，他们可以获得公司完整的经营财务数据、资料，相比其他退出方式有效地减少信息收集上的不足，在一定程度上降低信息不对称，因此可以对公司形成较为合理的估价。但是，与私募股权基金经理人等专业投资人士相比，他们还是相对缺乏对市场敏锐的洞察力和对财务数据精确的分析判断力，难以充分利用掌握数据资料对公司进行非常合理的定价。

结合上述分析，私募股权投资者对各种退出方式的偏好程度从强到弱依次是：收购退出、二次售出、回购、IPO。

2.买方投资后股权的流动性

流动性对于投资者而言非常重要，如果买方投资后所持的股权流动性很强，买方将愿意支付更高的价格，从而提高私募股权投资的退出收益。

在各种退出方式中，IPO方式中买方所持的股权具有较强的流动性。因为IPO之后，公司的股票可以在证券市场上挂牌交易、自由买卖，这将为买方提供很多潜在的投资者，降低其将来寻找投资者的成本。同时，如果该国的股票市场很完善、成熟，那么买方将来抛售股票所造成的价格下跌幅度会降低。总而言之，IPO方式可以为买方提供较强的流动性，减少其潜在的退出成本。因此，单从买方投资后股权的流动性分析，私募股权投资者会更青睐于以IPO方式退出。此外，流动性最差的是回购的退出方式。

3.交易成本

私募股权投资退出时以及退出后发生的交易成本是影响私募股权售价的一个重要因素。交易成本主要由以下几个方面构成：①寻找买主以及买卖过程中发生的费用；②买卖双方关于达成合约条款等相关的谈判费用；③买方修订被投资公司章程所发生的费用，主要涉及控制权的归属、管理层的激励约束机制等。不同退出方式的交易成本不同。

IPO退出方式中的交易成本相对于其他退出方式而言是较高的。这是因为各国证券监管当局为了保护广大投资者的利益，通常会设定一系列相对严格的上市要求，公司只有满足相关要求才可以在股票市场挂牌上市。即 IPO 的公司必须承担与投资银行、律师事务所、会计师事务所等相关的巨额费用和 IPO 之后增加的披露信息成本。因此,单从交易成本因素分析,IPO 不是私募股权投资者偏好的退出方式。

与 IPO 退出方式相比,除 IPO 以外的其他退出方式将股份出售给私人投资者所发生的交易,就不用花费大量的成本满足证券监管部门的相关上市要求,因此可以大大节省与之相关的各种费用。同时,由于买方是实力较强的投资者,具备较好的分析判断和价值评估能力,可以减少 IPO 中的各种隐性成本。

4.管理者激励

股东往往通过股权和期权安排使管理层的利益和股东的利益趋于一致,从而实现对公司管理层的激励。下面就管理层的激励成本和激励效果因素来讨论私募股权投资者对各种退出方式的偏好程度。

当私募股权投资以 IPO 方式退出后,管理层可以获得一定比例的公司股权和股票期权,从而将管理层的利益与被投资企业的价值增长、股价的市场表现(股东利益)统一起来,激励管理层努力工作以增进企业价值。因此,IPO 退出会对管理层产生较好的激励效果,在一定程度上减少买方的公司治理成本,是私募股权投资者偏好程度较高的方式。

由于在收购退出中,整个公司的股权将出售给买方(战略投资者),被收购公司的管理层不再拥有公司股权,但通常会获得一定比例的买方公司股权,使得管理层间接拥有本公司股权。从而导致被收购公司的经营表现对买方公司的整体业绩不会产生太大影响,这会削弱买方公司的股价对管理层的激励效果,提高激励成本。因此,单从对管理层的激励效果分析,收购退出不是私募股权投资者乐见的退出方式。

由于二次售出中只出售私募股权投资者所持的股权,管理层的持股比例以及被投资公司的股权性质并未发生变化。因此私募股权投资者的退出与买方的进入并不会对公司管理层的激励产生明显影响。

由于回购退出后被投资公司仍然不是上市公司,因此管理层并没有面临股票价格市场波动的压力。由于回购之后管理层拥有公司大部分的股权,管理层的利益与公司的价值达到高度一致,从而对管理层形成有效的激励。同时,由于回购通常是通过大额举债实现的,这会大大提高公司的财务杠杆,加剧公司的债务负担。迫于清偿债务的压力,管理层会努力改善经营,提高效益,从另一个角度对管理层形成激励。因此,单从对管理层的激励效果分析,回购可以对管理层形成较好的激励。

5.协同效应

如果买方公司能够与被投资公司形成良好的协同效应,买方将愿意支付更高的价格,私募股权投资的退出收益相应提高。由于不同退出方式下的协同效应不同,下面就协同效应因素来讨论私募股权投资者对各种退出方式的偏好程度。

以 IPO 方式退出,被投资公司并未与其他公司合并,因此不会产生直接的协同效应。但是,由于 IPO 后公司的股权相对分散,同时股票可以在证券市场上自由买卖,这将提高公司被敌意收购以及获取较高收购溢价的可能性,即有可能获得间接的协同效应收益。如果股票市场是一个理性预期市场,那么上述的潜在优势就会反映在被投资公司的 IPO 价格中。因此,IPO 在一定程度上可以实现间接的协同效应,是相对较好的退出方式。

由于收购退出中的买方通常是战略投资者，收购的主要目的是为了获得协同效应——经营协同效应、管理协同效应以及财务协同效应。买方通过收购可以在技术、产品、销售渠道、客户群体、企业管理，甚至企业文化等方面取长补短，实现协同效应。协同效应的存在会提高买方愿意支付的价格，形成溢价。但是，溢价的分配取决于买卖双方的谈判能力、谈判地位以及所拥有的信息状况，由于私募股权投资者拥有更丰富的谈判经验，分得更多溢价的可能性更高。所以与 IPO 退出方式相比，在协同效应方面收购退出更优，因为 IPO 退出的协同效应的实现是一种预期行为，具有不确定性。

由于二次售出中的买方只购买私募股权投资者所持股权，因此限于所持股权比例的多寡，买方不一定可以顺利地将被投资公司的资产同自己公司的资产相结合以获得协同效应。当然，如果买方是战略收购者，那么他将来会采取措施收购被投资公司的剩余股权，实现两家公司资产的结合，从而获得协同效应。因此，同 IPO 退出方式类似，二次售出中协同效应的取得也是预期行为，具有不确定性。

回购是公司管理层将私募股权投资者所持的股份重新购回，并未与其他公司相合并，因此不会产生直接协同效应。并且，由于退出后被投资公司不是上市公司，不具有 IPO 退出方式中所列的各种优势，例如，公司影响力的扩大、强制信息披露的好处等，因此，单从协同效应的获得来分析（包括直接协同效应和预期协同效应），回购是不受欢迎的退出方式。

关键词

私募股权融资　金融资本　风险资本　私募股权投资基金　产业资本　战略投资者　财务投资者　商业计划书　私募股权资本退出

思考练习题

1.什么是私募股权融资？根据融资企业的发展阶段，私募股权融资主要可分为哪几种类型？

2.与银行融资和公开上市融资这两种方式比较，私募股权资本有何特点？

3.试比较战略投资者和财务投资者的特点，在实务中企业应该如何抉择？

4.简述私募股权融资的基本流程。

5.私募股权资本的退出方式主要有哪些？在选择私募股权资本的退出方式时，需要考虑哪些影响因素？

案例分析题

[分析题 1]

资料：1999 年 1 月 13 日，因为性格和多方面的利益冲突，伊利股份的副总裁牛根生因为与伊利集团的其他高管不合而离开了伊利集团，带着几个旧部下成立了蒙牛乳业有限责任公司。该公司的启动资金是 900 万元。同年 6 月，募股开始。并于 8 月 18 日，内蒙古蒙牛乳业股份有限公司注册成立，注册资本 1 398 万元。蒙牛在创业的第一个年头就实现了 3 730 万元的销售收入，2000 年销售收入达到 24 670 万元，2001 年升至72 400 万元，2002 年再升至 166 870 万元。在不到 4 年的时间里，在中国乳制品企业中的排名由第 1 116 位上升到第 4 位。如果要抓住乳业的快速发展机会，在全国铺建生产和销售网络，蒙牛将对资金有极大的需求。除了早期通过原始投资者投资一些资金之外，蒙牛在私募之前基本上没有大规模的融资。2001 年，蒙牛开始考虑上市渠道。首先蒙牛研究当时盛传要建立的深圳创业板，但是后来创业板没做成，这条融资渠道自然行不通。同时它们也在寻求在 A 股上市的可能，但是对于一家没有什么背景的民营企业来说，上 A 股估计需要好几年的时间，蒙牛根本就等不起。

摩根士丹利与鼎晖投资建议蒙牛团队引入私募投资者以使资金到位，并帮助企业成长与规范化，在企业成长发展到一定程度后就可以直接登陆香港主板市场。蒙牛团队在经过谨慎的研究后听从了摩根士丹利等私募股权基金的建议。2002 年 6 月，摩根士丹利、鼎晖投资、英联国际三家私募股权基金向蒙牛投资 2 597 万美元，占其 49%的股份。蒙牛与摩根士丹利等三家私募股权基金签署了投资意向：外资投入 2.16 亿元，占蒙牛 32%的股份。同时，摩根士丹利在开曼群岛注册了“开曼公司”。

2002 年 9 月，蒙牛的发起人在英属维尔京群岛注册成立了金牛(BVI，在英属维尔京群岛注册的海外离岸公司)。同日，蒙牛的投资人、业务联系人和雇员注册成立了银牛(BVI)。这是摩根士丹利等在境外注册的几家壳公司中最重要的两家。金牛和银牛各以 1 美元的价格收购了开曼群岛公司 50%的股权，而作为开曼公司全资子公司的毛里求斯公司，也随即设立。同年 10 月，摩根士丹利等三家国际投资机构以认股方式向开曼公司注入约 2 597 万美元，取得了该公司 90.6%的股权和 49%的投票权。根据开曼公司法，公司的股份可以分成 A 类和 B 类，A 类一股有十票投票权，B 类一股有一票投票权。因此，蒙牛与金牛、银牛在开曼公司的投票权是 51%∶49%，股份数量比例是 9.4%∶90.6%。开曼群岛公司以战略投资者提供的 2 597.37 万美元认购了毛里求斯公司 98%的股份，毛里求斯公司又利用此笔资金从蒙牛的法人股东和部分自然人股东手中收购了其 66.7%的股份，至此蒙牛第一轮引资与股权重组完成。

根据外资与蒙牛管理层之间的对赌协议，如果蒙牛管理层没有实现蒙牛的持续高速增长，开曼公司及其子公司毛里求斯公司账面上剩余的大笔投资现金将要由投资方完全控制，并且投资方将取得蒙牛股份 60.4%的绝对控制权(其中，60.4%＝90.6%×66.7%)；如果蒙牛管理层实现蒙牛的高速增长，一年后蒙牛系可以将 A 类股按 1 拆 10 的比例转换为 B 类股。这样，蒙牛管理层可以实现在开曼公司的投票权与股权比例相一致。即蒙牛占开曼公司 51%的股权。2003 年 8 月，蒙牛管理层提前完成任务，赢得了胜利。因为事实上，从 2002 年年底的 16.687 亿元到 2003 年年底的 40.715 亿元，蒙牛的销售收入增长了 1.5 倍。2003 年 9 月 19 日，蒙牛系的 A 类股全部转化为 B 类股，持有开曼公司 51%的股权和投票权。蒙牛系持有蒙牛股份的股权为 67.32%[51%×66.7%＋(1－66.7%)＝67.32%]，外资持有蒙牛股份为 32.68%(49%×66.7%＝32.68%)。

在上市之前的 2004 年 5 月 14 日，摩根士丹利等投资方和蒙牛管理层持有的金牛公司达成了一份股权调整协议。根据股权调整协议的规定，在截至 2006 年为止的 3 年内，蒙牛的年复合盈利增长率如果低于50%，金牛公司将会转让用一定公式计算所得的某一数量股份(也可以用现金代替)给摩根士丹利等3家机构投资者；蒙牛的年复合盈利增长率如果高于50%，摩根士丹利等3家机构投资者将会转让用一定公式计算所得的某一数量股份给金牛。双方规定，无论如何转让，涉及的股份总共不得超过7 830万股(占已发行股份的7.8%)。在接下来的1年时间里，蒙牛的发展状况已经远远超出了“对赌协议”预定的盈利目标。2004年6月，蒙牛乳业在香港主板成功上市。三家机构共发售3.5亿股，获得206倍的超额认购，这给蒙牛的融资故事画上了一个完美的句号。上市后，蒙牛管理团队最终在上市公司持股54%，国际投资机构持股11%，公众持股35%。2005年3月，鉴于蒙牛业绩迅猛增长，摩根士丹利决定提前终止对赌协议，兑现奖励给蒙牛管理层的6 000多万股股份。这样的变化调整，无疑大大减轻了蒙牛的发展速度压力，使其管理层能够根据市场实际情况做出发展决策，而不必为了实现超速增长，仓促打响收购其他竞争对手的并购战。

在蒙牛的融资过程中，摩根士丹利等国际投资机构两轮共投入了6 120万美元。上市的时候共出售了1亿股蒙牛的股票，套现3.925亿港元；2004年12月，出售1.68亿股，套现10.2亿港元；2005年6月，最后出售2.5亿股(未计入其帮助金牛出售的6 261万股)，套现12亿港元。三次套现总金额高达26.125亿港元，摩根士丹利等国际投资机构的投入产出比近550%。

要求：(1)根据上述资料，结合已学的知识，分析私募股权融资对蒙牛集团发展的意义。

(2)试解释摩根士丹利投资团队为什么要与蒙牛管理层签订对赌协议。

[分析题2]

资料：雷士照明由吴长江、杜刚和胡永宏于1998年在惠州注册成立，其核心产品为光源产品、灯具产品及照明电器产品，主要从事照明产品的设计、生产和销售。企业在创立之初便将成为行业的领导者作为自己的发展目标，以差异化作为企业的发展战略，在行业中迅速崭露头角，并成为国内照明行业的领军企业。并于2010年5月公司在香港上市，2011年其全年收入达5.9亿美元，其中国内收入占77.3%，海外市场贡献22.7%。公司共拥有五个生产中心，其中广东惠州工厂和重庆万州工厂主要生产灯具产品，浙江江山工厂专注于光源产品，位于上海的工厂主要生产照明电器产品。其研发中心分别位于广东惠州和上海，前者主要负责灯具产品的新品设计，后者主要重心在于光源产品的节能技术和照明电器的研发。

早在2004年，雷士就经历了一次控制权之变。上市之前的纷争发生在创始股东之间，结果使得三位曾经同甘共苦的兄弟分道扬镳，其中两位以股转债的形式，彻底退出了雷士照明，雷士的舞台中央只剩下了吴长江，以胜利者的姿态活跃在公众视线中，意气风发。

1998年，吴长江、杜刚和胡永宏分别出资45万元、27.5万元、27.5万元成立了雷士照明，分别占股45%、27.5%、27.5%。从这种股权结构来看，吴长江是大股东，但杜刚和胡永宏合计55%的股权，可以起到制约大股东吴长江的作用。彼时，杜刚在总部管理内部事务，吴长江负责生产，胡永宏管理销售渠道，对外由吴长江代表企业。正是在这样“有约束的控制权"下，三人齐心协力，迅速做大企业，第一年营业额便达到了 3 000 万，此后公司以每年翻番的速度快速成长。

随着企业逐渐壮大，股东之间却出现了裂痕。2002 年，吴长江将自己一部分股权无偿转让给杜刚和胡永宏，三人形成各占 33.3%股权的均衡状态。但是三人之间的裂缝并没有因为股权的调整而愈合。2004 年，吴长江坚持要对销售渠道进行改革，选择优势的经销商在全国成立多个运营中心，但是这一提议遭到了杜、胡二人的坚决反对，并最终导致了三人公开决裂，吴长江骑虎难下，被迫签署协议，以 8 000 万分手费离开公司。然后杜刚和胡永宏召开经销商会议稳定运营，却鲜有经销商到会。当晚，吴长江在惠州举行另一场经销商会议，拉拢经销商为自己的盟军。由于吴长江在经销商会议现场保证维护经销商的利益，一些经销商也惧怕于吴长江的强势态度，担心站错队伍的后续不利结果。因此后来全国各地两百多名经销商聚集雷士总部，与公司高层协商，最终经销商以举手表决的形式，全票通过吴长江回归，杜、胡两人同意以 1.6 亿的价格出售股份离开，吴长江获得 100%的雷士控制权。

2004 年，得到了经销商的充分支持，吴长江牢牢把握着雷士经营大权，却依然难逃控制权争夺的窘况。2012 年的这次控制权事件，历时 8 个月，较前次影响范围更广，持续时间也更长。2012 年 5 月 25 日，雷士突然公告吴长江辞去董事长、执行董事和 CEO 职务，其职位由赛富资本的阎炎接任董事长职务，张开鹏被任命为 CEO。尽管吴长江和阎炎在微博中竭力解释创始人和董事会之间没有矛盾分歧，吴长江也不是因为对赌失败出局，但雷士当天的股价还是下跌了 20%。2012 年 6 月 22 日，吴长江首次接受媒体采访，证实曾协助有关案件的调查并确认自己现在已经可以重回雷士。然而，阎炎却回应称董事会欢迎吴长江回归是有条件的，吴长江必须答应董事会三个条件：必须跟股东和董事会解释清楚被调查事件；必须处理好所有上市公司监管规则下不允许的关联交易；必须严格遵守董事会决议。吴长江公开表示不接受阎炎提出的三条"罪状"，同时声称自己辞职是被投资人所逼迫。

在实体经营层面，雷士的员工开始罢工声援吴长江。2012 年 7 月 13 号，雷士重庆总部、惠州和万州工厂的员工开始了持续两周的罢工。在 7 月 27 日罢工停止后，紧接着又出现了员工辞职潮，惠州工厂约 102 名员工和万州工厂约 55 名员工提出辞职。同时，渠道商也开始停单，以支持吴长江阵营。7 月 13 日起两周时间内，36 家一级经销商停止订单，以表示对董事会阻拦吴长江回归的抗议。供应商方面，万州和惠州工厂 50 名原材料关键供应商中约 25 名表示不再向雷士提供原料，这也直接导致刚复工不久的雷士工厂，因为存货不足而停产待料。8 月份，公司管理层人事变动剧烈，董事会中三名董事相继辞职，在高层管理队伍中，大项目首席运营官、副总裁徐风云和浙江三友总经理刘双龙相继辞职。

2012 年 8 月 14 日，公司董事会发布公告，对员工和经销商、供应商所提的条件进行了回复，并公布了董事会独立委员会对吴长江本人称职调查的结果。调查结果显示，董事会拒绝了吴长江重回董事会的要求。在回归雷士的请求被董事会否定以后，8 月 18 日，吴长江在其个人微博中表示，将提请召开特别股东大会，重组董事会。8 月 20 日，吴长江以大股东身份会见了雷士照明管理层，并召开了雷士供应链大会，以稳定军心。8 月 28

日公司公告披露，吴长江和阎炎之间已就吴长江回归事宜展开讨论，商讨吴长江重回雷士后的角色安排。9 月 4 日，雷士公告披露董事会设立临时运营委员会，吴长江任负责人。9 月 5 日，刚刚上马的吴长江立即召开雷士营销大会，明确了雷士第四季度的销售目标，雷士将全力以赴冲刺业绩。

要求：(1)请进一步查阅雷士照明的相关文献资料，深度剖析该案例中导致雷士照明控制权争夺事件的根源。

(2)你认为创业者在引入私募股权资本时如何防止控制权丧失？

第七章 股票上市

学习目标

1.掌握公司上市动因、时机和方式，借壳上市动因和交易结构；

2.熟悉 IPO 发行程序和上市条件，股票发行定价，以及股权再融资的价值效应；

3.了解境内资本市场的特点，股票发行审核制度和境外上市条件与模式，股权再融资的一般程序和条件。

开篇案例

绿地集团成功上市的经验启示

绿地集团成立于 1992 年，在以张玉良为首的创业团队的带领下，经过 20 余年的发展，已成长为以房地产为主业，包括能源、汽车、金融等产业的多元化特大型企业集团。截至 2013 年 12 月 31 日，绿地集团的总资产为 36 767 814.18 万元，归属于母公司的所有者权益为 3 293 773.65 万元，2013 年度实现营业收入 25 218 185.62 万元，在 2013 年《财富》世界 500 强排名中位列第 359 位。高速的规模扩张和经营业务的多元化，使绿地集团非上市公司背景短板突显，依托资本市场成为其持续发展壮大的必由之路。受制于《公司法》对股份公司发起人数的限制、《证券法》对上市公司发行在外股份数的要求以及 IPO 审核制度、A 股市场高波动性和房地产行业政策调控等诸多因素的影响，绿地集团的上市之路异常艰难。然而，绿地集团以精湛的谋划和设计，冲破层层障碍，于 2015 年成功地登录 A 股市场。

1.以嵌套式有限合伙企业替代职工持股会，解决员工持股问题。我国《证券法》不认可职工持股会作为上市公司持股主体，同时又规定股份有限公司的发起人股东数不得超过 200 人。1997 年 3 月绿地集团改制时，向职工募资并设立职工持股会，后经多次增资扩股和股权转让、变更和划转，截至 2013 年年末职工持股会持股比例为 36.43%，成员有 982 人。为数不少的员工持股的公司，为了能上市，不是强制职工退股，就是让高管层代持或强行买断。绿地集团以嵌套式有限合伙企业解决这一问题，为首创。具体操作方法是：先由绿地集团管理层 43 人出资 10 万元共同设立一家管理公司格林兰投资，绿地集团董事长张玉良持股 30%并出任其法人代表，其他 42 位高管每人持有 1.66%的股份；然后，格林兰投资作为执行合伙人与 982 职工持股会成员成立 32 家有限合伙企业；格林兰投资再与这32家企业共同出资设立上海格林兰,并通过吸收合并职工持股会的方式继承职工持股会的权利和义务。正是通过双层有限合伙设计,上海格林兰替代职工持股会成为绿地集团的第一大股东。

2.以反向收购方式借壳上市,回避公司业务组合障碍。绿地集团是一家以房地产为主业的特大型多元化企业集团。中国资本市场IPO的通道极为狭窄,且常因市场的波动或制度变革处于暂停状态,加之政府对房地产业经常性的调控,使房地产企业的IPO变得更难。2007年,中国证监会又通过窗口指导的形式暂停了房地产企业IPO申请受理。规模庞大、以房地产为主业的绿地集团的IPO,需要等待合适的时机,耗时漫长且风险较大。为此,绿地集团果断地放弃IPO选择以反向收购方式借壳上市。具体的做法是:以上海地产集团旗下市值仅为287 149.33万元的上市公司金丰投资为壳,由其以定向增发股份方式向绿地集团全体股东购买价值6 673 205.00万元的股权,以间接方式上市。

3.引入私募股权投资者,解决股权结构问题。《证券法》规定40 000万股股本以上的上市公司,发行在外的股份不低于10%。交易前,绿地集团的第一大股东职工持股会持有36.43%股份、上海国资委旗下的上海地产集团和上海城投总公司分别持有34.68%和26.00%股份,上海地产集团又是金丰投资的第一大股东。如果直接进行交易,上海格林兰、上海地产和上海城投三大股东将合计持有上市公司94.63%股份。为此,绿地集团在上市前的2014年1月,按每股5.62的价格向平安创新资本、鼎晖嘉熙、宁波汇盛聚智、珠海普罗、国投协力等5家机构投资者发行208 700万股股份,占反向收购前公司总股本的21.49%。引入PE后再进行反向收购交易,上海格林兰、上海地产和上海城投三大股东的持股比例下降到75.17%,发行在外的股份比例达到24.83%,符合《证券法》规定的上市条件。

4.以不构成业务的反向收购交易,解决公司控制权问题。上海格林兰虽是绿地集团的第一大股东,在PE进入后其持股比例仅较第二大股东上海地产集团高2.4%,而上海地产集团是壳公司金丰投资的第一大股东。如果不进行资产置换直接反向收购,上海地产集团合计持有上市公司28.16%的股份,超过上海格林兰成为第一大股东。这样的结果,不仅绿地集团的管理层难以接受,也与正在推进的国企混合所有制改革方向相背离。绿地集团选择不构成业务的反向收购交易:即将壳公司金丰投资的全部资产及负债与上海地产集团持有的绿地集团等额价值的股权进行置换,以保住上海格林兰第一大股东地位,使上市后的绿地集团仍然是保持国有控股、管理层控制的混合所有制体制。

借壳上市,不仅使绿地集团获得了资本市场运作平台,为持续做强房地产主业、加快发展“大基建、大金融、大消费”等业务和完成国际化发展扎实了根基;而且107.17%的资产评估溢价和340.97%的认购股份价格上涨的乘数效应,让绿地集团的股东们实现了3.65倍的财富增值;壳公司金丰投资也由一家业绩平平的上市公司嬗变为绩优大蓝筹,2013年6月28日至2015年6月30日期间公司股票的超额收益率高达279.76%,流通股股东的投资收益也极为丰厚。绿地集团的上市是成功的,其操作经验极具借鉴意义。

第一节　概述

股票上市是指股份有限公司公开发行的股票经批准在证券交易所挂牌交易。按照国际通行的做法，非公开募集发行的股票或未向证券交易所申请上市的非上市股票，应在证券交易所外的店头市场（OTC）上流通转让，只有公开募集发行并经批准上市的股票才能进入证券交易所流通转让。经批准在交易所上市交易的股票称为上市股票，该股票的发行公司也就成为上市公司。

到资本市场上市，是许多发展成长到一定阶段的企业的诉求。大多数企业在创业初期都是以独资、合伙或有限责任公司的形态出现。但对于那些成功的企业而言，它们往往会发现随着公司的成长、规模的扩大，独资、合伙或有限责任公司在公司治理、筹资能力等方面存在诸多限制，会阻碍企业进一步做大做强。这种情况下，企业会倾向于让公司变更为股份有限公司，并在交易所挂牌交易成为上市公司，获得上市公司所具备的更强的融资能力和公司治理等方面的优势，资产证券化还会使公司股东的财富大幅增值。然而，也不是所有的企业适合上市。以美国市场为例，IPO 公司数量呈现逐年减少的趋势，与此同时，有越来越多的公司做出私有化决策。

一、股票上市的利弊

（一）股票上市的优点

到资本市场上市并筹措巨额的权益资金，对公司来说充满了诱惑，许多公司花费了巨大的财力和人力推动这项事业的发展。股票上市的优点主要有：

1.分散原始股东风险，提高股票的变现能力

当公司在经历一段时间的持续成长变得更有价值时，其创业者或管理层就会发现，其个人财富的大部分已同公司的价值紧密联系在一起了，这样的个人资产组合风险过大。股票上市后，他们就可以将其持有的部分公司股份售给其他投资者，再将所得到的资金投资到其他资产上去，以分散个人资产组合的风险。

非上市公司的股权由于无法在股票市场上公开交易，所以变现能力很差。但如果公司发行股票并上市交易，则可大大提高公司股权的变现能力，创业家或管理层手中所持有的股票就会变成流动性很强的资产，可在公开市场出售套现。微软公司的上市就属于此类型。微软公司上市时只发行了很少一点股票，称它上市的目的是为公司的经理和其他内部人提供流动性的便利，微软曾向这些人员分发股票作为报酬。

2.实现股东财富增值，增加融资便利

公司股权的证券化，能够实现股东财富的大幅增值，在中国资本市场更是如此。IPO 的第一个交易日是激动人心的，大多数股票在公开交易当日有较高回报，这是各国证券市场的普遍现象。在中国，由于受上市首日 44％及此后每日 10％的涨跌停幅度限制，这一过程有时可能会延续一段时间。

案例7-1

暴风集团股票发行

暴风集团股份有限公司是一家以“暴风影音”系列软件为入口，主要包括暴风影音PC端、暴风无线APP和暴风看电影视频浏览器等多终端的综合视频服务商，互联网广告为其主要盈利来源。2015年3月，公司以每股7.14元的价格首次公开发行A股股票3 000万股，计划募资2.1亿元用于互联网高清视频服务平台的升级与扩建和移动终端视频服务系统研发等项目，发行后公司总股本为12 000万股。3月24日公司股票在深圳证券交易所创业板上市，证券代码300431。上市以后，暴风科技从7.14元的发行价一路飙升，经历36个涨停到达327.01元的惊人价格，涨幅高达4 479.97%。此后，暴风科技股价震荡，6月11日起停牌，7月13日携10转12“归来”股价仍快速下挫，后有所回升，至2016年9月30日收盘价为60.04元(复权价为132.09元)。由此可见，虽然公司股票上市后价格波动巨大，但股权证券化仍然给暴风集团的股东们带来了巨额的财富增值。暴风集团2015年3月24日至2016年9月30日公司股票日K线如图7-1所示。

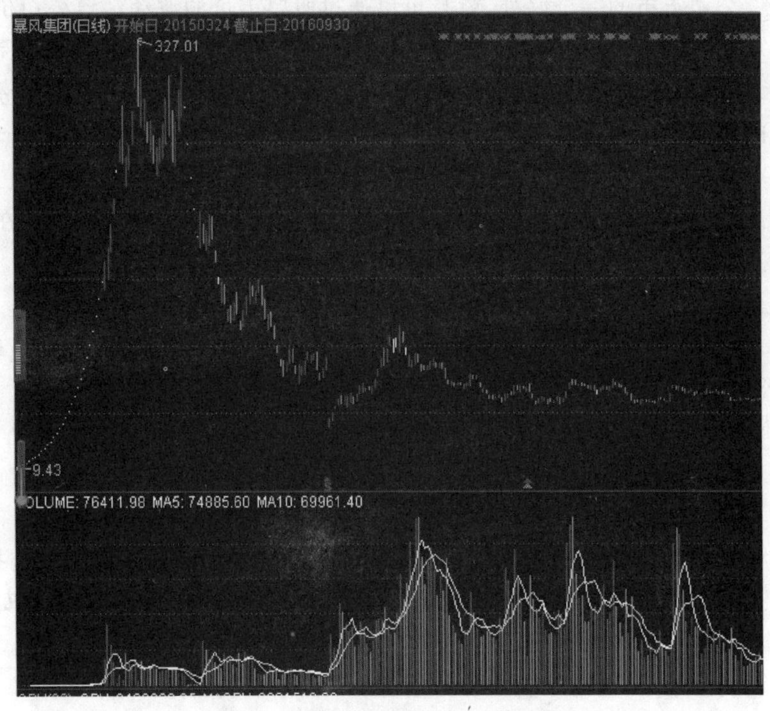

图7-1　暴风集团公司股票K线图

企业要做大做强，需要大量的资金，否则就是“无米之炊”。公司上市，不仅能在上市过程中筹措大量的权益资金，上市之后还可以在资本市场进行股权再融资或发行债券(在中国，按监管制度的规定，只有上市公司才能发行由证监会监管的公司债券，发改委监管的企业债券主要解决重点国有企业债务融资问题)，公司还能以股份质押方式从银行或其他金融机构筹得资金，极大地拓宽了公司的融资渠道与方式。非上市公司可供其选择的融资渠道与方式，远不如上市公司多。而且，由于股票上市必须经有关机构的审查批准并接受相应的管理，执行各种信息披露和股票上市的规定，增强了社会公众对公司的信赖，使之乐于购买公司股票，信息不对称的缓解也有助于降低资本成本。

3.促进公司治理完善，提高公司管理水平

上市过程中，公司的历史沿革、规范运作和治理结构等方面都需要进行清晰的梳理和规范，从而使公司在公司治理和规范管理等方面实现跨越发展与提升。上市之后，公司管理将从原来的产业平台进一步发展到资本平台，从原来的只需关注产业、市场变化发展到更要关注资本市场、关注社会公众投资者利益。公司管理层关注导向的变化，对企业治理和管理水平的提升提出了更高的要求，也为产业资本与金融资本互动发展创造了有利的条件。

4.提高公司的知名度，便于确定公司价值

股票上市后，公司为社会公众所知，并被认为是经营优良、实力雄厚的公司，良好的声誉会吸引更多的顾客，增强已有顾客的忠诚度，竞争优势得以提升。现代财务管理理论认为，公司财务应以企业价值最大化或股东财富最大化为目标。然而，非上市公司的价值确定十分困难。公司上市的一个好处，就是可以通过股票市价的波动观察公司价值的变动。如果资本市场有效，股票价格等于企业股权价值。现实的资本市场虽然并不完善有效，但绝大多数国家的资本市场，或为次强式有效，或为弱式有效，其股票价格波动是能够在一定程度上反映公司价值变化。在有效的市场上，股票市价是理性的市场投资者对企业价值形成的综合判断的直接表现。公司上市，便于确定企业价值，这有助于企业及时发现战略和经营管理中的不足，进行战略目标、经营方针和管理策略调整，从而行走在健康、持续地发展的轨道上。

(二)股票上市的弊端

然而，事物总是一分为二的。公司上市在带来好处的同时，也会可能会带来一些不利的影响，其弊端主要表现在：

1.稀释原有股东的控制权，降低公司决策的效率

上市成为公众公司后，原有股东的控制权会被稀释，在某些情况下甚至可能导致老股东失去对公司的控制。在公司已经上市的情况下，原来的控制者要想继续维持对公司的控制，可能就要付出更高的成本。在20世纪80年代，美国由于股票收购和委托书争夺战异常激烈，使那些没有控制过半数以上股份的上市公司股东（管理层）深感不安，为应付越来越大的资本市场投资者的压力，管理层经常会无奈地采取损害公司长期利益但却能提高公司短期利润的策略，这对于企业价值创造是极为不利的。

案例7-2

国美电器控制权争夺案

国美电器控股有限公司是我国知名的以家电及消费电子零售为主的全国性连锁企业，曾为中国家电零售行业龙头企业。2008年11月，时任国美电器董事主席黄光裕因非法经营和内幕交易被捕入狱。突如其来的变故，让国美电器一时陷入混乱。为应对危机，

公司委任总裁陈晓代理董事局主席。面对银行信贷收紧、供应商缩短结算周期，加上长期扩张导致的资金链紧绷，陈晓开始寻求外资帮助。2009 年 2 月，国美电器向全球私募股权投资公司贝恩资本发行 18.04 亿港元可转换公司债券。这笔债券融资在为国美电器带来急需现金的同时，也让黄光裕股权面临被稀释风险，尤其是融资协议中一系列苛刻附属条款，导致创始股东对以陈晓为代表的职业经理人信任危机。随后，国美电器董事会又决定公开发售不少于 22.96 亿股股票。虽然黄光裕可按持股比例等额配售，但狱中的他正面临资金短缺，而且留给他的时间也不多。2009 年 7 月，国美电器又推出了管理层股权激励方案，包括陈晓在内的 105 名管理层获得总计 3.38 亿股股票期权，约占已发行股本 3%。这引发了黄氏家族极大不满，与职业经理发生激烈的矛盾冲突。在 2010 年 5 月召开的年度股东大会上，黄光裕一怒之下在 12 项议案的表决中，连投 5 项否决票。2010 年 8 月，提请召开特别股东大会，但其动议的 5 个议案除撤销董事会配发股份授权通过外，其他均未能通过。大股东持股比例偏低，是诱发国美电器控制权争夺的关键因素之一。2004 年国美电器在香港联合交易所上市后，黄光裕持续减持股份以套现资金，截至 2006 年 6 月其持股比例仅为 33.98%。实际控制人被羁押和公司内部动荡，对公司经营管理产生了巨大的影响，在 2008 年被竞争对手苏宁电器超越，丧失家电连锁企业"龙头"的地位，公司股票价格持续在低位徘徊。

公司上市后，需要遵守更多的公司治理规范，所有重要的决策都需要经董事会讨论通过，重大的决策还需要由全体股东投票决定。相较于非上市公司，其决策效率会受到影响。而且，公司股票价格的短期随机扰动，也会给管理层带来很大的压力，可能出现为了股票的短期良好表现而做出不利于公司长期利益的决策。

2.上市需要支付相关成本费用，经营和财务等各类信息被强制披露

公司在上市过程中，需要支付资产评估费用、股票承销佣金、律师费、注册会计师费和材料印刷费等诸多的费用。有时，这些费用可能高达公司筹资金额的 10%。成为上市公司后，为维持上市地位，每年还需要支付大量的费用，如依法必须聘请会计师事务所审计定期财务报告，并提交给证券管理部门、政府主管机关及投资大众等利益相关者，审计费用、印刷并报送这些报告的成本相当可观。特别是对于小公司而言，这种信息披露成本更是一种沉重的负担。

案例 7-3

中国工商银行股票发行相关费用

中国工商银行股份有限公司于 2006 年 9 月 27 日开始首次公开发行 A 股招股，于 2006 年 10 月 27 日在上海证券交易所上市及交易。A 股公开发行初始发行规模为 300 000万股（A 股超额配售选择权未获行使前），发行价格为 3.12 元/股，募集资金总额为4 056 000万元（未含 A 股超额配售股票所募集的资金），发行费用总额约为92 509万元，其中承销费84 560万元、保荐费 500 万元、审计费2 800万元、律师费1 070万元、登记费 300 万元、路演推介费约1 164万元、印花税2 028万元等（均未考虑行使 A 股超额配售选择权的影响）。A 股每股发行费用为0.071元，A 股募集资金净额为3 963 491万元。

公司上市后，需要向投资者披露大量的信息，有些敏感的信息也不得不披露。公开信息可能会使竞争对手有机可乘，他们可以透过公司披露的信息了解公司的经营情况并制定出相应的对策，使公司在商业竞争中处于不利的地位。

此外，由于法律的规定，上市公司的一些内部人士，如公司董事、经理及主要股东等，必须对外公布其所持有的公司股份，也导致他们个人所拥有的财富曝光。

总之，是否上市并不只是拓宽融资渠道或稀释控制权那么简单，问清楚"为什么上市"，可能是每一家拟上市公司的股东和管理层需要三思的问题。

二、上市时机的选择

股票发行和上市需要承担一定的风险，这一风险不仅与公司自身的特质有关，还存在公司无法控制的市场风险。企业在发行股票进行融资时，不仅应考虑自身情况，也应充分关注市场的状况，选好发行时机，规避融资效率低下和发行失败风险。有时，即使公司的情况非常适合发行，但外部市场状况不好，也应该推迟发行。

(一)公司上市时机的内部决策因素

公司上市是一个漫长的过程，需要企业做非常多的烦琐而细致的工作。要选好时机就需要企业做好充分的计划。公司内部经营管理工作和准备工作在上市时机选择过程中也是一个重要因素。从内部管理角度来看，公司管理层应考虑如下因素：(1)公司股东和管理层准备好了吗？(2)与上市工作相关的各方人员是否已经确定，他们是否都让人信任、令人满意？(3)是否还存在一些悬而未决的问题？(4)管理层对上市后一些内部信息的公开化有所准备吗？是否能够在上市后承受决策过程外部股东的压力？(5)战略计划是否已经制定？计划是否具有现实可行性？(6)在战略计划中是否明确了长期和短期目标？这些计划是否包括人员、产品、生产能力、市场营销和财务等重要内容？(7)是否明确了研究和开发的领域？是否已对第二代产品和服务做出了决策？(8)监管部门的信息披露要求，尤其是财务信息方面的披露，是否能够及时满足？(9)内部各个管理部门是否已经做好准备？(10)上市后的几年，企业是否能够保持高成长？等等。只有当上述问题企业都能给出肯定的回答时，才可以说公司从内部做好了上市前的准备。当这些条件都满足时，一旦市场环境合适，企业就可以进入上市程序。

(二)公司上市时机的外部决策因素

除完成好公司内部经营管理及上市准备工作外，市场环境也是上市时机选择过程中要考虑的一个重要因素。只有外部市场环境和内部管理准备工作都非常充分时，公司上市时机的选择才是成功。具体来说，企业应提前准备好各种文件，聘请相关人员，使公司符合上市要求。在这些基础工作都做好的情况下，密切关注市场形势，一旦市场形势好转走向明朗，企业就可以马上进入上市程序。在这一过程中，企业应密切配合承销商，悉心听取承销商和财务顾问的建议，不失时机地抓住市场繁荣的时机，迅速公开发行股票。这样不仅可以降低股票发行失败的风险，还能够以较高的股价发行股份，提升融资效率。

上市时机的选择是进行股票发行公司需要考虑的一个重要因素。中国国航(601111)正是由于上市时机不当导致 A 股 IPO 缩量发行。

案例7-4

中国国航上市时机不当导致IPO缩量发行

2006年7月30日,中国国际航空公司发布了招股说明书,预计发行27亿股A股,其中战略配售3.5亿股,其余部分的50%(不超过11.75亿股)网下配售,50%(不超过11.75亿股)网上发行。在8月4日的网下配售中,仅有36家机构投资者向公司递交了《申购表》,其中有效的只有27张,申购总量为4.695亿股,占此次发行总量的28.65%,与原计划网下配售的11.75亿股相比,缩水率超过60%。在8月8日网上发行的前一天,中国国航宣布降低IPO融资规模,这在A股资本市场是极为罕见的。最终,确定发行总规模为16.39亿股,较原定发行规模减少10.61亿股;发行价格定为2.8元/股,靠近询价区间下限;募资总额45.89亿元,较原计划减少25亿多元。虽然中国国航以20倍的超额认购倍率有惊无险地完成发行,但相比其最开始公告发行的27亿股A股而言,其发行总额已经缩水近40%。

发行时机选择不当,是中国国航调低融资规模的主要原因。首先,燃料价格高企,导致航空业全行业成本高企、利润下滑,当时已经上市的航空股均出现巨幅亏损,投资者看淡行业投资前景,对中国国航上市后能否保持持续盈利优势持怀疑态度。其次,市场的急速扩容影响了投资者的信心。中国国航IPO是新老划断后,继中国银行和大秦铁路后的第三只大盘股。大秦铁路和中国银行新股认购中投资者收益低,使投资机构对大盘股丧失信心;密集的IPO导致资金必须有选择地进行询价,在一周5个新股的发行节奏下,舍弃国航似乎并不是很意外的选择。此外,虽然中国国航的发行价定为2.8元,但发行市盈率仍有18.67倍。因此,中国国航A股上市后的收益预期十分有限,甚至还有破发的可能,投资机构为规避风险也是导致网下认购不足的原因。由此可见,选择合适时机是企业成功发行股票的前提。

三、上市地点的选择

公司上市地点,从大的方面来说,有境内上市或境外上市两种选择。由于法律和资本市场的监管制度差异,不同国家、不同地点证券交易机构对股票上市的条件和要求、审批的程序和相关费用、再融资的门槛不尽相同,资本市场的规模、功能和投资者偏好也存在差异。因此,企业在选择上市地点时,首先应该考虑市场的综合条件,即证券市场的国际化程度,政府及交易所对外国企业到本国来上市融资的态度,交易所的特点和状态等;其次,结合企业自身的条件,比较各交易所的市场准入条件等。此外,还应兼顾上市融资额及上市成本等方面的差异。

案例7-5

无锡尚德上市地点的选择

2001年1月,在政府的推动下,无锡国联信托投资公司等当地六家国企共同出资600万美元,施正荣博士以40万美元现金和160万美元的技术入股,组建无锡尚德太阳能电力有限公司。2002年尚德第一条电池生产线在无锡投产,10兆瓦的电池产能相当于此前中国太阳能电池产量4年总和,产品性能达到甚至超过国际先进水平。以后,尚德的产能每年翻番,在三年不到的时间内,将产能增加了12倍,成为世界重要太阳能电池制造商之一。为谋求更大的发展,在全球光伏产业竞争占据有利地位,上市融资成为尚德的必然选择。然而,从无锡尚德业绩来看,2002年公司亏损89.7万美元,2003年利润仅92.5万美元,这样的业绩水平难以满足国内的上市标准。海外资本市场对光伏产业具有很高的认同度,去海外上市成为尚德现实选择。2005年1月,施正荣在英属维尔京群岛注册成立了英属维京尚德,通过一系列融资和收购活动,英属维京尚德(即尚德BVI)最终100%控股了无锡尚德公司;2005年5月,尚德BVI以私募方式,向高盛、英联、龙科创投等国际著名投资基金出售3 466.7万股A系列优先股,融资8 000万美元的资金。尚德BVI发行一系列优先股所得的8 000万美元收入主要用于收购国有股权,通过股权转让的方式将无锡尚德的国有控股身份转变为外资公司。2005年12月14日,“尚德控股”以美国存托股票(ADS)形式成功登陆纽约证券交易所,募资4亿多美元的资金,成为第一家在纽约证券交易所上市的中国民营企业。

第二节 IPO上市

首次公开发行股票(initial public offerings,IPO)是指公司通过证券交易所首次公开向社会公众投资者发行股票以筹集权益资金的过程。IPO是公司第一次将其股票在公开市场上向社会公众销售,IPO之后公司股票可以实现在证券交易所挂牌交易。直接进行IPO的优点在于能够进行大规模的融资,并且所获得的上市“壳”资源处于初始状态,各种资产关系比较容易理顺。但是,在我国核准制的股票发行审核制度下,要通过证券监管机构的核准不仅难度较大,而且程序比较烦琐,耗时也相对较长,政策性风险较大。

一、IPO发行审核制度

从世界范围来看,新股的发行审核制度主要有审批制、核准制和注册制三种类型,每一种发行制度都对应于一定的市场发展状况。

审批制是一种计划发行的模式。在2000年以前,我国新股的发行审核制度以审批制为主,实行“额度控制”,即拟发行公司在申请公开发行股票时,要经过下列申报和审批程序:征得地方政府或中央企业主管部门同意后,向所属证券管理部门正式提出发行股票的申请。经所属证券管理部门受理审核同意转报证券监管机构核准发行额度后,公司正式制作申报材料,提出上市申请,经审核、复审,由中国证监会出具批准发行的有关文件,方可发行。

核准制是从审批制向注册制过渡的中间形式。核准制是指发行人在发行股票时,不需要各级政府批准,只要符合《证券法》和《公司法》的要求即可申请上市。但是发行人要充分公开企业的真实状况。根据我国《证券法》和《公司法》的规定,证券主管机关有权否决不符合规定条件的股票发行申请。核准制是相关法律赋予主管机构否定发行方证券发行注册的权力，除非其满足以下两个条件：(1)确保发行方和公众投资者处于平等地位。(2)确保公众投资者有一个合理的风险回报比。由此可见，发行方除了要满足在信息披露方面所要达到的要求外，还要达到主管机构所规定的其他要求。如果发行方没有达到这些标准，无论其信息披露的程度多完整，也不得发行证券。相关法律的目的在于保护处于弱势的公众投资者，避免其遭受损失并保护其盈利的权利。在核准制下，行政干预成为调配资源的主导力量。

注册制是指发行人在准备发行证券时，必须将依法公开的各种资料完全、准确地向证券主管机关呈报并申请注册。在注册制下，发行方只需把公司情况和招股说明书制成法律文件，在达到法律所规定的形式后，即可发行股票。注册制奉行信息披露的理念，即发行方要真实、完整地披露重大信息，所披露信息要有利于投资者进行分析，以便其做出合理的投资决定。相关法律的主要目的是保护发行方自由发行证券的权利和投资者自负盈亏的权利。在注册制下，行政干涉得到了最大程度的弱化，市场机制成为引导资源分配的主要力量。注册制是目前成熟资本市场普遍采用的发行体制。

虽然在理论上可以明确区分注册制和审核制，然而在实践中两者的划分却很难做到泾渭分明。即便是以信息披露为核心理念的《1933 年美国证券法》也有实质性审核的内容，主管机构也需要对发行方内部结构、未来风险进行审核，防止欺诈行为的发生。因此，注册制和核准制并不是相互对立的两种制度，它们只是在发行方的内部结构、内外部投资者关系和股票发行事宜等直接监管方面存在不同，本质都是为了提供一个公平、公开、公正的资本市场，保护投资者合法权益，建立稳定的金融秩序。

一个国家采用哪种审核体制，主要取决于其市场特征和价值取向。一般而言，在成熟的市场经济国家，资本市场运作比较规范，发行人的诚信意识较强，中介机构的执业水平较高，投资者也比较成熟，比较适合采用注册制，其次是核准制。审批制是新兴市场经济国家采取的一种较为普遍的股票审核体制。

中国证券市场股票发行审核制度的变化是频繁的，也是渐进式的，大致经历了审核制、审批制与核准制并行和核准制三个阶段。在 1999 年 7 月 1 日《证券法》实施之前，对股票发行一直采用审核制；《证券法》确立了审批制与核准制并行阶段。2006 年 1 月 1 日新的《证券法》实施，标志着我国股票发行进入核准制阶段，股票发行制度由计划经济下的审批制发展到了现在具有市场色彩的核准制(实质性审核)，并在促进资本分配，提高资本市场有效性和保护投资者权益方面取得了长足进步。但是，核准制中过多的行政干预，使市场有效性降低，从而导致了权力寻租、业绩过分包装等行为，破坏了金融秩序。由审核制走向注册制，是我国证券监管部门和资本市场谋求的股票发行制度改革的方向。然而，受制于诸多因素的制约，在我国，这一过程走得极为艰难和曲折，仍在试行的路上。

证券发行上市保存制度和公开发行股票辅导制度，是目前我国 A 股 IPO 中需要关注的重要制度。证券发行上市保存制度是指由保荐人(证券公司)负责发行的上市推荐和辅导，核实公司发行文件中所载资料的真实、准确和完整性，协助发行人建立严格的信息披露制度，不仅承担上市后持续督导的责任，还将责任落实到个人。通俗地说，就是让作为保荐人的券商和责任人对其承销发行的股票负有一定的持续性连带保证责任。

首次公开发行股票辅导制度是指公司在提出首次公开发行股票申请前，要按规定聘请辅导机构进行辅导，辅导期限至之少为一年。辅导工作旨在促进辅导对象建立良好的公司治理，形成独立运营和持续发展的能力，督促公司的董事、监事和高级管理人员全面理解发行上市有关法律法规、证券市场规范运作和信息披露的要求，树立进入证券市场的诚信意识、法制意识等具备进入证券市场的基本知识。

二、股票发行和上市条件

(一)首次发行股票及上市条件

我国《公司法》的规定，公司公开发行新股，应当符合下列条件：①具备健全且运行良好的组织机构；②具有持续盈利能力，财务状况良好；③最近三年财务会计文件无虚假记载，无其他重大违法行为；④经国务院批准的国务院证券监督管理机构规定的其他条件。

根据《首次公开发行股票并上市管理办法》(2016)规定，首次发行股票的条件，应当符合下列条件：①发行人应当是依法设立且合法存续的股份有限公司，经国务院批准有限责任公司在依法变更为股份有限公司时可以采取募集设立方式公开发行股票；②发行人自股份有限公司成立后，持续经营时间应当在 3 年以上(有限责任公司按原账面净资产值折股整体变更为股份有限公司的，持续经营时间可以从有限责任公司成立之日起计算)，但经国务院批准的除外；③发行人已经依法建立健全股东大会、董事会、监事会、独立董事、董事会秘书制度，相关机构和人员能够依法履行职责，发行人的董事、监事和高级管理人员已经了解与股票发行上市有关的法律法规，知悉上市公司及其董事、监事和高级管理人员的法定义务和责任；④发行人的内部控制制度健全且被有效执行，能够合理保证财务报告的可靠性、生产经营的合法性、营运的效率与效果；(5)发行人资产质量良好，资产负债结构合理，盈利能力较强，现金流量正常：最近 3 个会计年度净利润均为正数且累计超过 3 000 万元(净利润以扣除非经常性损益前后较低者为计算依据)，最近 3 个会计年度经营活动产生的现金流量净额累计超过 5 000 万元或者最近 3 个会计年度营业收入累计超过 30 000 万元，发行前股本总额不少于人民币 3 000 万元，最近一期期末无形资产(扣除土地使用权、水面养殖权和采矿权等后)占净资产的比例不高于 20%及最近一期期末不存在未弥补亏损等。

综合《证券法》、《股票发行与交易管理暂行条例》和《首次公开发行股票并上市管理办法》的有关规定，股份有限公司申请股票上市必须符合下列条件：(1)股票经国务院证券监督管理机构核准已公开发行；(2)公司股本总额不少于 3 000 万元；(3)公开发行的股份达到公司股份总数的 25%以上，公司股本总额超过 40 000 万元的，公开发行股份的比例为 10%以上；(4)公司最近 3 年无重大违法行为，财务会计报告无虚假记载。

传统意义上的证券市场，通常称之为主板市场或一板市场，是指一个国家或地区证券发行、上市及交易的主要场所，它在很大程度上反映了一个国家或地区的经济发展状况，有国民经济“晴雨表”之称。在我国，A 股主板公司在上海证券交易所和深圳证券交易所两个市场上市，其中上交所的证券代码以 60 开头，深交所的证券代码以 00 开头。

(二)中小企业板和创业板及其上市条件

创业板,即第二股票交易市场,是与主板市场(Main-Board Market)不同的一类证券市场,专为暂时无法在主板上市的创业型企业、中小企业和高科技产业企业等需要进行融资和发展的企业提供融资途径和成长空间的证券交易市场,是对主板市场的重要补充,在资本市场有着重要的位置。通常,创业板市场对上市企业盈利要求没有数额限制,只要是符合条件的企业,通过证券监管理机构的审核,就可以申请上市。这对于那些在创业阶段急需资金,且有良好发展前景的中小企业提供了难得的融资机会。

在我国,创业板市场设置受制于诸多因素的限制,迟迟未能顺利诞生。2004 年 5 月 17 日,中国证监会正式批准深圳证券交易所设立中小企业板块,为中小型公司、新兴企业尤其是高新技术企业上市增加一条新的通道。中小板是指流通盘大约 1 亿以下的创业板块,是相对于主板市场而言的。一些企业的条件达不到主板市场的要求,只能在中小板市场上市。中小板市场是创业板的一种过渡。

历经磨难的创业板,终于在 2007 年 12 月迎来了希望的曙光。时任中国证监会主席尚福林在第六届中小企业融资论坛上表示:“当前,加快建设创业板市场,已经成为多层次资本市场建设的重要任务。”2009 年 3 月,《首次公开发行股票并在创业板上市管理暂行办法》正式发布。2009 年 10 月 23 日,创业板正式开启。深圳证券交易所设有中小企业板块和创业板。在中小企业板上市的证券代码是 002 开头,创业板的证券代码是 300 开头。

中小企业析、创业板与主板上市条件差别见表 7-1

表 7-1　主板、中小企业板和创业板上市条件比较表

项目	主板市场	中小企业板市场	创业板
服务对象	比较成熟,在国民经济中有一定主导地位的企业	发展成熟的中小企业	成长和创业阶段企业
股本规模	发行前不少于 3 000 万股;发行后公司股本总额不低于 5 000 万元	发行前股本总额不少于 3 000 万元;发行后股本总额不少于 5 000 万元	最近一期末净资产不少于 2 000 万元,发行后股本不少于 3 000 万元
主体要求	自股份有限公司成立后,持续经营时间应当在 3 年以上;有限公司整体变更为股份公司的,成立时间可连续计算	自股份有限公司成立后,持续经营时间应当在 3 年以上;有限公司整体变更为股份公司的,成立时间可连续计算	自股份有限公司成立后,持续经营时间应当在 3 年以上;有限公司整体变更为股份公司的,成立时间可连续计算
财务条件	发行前 3 年的累计净利润超过 3 000万;发行前 3 年累计净经营性现金流超过 5 000 万或累计营业收入超过 3 亿元;无形资产与净资产比例不超过 20%;过去 3 年的财务报告中无虚假记载;最近 1 期末无形资产占净资产的比例不高于 20%;最近 1 期末不存在未弥补亏损	发行前 3 年的累计净利润超过 3 000万;发行前 3 年累计净经营性现金流超过 5 000 万或累计营业收入超过 3 亿元;无形资产与净资产比例不超过 20%;过去 3 年的财务报告中无虚假记载;最近 1 期末无形资产占净资产的比例不高于 20%;最近 1 期末不存在未弥补亏损	最近 2 年连续盈利,最近 2 年净利润累计不少于 1 000 万元,且持续增长;或最近 1 年盈利,且净利润不少于 500 万元,最近 1 年营业收入不少于 5 000 万元,最近 2 年营业收入增长率均不低于 30%
业务要求	有完整的业务体系,直接面向市场独立经营的能力	专注于一个行业	主要经营一种业务,且符合国家产业和环境保护政策

续表

项目	主板市场	中小企业板市场	创业板
公司管理	最近3年主营业务、董事和高级管理人员无重大变动,实际控制人没有变更;董事会下设战略、审计、薪酬委员会,各委员会至少指定一名独立董事会成员担任委员;至少1/3的董事会成员为独立董事	最近3年主营业务、董事和高级管理人员无重大变动,实际控制人没有变更;董事会下设战略、审计、薪酬委员会,各委员会至少指定一名独立董事会成员担任委员;至少1/3的董事会成员为独立董事	最近2年主营业务、董事和高级管理人员无重大变动,实际控制人没有变更;具有完善的公司治理结构,依法建立健全股东大会、董事会、监事会以及独立董事、董事会秘书、审计委员会制度,相关机构和人员能够依法履行职责

(三)科创板及其上市条件

2018年11月5日,国家主席习近平在首届中国国际进口博览会开幕式上宣布:在上海证券交易所设立科创板,并在该板块内进行注册制试点。2019年1月30日,中国证监会发布《关于在上海证券交易所设立科创板并试点注册制的实施意见》;3月1日,又发布了《科创板首次公开发行股票注册管理办法(试行)》和《科创板上市公司持续监管办法(试行)》。设立科创板是提升服务科技创新企业能力、增强市场包容性、强化市场功能的一项资本市场重大改革举措。

科创板的定位是面向世界科技前沿、面向经济主战场、面向国家重大需求。优先支持符合国家战略,拥有关键核心技术,科技创新能力突出,主要依靠核心技术开展生产经营,具有稳定的商业模式,市场认可度高,社会形象良好,具有较强成长性的企业。

在科创板首次发行股份并上市的企业,应是依法设立且持续经营3年以上的股份有限公司。有限责任公司按原账面净资产值折股整体变更为股份有限公司的,持续经营时间可以从有限责任公司成立之日起计算。股本规模要求,是发行后的股本总额不低于3 000万元。市值及财务指标应当至少符合下列标准中的一项:①预计市值不低于人民币10亿元,最近两年净利润均为正且累计净利润不低于人民币5 000万元,或者预计市值不低于人民币10亿元,最近一年净利润为正且营业收入不低于人民币1亿元;②预计市值不低于人民币15亿元,最近一年营业收入不低于人民币2亿元,且最近三年累计研发投入占最近三年累计营业收入的比例不低于15%;③预计市值不低于人民币20亿元,最近一年营业收入不低于人民币3亿元,且最近三年经营活动产生的现金流量净额累计不低于人民币1亿元;④预计市值不低于人民币30亿元,且最近一年营业收入不低于人民币3亿元;⑤预计市值不低于人民币40亿元,主要业务或产品需经国家有关部门批准,市场空间大,目前已取得阶段性成果。医药行业企业需至少有一项核心产品获准开展二期临床试验,其他符合科创板定位的企业需具备明显的技术优势并满足相应条件。

2019年3月18日,上海证券交易所科创板发行上市审核系统正式上线运行。上交所在对公司申请文件核对后,确认晶晨股份、睿创微纳、天奈科技、江苏北人、利元亨、容百科技、和舰芯片、安翰科技、科前生物为首批申报企业。截至2019年4月30日,合计受理企业98家,转入问询企业78家。98家受理企业中,有8家公司是新三板转科创板,10家公司是A股转科创板,4家公司港股转科创板。科创板上市审核委员会将于2019年6月5日召开第1次审议会议,审议微芯生物、天准科技和安集微电子等3家企业发行上市申请。

三、股票发行和上市程序

由于股票发行和上市涉及企业和投资者的重大利益，因而其程序复杂、严格，相应的，发行人和中介机构的工作必须周到、细致。

(一)股票发行程序

股票发行程序是指符合法律规定的发行人自决议公开发行股票开始至招股说明书依法披露或备案前，由股票发行人、证券承销商和其他中介机构完成的全部工作。股票发行工作通常遵循筹备或设立股份有限公司—聘请中介机构—上市辅导—准备报批文件和申请材料—形成董事会决议—上市推荐人评估承销意向书—主承销商发布辅导报告—向证监会申报材料—排队等候—上会—过会—发行—验资等程序。下面我们对其中几个重要的过程作一个简要的概述。

1.选聘中介机构

拟申请发行股票的公司，应聘请有证券从业资格许可证的中介机构承担验资、资产评估和审计等业务。发行人在选择中介机构时主要应该考虑中介机构业绩与经验、专业程度、人员素质、协调与公关能力和市场声誉等。在聘选中介机构的同时，公司需组建内部的工作小组。工作小组应该由发行公司的领导人亲自主持，同时主要的经营和财务人员也应该参加。筹建人员、工作小组成员和中介机构必须严格执行保密制度。

2.股票发行上市前的辅导工作

主承销商在报送申请文件之前应对发行人辅导1年，辅导完成后的有效期通常为3年。辅导内容主要包括：股份有限公司设立及其演变的合法性、有效性；股份有限公司人事、财务、资产及供产销系统独立完整性；对公司董事、监事、高级管理人员及持股比例超过5%的股东进行《公司法》和《证券法》等有关法律、法规的培训；建立健全股东大会、董事会、监事会等组织机构，并实现规范运行；依照股份有限公司会计制度建立健全公司财务会计制度；建立健全公司决策制度和内部控制制度，实现有效运作；建立健全符合上市公司要求的信息披露制度；规范股份公司和控股股东及其他关联方的关系；公司董事、监事、高级管理人员及持有5%以上股份的股东持股变动情况是否合规合法等等。

3.股票发行文件制作

股票发行过程复杂，需要披露、报送的文件很多，其中应当向地方政府或中央企业主管部门报送文件包括：申请报告、发起人会议或者股东大会同意公开发行股票的决议，批准设立股份有限公司的文件，工商行政管理部颁发的股份有限公司营业执照或者筹建登记证明，公司章程或者公司章程草案，招股说明书，资金运用的可行性报告，需要国家提供资金或者其他条件的固定资产投资项目及国家有关部门同意固定资产投资立项的批准文件，经会计师事务所审计的公司近三年或者成立以来的财务报告和由两名以上注册会计师及其所在事务所签字、盖章的审计报告，经两名以上律师及其所在事务所就有关事项签字、盖章的法律意见书，经两名以上专业评估人员及其所在机构签字、盖章的资产评估报告，经两名以上注册会计师及其所在事务所签字、盖章的验资报告(涉及国有资产的，还应当提供国有资产管理部门出具的确认文件)，股票发行方案和承销协议，地方政府或中央企业主管部门要求报送的其他文件。并要求在指定报刊及网站上披露最重要的三个文件——招股说明书、招股说明书摘要和发行公告。

招股说明书是股份有限公司发行股票时，就发行中的有关事项向公众做出披露，并向非特定投资人提供购买或销售其股票的要约邀请性文件。首次公开发行股票必须制作招股说明书。招股说明书应当按中国证监会《关于发布〈公开发行证券的公司信息披露的内容与格式准则第 1 号——招股说明书的内容与格式〉的通知》规定的格式制作，其内容主要包括封面、目录、正文、附录、备查文件和重要注意事项六个部分。

招股说明书摘要是对招股说明书内容的概括，是由发行人编制，随招股说明书一起报送批准后，在承销期开始前 2～5 工作日，在由中国证监会指定的至少一种全国性报刊上及发行人选择的其他报刊上刊登，供公众投资者参考的关于发行事项的信息披露法律文件。招股说明书摘要应当简要提供招股说明书的主要内容，不得误导投资者。

发行公告是承销商对公众投资者做出的事实通知，其主要内容包括提示、发行额度、面值与价格、发行方式、发行对象、发行时间和范围、认购股数的规定、认购原则、认购程序和承销机构等。在股票发行获得批准后，承销商应当在公开发行前 2～5 个工作日将发行公告刊登在至少一种由中国证监会指定的全国性报刊上，并于承销期内将发行公告在各发售网点全文张贴。

(二)股票上市的一般程序

股票上市是指发行人所发行的股票被证券交易所承认并接纳为在其交易所市场上公开挂牌交易股票的法律行为。符合上市条件的股份公司，在其股票发行完毕后，发行公司和推荐人须按照以下程序完成股票的上市。

1.股东名册登记及股票托管

在办理好新股认购缴款工作后，上市推荐人或主承销商协同有关证券登记机关进行股东名册登记。按照规定，股票上市前，关于公司所有股本的具体事务与交易所上市审核部及登记结算公司存管部联系。

2.上市推荐与形象宣传

股份公司必须聘请 1～2 个合格的机构作为上市推荐人推荐上市。上市推荐人应出具上市推荐书，在推荐书中说明公司符合上市条件要求，上市准备工作完毕，并说明公司的优势及推荐上市的原因。

股份公司在其股票上市以前，在证券主管部门的同意下，进行公司上市形象宣传，塑造企业良好的形象，提高企业知名度，以便更好地把股份公司推介给社会公众投资者。

3.上市推荐与审批

股票上市由交易所下设的上市委员会负责管理。发行公司应当向证券交易所的上市委员会提出申请，并报送相关文件。上市委员会的审批结果自收到申请之日起 20 个工作日做出，并确定具体上市时间。上市推荐人应协助公司依照证监会和交易所的要求编制上市公告书，并于刊登日前送交易所上市审核部。证券交易所应该在接到股票发行人提交的上市申请之日起 6 个月内，安排该股票上市交易。

(三)IPO过程中的绿鞋机制和回拨机制

1.绿鞋机制

大多数承销协议都包含这样一条规定:允许承销商最多可以按发行价格购买发行规模15%的额外股票以实现对潜在投资者的承诺,这被称为绿鞋机制或绿鞋期权,在我国又叫超额认购选择权。当IPO出现超额认购时,出于稳定价格的需要,承销商会行使这一权利来购买额外的股份。1963年佩恩·韦伯公司为波士顿绿鞋公司发行股票时率先采用这种期权。

我国《证券发行与承销管理办法》规定,首次公开发行股票的公司发行规模在4亿股以上的,可以向战略投资者配售股票,可以采用“超额配售选择权”,即绿鞋机制。

设置绿鞋机制的主要目的是为了稳定股价。在期权有效期内,当发行人股票的市场交易价格低于发行价格时,承销商要用超额发售股票获得的资金,从二级市场购买发行人的股票,分配给提出认购申请的投资者。在这种情况下,超额配售资金起到了稳定股价的作用。如果发行人股票的市场价格高于发行价格,主承销商可以根据授权要求发行增发股票,分配给提出认购申请的投资者,发行人获得增发此部分新股所募募集的资金。在这种情况下,不仅扩大了发行人的筹资规模,而且有助于抑止股价的过度上涨。

案例7-6

中国工商银行启用绿鞋机制

2006年10月,中国工商银行在A股市场首先启用绿鞋机制。依据发行公告书,工行授予了主承销商超额配售选择权,主承销商可按发行价向投资者超额配售不超过初始发行规模15%(不超过19.5亿股)的股票。该行A股、H股初始发行规模分别为130.0亿股和353.9亿股,绿鞋机制全额行使之后,分别达到149.5亿股和约407.0亿股。超额配售股票通过向部分战略投资者延期交付的方式获得。超额配售的股票全部面向网上投资者配售。中金公司为具体实施绿鞋操作的主承销商(获授权主承销商)。股票在上市交易之日起30个自然日内,中金公司可使用超额配售股票所获得的资金从二级市场买入股票,以稳定后市,但买入价不得高于发行价,累计买入股数不得超过超额配售股数。中金公司也可代表主承销商行使绿鞋,要求工行按本次发行价格超额发行相应数量的股票。行使绿鞋超额发行的股数等于发行时超额配售股数减去使用超额配售股票所获得的资金从二级市场买入的股数。

2.回拨机制

回拨机制是指在同一次发行中采取两种发行方式时,如上网定价发行和机构投资者配售,为了保证发行成功和公平对待不同类型投资者,先人为设定不同发行方式下的发行数量,然后根据认购结果,按照预先公布的规则在两者之间适当调整发行数量。

在IPO过程中,发行人和主承销商在招股意向书中,规定拟向机构配售的比例,同时规定当一般投资者上网申购的超额认购倍数达到不同倍数时对机构投资者和对一般投资者相应股票的分配量。我国现行制度规定,首次公开发行股票后总股本4亿股(含)以下的,网下初始发行比例不低于首次公开发行股票数量的60%;发行后总股本超过4亿股的，网下初始发行比例不低于本次公开发行股票数量的70%。其中，应安排不低于当次网下发行股票数量的40%优先向通过公开募集方式设立的证券投资基金和由社保基金投资管理人管理的社会保障基金配售。公募基金和社保基金有效申购不足40%的，发行人和主承销商可以向其他符合条件的网下投资者配售。安排向战略投资者配售股票的，应当扣除向战略投资者配售部分后确定网下网上发行比例。首次公开发行股票网下投资者申购数量低于网下初始发行量的，发行人和主承销商不得将网下发行部分向网上回拨，应当中止发行。网上投资者有效申购倍数超过50倍、低于100倍(含)的，应当从网下向网上回拨，回拨比例为当次公开发行股票数量的20%；网上投资者有效申购倍数超过100倍的，回拨比例为当次公开发行股票数量的40%。网上投资者申购数量不足网上初始发行量的，可回拨给网下投资者。

增发的回拨机制是指上市公司增发新股经过网上询价确定发行价格后，对所有符合条件的申购人发售股票作如下顺序的排列：老股东、机构投资者、社会公众，即在出现申购不足的情况时，网下申购不足的回拨网上，网上老股东申购不足的回拨社会公众者的顺序。增发新股的“回拨”一般是在申购不足的情况下采取的措施。

案例7-7

中国石油天然气股份有限公司(601857,SH;0857,HK)于2007年10月22日刊登招股说明书，正式启动40亿股A股的发行工作。中石油采用网下向询价对象配售与网上资金申购相结合的方式发行不超过40亿股股票。在40亿新股中，回拨机制启动前，网下发行股份不超过12亿股，约占本次发行数量的30%；其余部分向网上发行，约为28亿股，约占本次发行数量的70%。中国石油受到机构和散户投资者的热烈追捧，冻结的资金高达3.3万亿元，创下A股市场冻结资金的纪录。共有484家机构申请网下申购，冻结资金7992亿元；网上申购的数量超过400万户，有效申购股份数约为1544亿股，冻结资金2.58万亿元。由于网上初步中签率为1.81%，低于4%，也低于网下初步配售比例，中国石油决定启动回拨机制，将2亿股(本次发行规模的5%)股票从网下回拨到网上。这意味着中国石油的网上发行股数为30亿股，网下为10亿股，完成回拨后，中国石油的网上中签率为1.94%。2007年11月5日，中国石油在上海证券交易所上市。

四、股票发行价格的确定

IPO决策中关键的一环是新股发行价格的确定，这实际上涉及普通股估值的问题，也就是确定所发股票的价值究竟应该多少。价格定高了，会出现无人购买、发行失败的问题，价格定低了又会损害公司原股东的利益。

(一)股票发行定价的一般方法

现金流量折现法和市盈率法是常用的股票估值方法。但是，这些主要是依赖于会计技术的方法至多也只能解释新股定价的一个侧面。常见的新股定价方式主要有议价法和竞价法两大类。

1.议价法

议价法是指由股票发行人与主承销商协商确定发行价格，为核准制下新股定价的主要方式。发行人和主承销商在议定发行价时，主要考虑二级市场股票价格的高低（通常以平均市盈率等指标来衡量）、市场利率水平、发行公司的未来发展前景、发行公司的风险水平和市场对新股需求状况等因素。议价法又有固定价格方式和询价方式两种。

（1）固定价格方式

在固定价格方式下，由发行人和主承销在新股公开发行前商定一个固定的价格，然后根据这个价格进行公开发售。在我国台湾省，新股发行价格是根据影响新股价格的因素进行加权平均得出的。部分证券市场上使用的新股定价经验公式为：

$$P_0=A\times40\%+B\times20\%+C\times20\%+D\times20\%$$

式中，P_0 为新股发行价格，A 为公司每股收益乘以类似公司近三年平均市盈率，B 为公司每股股利乘以类似公司近三年平均股利率，C 为公司最近的每股净资产，D 为预计每股股利除以一年期定期存款利率。

在发达国家，承销商多采用代销方式推销新股，同时采用固定价格方式为新股定价。发行人和承销商在新股发行前，预选商定发行价格和最小最大发行量。承销期开始后，承销商尽力向投资者推销股票，如果在规定的时间和给定的价格下，股票销售额低于最低发行量，股票发行将终止，已筹集的资金返还给投资者。

（2）询价方式

当新股销售采用包销方式时，一般采用询价方式。这种方式确定新股发行价格一般包括两个步骤：第一步，根据新股价值（一般采用现金流量贴现等方法确定）、股票发行时大盘走势、流通盘大小、公司所处行业股票的市场表现等因素确定新股发行的价格区间；第二步，主承销商协同上市公司的管理层进行路演，通过对反馈回来的投资者的预订股份单进行统计，主承销商和发行人对最初的发行价格进行修正，最后确定新股发行价格。在美国新股发行采用该定价方式。

2.竞价法

竞价法是指由各股票承销商或者投资者以投票的方式相互竞争确定股票发行价格。在实施过程中，有下面三种具体形式：①网上竞价，即通过证券交易所电脑系统按集中竞价原则确定新股发行价。主承销商作为唯一的“卖方”，以新股实际发行数为卖出数，以发行公司宣布的发行底价为卖出价；投资者作为买方，以不低于发行底价的价格进行申报，并由交易所按价格优先的原则进行撮合成交。②机构投资者竞价，即采取对机构法人配售和对一般投资者上网发行相结合的方式，通过法人投资者竞价来确定股票发行价格。一般由主承销商确定发行底价，机构投资者根据自己的意愿申购价格和申购股数。申购结束后，由发行人和主承销商对机构投资者的有效预约和申购股数按照申购价格由高到低进行排序，根据事先确定的累计申购价格的关系确定新股发行价格。③券商竞价，即发行人事先通知券商，说明发行新股的计划、发行条件和对新股承销的要求。各股票承销商根据自己的情况拟定各自的标书，以投标方式承接股票承销业务，中标标书中的价格就是股票发行价。

议价法下,新股发行价格是按股票投资价值确定的基础价格之上进行反复修正后确定的,修正的主要依据是行业平均市盈率或者 3～5 家相似公司的平均市盈率以及路演时投资者对新股反馈信息。在一个有效的资本市场上,平均市盈率水平基本上反映了市场对该类股票的需求情况;而路演推介则是直接面向市场,以征集市场需求量。从这个角度来看,议价法可以看成是以股票价值为基础,通过“模拟”市场需求状况来确定新股发行价格,定价的准确性很大程度上取决于主承销商的专业知识和经验。竞价法虽然有各种不同的方式,但都是以股票价值作为发行底价,以此为基础由承销商或者投资者进行竞价,是一种“直接”的市场化定价方式,只是参与定价的市场主体及其范围存在差异。

(二)我国新股发行询价制度

2004 年 12 月,中国证监会发布了《关于首次公开发行股票试行询价制度若干问题的通知》,对首次公开发行股票询价的程序、定价机制及发行方式等做出规范。自 2005 年 1 月 1 日起,我国股份有限公司首次公开发行股票均应通过向询价对象询价方式确定发行价格。后经多次修订,逐步完善。

中国证监会新近修订的《证券发行与承销管理办法》(2016)规定:首次公开发行股票,可以通过向网下投资者询价的方式确定股票发行价格,也可以通过发行人与主承销商自主协商直接定价等其他合法可行的方式确定发行价格。首次公开发行股票采用询价方式定价的,符合条件的网下机构和个人投资者可以自主决定是否报价,主承销商无正当理由不得拒绝。网下投资者报价应当包含每股价格和该价格对应的拟申购股数。网下投资者报价后,发行人和主承销商应当剔除拟申购总量中报价最高的部分,剔除部分不得低于所有网下投资者拟申购总量的 10%,然后根据剩余报价及拟申购数量协商确定发行价格。

发行人和主承销商应当合理确定剔除最高报价部分后的有效报价投资者数量。公开发行股票数量在 4 亿股(含)以下的,有效报价投资者的数量不少于 10 家,不多于 20 家;公开发行股票数量在 4 亿股以上的,有效报价投资者的数量不少于 20 家,不多于 40 家;公开发行股票筹资总额数量巨大的,有效报价投资者数量可适当增加,但不得多于 60 家。

参与首次公开发行股票网下报价和申购的投资者应为依法可以进行股票投资的主体。其中,机构投资者应当依法设立并具有良好的信用记录,个人投资者应具备至少 5 年投资经验。发行人和主承销商可以对网下投资者的资质、研究能力和风险承受能力等方面提出具体条件,并在发行公告中预先披露。

五、我国 IPO 的基本情况

我国是世界证券发行制度最为严格的国家之一。选择在境内上市 IPO,企业不仅需要面对股票发行和上市条件,而且还有发行审核等待时间、资本市场规模和过会率等问题。

股票发行审核时间,在香港地区为 6～12 个月,在新加坡为 6～9 个月,在美国的纽约证券交易所最短为 3 个月,在纳斯达克市场为 3～6 个月。在我国,公司申请发行股票上市先要接受一年的辅导,然后制作申请材料,历经中国证监会的多道审核,待股票发行审核委员会(发审委)审核通过后也不一定就能立即发股上市。这一时间,短则 2 年,长则 3～4 年,并时常受到一些政策因素的影响。对于急需资金的企业来说,或许等不起几年的时间。这是选择在境内上市企业需要考虑的重要因素之一。而且，在新股发行核准制下，出于对二级市场影响考虑、新股发行制度改革等诸多原因，证监会可能会暂停 IPO 审核与发行。1994 年 7 月—1994 年 12 月、1995 年 1 月—1995 年 6 月、1995 年 7 月—1996 年 1 月、2001 年 7 月—2001 年 11 月、2004 年 8 月—2005 年 1 月、2005 年 5 月—2006 年 6 月、2008 年 12 月—2009 年 6 月、2012 年 10 月—2014 年 1 月、2015 年 7 月—2015 年 11 月，我国的 IPO 均处于暂停状态。

另一方面，我国《证券法》规定：股份公司股票上市，公开发行的股份必须达到公司股份总数 25%以上；公司股本总额超过人民币 4 亿元的，公开发行股份的比例为 10%以上。境内资本市场容量有限，这对于一些规模庞大的优质国有企业来说，是不得不考虑的问题。这些大型公司 10%发行规模是非常巨大的，往往是境内资本市场难以承受之重，尤其在 2005 年以前更是如此，境外上市成为这些公司当时发行股票的首选。这也就是为什么我国许多优质国企，如中国石化、中国石油、中国移动、中国平安、中国人寿、中国电信、中国建设银行和中国银行等，都是先在境外发行 H 股（香港联合交易所上市）或 N 股（纽约证券交易所上市），再回归境内 A 股（上海证券交易所或深圳证券交易所上市）市场。

从 2006 年至 2016 年，证监会发行审核委员会审核新股共计 2 145 家，审核通过1 834 家，审核未通过 311 家，市场整体通过率为 85.5%。特别是十八届三中全会明确提出“推进股票发行注册制改革”以来，新股审核的通过率连续 3 年保持在 90%以上，详见图 7-2。

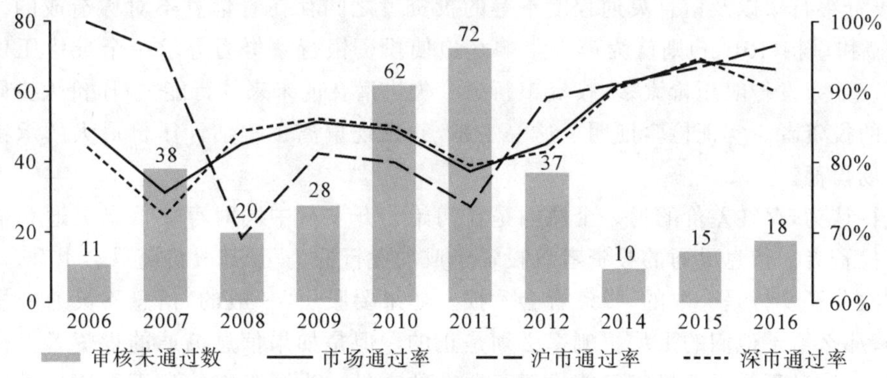

图 7-2　历年 IPO 审核通过情况(2006—2016)

持续盈利能力问题也是企业 IPO 的障碍之一，其中因营业收入、净利润、对关联方和客户重大依赖等方面的被否案例较多。相较而言，因行业地位、行业经营环境的重大变化，商标、专利、专有技术以及特许经营权等的取得、使用存在重大不利变化而影响企业持续盈利能力的被否案例较少。募集资金运用、规范运行以及信息披露不到位的被否案例呈上升趋势。

六、新股首次发行抑价现象

新股首次发行抑价，简称 IPO 抑价，又称新股上市首日超额回报。它是指新股首次公开发行时定价较低，而在股票上市首日交易价格较高，投资者认购新股能够获得超额报酬的一种现象。IPO 的第一个交易日往往是疯狂而令人激动的,多数股票在公开交易当日有较高回报,这是各国证券市场的普遍现象。然而,根据沪深两个交易所的新股上市规则,规定了新股上市首日的最大涨幅为 44%,新股上市首日的表现不是市场的真实表现。加之我国股票市场每日跌涨停板的限制,IPO 的抑价会延续多个交易日,甚至更长时间。宁波海天精工股份有限公司(601882)于 2016 年 10 月 25 日以每股 1.5 元价格公开发行 5 220 万股股票,并于 2016 年 11 月 7 日在上海证券交易所挂牌交易。海天精工股票上市后,连续 29 个交易日"一字"涨停。自 2016 年 12 月 16 日起,因股票价格涨幅较大而停牌核查。2016 年 12 月 21 日公司股票复牌交易,收获上市后第 30 个涨停,报收于 34.29 元/股,打破了由乐凯新材和暴风集团保持的新股首发连续 29 个涨停的纪录,股价累计涨幅高达 2 186%。

由于公司上市前股份没有公开交易的市场,也没有股票基准价格,因此它与上市公司再次发行股票相比具有更大的不确定性。实证研究表明,平均的最初公开发行价格与上市后市价之间存在较大差价,股票的初次发行价格会被低估 10%~15%。并且,这种低估的程度和发行规模之间存在明显的相关关系,即发行规模越在大,初次公开发行的股票价格越接近于其价值;发行规模越小,初次公开发行的股票价格越低于其价值。

对于这种初次发行定价偏低的现象,难以用传统的财务理论来解释。一些财务学者在进行深入研究的基础上提出了不少观点。一种通行的理论认为这种定价偏低是由于在公司、投资银行家以及信息灵通程度不等的投资者之间存在着信息不对称造成的。贝蒂(Beatty)和里特(Ritter)则认为声誉影响是迫使投资银行家努力寻求一个最优压价的主要因素。如果发行时压价太多,投资银行家会失去潜在的未来发行能力;压价太少则会失去潜在的投资者。实证检验证明了这一主张,并发现偏离正常估计压价最大的承销商会失去市场份额。

里特认为,存在差价的另一个原因是在初始公开发行中同时存在信息灵通和信息不灵通的投资者。信息灵通的投资者仅投资于成功发行的公司,其股价随后会上升。然而,有些首次公开发行是失败的,投资者会亏损。如果要吸引"一般的"信息不灵通的投资进入市场,那么给予他们的平均报酬率必须是正的。但是如果信息灵通的投资者仅投资于好的交易,信息不灵通的投资只能投资于所有的交易。为了吸引信息不灵通的投资者进入初始公开发行的市场,里特建议提供大额差价。

也有人认为通过市场自动竞价机制可以找到成本最低的承销商。但这种完全通过市场竞价的方式并不一定能达到发行目标。这是因为:首先,公司预先确定的发行收入可能并不一定能够达到,承销商也并不一定拥有足够的资本支持其承诺的实现。其次,偏高的初次发行价格可能会影响到公司日后发行新股的能力。再次,承销商可能并不一定拥有与公司行业相关的专家,从而可能并不一定能够针对公司的行业特点提出股票发行的指导意见;此外,承销商不一定会愿意在未掌握充分信息的前提下为公司股票确定初次公开发行价格。最后,承销商市场的竞争可能并不一定是完全的,特别对于小公司股票的发行和上市来说,他们可能不得不游说投资银行对其进行帮助。

不管怎样,公司首次发行股票价格偏低是不可否认的事实。有关市场对初次公开发行报告反应程度的研究表明,证券发行之后购买者会得到额外的投资回报。伊博森(Ibboston)、辛德拉(Sindelar)和里特发现,对于规模较小和投机性较强的证券来说,其初次投资回报率更高,这和我们前面所说的证券发行价格被压低的程度和发行规模之间相关关系的结论是一致的。

近年来,关于首次公开发行股票价格抑价的实证研究进行得比较广泛,形成了一系列有意义的结论,其主要观点包括:(1)首次公开发行的额外投资报酬回报的其中一部分是在交易当天获得的,并且它反映了证券发行中人为定价过低;(2)用于计算这些额外投资报酬的风险调整也许不能完整表述首次公开发行的风险,并且对一般投资者说,较高的交易成本可能会超过额外投资回报;(3)新兴证券发行市场的激烈与冷淡反应交替出现,在反应冷淡的市场上,证券发行量较少并且投资回报较低;(4)证券发行定价过低不代表一定会给承销证券的投资银行带来超额或非常的投资回报。

总的来说,首次公开发行股票的公司面临着证券发行定价过低这样一种成本,这种成本是公司风险的增函数并且还是公司证券发行规模的减函数,公司可以通过限制初次公开发行股票的规模从而将这种成本减小。

第三节　借壳上市

上市资格的获得不仅能为股东提供一个富有流通性和高溢价的资本市场,使公司价值市场化,带来巨大的财富效应,更为重要的是上市能给公司带来融资便利。然而,在中国,IPO 的通道极为狭窄,上市之路极为艰辛且耗时漫长。因此,有不少的公司通过重组已上市公司以间接方式登陆资本市场。1994 年 4 月,珠海恒通集团股份有限公司出资 5 160万元,以每股 4.3 元的价格收购上海棱光实业股份有限公司1 200万股国家股,占总股本的 35.5%,成为棱光公司第一大股东。1995 年 12 月,上市壳公司棱光实业以 1.6 亿元价格收购恒通集团属下珠海恒能电能仪表公司 100%股权,完成借壳上市运作中的合并资产过程,开创了我国资本市场真正意义上的借壳上市之先河。在我国,上市资格是一种稀缺资源。近年来,尤其是 2005 年以后,借壳上市已成为资本市场一道亮丽的风景线。作为一种较为成熟的资本运作方式,在国外证券市场上也经常会出现借壳上市的案例。

一、借壳上市及其特点

(一)借壳上市的含义

广义的借壳上市是指非上市公司借助上市的“壳”资源通过收购与兼并方式达到上市目的一种产权交易行为,涵盖反向收购、买壳上市和整体上市等诸多类型。

反向收购是由上市的壳公司以发行权益性证券交易股权方式合并非同一控制下的拟借壳公司。这一交易之所以被称为反向购买,是因为合并后上市公司的生产经营决策权由借壳公司股东控制。反向收购是一个会计术语,按财政部的相关会计制度规定:以发行权益性证券交易股权方式进行的非同一控制下的企业合并,一般情况下将购买方作为发行证券的一方,但若发行证券的一方在合并后其生产经营决策权被另一方所控制的,发行证券一方在会计上作为被购买方(法律上为母公司),这就是企业合并中的反向收购。例如,巨人网络的借壳上市,是上市公司世纪游轮向巨人网络全体股东非公开发行A股股票购买其持有的巨人网络100%股权,交易完成后巨人网络成为上市公司的全资子公司,巨人网络的控股股东兰麟投资和实际控制人史玉柱成为重组后上市公司的控股大股东和实际控制人。这一交易,在法律形式上是世纪游轮以股份为对价购买巨人网络,在会计上却是将吸收合并方世纪游轮视为被购买方,被吸收合并的巨人网络为购买方。

买壳上市是指非上市公司先收购一家上市公司,然后通过出售或置换、定向增发暨吸收(控投)合并等方式将买壳企业的资产注入该上市公司,实现上市。整体上市是指上市公司的母公司通过定向增发和权益交易等形式将其主要经营资产注入已上市的子公司中,实现整体上市。反向购买方式下的借壳上市以控制权会发生变更区别于整体上市,以非上市公司资产注入与上市公司控制权转移同时完成区别于买壳上市。也有部分文献仅将整体上市定义为借壳上市,而将重组过程中控制权发生转移的间接上市方式定义为买壳上市。

证监会对借壳上市的最新认定标准是[①]:上市公司自控制权发生变更之日起60个月内,向收购人及其关联人购买资产,导致上市公司发生以下根本变化情形之一的:①购买的资产总额占上市公司控制权发生变更的前一个会计年度经审计的合并财务会计报告期末资产总额的比例达到100%以上;②购买的资产在最近一个会计年度所产生的营业收入占上市公司控制权发生变更的前一个会计年度经审计的合并财务会计报告营业收入的比例达到100%以上;③购买的资产在最近一个会计年度所产生的净利润占上市公司控制权发生变更的前一个会计年度经审计的合并财务会计报告净利润的比例达到100%以上;④购买的资产净额占上市公司控制权发生变更的前一个会计年度经审计的合并财务会计报告期末净资产额的比例达到100%以上;⑤为购买资产发行的股份占上市公司首次向收购人及其关联人购买资产的董事会决议前一个交易日的股份的比例达到100%以上;⑥上市公司向收购人及其关联人购买资产虽未达到以上标准,但可能导致上市公司主营业务发生根本变化的。

(二)借壳上市的特点

借壳上市是非上市公司一条低成本、易成功、方便快捷的上市之路,其优势主要在于:①政策性风险较小。中国严格的股票发行上市审核制度,使IPO需要经过辅导、审核、招股时间等待,费时费力,且成功率不高。②速度快、成本低。借壳上市可以缩短上市的时间成本,减产交易成本,交易迅速、确定。③不受承销商和市场状况的影响。IPO会受制于许多因素的影响,或有可能因承销商不力或市场萧条而失败,而借壳上市不会遇到这类问题。此外,借壳上市不需要如IPO那样在上市前向社会披露企业的历史沿革、财务数据等信息资料,只需披露注入资产的相关信息,具有一定的隐蔽性。

然而,借壳上市是一把双刃剑,它既有优点,也不可避免地会产生弊端。这主要表现在:①借壳上市对拟上市企业的业绩要求较高,只有这样,才能使借壳企业凭借自身的强劲增长潜力,有效地改善壳公司质地;②以买壳方式借壳上市的,要求拟买壳企业拥有一

---

① 见2016年9月发布的《关于修改〈上市公司重大资产重组管理办法〉的决定》。

定的现金支付能力，以购买上市公司的控股权从而获得控制权；③一旦所买的“壳”不是很干净，很可能会受困于被收购对象错综复杂的资产关系的缠绕，跌落其隐藏的“陷阱”。正是因为存在着上市过程中不能融资、需填补壳公司财务“窟窿”以及历史遗留问题的隐忧等缺陷，借壳上市是公司上市的次优化选择。

企业为什么要选择借壳上市，而不是 IPO 上市？Arellanbo-Ostoa 与 Brusco(2002)以美国资本市场为例对借壳上市现象进行了研究，发现大部分借壳上市的公司业绩水平远不能够达到资本市场对于 IPO 公司的监管要求，其所耗费的时间成本与资金成本远小于首次公开发行。越来越多的企业认同与接受借壳上市这一资本运作行为，主要是缘于这两方面原因。Thomas L. James(2007)的研究发现：越是资金密集型的企业，在选择上市方式时，越会选择借壳上市。在中国，由于 IPO 需要长时间的审核等待且政策风险巨大，又有盈利、直接控制人和持续经营时间等方面要求，为数不少的公司不是通过 IPO 而是以借壳方式进入资本市场，实现公司上市。刘贵文与冯捷(2010)以房地产行业为样本对中国企业的借壳上市行为进行了研究，发现房地产企业资金需求量大，但融资方式较为单一，借壳上市因不需要支付大量现金就能迅速获得资本市场融资平台而受青睐。

案例7-8

绿地集团借壳上市

与大多数公司一样，绿地集团上市的首选方案是 IPO，让绿地集团放弃 IPO 转走借壳上市之路的原因有：一是 IPO 长时间的审核等待。严厉的发行审核制度使我国 A 股市场 IPO 的通道极为狭窄，期望进入资本市场谋求运作平台的公司很多，供求处于严重的失衡状态。每年能够通过 IPO 审核成功上市的公司数量有限，有多达数百家公司排队等候。IPO 长时间的审核等待，很可能使绿地集团上市的合适时间窗流逝，从而给公司战略目标的实现和核心竞争力的提升带来不利的影响。二是以房地产为主的业务结构。绿地集团是一家多元化企业集团，不仅拥有房地产主业及其延伸产业建筑、酒店及商业运营等业务，还涉足了能源、汽车、金融等其他产业。房地产产业是我国国民经济的重要支柱之一，时常受政府政策调控。在 2007 年，证监会通过窗口指导的形式暂停了房地产企业 IPO 申请受理，直到现在也没有放开；2010 年的房地产调控又将房地产企业的重大资产重组和再融资闸门关闭，直到 2014 年 3 月才开闸。以房地产为主的多元化业务结构，使绿地集团的 IPO 之路变得异常艰难。三是国企资产整合和混合所有制改革。国有独资企业上海地产集团旗下有绿地集团、金丰投资和中华企业 3 家房地产公司，其中金丰投资和中华企业为上市公司。然而，绿地集团和金丰投资的重组，有借壳上市和整体上市两种方式可供选择。如果选择整体上市，重组后的上市公司仍由上海地产集团控制，绿地管理层控制的上海格林兰将失去第一大股东的地位，这不仅背离了混合所有制改革的前行方向，也难以获得绿地集团管理层的认可。只有绿地集团反向收购金丰投资，上海格林兰才有可能成为第一大股东。

二、壳公司的选择

是否有合适的壳公司事关借壳成败,壳公司质地的好坏又在很大程度上影响借壳上市的绩效,寻找理想的壳公司是成功借壳上市的关键。壳公司的选择,需要考虑买壳成本、可操作性以及能否实现在证券市场上筹集资金等方面的因素。大量的理论分析和案例研究表明:合适的壳公司应该是股本小、股权集中、大股东和实际控制人又有卖壳意愿的小市值公司。在借壳上市实务中,被选为"壳"公司的,通常具有如下特点:

1.股本小,市值低。在借壳上市交易中,借壳双方股东在重组后的上市公司的持股比例,取决于借壳公司交易作价和壳公司估值。借壳公司的交易作价越高、壳公司的估值越低,借壳方股东获得的股权比例越高。因此,借壳交易中的壳公司,大多为低市值公司。壳公司的估值为股本和定向增发价格的乘积,股本的大小成为能否成为壳公司的关键,在股份低迷时也有一些股本稍大的公司也会成为被借壳的对象,"熊市借壳"也正是这个原因。

2.财务状况优良,资产关系简单。每股净资产是反映财务状况的一个重要指标。壳公司每股净资产的高低,在很大程度上影响着重组后的上市公司每股净资产值。借壳重组交易中,公司股本扩张会大幅降低每股净资产,如果壳公司的净资产为负,还需要借壳公司用净资产去填补"窟窿",重组完成后公司的每股净资产值会很低。因此,借壳上市中,壳公司的财务状况优良、每股净资产高,能够降低重组成本,达成更优的绩效。财务状况太差的公司,对于买壳方来说,可能因收购后资产重组所需付出代价太大而失去收购意义。特别是一些隐藏的表外负债,对买壳方来说,更是一个个陷阱,在借壳上市的过程中应规避这样的壳公司。

3.股权集中度高,大股东有卖壳意愿。壳公司股份如果比较分散,会加大交易商谈的难度,在信息公告后如果重要股东减持,造成壳公司股价的激烈波动,可能会影响交易进程或增加不确定性。然而,无论公司的股本、市值、股权分布状态如何,要成为壳公司关键是大股东或实际控制人愿意卖。在中国资本市场上,上市资格极为珍贵,大多数公司不到万不得已是不会轻易将壳资源转手相让的。按相关制度规定,上市公司连续三年发生经营性亏损就要作摘牌处理,为保全上市资格,上市公司和地方政府会对一切有利于提高公司效益的资本运作行为采取支持的态度。因此,在中国,壳公司大多是些财务状况或经营业绩恶化、自身又没有合适的资产可以注入的 ST 公司。这类公司往往存在各类隐患问题,并非是理想的"壳资源"。在经济衰退或低谷期,一些经营业绩不佳、发展前景暗淡的公司,大股东基于自身财富增值的考虑,可能愿意卖壳,尤其是在资本市场"熊谷"。因此,壳公司的定位,并非只能局限于 ST 类公司,视野可以向非 ST 公司拓展。

案例7-9

巨人网络借壳上市

巨人网络的壳公司重庆新世纪游轮股份有限公司(002558,SZ)是一家在深圳证券交易所中小企业板上市的旅游业公司,总股本为 6 545 万股,大股东彭建虎持有 4 372.17 万股，其儿子彭俊珩持有489.5万股，合计持股高达74.28%，其他股东持股比例均在0.6%以下。公司股票于2014年10月27日停牌，停牌前一交易日公司股票价格收盘价为31.65元，对应的公司市值为207 149.25万元；按定价基准日前20个交易日交易均价90%，壳公司的估值仅为193 601.10万元。在2015年中国资本市场上，市值低于20亿元的公司已不多，愿意卖壳的更少，被借壳的公司市值大多在25亿元以上，甚至有50亿元以上。正是因为壳公司的估值仅为193 601.10万元，巨人网络的交易作价又高达1 312 424.00万元，最终导致交易完成后巨人网络股东能够获得87.14%的股份，世纪游轮原股东的持股比例仅为12.86%。世纪游轮拥有世纪传奇、世纪神话等7艘豪华游轮。然而，旅游市场竞争十分激烈，导致世纪游轮的载客率及产品价格下滑，盈利大幅度减少。2015年，受到同行公司"东方之星"沉船事故的影响，出现亏损，行业前景黯淡，实际控制人有出售上市资格即壳资源的意愿。公司的资产负债率仅为8.36%，没有金融负债，经营负债全部为流动负债，公司投入生产经营的资金全部来自股东，没有偿付到期债务的压力，财务状况优良，每股净资产达8.95元。公司股价不尽如人意，停牌前最后一个交易日(2014年10月24日)世纪游轮的市值仅为207 149.25万元，股价被严重低估，彭氏父子74.28%股份的价值为153 869.72万元。如果能用60 424.00万元现金买下世纪游轮的全部资产和负债，将壳出售给重组方，就可以实现财富大幅增值。正如所料，拟借壳信息公告后，世纪游轮连续20个涨停将股价推升到212.94元，公司董事长兼总经理彭建虎及其子彭俊珩持有的4 861.67万股市值一下蹿升到1 035 244万元，较上年10月停牌时市值增加881 374.28万元。

三、借壳方式的选择与操作

买壳上市是通过同一控制之下企业合并将拟上市资产注入上市公司，其最大的优势是能够采用权益结合法合并报表，不需确认商誉。然而，由于买壳上市需要先购买壳公司大股东持有的股权以达到控制上市企业的目的，在获得控制权后再通过资产置换、定向增发股份等方式置出不良资产、注入有发展潜力和获利能力较强的拟上市资产，耗时较长。而且，为获得公司控制权收购股权，买壳公司还需支付巨额的资金，对拟上市公司来说，是一笔较大的负担。反向收购中拟上市资产注入上市公司和借壳方股东获得上市公司控制权同时完成，一步到位，较先买壳再借壳的买壳上市时间短。然而，反向购买为非同一控制之下企业合并，存在购买法合并报表带来的商誉确认问题，商誉减值测试会影响未来利润，进而对业绩承诺的完成产生影响。按财政部相关制度的规定：非上市公司反向购买上市公司，被购买的上市公司不构成业务的，按照权益性交易原则进行会计处理，不确认商誉。在此制度背景下，实务中，绝大多数公司都会选择反向收购方式借壳上市，很少有公司采用买壳上市，除非拟间接上市公司不满足借壳条件。

(一)买壳上市

一般情况下，买壳上市都是非上市公司先取得上市公司的控制权，然后进行资产重组和业务重组，使非上市公司成为上市公司，包括买壳和借壳两个过程。

1.股权转让

买壳上市，首先需要购买一家已上市公司的控股权，即买壳。企业在证券市场上寻找理想的壳公司资源，再通过股权转让购买其股权达到控制企业的目的。购买上市公司的股权，一般有两种方式：一是协议转让，二是在二级市场收购。前者购买成本低，但存在许多障碍，需要原持有人有转让的意向，且还要经过相关政府部门的批准；后者在二级市场上直接购买上市公司股票，适用于那些股权集中度较低的公司，但这种方式的成本高，因为一旦开始在二级市场上开始收购，必然会引起公司股票价格的上涨，使收购成本增大。

买壳交易中对价的支付，主要有六种方式：现金支付、资产置换支付、债权支付方式、零成本收购(国有股无偿划拨)、股权支付方式和混合支付方式。其中以前三种较为普遍。但由于现金支付对于买壳公司来说是一笔较大的负担，很难一下子拿出数千万甚至几亿现金，所以许多公司更倾向于采用资产置换支付和债权支付方式或者加上少量现金的混合方式。

2.资产置换

完成买壳后，还需换壳，即买壳方在获得实际控制权后，会将自己有发展潜力和获利能力强的拟上市资产注入上市公司，置换上市公司原有的不良资产，从而达到提升上市公司资产质量、改善上市公司经营业绩的目的。

买壳方还会选择适当时机，实施配股或增发新股，对原有上市公司的资产存量再次进行调整。因为尽管买壳方在入主上市公司后要对劣质存量资产进行一些剥离，但往往会剥离不够彻底或需要进一步的整合，因此要通过再次调整存量资产的结构质量，从根本上提高上市公司业绩，为今后的发展壮大铺平道路。

案例 7-10

托普软件借壳上市案例

1998 年 1 月，川长征董事会发布公告称：公司董事会与托普发展达成股权转让协议，由川长征购买托普发展持有的托普科技 1 050 万股法人股，购买价格为每股 7.42 元，共计支付人民币 7 791 万元。收购完成后，川长征持有托普科技 53.85％的股权，处于绝对控股地位；经自贡市国有资产管理局批准同意，从国有资产保值增值基金中借给川长征 7 791.00万元，作为其购买托普科技法人股的资金来源；经四川省人民政府同意，川长征的主营业务由机床研究、生产、销售调整为计算机软件开发、计算机硬件、网络产品、应用电子技术产品、机床产品的研究、开发、生产和销售。同年 4 月，自贡市国资局将其持有的 4 262.43万股(占公司总股本的 48.37％)川长征股权以每股 2.58 元的价格全部转让给托普发展。将前后两次股权转让公告结合起来阅读，不难发现这是托普发展在“买壳”川长征上市，公司股票的名称也于 1998 年 6 月 8 日起更名为“托普软件”。随着托普科技优质资产的注入及上市之后一系列的资产置换与管理重组，几乎失去成长性的传统机床制造企业“川长征”一跃成为前景颇为看好的软件类高科技公司“托普软件”。2003 年 10 月 9 日，四川省高级人民法院判决聚酯股份向中国建设银行四川省分行偿还转贷款及利息 487.57 万美元，托普软件、东新电碳各承担 1/2 连带责任。这笔担保发生于 1993 年，是川长征留下的。按理说,2.6 亿元的潜在债务窟窿还不至于将托普软件拖入绝境。托普软件借壳时没有支付任何现金,借壳上市后通过增发筹集了 9.54 亿元资金,还通过股票质押获得数以亿元计的银行贷款。真正使托普软件溃败的是经营业绩的急速下滑、巨额担保及担保引起的诉讼和大股东托普集团对上市公司的资金占用。

(二)反向购买操作

反向购买按壳公司是否内含业务,有借“净壳”和借“实壳”两种模式之分。“净壳”是指除货币资金或金融资产之外,没有其他非货币性资产、负债和法律纠纷,只有上市资格的空壳公司;“实壳”是指壳公司的业务及其相关资产仍然保留在上市公司,与借壳公司共同组成新上市公司。在中国资本市场上,没有天然的“净壳”,一般是通过向原大股东或其他第三方出售资产和负债(包括或有负债)方式,或与借壳公司的资产进行置换的方式,使壳公司成为没有业务的“净壳”。实务中,借“净壳”上市案例占绝对多数,借“实壳”的公司不多,这主要是因为:

1.合并报表商誉的确认问题

根据财政部 2009 年 3 月发布的《关于非上市公司购买上市公司股权实现间接上市会计处理的复函》的规定:非上市公司反向购买上市公司,被购买的上市公司不构成业务的,按照权益性交易的原则进行会计处理;被购买的上市公司构成业务的,企业合并成本与取得的上市公司可辨认净资产公允价值份额的差额应当确认为商誉或计入当期损益。ST 类壳公司不是存在巨额亏损,就是财务状况严重恶化,其反向购买合并成本远大于壳公司可辨认净资产公允价值,按反向购买法合并报表确认的商誉较大,商誉每年的减值测试增加了以后年度会计报表利润的不确定性。选择借“净壳”上市,用权益交易法合并报表,可避免反向购买中确认商誉的会计处理。①

如果壳公司的财务状况优良,只是由于经营业绩平淡、没有发展前景、资产价值低估才被大股东出售。在这种情况下,借壳方支付的买壳成本并不高,商誉不会太大,甚至可能出现合并成本小于被购买上市公司可辨认净资产公允价值的情况,产生“负商誉”。在此情景下,可能选择“实壳”交易。

2.壳公司隐藏的“陷阱”问题

借“净壳”上市,壳公司原有的全部负债(包括或有负债)的偿付责任由清壳方(壳公司原股东,或借壳公司股东,或其他第三方等)承担;借“实壳”上市,壳公司债务的偿付责任仍然由上市公司承担。如果壳公司存在着较大的担保责任,或有着极为复杂的资产、人员关系或法律纠纷,选择借“净壳”上市可以避免这些隐藏的“陷阱”对公司未来经营业绩和财务状况的冲击。ST 类壳公司往往存在的问题比较多,借“实壳”上市会留下许多隐患。

3.并购的协同效应问题

---

① 证监会在 2009 年 4 月发布的《上市公司执行企业会计准则监管问题解答》中规定了适用权益交易原则的三种情形:①非上市公司购买的上市公司为“空壳”,从而实现借壳上市;② 非上市公司购买的上市公司中除现金和金融资产外再无其他非货币性资产,从而实现借壳上市;③上市公司和非上市公司通过资产置换,置换出全部资产、负债,另外增发股票收购非上市公司资产、负债(股权),非上市公司实现借壳上市。

与ST类壳公司不同，不少非ST类壳公司经营资产的重组前景良好。如果借壳方有能力通过经营管理的改善提升壳公司原有业务及相关资产的价值，或借壳双方业务及相关资产整合具有较好的协同效应，选择借"实壳"上市可以更好地提升企业价值，为股东创造财富。

由此可见，借壳上市模式的选择，与壳公司的特征密切相关。如果借壳方与上市公司在经营业务、财务管理等方面具备协同效应，且上市公司财务状况优良、无重大遗留问题，可以考虑"实壳"模式。当壳公司存在巨大的债务"窟窿"或一些会增加未来经营不确定性的"或有事项"或双方不存在并购协同效应时，以"净壳"模式为宜。在资本市场上，绝大多数壳公司为ST类，只有在长期低迷的资本市场上才会有市值不高的非ST类壳资源，加之双方业务有优良协同效应的极为罕见，因此，绝大多数公司在反向收购过程中采用的是不构成业务的"净壳"模式。

第四节　上市公司股票再融资

上市公司为了实现资本和资产的双重扩张，需要利用证券市场进行再融资。上市公司的再融资活动，也是优化证券市场资源配置的有效途径之一。目前，我国证券市场上市公司的股票再融资的方式主要有配股和增发新股等方式。

一、上市公司发行新股

股票发行有公开发行和非公开发行两种模式。公开发行，又称公募发行，是指向市场上、不特定的公众投资者发售股票。在公开发行情况下，所有合法的社会投资者都可以参加认购，包括个人投资者、法人机构、证券投资基金等。为了保障广大投资者的利益，各国对公开发行都有严格的要求，如发行人要有较高的信用，并符合证券主管部门规定的各项发行条件。我国公司公开发行股票需符合《证券法》、《公司法》的有关条件。

非公开发行，又称私募发行，或定向增发，是指面向少数特定的投资者发行股票。私募发行的对象主要有两类：一类是个人投资者，例如公司老股东或发行人自己的员工(俗称"内部职工股")；另一类是机构投资者，如大的金融机构或与发行人有密切往来关系的企业等。由于私募发行有确定的投资人，发行手续简单，可以节省发行时间和费用，是国际通行的融资方式和灵活方便的再融资方式。但在我国，股票私募发行制度一直是一个立法空白。1993年颁行的《公司法》和《股票发行与交易管理暂行条例》以及1998年颁行的《证券法》，这些规范我国股票市场的基本法律制度都是以"公开发行、上市公司"为基本出发点来设计的，并没有接受和规定私募发行制度。

随着股票市场上投资者结构的变换，尤其是机构投资者的数量和规模不断扩大，私募融资开始发挥着重要的作用。因此，2005年10月27日修订并于2006年1月1日生效的新《公司法》和《证券法》，第一次以法律的形式规定了私募发行制度，主要包括：确立股份有限公司可以以私募发行的方式设立；明确界定"非公开发行"的概念。此外，新《公司法》

取消了股份有限公司的设立审批程序，并将股份有限公司注册资本最低限额降低为500万元，引入了授权资本制度，将发起人股份转让限制缩短为一年，这些规定，客观上为股票私募发行提供了极大的活动空间。

非上市公司公开发行股票只能是选择公募发行，即IPO。已经公开发行过股票的上市公司发行新股，既可以选择公募发行，也可选择私募发行。依据2006年5月颁布的《上市公司证券发行管理办法》规定，上市公司向不超过10名法人、自然人或者其他合法投资组织增发新股，即为非公开发行。允许上市公司定向增发，不但有助于减小上市公司融资对市场的压力，也有利于吸引场外机构的资金进入市场，还可以为包括亏损上市公司在内的所有公司引入新的战略股东、注入新的优质资产、进行收购兼并等提供新的融资工具和渠道，有利于上市公司质量的提高和上市公司结构的调整。正因为如此，自2006年5月8日《上市公司证券发行管理办法》实施以来，定向增发已经成为上市公司再融资的首选途径。

(一)上市公司发行证券的一般规定

已上市公司要发行证券，必须具备组织机构健全、运行良好，盈利能力具有可持续性，最近36个月内财务会计文件无虚假记载，且不存在下列重大违法行为，募集资金的数额和使用符合规定等基本条件。

1.组织机构健全、运行良好。(1)公司章程合法有效，股东大会、董事会、监事会和独立董事制度健全，能够依法有效履行职责；(2)公司内部控制制度健全，能够有效保证公司运行的效率、合法合规性和财务报告的可靠性；内部控制制度的完整性、合理性、有效性不存在重大缺陷；(3)现任董事、监事和高级管理人员具备任职资格，能够忠实和勤勉地履行职务，不存在违反《公司法》第148条、第149条规定的行为，且最近36个月内未受到过中国证监会的行政处罚，最近12个月内未受到过证券交易所的公开谴责；(4)上市公司与控股股东或实际控制人的人员、资产、财务分开，机构、业务独立，能够自主经营管理；(5)最近12个月内不存在违规对外提供担保的行为。

2.盈利能力具有可持续性。(1)最近三个会计年度连续盈利，扣除非经常性损益后的净利润与扣除前的净利润相比，以低者作为计算依据；(2)业务和盈利来源相对稳定，不存在严重依赖于控股股东、实际控制人的情形；(3)现有主营业务或投资方向能够可持续发展，经营模式和投资计划稳健，主要产品或服务的市场前景良好，行业经营环境和市场需求不存在现实或可预见的重大不利变化；(4)高级管理人员和核心技术人员稳定，最近12个月内未发生重大不利变化；(5)公司重要资产、核心技术或其他重大权益的取得合法，能够持续使用，不存在现实或可预见的重大不利变化；(6)不存在可能严重影响公司持续经营的担保、诉讼、仲裁或其他重大事项；(7)最近24个月内曾公开发行证券的，不存在发行当年营业利润比上年下降50%以上的情形。

3.财务状况良好。(1)会计基础工作规范，严格遵循国家统一会计制度的规定；(2)最近三年及一期财务报表未被注册会计师出具保留意见、否定意见或无法表示意见的审计报告，被注册会计师出具带强调事项段的无保留意见审计报告的，所涉及的事项对发行人无重大不利影响或者在发行前重大不利影响已经消除；(3)资产质量良好，不良资产不足以对公司财务状况造成重大不利影响；(4)经营成果真实，现金流量正常，营业收入和成本费用的确认严格遵循国家有关企业会计准则的规定，最近三年资产减值准备计提充分合理，不存在操纵经营业绩的情形；(5)最近三年以现金方式累计分配的利润不少于最近三年实现的年均可分配利润的30%。

4.上市公司最近36个月内财务会计文件无虚假记载，且不存在下列重大违法行为：(1)违反证券法律、行政法规或规章，受到中国证监会的行政处罚，或者受到刑事处罚；(2)违反工商、税收、土地、环保、海关法律、行政法规或规章，受到行政处罚且情节严重，或者受到刑事处罚；(3)违反国家其他法律、行政法规且情节严重的行为。

5.上市公司募集资金的数额和使用符合规定：(1)募集资金数额不超过项目需要量；(2)募集资金用途符合国家产业政策和有关环境保护、土地管理等法律和行政法规的规定；(3)除金融类企业外，本次募集资金使用项目不得为持有交易性金融资产和可供出售的金融资产、借予他人、委托理财等财务性投资，不得直接或间接投资于以买卖有价证券为主要业务的公司；(4)投资项目实施后，不会与控股股东或实际控制人产生同业竞争或影响公司生产经营的独立性；(5)建立募集资金专项存储制度，募集资金必须存放于公司董事会决定的专项账户。

(二)非公开发行股票

与其他融资方式相比，上市公司非公开发行股票具有审核程序简单、发行成本低、信息披露要求低、发行人资格要求低等特点。

1.非公开增发股票的条件

非公开增发股票资格要求较低，没有业绩指标的要求。在《上市公司证券发行管理办法》中只是规定在下列情形之一的，不得非公开发行股票：(1)本次发行申请文件有虚假记载、误导性陈述或重大遗漏；(2)上市公司的权益被控股股东或实际控制人严重损害且尚未消除；(3)上市公司及其附属公司违规对外提供担保且尚未解除；(4)现任董事、高级管理人员最近36个月内受到过中国证监会的行政处罚，或者最近12个月内受到过证券交易所公开谴责；(5)上市公司或其现任董事、高级管理人员因涉嫌犯罪正被司法机关立案侦查或涉嫌违法违规正被中国证监会立案调查；(6)最近一年及一期财务报表被注册会计师出具保留意见、否定意见或无法表示意见的审计报告，保留意见、否定意见或无法表示意见所涉及事项的重大影响已经消除或者本次发行涉及重大重组的除外；(7)严重损害投资者合法权益和社会公共利益的其他情形。

非公开增发的股份，自发行结束之日起，12个月内不得转让；控股股东、实际控制人及其控制的企业认购的股份，36个月内不得转让。

2.非公开增发股票定价

根据《上市公司证券发行管理办法》规定：上市公司非公开发行股票的发行价格不低于定价基准日前20个交易日公司股票均价的90%。定价基准日是指计算发行底价的基准日。定价基准日可以为关于本次非公开发行股票的董事会决议公告日、股东大会决议公告日，也可以为发行期的首日。股票均价的计算是充分考虑成交额和交易量因素的加权均价。定价基准日前20个交易日股票交易均价的计算公式为：

$$\begin{array}{c}\text{定价基准日前20个}\\\text{交易日股票交易均价}\end{array}=\frac{\text{定价基准日前20个交易日股票交易总额}}{\text{定价基准日前20个交易日股票交易总量}}$$

上市公司通过非公开发行进行重大资产重组或者引进长期战略投资的,可以在董事会、股东大会自行确定发行对象的具体名单、发行价格或定价原则、发行数量,体现了公司自决的市场化原则。这种目的的发行,通常对发行对象有特定的要求,除了能带来资金外,往往还能带来具有盈利能力的资产,提升公司治理水平,优化上下游业务等,但此类发行对象认购的股份在36个月以内不能转让。这既符合长期战略投资的本意,又可很大程度上避免因认购股票后可在短期内抛售获利而引发的不公平现象。

3.非公开增发的认购

非公开增发的股份,有现金认购和资产认购之分。现金认购不仅可为上市公司筹集所需的现金,而且这种方式不存在资产评估、关联股东回避表决、大股东注入资产的转移手续和费用等问题,操作也相对简单。由于用现金认购不存在大股东注入或从大股东处购买劣质资产的可能性,监督部门的审核相对宽松,审批过程会比较顺利些。以现金认购非公开增发股份的,需要采取竞价方式定价。由于发行人的主要目的是筹集资金,对发行对象没有限制,发行对象大多为财务型投资者。

资产认购是指以非货币性资产认购增发的股份。资产认购远比现金认购复杂,分成构成重大资产重组的和不构成重大资产重组两种情况。不构成重大资产重组的,应按非公开发行股票的要求提交申请文件,非公开发行股票的价格不得低于董事会决议公告日前20个交易日公司股票均价。对于涉及重大资产重组的非公开发行股票方案,考虑到重大重组行为具有特殊性,将使公司基本面和股票估值基础发生重大变化,为避免因其他投资者搭便车而造成发行过程有失公平,因此,要求上市公司的重大资产重组与非公开发行股票筹集资金分开办理,分两次发行。

案例 7-11

苏宁云商非公开发行案例

2015年8月11日,苏宁云商集团股份有限公司发布《2015年非公开发行A股股票预案》,宣告公司拟向淘宝(中国)软件和安信—苏宁2号非公开发行A股股票1 926 671 924股,其中淘宝(中国)软件1 861 012 043股,安信—苏宁2号65 659 881股,发行价格为15.23元/股(为定价基准日前20个交易日公司股票交易均价的105.76%),募集资金总额2 934 321.34万元。这一预案在2015年9月10日召开的公司2015年第3次临时股东大会上经审议通过。2016年1月20日,苏宁云商非公开发行股票获中国证监会发行审核委员会审核通过。2016年4月7日,公司收到中国证监会《关于核准非公开发行股票的批复》(证监许可[2016]418号)。2016年4月29日,苏宁云商向全体股东每10股发放现金股利0.6元,非公开增发的价格由每股15.23元调整为15.17元,发行股数调整为了1 926 996 505股,其中淘宝(中国)软件1 861 076 927股,安信—苏宁2号65 659 881股[发行股份数量确定原则为:完成发行后淘宝(中国)软件持有股份数量占发行后公司总股本的19.99%,安信—苏宁2号以不超过10亿元参与认购]。2016年5月20日,发行对象淘宝(中国)软件 和安信—苏宁2号将认购资金2 923 253.70万元汇入联席承销商开立的专用账户。发行相关费用及印花税14 722.76万元,实际募集资金净额

2 908 530.94万元。2016 年 5 月 30 日，增发的股份在中国证券登记结算公司完成登记。

苏宁云商进行非公开增发股份的目的：(1)以股权为纽带与淘宝(中国)软件确立长期战略合作，坚定加速推进公司 O2O 战略转型；(2)继续做大做强公司主营业务，夯实公司核心竞争力；(3)提升公司资本实力，为公司持续发展提供资金保障。募集资金将用于物流平台建设项目、苏宁易购云店发展项目、互联网金融项目、IT 项目建设以及偿还银行贷款和补充流动资金等。发行前，公司总股本为 738 304.32 万股，公司实际控制人为张近东先生。张近东先生及其独资公司苏宁控股合计持有公司 226 154.20 万股股份，占发行前公司股本总额的 30.64%。发行完成后，公司总股本将增至 930 971.51 万股，张近东先生及其独资公司合计持股比例为 24.29%，淘宝(中国)软件持股比例为 19.99%。假设公司 2015 年净利润仍为 86 691.50 万元，不考虑其他因素的影响，非公开发行对公司相关财务指标的具体影响见表 7-2。

表 7-2　增发前后公司相关财务指标的影响

单位：万元

指　标	2014 年 12 月 31 日（发行前）	2015 年 12 月 31 日（发行后）
归属于母公司所有者的净利润	86 691.50	86 691.50
总股本(万股)	738 304.32	930 971.51
归属于母公司所有者的净资产	2 928 185.50	5 912 283.13
期末每股净资产(元/股)	3.97	6.35
全面摊薄每股收益(元/股)	0.12	0.09
全面摊薄净资产收益率(%)	2.96	1.47

(三)公开增发

与非公开增发相比，公开增发要求较高。上市公司向不特定对象公开募集股份，除需符合上市公司发行股票的一般规定外，还需满足最近 3 个会计年度加权平均净资产收益率平均不低于 6%，最近一期末不存在持有金额较大的交易性金融资产和可供出售的金融资产、借予他人款项、委托理财等财务性投资的情形(金融类企业除外)等条件。

股票发行的定价基准也有所区别。公开增发的发行价格要求不低于公告招股意向书前 20 个交易日公司股票均价或前一个交易日的均价。

二、配股

配股是指向原股东配售股份。普通股股东通常具有优先认股权，其主要目的是保护股东价值不被稀释。我国的《公司法》未对优先认股权做出明确的规定，只是在第 134 条针对股份有限公司做出如下规定：公司发行新股，股东大会应当对下列事项做出决议：(1)新股种类及数额；(2)新股发行价格；(3)新股发行的起始日期；(4)向原有股东发行新股的种类及数额。如果在公司的章程中规定了优先认股权，那么，公司就必须向现有股东销售新发行的普通股股票;如果公司章程中没有规定优先认股权,那么公司就可以在配股和增发新股之选择。

《上市公司证券发行管理办法》规定,配股应当符合:一是拟配售股份数量不超过本次配售股份前股本总额的 30%;二是控股股东应当在股东大会召开前公开承诺认配股份的数量;三是采用证券法规定的代销方式发行。如果控股股东不履行认配股份的承诺,或者代销期限届满,原股东认购股票的数量未达到拟配售数量 70%,发行人应当按照发行价并加算银行同期存款利息返还已经认购的股东。

案例 7-12

鞍钢股份配股案

依据中国证监会的新颁布的《上市公司证券发行管理办法》,鞍钢股份(000898)于 2007 年 10 月成功地进行的配股。鞍钢股份以股权登记日 A 股股本数 5 042 985 697 股为基数,按 10∶2.2 的比例向原 A 股股东配售,配售股份总额为 1 109 456 853 股,配股价格为人民币 15.40 元/股,预计募集资金(含发行费用)不超过 201 亿元。根据大股东鞍钢集团出具的承诺函,鞍钢集团已承诺全额现金认购其可配股数。网上发行对象是截至 2007 年 10 月 9 日下午深交所收市后,在中登公司深圳分公司登记在册的鞍钢股份全体股东。配股发行采取网上定价发行方式,由主承销商中信证券股份有限公司负责组织实施。募集资金净额全部用于投资建设营口鲅鱼圈港钢铁项目。该项目规划建设宽厚板、热轧板和冷轧薄板项目,发展宽厚板和薄板精品,实现板材产品生产规模化、系列化、高附加值化。项目投产后将提高鞍钢股份在钢铁行业中的地位及市场竞争力,推动经济效益持续稳定增长,最终使公司成为最具国际竞争力的大型钢铁企业。

三、股票再融资效应分析

上市公司再融资效应是再融资理论中的一个重要问题,理论界的许多研究考察了这种资本结构变化所带来的影响。实证研究表明:上市公司增发新股会使市场产生负面的股票价格反应,即股票再融资信息具有消极影响。理论界已经对此做了许多研究,并形成一些有说服力的结论。然而,无论是为了进行再融资,抑或为了置入资产,增发或配股后都意味着股本的扩张。因此,衡量股票再融资效应的关键是看每股收益、每股净资产等指标在增发或配股完成后发生什么变化。

米勒和洛克从信息传递原理对这一现象进行了分析。股票再融资的消极影响的产生,更多的是由于再融资行为本身向资本市场传达一项信息,而在有效率的市场上往往会对非预期披露的信息产生反应。也就是说,股票再融资属于财务决策的结果,但其对证券价格的影响是通过向资本市场传递再融资这一信息为市场所理解之后才发生的,并非简单地完全由再融资决策本身直接对股票的价格产生影响。再融资对证券价格的消极效应可以解释为证券发行宣告影响了投资者对未来证券现金流入的预期。当一个公司宣告发行股票时,暗示着这些资金将有一种或多种用途:资产投资、减少债务、增加股利、弥补低于预期的经营现金流量等。若未预期到的股票销售与弥补低于预期的经营现金流量有关，则证券市场接受的是关于公司未来现金流量的消极信息，股价会相应受损。

梅耶斯和马杰罗夫详细探讨了投资者和管理者之间信息不对称所带来的股票再融资消极效应。他们认为，潜在证券投资者掌握的信息比管理者少，管理者往往在市场对其证券的估价高于其自身估价时出售证券。所以，当股票再融资发生时，无异于向证券市场传递了证券价格偏好的信号，市场会对偏高的证券价格做出反应。

詹森从代理问题的角度出发，也解释了这一现象。他指出管理层存在着增发融资建立自己企业帝国的冲动，市场意识到这一现象，从而出现股价下跌。

经验研究发现：新股发行前后一股时间股票收益有很大不同。增发前1～2年股票价格通常有较大上涨，增发后1～5年股价表现较差。对于这种现象，大量研究得出的结论是：上市公司为了使股票增发能以一个比较好的价格进行，往往在增发前操纵公司利润。

第五节　境外上市

我国境内企业境外上市最早出现在1984年。在随后的20余年时间里，出现了多次境外上市高潮，上市方式十分多样，上市地点主要集中在香港和美国。在积累了香港、美国上市的经验之后，许多企业开始选择其他的境外证券市场，如英国伦敦证券交易所、新加坡证券交易所、日本东京证券交易所等。境内企业到境外发行股票并上市，是我国企业进入国际资本市场，利用国际资本市场的重要方式。

一、境外上市的意义

中国许多重量级企业，如中国移动、中国石化、中国石油、中海油、中国人寿、中国平安、中国工商银行、中国建设银行等等，均已在境外上市。这些企业之所以选择赴境外上市，主要是基于企业实施国际化战略发展的考虑，也与境内证券市场制度与企业发展需求不相适应相关联。选择到境外资本市场融资具有诸多优点，主要包括：

1.有利于完善公司法人治理结构和建立现代企业制度

虽然境内上市公司也建立起公司法人治理结构和现代企业制度，但还不是很完善，企业的政府化倾向比较浓厚。而企业赴境外上市，则必须按照上市地的法律法规建立起比较完善的治理结构，这将有利于企业的规范管理和运作。同时，企业通过境外上市，可以学习到国际先进的管理经验，对企业素质的全面提高，增强在经济全球化环境中的国际竞争力大有裨益。资本市场外部机制激励和约束，会使企业规范管理，通过安排股票期权，可以增强企业的凝聚力和向心力，保证企业稳定发展。

2.有利于低成本在境外资本市场进行融资，并建立长期融资渠道

在境内资本市场上，企业融资规模有限，成本较高。而到境外资本市场融资，则不仅可以筹集到相对低廉的资金，而且也可以提升其国际竞争力。有境外融资通道，企业可以根据资本市场资金供给，从企业自身改善资本结构或投资发展的需要出发，发行或配售新

股,确保企业可持续发展有充足的资金来源。

3.可为创业资本提供退出渠道

长期以来,境外资本市场的股份均是全流通的。通过恰当的股权安排,公司股东持有的股份可以在满足禁售期规定后,在市场上自由出售流通变现,这为企业创业者的资本构筑了退出渠道。虽然境内资本市场也已进入全流通时代,但上市要求及难度均较境外资本市场高。

4.提高企业在国际资本市场上的形象

公司在境外资本市场上市,可助推境外投资者了解内地企业,为内地企业走向国际市场、打响国际知名度创造条件。国际知名度的提升也会增强企业凝聚力、吸引力、兼容性及扩张力。

5.基于企业国际化发展战略的需要

我国有许多企业不仅在管理和技术上,而且在经济效益等方面具有一定的优势。但是,这些企业因参与国际经济活动少,很少被国际同行所了解,为其进行国际合作带来了诸多不便。而赴境外上市则有利于其在国际资本市场上建立起自己的良好形象,为参与国际竞争创造有利条件。

选择在境外上市,可能面对的问题主要是:一是境外法律与我国的法律不同,对股票发行、交易和信息披露的要求不同。境外监管机构对上市公司的监管和信息披露要求一般都比较高。二是境外市场发行市盈率较低,影响筹资规模。境外上市的发行价格大多在 10 倍左右,远低于 A 股市场的发行市盈率。

二、境外上市地点选择

目前,我国企业境外上市地点主要集中在香港地区和美国,也有选择在英国伦敦证券交易所、新加坡证券交易所、日本东京证券交易所、澳大利亚证券交易所和德国证券交易所等地上市的。合理选择上市地点对于国内企业在境外上市发行价格的确定以及公司今后的发展有重要的影响。选择适合企业自身条件的境外上市地点,是企业成功在境外上市的重要因素。

根据对世界主要证券市场的运行特征、上市要求和市场条件的综合比较和分析,可以得出一些基本看法:规模较大、国际知名度较高的企业应优先选择美国的证券交易市场、伦敦证券市场上市,以充分利用这两个市场的优势;规模较小,以工程、资源为主的公司在澳大利亚市场上市是比较好的选择;中等规模、市场集中在境内的企业,可考虑到香港市场上市,因为香港与内地联系紧密,在理解这些公司方面比较容易;产品主要在国际市场、中小规模、运作规范的企业可考虑在新加坡上市,以充分利用该市场的各种优势;日本市场相对独立,规模较大、与日本企业或市场联系密切的公司可考虑在日本上市;科技企业、汽车行业和环保行业的公司在德国会比较受欢迎。

不同国家和同一国家不同的证券交易所上市条件和标准不尽相同,在此不再一一列举。由于香港地区和美国是我国企业走向国际资本市场的重要途径,同时他们在全球股票市场中发挥着不可替代作用,所以这里我们仅就这两地的上市标准做一简单介绍(见表

7-3 和表 7-4)。

表 7-3 香港主板和创业板上市标准

项 目	主 板	创业板
市场目的	目的众多,为大型公司筹资等	为较小型或新型公司筹集资金
接受的司法地区	香港、百慕大、开曼群岛、中国内地	所有司法地区
业务记录	3 年(若干情况例外)	24 个月活跃要求(符合条件的,12 个月)
盈利要求	5 000 万港元(最近财政年度2 000万港元,再之前两个财政年度 3 000 万港元)	无规定
管理层股东及高持股量股东持股数量要求	无规定	上市时,管理层股东及高持股量股东必须合计持有不少于公司已发行股本的35%
最低公众持股量	25%或 5 000 万港元,两者取其高	10%或 3 000 万港元,两者取其高
股东人数	上市时最少须有 100 名股东,每 100 万港元的发行额须由不少于 3 名股东持有	上市时,公众股东至少有 100 名
最低股票市值	股票上市时的市值须达 10 000 万港元	无具体规定,但实际不少于4 000万港元
对主要股东出售股份限制	不可在上市后半年内出售股份	大股东在上市两年后才可以出售股份或抵押股份
聘用保荐人的要求	上市即告终止	上市后至少两个财政年度继续聘用保荐人

表 7-4 纽约证券交易所和 NASDAQ 上市的主要标准

项 目	纽约证券交易所	NASDAQ 全国资本市场	NASDAQ 小型资本市场
经营年限	无规定	无规定	1 年或市值 5 000 万美元
税前收入	250 万美元	100 万美元	75 万美元(净收入)
有形资产净值	4 000 万美元	600 万美元	400 万美元
流通股股数	100 万股	110 万股	100 万股
流通股市值	1 800 万美元	800 万美元	500 万美元
公众持股人数	5 000 人	400 人	300 人

美国证券市场可分为主板市场(纽约证券交易所)、NASDAQ(纳斯达克)、OTCBB(场外柜台交易系统)和 NQB(粉单市场)。纳斯达克是美国的创业板。公司在纳斯达克上市必须满足有形资产净值和流通股市值的要求。如达不到上述标准,则须满足市值超过 5 000 万美元,或总资产 5 000 万美元,或收入 75 万美元。如果股价连续 30 个交易日低于 1 美元,必须在 90 个交易日内回升到 1 美元,并连续保持 10 天,否则将被摘牌。

三、境外上市模式

境外上市有首次公开发行上市、买壳上市、造壳上市和存托凭证上市等多种模式。

（一）首次公开发行上市模式

这种模式是指境内企业直接以自己的名义在境外（包括香港地区）发行股票并在境外证券交易所挂牌上市交易。我们通常所说的 H 股、N 股、S 股等就是在境外上市的股票。H 股是指中国企业在香港联合交易所发行并上市的股票；N 股是指中国企业在纽约交易所发行并上市的股票；S 股是指中国企业在新加坡交易并上市的股票。这种模式的优点在于可以挂牌交易为契机，尽快树立企业形象，扩大企业的影响。但由于境内外法律制度、会计准则等方面存在差异，以这种方式上市的成本往往比较高，而且还需要经过繁杂的境内、境外监关机构审批手续，花费的时间也较长。

（二）买壳上市模式

这种模式是指企业以现金或交换股票等手段收购一家已在境外证券市场挂牌上市公司的部分或全部股权，然后通过注入母公司资产的方式，实现母公司境外间接上市的目的。买壳上市可以避开繁杂的上市审批程序，手续简便，因此，许多企业，尤其是民营企业选择这种上市模式的较多，如国美电器、海尔中建、世茂中国、吉利汽车、中国水务、上海地产等公司就是采用这种模式上市的。这种模式在实际操作上存在的主要问题是：(1)选择比较满意的壳公司比较困难；(2)可能存在双重纳税问题，降低境内企业的利润率；(3)融资成本较高。

（三）造壳上市模式

这种模式是指在境外资本市场所在国家或加勒比海群岛等地先注册一家公司，并进行上市，之后母公司利用内部的壳资源进行上市和融资。这是介于首次公开发行上市和买壳上市之间的一种便利的上市模式。其优点在于：(1)境内企业能够构造出较满意的壳公司，并且不必支付壳公司的成本和承担收购失败的风险；(2)可以避开境外直接公开发行上市中遇到的中国和拟上市地所在国家和地区的法律相抵触问题。但是，造壳上市也存在着双重征税以及母公司在境外资本市场上影响力不足的问题。

（四）存托凭证（Depository Receipts，DR）上市模式

存托凭证是一种以证书形式发行的可转让证券，包括 ADR（美国存托凭证）和 GDR（全球存托凭证）。美国存托凭证的通常做法是：由美国一家商业银行作为预托人，外国公司把股票存放于该银行的海外托管银行，该预托银行便在美国本土发行代表该公司托管股票的可流通证券。中国石化在纽约证券交易所上市采取的也是 ADR。美国存托凭证主要分三级，其区别见表 7-5。

表 7-5　美国存托管凭证的区别

类型	交易地点	美国证监会注册要求	发行成本	适用公司
一级存托凭证	柜台外市场(OTC)	无须按照 SEC 要求进行信息披露	小于 25 000 美元	希望在花费较少成本以及不用披露信息的情况下建立股东基础的非美国上市公司
二级存托凭证	证券交易所	完全按照 SEC 信息披露要求和持续申报要求	200 000 ～700 000 美元	希望在不公开售股的情况下提高其股份的公开性和流动性的非美国上市公司
三级存托凭证	证券交易所	完全按照 SEC 信息披露要求和持续申报要求	500 000 ～2 000 000 美元，加上承销金	希望通过公开募股在美国筹集资金的非美国上市公司

除上述可以公开交易的存托凭证外，还可以选择私募的存托凭证(144A)进入美国市场。通过该种方式，公司可以在不进行SEC注册的情况下将存托凭证配售于美国的机构投资者。上海石化、庆龄汽车等在美国上市就采用这种模式。

关键词

股票上市　IPO　IPO抑价　借壳上市　反向收购　股票再融资

思考练习题

1.以举例方式分析公司上市的利弊。

2.什么是IPO？IPO定价有哪些方法？我国新股发行中采用那种定价法？如何操作？

3.什么是IPO抑价？产生这种现象的主要原因是什么？

4.什么是反向收购？什么是买壳上市？为什么大多数公司要以反向收购方式借壳上市？

5.为什么以反向收购方式借壳上市的公司，绝大多数会选择“净壳”交易模式？

6.上市公司股票再融资有哪些途径？其中增发新股又有哪几种方式？其定价基准有何区别？

案例分析题

［分析题1］

资料：海澜之家服饰股份有限公司是一家从事品牌运营、产品设计和供应链管理，生产环节和部分销售渠道外包的知名男装企业，主要从事品牌运营、产品设计和供应链管理，拥有“海澜之家”、“爱居兔”、“百衣百顺”等品牌。大股东为海澜集团，周建平先生为海澜之家的实际控制人。2012年公司的营业收入为452 850.42万元，净利润为85 374.01万元。

海澜之家通过向上游的供应商赊购和让下游的加盟商成为财务投资者，将轻资产模式发挥至极致：将生产外包给“代工”的供应商，在货物入库时，支付给供应商小部分货款，后视销售情况逐月结算，且订立附滞销商品可退货条款的采购合同；下游的加盟商向公司缴纳加盟保证金并负责铺租、人工等各项支出，不参与经营管理，按一定比例从门店的营业收入中分成获取利润。在经营模式上颠覆传统规则的海澜之家，要在竞争激烈的男装行业与竞争对手拉开差距，获得竞争优势和发展先机，挑战与其商业模式相似、排名全球服饰零售业前列的优衣库，在国际市场赢得一席之地，寻求资本市场的支持是其必然的选择。

2012年5月，因与公司大股东海澜集团曾控制的上市公司凯诺科技存在关联，被证监会发审委认为独立性存在缺陷，IPO申请未获核准。2013年8月31日，凯诺科技发布公告：海澜之家全体股东以其持有的全部股权作价1 300 000.00万元，按每股3.38元的价格购买凯诺科技增发的 3 846 153 846 股股份；凯诺科技原控股股东三精纺将其持有的凯诺科技 150 578 388 股股份以 50 895.50 万元的价格协议转让给海澜之家的大股东海澜集团，两者同时生效，互为前提条件。交易完成后，海澜之家成为凯诺科技的全资子公司，海澜集团成为凯诺科技的大股东，公司的实际控制人由江阴新桥镇人民政府变更为周建平先生。重大资产重组前后，公司与实际控制人之间的产权及控制关系见图7-3和图 7-4。

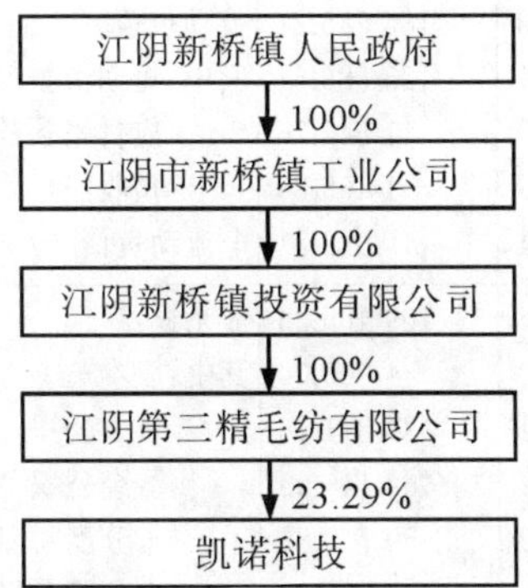

图 7-3 重组后与实际控制人之间的产权关系

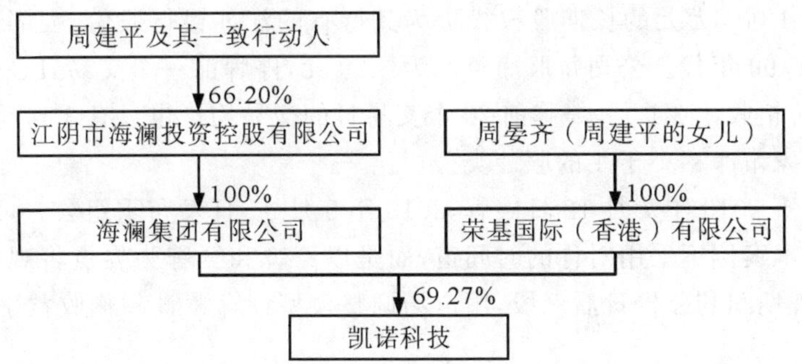

图 7-4 重组前与实际控制人之间的产权关系

海澜之家的总股本为 100 000.00 万元，归属于母公司股东权益的账面价值为 265 530.81万元，按未来收益法评估价值为 1 348 896.44 万元，协商确定的交易价格为 1 300 000.00万元，较账面价值溢价 389.59%，按定向增发价格[①]每股 3.38 元计算，海澜之家的股东合计可获得凯诺科技 3 846 153 846 股股份（不包括协议转让的壳公司存量股份），占定向增发行后凯诺科技总股本的 85.61%。

凯诺科技是一家在上海证券交易所上市的纺织服装公司，主要从事精纺呢绒和高档西服、衬衫、职业服装经营，其精纺呢绒面料的产能和质量在国内均名列前茅，公司盈利较为稳定，2011 年、2012 年及 2013 年 1—6 月营业收入分别为 139 496.19 万元、136 804.51 万元和 68 664.81 万元，净利润分别为 10 301.36 万元、10 453.98 万元和 8 060.61 万元。

① 按不低于董事会决议公告日前 20 个交易日的股票交易均价 3.14 元和不低于凯诺科技截至 2013 年 6 月 30 日经审计的归属于母公司所有者每股净资产 3.29 元/股的规则协商确定的价格。

公司总股本 64 660.41 万股，第一大股东持有 15 057.84 万股，占总股本的 23.29%，其他股东的持股比例均低 1.2%。公司 2012 年和 2013 年上半年财务状况见表 7-5 所示。

表 7-5　凯诺科技资产、负债和权益数据表

单位：万元

项　目	2013-06-30	2012-12-31	项　目	2013-06-30	2012-12-31
流动资产	179 610.43	185 585.21	流动负债	67 831.30	84 654.42
其中：货币资金	117 307.61	123 586.67	其中：短期借款	0.00	0.00
应收账款及票据	11 230.97	11 645.76	应付账款及票据	8 711.27	13 547.40
预付账款	1 333.99	1 455.86	预收账款	42 065.68	48 036.74
存货	48 306.01	45 042.31	非流动负债	140.00	140.00
非流动资产	106 805.38	109 466.26	股东权益	218 444.51	210 257.05
其中：长期股权投资	1 000.00	1 000.00	其中：股本	64 660.41	64 660.41
投资性房地产	34 233.51	34 871.16	资本公积	43 233.60	43 233.60
固定资产	67 492.82	69 149.99	盈余公积	14 037.23	14 037.23
其中：房屋建筑物	49 504.39	50 719.88	未分配利润	91 055.95	82 995.34
无形资产	3 889.26	3 936.81	少数股东权益	5 457.32	5 330.47
资产总额	286 415.81	295 051.47	负债及股东权益	286 415.81	295 051.47

凯诺科技 1 000 万元的长期股权投资为其持有的江苏银行股份，大部分房屋建筑物形成于 20 世纪 90 年代。公司每股净资产为 3.29 元，停牌前一个交易日（2013 年 6 月 24 日）公司股票价格收于 3.1 元，停牌前 20 个交易日的交易均价也只有 3.14 元，是同期沪深 A 股中唯一一家市净率小于 1 的服装类公司。

凯诺科技于 2013 年 7 月 12 日停牌，2013 年 8 月 31 日发布重组公告，2013 年 9 月 2 日复牌交易。本案例不采用对称的时间窗，而是以停牌和复牌为界点将观察时间窗截为公告日前、停牌期间和公告日后三段，用市场调整模型计算累计超额收益率（CAR），计算公式为：

$$\mathrm{CAR}_{i\ t} = \sum_{t=t1}^{t2} \mathrm{AR}_{it}$$

式中 $\mathrm{AR}_{it} = R_{it} - R_{mt}$。$R_{it}$ 为凯诺科技公司股票在交易日 t 的实际收益率；R_{mt} 为交易日 t 的上证指数收益率。相关测算数据如表 7-6 所示。

表 7-6　海澜之家反向收购超额收益率数据表

[−20,0]超额收益率	停牌期间指数收益率	[0,20]超额收益率
−6.51%	1.17%	61.25%

2014 年交易完成日，上市公司凯诺科技股票价格为每股 9.75 元，较定向增发价上涨了 188.46%。反向购买与否凯诺科技财务数据比较如表 7-7 所示。

表 7-7 反向购买与否凯诺科技财务数据比较表

单位:万元

资产负债表	进行反向收购	不进行反向收购	差异率（%）
	2013 年 12 月 31 日	2013 年 12 月 31 日	
资产	1 466 487.83	331 449.07	342.45
负债	901 084.87	109 762.38	720.94
股东权益	565 402.96	221 686.69	155.05
其中:归属于母公司股东权益	559 492.42	215 867.06	159.18%
每股净资产	1.25	3.34	−62.70
利润表	2013 年	2013 年	差异率
营业收入	851 398.41	136 544.63	523.53
净利润	149 376.40	14 662.65	918.75
其中:归属于母公司股东净利润	148 889.37	14 173.50	950.48
股数	449 275.79	64 660.41	594.82
每股收益	0.33	0.22	50.00

假设按账面价值置出凯诺科技全部非货币性资产和负债使其成为只有货币资金的净壳[①],与借"实壳"的数据比较如表 7-8 所示。

表 7-8 "实壳"交易与"净壳"交易财务绩效比较表

单位:万元

项　目	"实壳"交易	"净壳"交易	差额
资产	1 466 487.83	1 344 262.33	122 225.50
负债	901 084.87	789 157.69	111 927.19
股东权益	565 402.96	555 104.64	10 298.31
其中:归属于母公司股东权益	559 492.42	549 285.02	10 207.40
营业收入	851 398.41	690 881.71	160 516.70
净利润	149 376.40	121 217.91	28 158.49
其中:归属于母公司股东净利润	148 889.37	121 217.91	27 671.46
每股收益	0.33	0.27	6.02%
净资产收益率	10.19%	9.02%	1.17%

注:依据《凯诺科技备考财务报表审计报告》和《凯诺科技股份有限公司 2013 年年度报告》整理而成。

① 假设凯诺科技非货币性资产的公允价值与账面价值差额与或有负债相当,非货币性资产和负债差额为 101 136.90 万元,加存量货币资金 117 307.61 万元,合计"净壳"公司拥有 218 444.51 万元货币资金。

由于无法模拟海澜之家借"净壳"上市的股价走势，难以进行两种模式下市场绩效的比较。赵宇龙、王志台研究表明：在中国资本市场上，投资者对上市公司股票估价锁定于公司名义会计收益①。

要求：根据以上资料，结合已学的知识，回答以下问题：

(1)海澜之家为什么要借壳上市？如果你是公司的财务总监，会作何种选择？为什么？

(2)你认为海澜之家以反向购买方式借壳上市的决策动因是什么？

(3)海澜之家的反向收购交易为什么要选择"实壳"而不是普遍采用的"净壳"模式？

(4)在企业价值或股东财富最大化财务目标导向下，应该怎样观察借壳上市的绩效？你认为海澜之家借壳上市的绩效如何？

[分析题 2]

资料：沪东重机股份有限公司(公司 2007 年 8 月 1 日更名为中国船舶工业股份有限公司)是中国船舶工业集团公司的控股子公司，于 2007 年 1 月 29 日宣布定向增发并收购控股股东中船集团旗下 3 家企业。非公开发行股票申请于 2007 年 6 月 21 日经中国证监会发行审核委员会审核通过，于 2007 年 9 月 25 日完成发行。

根据中国船舶的公告，这次共增发 4 亿股，发行价格为 30 元/股，包括资产认购和现金认购两部分。公司控股股东中国船舶工业集团用其持有的上海外高桥造船有限公司 66.66%的股权、中船澄西船舶修造有限公司 100%的股权及广州中船远航文冲船舶工程有限公司的 54%的股权；宝钢集团用其持有的外高桥 16.67%的股权，上海电气用其所持有的外高桥 16.67%的股权认购本次定向增发股份。除资产认购外，中船集团以现金认购 3 000 万股；中船财务以现金认购 1 000 万股；中信集团以现金认购 4 000 万股；而宝钢集团、中国人寿集团、中海油总公司和社保理事会分别以现金认购 500 万股。总计募集现金 300 000 万元，扣除发行费用后，募集现金 294 097 万元。募集现金将投资于上海外高桥造船有限公司二期工程、上海外高桥造船有限公司海洋工程及造船扩建和上海沪临金属加工有限公司一期工程建设等项目。

定向增发完成后，中国船舶将从一家单纯从事大型船用低速柴油机生产企业转变为造船、修船、核心配套(大型船用低速柴油机)三大业务，产业链基本完整的上市公司，成为中船集团核心民品主业的资本运作平台。通过这次增发，公司总资产增长 529%，净资产增长 300%。

定向增发方案公告后，公司股价就坐上了直升电梯，仅 7 个交易日就从公告前的 37.72元涨至 69.91 元。在经历了一段时间的整理后，又于 4 月 10 日首次突破百元。公司的股价并未就此止步。随着公司定向增发方案获得了证监会的核准和公司名称改为中国船舶，股价再次开始飙升，仅用 6 个交易日即从 143.61 元开始直至突破 200 元，成为 A 股首个股价突破 200 元的上市公司。9 月 20 日，中国船舶正式完成了定向增发的股权登记工作，股价也再次开始快速上升，这一次是用 9 个交易日完成了从 227 元到 300 元的上升，成为沪深 A 股第一高价股。8 家机构以 30 元/股的价格向发行 4 亿股股票，以完成发行 9 月 25 日前一天的收盘价 249.70 元/股作为参照，持股市值增加 8 倍。

---

① 赵宇龙，王志台.中国证券市场"功能锁定"现象的实证研究[J].经济研究，1999(9).

要求：根据以上资料，结合已学的知识，回答以下问题：

(1)从非公司增发的条件、定价和认购等方面分析中国船舶非公开增发是否符合我国新颁布的《上市公司发行证券管理办法》。

(2)对上市公司来说，非公开增发和公开增发各有何利弊？应该如何进行选择？

(3)基于已有的财务管理知识，就中国船舶非公开增发巨大的财富效应谈谈你的认识。

第八章 企业集团财务管理

学习目标

1.掌握企业集团财务管理的主要内容,以及企业集团财务管理体制;
2.熟悉企业集团财务公司,以及内部资本市场的优缺点及其与外部资本市场的关系;
3.了解企业集团的含义、类型与特征。

开篇案例

狮丹努集团公司的财务管理为企业发展助力

宁波狮丹努集团有限公司创建于1994年5月,公司目前已经发展为集国际贸易、自主品牌营销、服装生产、金融投资和房地产开发为一体的集团型企业,现有员工5 000余人,下属2家进出口公司,6家工业生产型企业,2家自主品牌国内市场营销公司,以及香港、新加坡及柬埔寨3家海外公司和1家纺织质量技术服务公司。上规模的集团公司给企业带来相应的社会信誉、政策支持、风险承担能力、发展机遇的同时,往往也带来了管理上的难点。宁波狮丹努集团有限公司根据自身的特点,对财务决策权和人事权实行集中管理,对生产经营及财务收支则实行分层管理,单独考核子公司的成本和利润,创建了一个有特色的财务管理模式,为企业的发展助力。

2014年,集团公司完成销售43.1亿,同比增长20%,出口创汇4.7亿美元,同比增长20.5%。2014年度,公司上缴国家税收1.8亿元,连续第十年被评为宁波市纳税50强。公司多年来陆续被授予"全国纺织和谐企业建设先进单位"、"全国服装行业百强企业"、"中国纺织服装企业竞争力500强"、"中国纺织服装企业主营收入百强"和"中国纺织服装行业出口百强"等系列荣誉称号。

第一节 概述

企业集团是现代企业的高级组织形式之一,有其自身的一些基本特征,这些特征对企业集团财务管理的体制有着重要的影响。

一、企业集团的含义与类型

(一)企业集团的含义

企业集团(business group)是现代企业的高级组织形式之一,是以一个或多个大型骨干企业为核心,以资本、产品、技术等为纽带,由一批具有共同利益的成员企业按照平等自愿、互惠互利原则组合而成的大型多法人经济联合体。

从内部组织结构看,企业集团一般可以划分成以下四个层次:

1.核心层企业

核心层企业也叫集团企业或集团公司,是指母公司(控股公司)及其附属机构。母公司是自主经营、自负盈亏的法人企业,可以是一个实力强大的大型生产、流通企业,也可以是资本雄厚的控股公司。母公司的附属机构是指依附于母公司、不具有独立法人资格的分公司或分厂。核心层企业在企业集团内部通常具有较大的经济、技术实力,有先进的经营管理方式,有富有竞争力的产品和完善的市场网络,有较高的品牌价值和良好的企业形象,对集团内部其他企业具有影响力。

2.紧密层企业

紧密层企业是指由核心层企业投资并控股,或由核心层企业长期承包、租赁,或经政府有关部门批准授权划归核心层企业经营管理的企业。紧密层企业是独立的法人企业,它与核心层企业的关系是子公司与母公司的关系。

3.半紧密层企业

半紧密层企业也叫关联企业,是指核心层企业参股(未达到控股)或紧密层企业全资或控股的法人企业。这些企业也可以资金、设备、技术、专利、商标等进行相互投资,并在企业集团的统一领导下,按出资比例或协议规定分享利益、承担责任。

4.松散层企业

松散层企业也叫固定协作企业,是指与核心层企业没有产权关系,但有稳定经营业务关系的企业,或者由紧密层企业、半紧密层企业参股的企业。松散层企业在集团经营方针的指导下,按照集团章程及合同的规定享有权利并承担义务。

企业集团是社会化大生产高度发展和市场经济向纵深发展的产物。一方面,社会化大生产使社会分工越来越细、协作范围越来越广;另一方面,市场经济的趋利性又导致同行之间的竞争不断加剧。这两个方面的原因使单一的企业面临较多的生存和发展的问题。为了适应这种变化,许多企业逐步走上了集团化发展的道路,优化资源配置,发挥规模经济效益,降低交易成本,从而提高自身的市场竞争能力。企业间的兼并、收购和联合是企业集团产生最主要的方式,通过这些方式,原来相对独立的企业,以资本、产品、技术等为纽带,形成规模巨大、业务范围宽广的经济联合体。现在,企业集团已成为一种较为普遍的企业组织形式,德国的“康采恩”、美国的“利益集团”或“金融集团”、西欧的“财团”等,都是对企业集团这种企业组织形式的不同表述。

(二)企业集团的类型

企业集团按不同的标准进行划分形成不同的类型。

1.按经济联合纽带关系划分,可分为股权联结型、契约联结型和混合联结型企业集团

股权联结型企业集团是指各成员企业以控股与被控股、参股与被参股的关系而联结形成的企业集团。在这种类型的企业集团中,控股企业可以通过持有多数股权,对从属企业的重大决策和重大事项加以控制,从而建立起以产权关系为基础的控制关系。另外,由于集团内企业之间的相互参股,形成了你中有我我中有你的共同利益约束关系,使企业集团成为一种利益共享、风险共担的利益共同体,具有较强的凝聚力和向心力。

契约联结型企业集团是指通过订立合同,如承包合同、租赁合同、授权经营合同等,各成员企业自愿结合而成的企业集团。这种类型的企业集团,是靠合同这种契约来明确各成员企业之间的责权利关系的,参加联合的各成员企业拥有完全的自主经营权,享有独立的法人地位。相比较于股权联结型企业集团,这种类型的企业集团的形成相对容易,但组织结构相对松散,联结纽带相对脆弱,规模不大。

混合联结型企业集团兼具上述两种类型企业集团的特征,集团内各成员企业既通过投资参股的形式形成股权联结,又通过生产、销售、技术等合同的形式形成契约联结。这类企业集团具有股权联结和契约联结双重联结纽带,使得企业集团内各成员企业之间的经济联合更加稳定。

2.按核心层企业的经营活动范围,可分为控股型和混合型企业集团

在控股型企业集团中,母公司(核心层企业)是单纯的控股公司,不直接参与生产经营活动,但通过控制子公司的股权,影响子公司的董事会,支配子公司的生产和经营活动。

混合型企业集团的母公司在进行股权控制的同时,还直接参与生产经营活动。一方面,它利用控股优势对子公司的生产经营进行集团化管理,使其符合生产企业集团的发展战略;另一方面,它又参加实际生产经营活动,扮演一般企业的角色。

此外,企业集团按所有权性质分,可分为各成员企业都具有相同所有权性质的单一所有制企业集团和各成员企业具有不同经济成分的混合所有制企业集团;按其生产经营的地理区域范围划分,可分为国内企业集团和跨国企业集团;按其成员企业所属行业的构成划分,可分为单一行业企业集团和多行业企业集团;等等。

二、企业集团的特征

一般而言,企业集团主要具有以下特征:

(一)法律特征

从法律上来看,企业集团突破了一般企业的法律实体与经济实体相统一的格局。企业集团虽然是由多个法人主体构成的大型联合经济组织,但是它本身不是独立法人,不具有法人地位。值得注意的是,企业集团与集团公司是两个不同的概念。集团公司是企业集团中的成员企业之一,企业集团往往是以集团公司为依托形成的。集团公司通常指拥有若干子公司的母公司,因而是一个个体概念,仅指在企业群体中处于控制地位的公司。集团公司是独立的法人,因其对于公司的控股权而派生出对子公司在财务上和经营上的控制权。企业集团是一个群体概念,所指的是依靠产权、产品和技术等纽带连接起来的独立的企业群体。

(二)组织特征

组建企业集团的实质是要在更大的范围内,对各种生产要素进行重新组合和优化配置,实现集团企业的共同利益目标。虽然企业集团的各成员企业都是具有独立法人资格的经济实体,但是企业集团不是各成员企业的简单相加,而是由各成员企业按照一定的联合方式构成的有机整体。各成员企业之间具有协同性,有共同的利益追求和战略目标,它们之间存在着广泛的经济联系,包括资本、产品、技术、管理、契约等。由于企业集团成员企业之间在经营上存在共同的利益和风险,所以在组织上表现出稳定性;又由于企业集团成员企业之间联合的紧密程度不同,所以表现出层次性,包括如前所述的核心层企业、紧密层企业、半紧密层企业和松散层企业等。

(三)经营特征

从经营上来看,企业集团具有多元化经营的特征,市场竞争能力强。为了分散经营风险,企业集团的经营规模都比较庞大,具有多元化经营的特征。兼并和收购是企业集团形成的主要方式,许多企业集团在兼并和收购的过程中,成为一个集多种所有制成分、跨多个行业和领域、同时生产经营多种产品的复杂系统。企业集团实行统一的经营目标和一体化的经营政策,集中多个企业的资金、技术、人才、设备进行产品改造和创新,使各成员企业形成联合阵营,共同开拓市场领域,扩大市场份额。同时,企业集团的规模生产使产品单位成本下降,易于形成价格优势,增强产品的市场竞争能力。

(四)财务特征

企业集团的财务特征主要有:

1.产权关系复杂

产权关系是企业集团内部最强有力的纽带,企业集团内部往往有不同的持股方式,既有垂直持股方式,也有交叉持股等方式,使企业集团内部的产权关系十分复杂。企业集团内部各成员企业之间的投资与受资的财务关系普遍存在,企业集团应处理好母公司与子公司之间集权与分权的关系,充分发挥各成员企业的积极性,最大限度地减少内部矛盾,以保证企业集团目标和战略的顺利实现。

2.财务主体多元化与财务决策多层次化

企业集团是多个企业经济联合体的经济性质导致了企业集团财务主体的多元化。企业集团内各成员企业都具有独立的法人资格,有各自的利益目标和财务运行机制,是独立的财务主体。企业集团的多层次结构导致了企业集团财务决策的多层次化。在企业集团中,母公司作为核心企业,与其属下各级子公司分别处于不同的管理层次,各自的财务决策权的大小也各不相同,形成了企业集团内部财务决策的多层次化。

3.融资功能强大

企业集团是与金融机构密切联系的经济联合组织,比一般企业具有更加强大的融资功能。一方面,企业集团是多个企业的联合体,本身资本充足,市场竞争能力强,所以从集团外部融资的能力强。另一方面,企业集团内部各成员企业有着共同的利益目标,使成员企业相互之间的融资更加方便。而且有的企业集团包含金融企业在内,商品资本与金融资本相结合,更加增强了企业集团的融资功能。

4.投资领域多元化

企业集团资金实力雄厚,为了充分利用资金并分散经营风险,往往实行多元化、综合化投资策略,往往将业务拓展到多个行业领域,并注重产品的多样化和系列化。

5.以内部转移价格作为实现企业集团经营战略的一个手段

企业集团内部转移价格是集团内部相关联的各方在交易过程中所采用的计价标准。内部转移价格的制定与实施会影响企业集团内部各方的业绩和利益。企业集团内部各成员企业之间的关联交易并不总是以市价作为交易的定价标准,事实上有些关联交易采取的是协议定价原则,交易价格的高低在一定程度上取决于企业集团的需要,使利润得以在企业集团内部各成员企业之间进行转移。对内部转移价格的利用已成为企业集团实现其经营战略的一个基本手段。

此外,从会计角度看,企业集团是非独立核算的会计主体,需要编报以母公司为基础的合并会计报表。

三、企业集团财务管理体制

企业集团财务管理体制是对企业集团内部各成员企业的财务权利、财务责任和经济利益分配关系加以规范的基本财务管理制度。它对企业集团的财务活动起着规范、引导和推动的作用,是促进企业集团财务管理工作顺利而有效地开展的制度性保障。企业集团财务管理体制的制定主要针对控股型企业集团,因为只有建立在母子公司关系基础上的控股型企业集团,母公司对子公司才具有财务规范权。至于被参股公司或协作企业,由于母公司对其生产经营管理并没有足够的影响力,因此一般不纳入财务管理体制统一规范的范畴。

(一)企业集团财务管理体制的基本模式

根据母公司与其他成员企业之间财权的划分情况,企业集团的财务管理体制一般可分为集权式财务管理体制、分权式财务管理体制和混合式财务管理体制三种基本类型。

1.集权式财务管理体制

集权式财务管理体制母公司对子公司进行严格控制和统一管理的财务管理体制。在这种财务管理体制下,企业集团的财权几乎都集中在母公司,子公司只有少部分财务决策权,子公司的筹资、投资、工资及奖金分配、费用开支、利润分配、资产重组、财务机构设置、财务人员任免等重大财务事项,都由母公司决定。母公司通常下达生产经营任务,并以直接管理的方式控制子公司的生产经营活动。

采用集权式财务管理体制的优点是:有利于母公司对对企业集团进行统一的指挥和协调,发挥整体资源的整合优势,提高资金筹措和运用的经济效益;有利于母公司利用财务管理功能,实现集团战略目标;有利于增强企业集团的凝聚力和整体实力,降低经营风险和财务风险。集权式财务管理体制也有其缺点:财务决策权高度集中于母公司,容易挫伤子公司的积极性,抑制子公司的灵活性和主动性;信息传递时间过长,不利于企业集团对市场的快速反应;企业集团财务管理缺乏合理分工和横向协作关系,母公司对子公司具体的财务事项管得过多过细,导致其对企业集团的长远发展考虑较少。

2.分权式财务管理体制

分权式财务管理体制，是母公司将财务决策权分散于各子公司，对子公司以间接管理为主的财务管理体制。在这种财务管理体制下，子公司拥有充分的财务管理权限，在筹资、投资、工资及奖金分配、费用开支、利润分配、资产重组、财务机构设置、财务人员任免等重大财务事项方面均有充分的决策权，可以根据市场环境和公司情况做出相应决策。母公司不采用指令性方式来干预子公司的生产经营活动，而是以间接管理的方式进行管理，强调的是对结果的控制。

采用分权式财务管理体制的优缺点与上述集权式财务管理体制的优缺点大致相反。采用分权式财务管理体制的优点是：子公司拥有充分的理财权，能较好地发挥其积极性和主动性；有利于子公司根据市场变化迅速做出反应，抓住市场机会；减轻了母公司的决策压力，使母公司节省下时间和精力考虑更重要的长远发展问题。采用分权式财务管理体制的缺点是：母公司难以对企业集团统一指挥，财务整合调控功能弱化；子公司可能为了追求自身利益而忽视集团利益，各自为政，不利于增强企业集团的凝聚力和整体实力；不利于母公司及时发现子公司面临的风险和存在的问题。

3.混合式财务管理体制

在实践中，完全集权和完全分权的企业集团财务管理体制都是比较少见的，大多数是采用集权与分权相结合的混合式财务管理体制。混合式财务管理体制强调在分权基础上的集权，是一种自下而上的多层次决策的集权模式。混合式财务管理体制综合了集权式与分权式财务管理体制的优点，既能发挥集团母公司的财务调控功能，有利于企业集团财务管理整体目标的实现，又能激发子公司的积极性和主动性，对市场变化做出迅速的反应。由于财权集中或分散的程度要受到许多因素的影响，因此财务管理体制集中或分散的最佳程度是难以确定的。尽管如此，在集权与分权之间做出折中性的选择还是有必要的。

(二)设计企业集团财务管理体制的原则

按照现代企业制度的要求，设计企业集团财务管理体制应遵循以下基本原则：

1.产权明晰

在企业集团内部，母公司作为出资者对子公司享有投资收益权、重大决策权、股份转让权等权利，并以出资额为限对于公司的债务承担有限责任。而子公司作为被投资的企业则以其全部法人财产独立享有民事权利，并承担相应民事责任，依法自主经营、自负盈亏，是独立的法人。母公司和子公司作为两个不同的利益主体，有着各自独立的责任，这种独立责任不因它们加入集团的行为而改变。设计企业集团财务管理体制时，必须明晰母子公司的产权关系，这样才能理顺它们之间的财务关系。

2.责权利相结合

企业集团财务管理体制从总体上看就是对集团内部各成员企业的财务责任、财务权利和经济利益分配关系加以规范和处理的基本财务管理制度。财务责任是核心，因为它是确定财务权利的基本依据，其履行情况也是确定经济利益的主要依据；财务权利是保证，因为各成员企业只有拥有一定的财权，才能独立地开展财务活动，履行财务责任；经济利益是动力，因为它是各成员企业维持生存与发展的物质基础，只有在能够获得一定经济利益的前提下,各成员企业才有努力履行其责任的积极性和主动性。因此,把这三者有机地结合起来,是设计企业集团财务管理体制的一个指导性原则。

3.集权与分权相结合

无论从理论上还是从实践上来者,企业集团采取完全集权或完全分权的财务管理体制,都存在各自难以克服的弊端。在完全集权时,企业集团的财务机制必然僵化,从而挫伤子公司的积极性与主动性;反之,若完全分权,必然导致子公司及其经营者在失去控制,置集团整体利益于不顾而过度追求自身的经济利益。所以,设计企业集团财务管理体制时,应紧密结合集团的实际情况,综合考虑影响集权或分权的各个因素,合理地选择集权或分权的程度,这是设计企业集团财务管理体制中必须解决的关键性问题。

(三)设计企业集团财务管理体制需要考虑的因素

一般而言,企业集团规模不大时主要适用集权式财务管理体制。当集团内子公司数量较多、管理幅度过宽时,由于母公司管理人员的时间精力有限,分权式财务管理体制就成为一种必然的选择。上述说法只是简单概括的说法,企业集团在依据自身情况权衡利弊,设计适合自身的财务管理体制时,还需要综合考虑以下几个因素:

1.企业集团管理体制

企业集团财务管理是企业集团管理的一个方面,企业集团财务管理体制的选择应该适应企业集团管理体制的要求。企业集团采取何种管理体制,直接决定其采取何种财务管理体制。纵观世界各国企业集团的发展状况,企业集团内部管理体制围绕集权与分权的有效结合逐步形成了三种模式,即母公司高度集权的管理体制,母公司、子公司、孙公司相对分权的管理体制和事业部的组织结构。对这三种企业集团内部管理体制,应相应分别采取集权式、分权式和混合式的企业集团财务管理体制。

2.企业集团规模的大小

一般而言,小型企业集团因母公司缺乏足够的资金来源和财务专家,往往采用分权式财务管理体制,把财务管理决策权较多地授予子公司。中型企业集团拥有较强的经济实力和较多的财务专家,而且经营业务相对单纯,因此大多采用偏向集权的财务管理体制。大型企业集团一方面拥有强大的经济实力和数量众多的专家资源,具备实行集权式财务管理体制的能力;另一方面它的生产经营多元化,涉及的经营品种和业务范围比较广泛,所处的理财环境比较复杂,因而有实行分权式财务管理体制的要求。两方面综合的结果导致大型企业集团往往采用混合式财务管理体制。

3.企业在集团内部所处的组织层次

对于紧密层企业,一般可以采用统一领导下的分权式财务管理体制,这样有利于实现企业集团的整体目标并调动紧密层企业的积极性和主动性。其特点是核心层企业做出重大财务决策,而把执行重大财务决策的责任和必要的、次要的财务决策权下放给所属紧密层企业,实行核心层企业和紧密层企业两级独立核算。紧密层企业应在遵守企业集团统一财务制度的基础上,相对独立地开展会计核算工作和日常财务管理工作,其财务活动应纳入企业集团的整体规划内,会计核算资料也应纳入企业集团的合并会计报表之内。

对于半紧密层企业,一般应采取有控制的分权式财务管理体制。由于半紧密层企业是以孙公司形式存在,与核心层企业的关系不如紧密层企业那么紧密,所以应该采取集权程度低一些的有控制的分权式财务管理体制。其特点是核心层企业只是间接地对半紧密层企业进行控制，半紧密层企业拥有独立的财务决策权，并实行独立核算，其会计核算资料也不纳入企业集团的合并会计报表之内。但是，为了实施企业集团的整体发展战略，增强企业集团的凝聚力，半紧密层企业的重大财务活动也应纳入企业集团的一体化财务政策之内。

对于松散层企业，应采取完全分散的分权式财务管理体制。由于松散层企业处于企业集团的最外围，受核心层企业的影响较小，所以对于松散层企业应采取完全分散的分权式财务管理体制，即松散层企业完全独立地进行决策、经营、管理和核算。

第二节　企业集团财务管理内容

企业集团财务活动由前面所述的核心层、紧密层、半紧密层和松散层等四个层次企业的财务活动组合而成。其中，核心层企业和紧密层企业的财务活动是企业集团财务管理的主要内容，一般包括产权管理、融资管理、投资管理、内部转移价格管理、收益分配管理和财务监控等。

一、产权管理

在企业集团内部，产权关系是否明晰、产权结构是否合理、持股方式是否恰当等产权管理问题，直接关系到筹资管理、投资管理、收益分配管理等财务管理工作能否顺利而有效地开展，因此产权管理是企业集团财务管理的重要基础和重要内容。

1.明晰产权关系

一方面，母公司和子公司都是独立的法人企业，彼此之间不存在行政上的依附关系，而是投资者与受资者之间的关系，母公司对子公司的管理与控制必须依照公司法来进行，不能超越所有者权限而介入子公司的日常经营事务，以确保子公司真正独立的法人地位。另一方面，母公司必须通过产权关系对子公司进行有效的控制和监督，以维护和实现集团整体利益，并保证其投入子公司资本的安全性，依法获得产权收益。在处理母子公司关系时，应当防止两种情形：一是母公司缺乏对子公司有效的监督管理手段，致使子公司经营活动偏离企业集团的发展战略目标，危及企业集团整体利益；二是母公司为了实现其经营目标，超越所有者权限，侵犯子公司独立经营权。

2.设置合理的产权结构

母公司从战略目标出发，依据集团公司的产业布局，将其所持有的各类资产分别投资于各子公司，并依法落实其法人财产权和经营自主权，形成以产权为纽带的母子公司关系，通过产权关系的约束控制间接实施管理。一般来说，对于集团的支柱产业、资金密集型企业，母公司可以设置单一的产权结构，建立完全控股的全资子公司；对于集团生产经营和持续发展有着重要导向作用的技术密集型产业和关键性辅助产业，母公司可以持股51％以上建立控股子公司；至于集团其他次要的产业，母公司可以考虑参股而非控股。此外,母公司应积极地吸收社会法人参股,鼓励公司内部职工投资入股和子公司之间的交叉持股,寻求产权结构的多元化,以规范子公司的法人治理结构。

3.选择适当的持股方式

不同类型的企业集团应当选择不同的持股方式。一般说来,对于核心层企业实力强大的企业集团,可以选择垂直持股的方式,以保障母公司的控制权;对于强强联合的企业集团,可以选择交叉持股的方式,以密切成员企业之间的相互关系。

二、融资管理

按照资金来源的不同,企业集团融通资金的方式可以划分成外部融资和内部融资两种:

1.外部融资。即企业集团从集团外部融通资金。其方式有许多种,如发行股票、吸收直接投资、银行借款、发行债券、商业信用、融资租赁等方式。这些不同的融资方式,其融资风险和融资成本是各不相同的,企业集团在选择融资方式时,应权衡利弊做出抉择。

2.内部融资。即企业集团从集团内部获取资金。一方面,企业集团内部各企业实现的利润可以留存,作为企业集团的内部资金来源。另一方面,企业集团各成员企业之间存在密切的伙伴关系,可以互济互惠相互借贷融通资金。除了各成员企业之间直接相互借贷融通资金之外,还有其他可行的在集团内部横向融通资金的方式。例如,可以建立企业集团发展基金,供企业集团统一使用;可以办理实行统贷统还的发展项目贷款,由集团公司为企业集团统一借入资金,并统一归还贷款本息。

随着企业集团的不断发展,金融机构在企业集团发展中的作用越来越大。企业集团应充分利用金融资本,比如建立融洽的银企关系,寻求银行长期而稳定的信贷支持,或是寻求银行等金融机构直接投资入股。企业集团还可以组建财务公司这一非银行金融机构,为企业集团的发展提供综合性金融支持。

三、投资管理

企业集团往往拥有巨额资本,具有强大的投资实力,投资活动是企业集团的一项经常性活动。企业集团的投资管理包括外部投资管理和内部投资管理。

(一)企业集团外部投资管理

企业集团的对外投资包括对外的债权投资和股权投资。企业集团的对外债权投资管理与一般企业的债权投资管理相同。由于企业集团往往拥有较多的资金,日常的资金流量比较大,需要的后备资金多,可调拨使用的闲置资金总额也比较大。为了使闲置的资金充分发挥效用,同时又不影响资金的流动性,企业集团可以投资于国库券、开放式投资基金等风险小、流动性强的证券。

企业集团对外股权投资,就其可行性研究、投资风险控制、投出资金的增值等方面的管理而言,与一般企业的投资管理相同。然而,由于企业集团是一个企业群体,就其投资目的和投资项目的选择而言,与一般企业存在较大的差别。企业集团对外股权投资,首先要考虑企业投资的战略性目标,要考虑企业集团的布局与发展需要。当企业集团的主营业务领域发展前景看好,但存在生产布局不合理、地域分配不合理、存在薄弱环节等情况时,可以通过新的投资项目的选择,对集团现有的业务领域进行强化和扩充。如在企业集团的薄弱环节建立新的企业或建立新的合作伙伴加以弥补,通过投资同类生产企业提高企业产品的市场占有率,通过向企业生产经营的上游或下游领域投资以拓展企业供应和销售渠道等。企业集团对外股权投资的这种战略性目标要求,往往决定了企业集团在对外投资时,首先考虑的是整个企业集团的战略目标而不单纯是所投出资本的增值问题;在确定投资项目和判断项目是否有必要进行时,主要应考虑投资项目对改善企业集团布局和未来发展需要的影响。

企业集团对外投资在投资领域的选择上,往往有两种考虑:一是通过新的投资,强化主营业务领域;二是拓展新的业务领域,企业集团为了分散经营风险,或者为了逐步渗透到其他新兴行业,需要将资本投入到新的业务领域,培育企业新的利润增长点。

(二)企业集团内部投资管理

企业集团内部投资管理包括两方面的内容:一是企业集团内部各企业自身单独的项目投资管理,二是企业集团内部企业相互之间的投资管理。企业集团内部各企业自身单独的项目投资管理与一般企业的内部项目投资管理基本相同,这里需要强调的是企业集团内部企业相互之间的投资管理。

企业集团内部企业之间的相互投资实际上是经济资源在企业集团内部的重新调配。这里要遵循两个原则:

1.独立主体原则。企业集团内的企业都具有法人资格,具有独立的法人地位。除母公司所控制的部分全资子公司外,还可能有企业集团以外的所有者。企业集团内部相互之间的投资要按照独立企业之间相互投资、合资的一般原则进行。

2.统一协调原则。尽管企业集团内部各企业之间是独立的法人,但它们是通过产权关系连接而成的一个整体。因此,企业集团内部各企业之间的相互投资往往体现了企业集团的发展需要,体现了居于控股地位的母公司的战略意图,需要在母公司的协调下,以企业集团的发展战略作为出发点,而不能仅仅考虑自身的利益置集团利益于不顾。这在紧密层企业之间相互投资的关系上更需值得注意。

四、内部转移价格管理

为了减少外部交易成本,实现企业集团利益最大化,企业所需要的外购件和劳务往往优先从企业集团内部采购,企业所生产的产品和提供的劳务也往往优先满足企业集团内部的需要。企业集团各成员企业之间转让中间产品和提供劳务时所采用的价格就称为内部转移价格。对各成员企业之间转让中间产品和提供劳务时按照内部转移价格进行计价结算,有以下好处:(1)有利于划清各成员企业的经济责任,使业绩评价和利益分配建立在客观可比的基础上;(2)有利于集团内部资金的合理调度,实现集团的战略目标;(3)有利于获得合理避税的效应。

案例8-1

上汽集团通过内部转移定价实现盈余管理

上汽集团通过在关联方之间进行资产转移、分摊费用等方式实现对企业集团的盈余管理。

汽车行业的利润高度依赖于新产品和新技术的研发周期和成本,上汽集团的无形资产主要是各种专利技术。专利技术很难找到市场标准价作为参考,所以集团通过内部企业间收取技术转让费的方式有效调节企业利润。上汽集团让盈利企业进行技术研发,通过研发费用来降低盈利企业利润,对研发成功的技术专利又低价转让给亏损企业以增加其利润。亏损企业则将研制成功的无形资产高价转让给盈利企业,以实现集团利润转移的目的。

企业集团各公司利用转移定价,根据各自的盈利情况来分摊企业集团的财务费用,对于亏损企业可以零利率无偿提供资金,对于盈利企业则可以采用银行同等利率,使企业合理调节利润,达到集团整体税负最优。2011 年关联企业向上汽股份有限公司提供的无息贷款比 2010 年增加了一倍,为其节省了大量的财务费用,以 1 年期短期借款利率 6.12%计,关联企业该年为上汽股份有限公司节省财务费用5 000多万元。

内部转移价格的制定应优先考虑企业集团的整体利益,兼顾成员企业的利益,尽量做到公平、合理。内部转移价格一般有以下四种:

(一)市场价格

市场价格是指以转让中间产品的外部市场价格作为内部转移价格。按照市场价格制定内部转移价格有两个基本假设:一是中间产品有外部市场,可以在外部市场找到相似的产品;二是中间产品有完全竞争市场或者中间产品的供应者无闲置生产能力。市场价格对买卖双方都没有偏袒,较为客观、公平,便于在集团内部引入市场机制,形成竞争气氛,因此,市场价格是制定内部转移价格最好的依据。但以市场价格作为内部转移价格也存在一定的困难:首先,完全竞争市场是个理想的市场,实际上并不存在;其次,外部市场上很难找到与中间产品完全一样的产品,产品特征、性能、耐用性、式样等方面的差异总是存在的,以存在差异的产品的市场价格作为中间产品内部转移价格,其客观性尚需进一步考虑;再者,数量折扣、付款方式等因素的差异也会造成市场价格的不同,难以找到一个单一的市场价格。

此外,值得注意的是,以市场价格为基础的内部转移价格并不等于真正的市场价格。因为在企业集团内部进行交易,许多费用诸如广告、包装、运输、检测等方面的支出将不需发生或是大为减少,所以以市场价格为基础的内部转移价格应低于外部市场价格。

(二)协商价格

协商价格是集团内部成员企业通过共同协商确定的价格。协商价格的采用源于市场价格在企业集团内部使用的弊端。如前所述,企业集团内部使用的市场价格并不是完全意义上的市场价格,并不能完全反映企业集团内部结算的实际需要。管理实践中,往往通过协商确定中间产品的转移价格。

协商价格的上限是市场价格，下限是产品单位变动成本。因为如果协商价格高于市场价格的话，中间产品需求方会宁愿到市场上去购买；而如果协商价格低于单位变动成本的话，中间产品供应方连起码的简单再生产都将难以维系，肯定会拒绝提供。

协商价格要在买卖双方拥有讨价还价的权利时才能够顺利实施。对于在企业集团内部流通量大、涉及面广的中间产品，往往由母公司牵头，组织成员企业协商确定转移价格。协商价格的缺点是价格的高低受谈判双方讨价还价能力的影响，如果是集团内各成员企业多头协商或是需要协商的项目繁多时，将可能导致协商耗时耗力甚至难以得到统一的协商结果。

(三)双重价格

双重价格是针对买卖双方分别采用不同的价格作为内部转移价格。双重价格一般有两种形式：一是当产品在市场上有多种价格时，供应方采用最高市价，需求方采用最低市价；二是供应方以市场价格或协商价格作为计价基础，而需求方以成本作为计价基础。采用双重价格作为内部转移价格主要适用于企业集团内部核心层企业，这些企业由母公司直接控制，计价的目的不是为了确定各个企业的实际损益，而是为了对成员企业进行业绩的考核和计量，是落实经济责任制的方式之一。实行双重定价虽然可以起到调动子公司积极性的作用，但是这种定价方式下，供应方按高价出售，需求方按低价购进，就可能使双方对成本控制的关心度下降，在成本管理方面有所松懈。

(四)成本转移价格

成本转移价格是以转移产品的成本为基础制定的内部转移价格。由于成本的概念不同，成本转移价格也有不同的形式：一是以产品的标准成本作为内部转移价格；二是以产品的标准成本加上一定的合理利润作为内部转移价格；三是以产品的标准变动成本作为内部转移价格。究竟采用哪种成本形式，应根据转移产品的特点和制定转移价格的不同要求来确定，而且都应该以标准成本而不是以实际成本为基础来确定内部转移价格，这样才不至于将中间产品供应方的功与过转嫁到购买方，便于正确评价双方的业绩。使用成本转移价格比较简便，所依据的成本数据是现成的，但成本概念的多样性也使得成本转移价格的选择具有一定程度的人为性。

尽管内部转移价格的形式有多种，但总体而言，市场价格、协商价格较为适合企业集团内部具有独立法人地位的企业之间的交易结算，以便兼顾企业之间的利益。而双重价格、成本转移价格则较为适合某一企业内部非独立单位之间的结算，其主要目的是作为考核内部单位业绩的一种计量手段。

五、收益分配管理

企业集团的收益分配主要涉及两方面的内容：一是以政治权力为基础的收益分配，即按照税法规定缴纳各种税金，这种分配体现了国家与企业集团之间强制无偿的分配关系；二是以资产所有权为基础的收益分配，即将计提各种法定提留后的利润，按照一定的分配方式，在所有者之间进行分配，这种分配体现了以所有权为基础的产权收益分配关系。以资产所有权为基础的收益分配最能反映企业集团的特色，是企业集团收益分配管理的核心。

企业集团联结纽带和联合方式不同，则以资产所有权为基础的收益分配方式也不同，主要有以下几种：

(一)股利分配方式

股利分配方式即以向股东分派股利的形式进行利润分配，适用于以股权投资为联结纽带的企业集团。在这种分配方式下，受资企业根据投资者股权投资比例分配股利，直接进行利润分配。股利政策是关于公司是否发放股利、发放多少股利以及何时发放股利等方面的方针和策略。影响股利政策的因素很多，包括法律的因素、公司的因素、股东的因素及其他因素。对长期以来股利政策实务进行总结，可以归纳出常用的股利政策包括剩余股利政策、固定股利政策、固定股利支付率政策和低正常股利加额外股利政策等四种类型。股利支付方式有现金股利、股票股利、财产股利和负债股利。股利政策是财务管理的一个重要内容，股利政策执行结果所产生的影响不仅仅局限于对投资收益的分配，还影响到公司的投资、融资以及股票价格。股利政策最为核心的内容就是按实现财务管理目标的要求，正确处理好税后利润在派发股利与利润留成之间的关系。

企业集团股利分配的特殊之处在于涉及各成员企业间利益分配的事项，而这些事项因为每个企业集团的组成状况不同而各有所异。母公司必须从战略角度对集团整体的股利政策进行统一规划，规范各成员企业的收益分配行为，使之有利于集团整体战略目标的实现。面对集团内多个作为不同利益主体的企业法人，母公司制定股利政策时，不能只站在自身的立场上考虑问题，还需要兼顾母公司与子公司以及子公司相互之间的利益关系。

基于股利政策的重要性，企业集团的股利政策决定权通常集中于集团最高管理当局，即母公司董事会。母公司董事会负责拟订集团的整体股利政策及自身具体的分配方案，并提供支持理由。这一过程需要吸收母公司财务部经理介入，并应当征询子公司或其他成员企业的意见，解释所制定股利政策的基本宗旨，使子公司认识到这种股利政策与各子公司的利益特别是集团整体长远利益相符合。母公司股东大会是集团最高的权利决策机构，对母公司董事会制定的股利政策方案进行审核、批准。

(二)基数分配方式

基数分配方式适用于以承包、租赁方式组成的企业集团的利润分配。这种分配方式的前提是：企业集团的核心企业向成员企业的主管部门以承包、租赁方式取得资产使用权，并与成员企业的主管部门或所有者签订承包、租赁合同，税后利润上缴数额和资产使用租金合同。这样，由于被承包、租赁企业成了企业集团的紧密层企业，企业经营所得利润要先按合同规定的基数，将承包费或租金上交给成员企业的主管部门或所有者，剩余部分才归企业集团的核心企业。同时，紧密层企业（被承包、租赁企业）也按合同的规定获取利润或租金。

六、财务监控

在现代企业所有权与经营权相分离的条件下，所有者拥有企业财产所有权，并雇用经营者负责企业的日常经营管理，而企业作为独立法人依法拥有法人财产权。两权分离客观上形成了所有者与经营者之间的“委托代理”关系，在这种“委托代理”关系下，由于“道德风险”与“逆向选择”的存在，所有者确有必要对经营者的财务行为实施监控。这里所讲的财务监控主要是指以集团公司或母公司形式存在的核心企业对子公司的财务监控。

在企业集团中，母公司对子公司的财务监控措施主要有财务总监委派制、制度控制和内部审计监控等。

(一)财务总监委派制

财务总监委派制是指母公司直接向子公司派出财务总监，并将其纳入母公司财务部门的人员编制，由母公司实行统一管理考核的制度。它是实现对子公司财务控制的一种有效手段。财务总监委派制在实际操作中又可以分为两种类型：财务监事委派制和财务主管委派制。

1.财务监事委派制

财务监事委派制是企业集团中的母公司以所有者及控股人的身份直接对子公司委派财务总监，专门行使对子公司财务活动进行监督的职能。财务总监作为母公司的代表，其主要职能是对母公司投出资本的保护，因此称其为财务监事更为贴切。财务监事的主要职责是：(1)检查监督子公司的经营管理方针政策，特别是财务政策是否符合母公司的总体政策与目标，财务管理制度是否健全有效；(2)通过母公司对子公司的重大决策行使批准或否决权，这些重大决策一般涉及母公司所有权利益以及母公司总体战略与政策、目标或章程；(3)监督子公司经营者的决策行为，对子公司违反法律、法规以及母公司政策、目标或章程的行为，以及损害子公司或母公司利益的行为，一旦发现，有权制止并责令其立即纠正；(4)行使对子公司重大的例外事件的决策处置权以及母公司赋予的其他决策监督权。

财务监事委派制，在较大程度上提高了母公司对子公司的财务监控力度，使子公司在追求自身局部利益的同时切实维护与保障母公司产权利益最大化。当然，财务监事委派制也有一定的缺陷。首先，作为独立的法人主体，母公司对子公司的财务监控显然是无法代替子公司的财务决策的。由于子公司对自身局部利益最大化的期望客观存在，就不可避免地会对母公司的监督行为及监督代表产生一定程度的排斥倾向与防范心理。其次，在这种制度安排下，由于财务总监并非属于子公司的经营者阶层，不直接介入子公司的日常经营管理事务，对经营者的管理决策后果并不直接承担责任，因此母公司要想对财务总监的工作业绩做出合理、准确的考核评价将是比较困难的。反过来，由于母公司不能对财务总监的工作业绩进行合理、准确的考核评价，将其收入与业绩挂钩，也就很难激励其对子公司实施积极有效的监督。

2.财务主管委派制

财务主管委派制，即母公司以总部管理者的身份，通过行政任命的方式对子公司派出财务主管人员的制度。母公司派出的财务主管其人员编制和业绩考核均纳入母公司，以保证其能比较可靠地代表母公司直接介入子公司的财务和决策事务，总管子公司的财务管理事务。母公司派出的财务主管主要职责是：一方面作为子公司经营管理者之一，主持子公司日常财务工作，建立健全子公司财务监控体系，从财务角度对子公司的各项重大经营决策提供专业支持；另一方面，作为母公司的经营者代表，要对子公司经营者的行为实施控制，以母公司的名义对子公司的决策做出分析评价进行监督，纠正其不当行为。

对子公司委派财务主管,使之直接介入子公司的管理决策,强化了母公司对子公司的财务监控,并缩短了母公司与子公司的信息沟通时间,提高了决策的效率。而且,由于财务主管直接介入子公司的决策管理,对子公司决策管理的后果承担相应责任,这就为母公司对其进行业绩考核提供了依据。但是,财务主管委派也存在明显的缺陷,这是由财务主管作为子公司经营管理者的同时又是母公司经营者代表的双重身份所导致的。派出的财务主管作为子公司的决策管理者阶层,是子公司经营者的助手,需要接受并服从子公司经营者的直接领导。而派出的财务主管同时又作为母公司经营者的代表,需要站在母公司的角度对子公司经营者的管理决策实施监控。也就是说,要求派出的财务主管既能接受子公司经营者的领导,又能对其领导实施监控,这本身是矛盾的。另外,财务主管作为子公司经营管理者直接介入子公司的决策管理,同时作为母公司经营者代表对子公司经营管理行为进行监控,这中间存在自己监控自己的问题,监控效果显然值得怀疑。

(二)制度控制

制度控制是指通过统一制定集团内的财务会计制度来规范成员企业的财务行为,统一集团内成员企业的财务处理方法和程序,以实现对成员企业财务活动的有效控制。企业集团要对其成员企业实施有效的财务控制,要在遵守执行国家财务会计法规的基础上,由集团公司根据集团实际制定一系列财务会计制度,并要求成员企业贯彻执行。集团公司制定的财务会计制度内容复杂,但按范围不同,可分为综合财务管理制度、日常财务管理制度和成本管理制度。综合财务管理制度是指对企业集团重大的、综合的财务事项所制定的行为规范,如企业集团财务治理机构设置制度、授权与任免制度、业绩考核制度、重大财务信息传递与监控制度、投融资管理制度、资本运作管理制度、收益分配管理制度、财务预算管理制度等。日常财务管理制度是指针对企业集团具体财务事项和日常财务运作所制定的行为规范,如资金收支结算制度、费用开支管理制度、存货管理制度、固定资产管理制度、在建工程管理制度、工资福利费管理制度、收入管理制度、应收账款及应收票据管理制度等。成本管理制度是指针对企业集团内部各级生产经营单位的成本管理所制定的行为规范,如采购成本管理制度、制造成本管理制度、产品销售成本管理制度等。集团公司制定的财务会计制度主要应从集团角度出发,规范各成员企业的财务会计行为,维护集团公司和成员企业的合法权益,提高会计信息质量,充分发挥财务会计工作在集团管理与决策中的重要作用。

(三)内部审计监控

企业集团财务管理内部层次多,财务关系复杂,需要建立和健全审计机构,对企业集团内部各项管理制度的执行情况、营业收入的真实性、成本费用的合理性等进行监督。企业集团内部的审计监督工作主要由核心企业审计部门统一组织。

1.内部审计监控的作用

(1)企业集团内部审计对企业经营成果的真实性、合法性实施审计,发挥监督作用。企业集团通过对资产的真实性审计,检查账实是否相符,计价是否正确,国有资产是否流失,是否存在风险性投资,有无潜亏因素;通过对负债的真实性审计,检查各种负债的真实性以及预提费用是否正确;通过对损益的真实性审计,检查收入是否及时、足额入账,各项成本费用、营业外收支是否符合规定,利润是否完整,利润分配是否合规等问题。

(2)企业集团内部审计对规范企业财务管理起促进作用。企业集团的内部审计人员对集团公司的整体状况较为熟知,在对企业的经营成果和财务状况进行评价和鉴证的同时,可以及时发现企业财务管理中的缺陷,并通过出具管理建议书等形式,及时提出改进建议和意见,促进企业财务管理规范化。

(3)企业集团内部审计,对进一步完善企业内部控制制度有着十分重要的作用。集团公司的内部审计机构通过对其所属子公司及控股公司内部控制的深入了解和研究,对其控制政策和程序的有效性进行独立评价,可以查找出企业经营管理的薄弱环节,并及时向经营者反馈其内部控制的缺陷,为改进企业内部控制的程序和方法提供建设性的意见,促进企业内部控制制度不断完善。

(4)对企业财务状况进行客观反映,发挥内部审计的预警作用。为了维护所有者的权益,确保受托经营资产的安全、完整,企业集团内部审计不仅仅停留在证实会计信息的可信程度、揭示会计资料的重大错报和漏报的水平上,应在核实经济指标、对企业内部控制提出改进建议、客观评价企业经营者经济责任的同时,兼顾企业财务状况的预测及分析,通过对企业资产和负债状况的剖析,经营前景的预测,对企业可能存在的重大经济隐患提出预警,从而发挥审计监督的"经济卫士"的职能作用。

2.加强内部审计需注意的问题

在国家有关部门逐步健全内部审计职业规范,使内审工作有法可依,内审人员有章可循的前提下,企业集团强化内部审计工作还需要注意以下问题:

(1)健全内部审计机构。企业集团对内部审计工作的重要作用应有深刻的认识,这是加强企业内部审计工作的重要保证。对从事内部审计工作的人员要实行严格的准入制度,实行专职化,保持其稳定性,要使内部审计机构成为集团企业管理机构中必不可少的一个机构,使内部审计人员在稳定的环境中工作。

(2)建立与现代企业制度相适应的内部审计模式。为了适应现代企业制度财产所有者与经营者分离、制衡的运作机制,必须建立与之相适应的内部审计模式。内部审计机构的隶属关系大体上可分为三种类型:受总会计师或主管财务的副总裁领导;受总裁或总经理领导;受董事会领导。从审计的独立性、有效性来讲,领导层次愈高,愈有保障。

(3)由传统的财务审计向经济效益审计转变。企业集团内部审计其根本目的是改善经营管理,提高经济效益。因此,内部审计监督应从企业集团的实际出发,把审计的重点放在内控制度和经济效益上,而不只是审查企业经济活动的合规性和合法性,这样有利于对企业集团的经营管理和经济效益做出评价,提出有建设性的建议,为企业集团取得最佳经济效益出谋划策。

(4)在审计方法上,应从事后审计逐步向事前、事中审计转变。事后审计主要起监督作用。面对企业集团经营管理活动的多元化和现代化,单纯的事后审计方法已不能对其做出全面、科学、准确的评估。内部审计必须广泛采用事前、事中、事后审计相结合的方法,更多侧重于事前预防与事中控制,以利于对企业内部控制进行全过程、全方位的监督和评价。企业的采购计划、生产计划、销售计划、资金计划、投资计划及费用预算等均应做到事前审核事中控制。经验丰富的内部审计人员,应能及时发现各个环节存在的问题,把企业的风险降到最低的程度。

(5)内部审计与外部审计相结合。企业集团内审工作主要包括两部分：一是对财务数据真实性、合法性的审计；二是对企业集团经营管理的分析和评价。由于企业集团内部成员企业较多，财务数据庞大，因此，对财务数据真实性、合法性的审计可以委托事务所按照内部审计的目的进行审计，从而保证会计信息的真实、合法和完整。内部审计人员由于对企业集团的情况熟悉，应将工作重点放在对企业集团经营管理及业务流程的分析和评价上。内外审计的有机结合，既可解决企业集团内部审计机构人手少而任务重的矛盾，又有助于提高内审的效率与质量。

第三节　企业集团财务公司

我国的财务公司一般都是依托大型企业集团而设立的，它具有提高集团融资能力和经营效益的重要作用，建立企业集团财务公司是企业集团的一种重要选择。

一、财务公司的含义与功能

(一)财务公司的含义

财务公司是报经中国银行保险监督管理委员会审查批准，由集团的成员企业出资认股(通常采用母公司控股方式)以及吸收部分金融机构参股而组建，专司集团内部存贷款、往来结算以及相互资金融通的非银行金融机构，具有独立的法人地位。财务公司作为企业集团的成员，在行政上受企业集团直接领导；作为非银行金融机构，在金融业务上接受中国银行业监督管理委员会的监督管理。

财务公司名称应当经工商登记机关核准，并标明“财务有限公司”或“财务有限责任公司”字样，名称中应包含其所属企业集团的全称或者简称。未经中国银行保险监督管理委员会批准，任何单位不得在其名称中使用“财务公司”字样。设立的财务公司应当符合《中华人民共和国公司法》和《企业集团财务公司管理办法》的有关规定。财务公司可以经营下列部分或者全部业务：对成员单位办理财务和融资顾问、信用鉴证及相关的咨询、代理业务；协助成员单位实现交易款项的收付；办理经批准的保险代理业务；对成员单位提供担保；办理成员单位之间的委托贷款及委托投资；对成员单位办理票据承兑与贴现；办理成员单位之间的内部转账结算及相应的结算、清算方案设计；吸收成员单位的存款；对成员单位办理贷款及融资租赁；从事同业拆借；中国银行保险监督管理委员会批准的其他业务。

符合条件的财务公司，可以向中国银行保险监督管理委员会申请从事下列业务：经批准发行财务公司债券；承销成员单位的企业债券；对金融机构的股权投资；有价证券投资；成员单位产品的消费信贷、买方信贷及融资租赁。

财务公司是专门办理集团内部金融业务的非银行金融机构，与信托投资公司、证券公司、保险公司和租赁公司等其他非银行金融机构相比，具有以下特点：

1.特定的资金来源。财务公司的资金主要来自于集团成员企业投入的股本以及集团成员企业的存款,资金实力相对有限。

2.特定的服务对象。财务公司建立在集团成员企业对金融组织共同需要的基础之上,集团成员企业投入的股本以及存款是其资本的基本来源,这决定了财务公司的服务对象主要是企业集团。

3.接受双重领导。财务公司在行政上隶属于企业集团。同时,作为金融机构,要在业务上接受中国人民银行的领导、管理和监督。

4.提供综合性金融服务。财务公司可以运用存款、贷款、代理结算、资金拆借、证券买卖等金融手段,从事经批准的人民币与外汇金融业务,为企业集团的发展提供综合性金融支持。

(二)财务公司的功能

财务公司具有如下主要功能:

1.结算服务功能

企业集团各成员企业可通过财务公司进行内部结算,减少了集团成员企业通过专业银行结算而占用的时间,避免了资金结算的在途时间,提高了资金使用效率。财务公司通过开展以集团成员企业为服务对象的提供担保、资信调查、信息服务以及投资咨询等中介业务,为集团成员企业的发展提供全方位的服务。

2.融资功能

企业集团通过财务公司可以聚集起各成员企业分散的、闲置的资金,实现集团内资金的横向融通与资金头寸调剂,有利于保障集团整体战略目标的实现。企业集团还可以借助财务公司的社会融资功能,为其开辟更加广阔的融资渠道。

3.信贷功能

财务公司将其筹集的资金,以贷款的方式发放给集团内需要资金的企业,做到财尽其用。财务公司在信贷管理上可以起到商业银行难以起到的作用,因为财务公司信贷管理人员可以发挥其熟悉集团内部财务管理、生产管理、销售管理的优势,适时把握好资金的投向,并及时回收款项。随着财务公司经济实力的逐渐增强,其信贷功能将得到更大的发挥,从而能更加有效地支持企业集团的生产经营,提高其竞争力。反过来,企业集团经营管理水平的提高,又进一步促进了财务公司信贷功能的发挥,由此形成了良性的循环。

4.投资功能

企业集团将投资中心的功能赋予财务公司,有效地避开了成员企业条块分割、管理分散的弊端。财务公司可以根据企业集团的战略目标与财务政策,将集团内部的闲散资金聚合在一起,投向效益高、风险小的产业,或投向那些能够发挥集团优势、促进集团发展的重要项目,从而提高资金利用效率。财务公司还可作为中介组织,当好集团公司的投资参谋。

二、财务公司组织结构

财务公司的最高权力机构为董事会。董事会由董事长、副董事长、董事若干人组成。董事长可由集团公司推荐,副董事长、董事由出资单位协商产生。

董事会的职责是:(1)制定和修改公司章程,并报中国人民银行批准;(2)任命总经理,副总经理由总经理提名、董事会批准;(3)根据国家有关方针、政策和财经法规,制定公司的经营方针和经营目标;(4)根据国家产业政策,审定批准集团公司远期和近期信贷投资计划;(5)根据公司的业务发展,确定分支机构的设立;(6)需要由董事会决定的其他重大问题。

财务公司实行董事会领导下的总经理负责制。总经理的职责是:(1)组织制定公司的经营目标和发展规划,经董事会批准后贯彻执行;(2)组织年度信贷计划的编制和审定重大投资项目;(3)向董事会报告公司年度财务决算和利润分配方案;(4)任免公司职能部门和分支机构的负责人;(5)制定公司的各项规章制度并组织实施。

三、财务公司的运作特点

财务公司在其经营和管理活动中有其自身的特点,特别需要注意以下几个方面的问题:

1.严格遵守法律法规

财务公司在经营管理上需要认真执行国家有关的金融法规,执行经批准的信贷计划和存贷款利率。严格按照中国银行保险监督管理委员会规定的业务范围开展经营活动,而不能超越业务范围。

2.严格控制金融风险

财务公司应当建立和健全内部的业务管理制度和财务管理制度,制定存款、贷款、投资等管理办法,对经办的贷款项目要执行严格的资信调查和可行性研究。在投资执行过程中,要进行检查监督,维护公司利益。公司受托的信托投资、贷款项目必须单独核算。公司还应当建立呆账准备金制度。

3.正确处理各种关系

财务公司需要正确处理以下各种关系:

(1)财务公司与其他金融机构的关系。首先,作为金融机构,财务公司要接受中国银行保险监督管理委员会的管理和监督。其次,由于财务公司经营范围较广,与银行和其他非银行金融机构在业务上有重叠或交叉之处,这就要求财务公司正确处理好与银行、其他非银行金融机构之间的关系。

(2)财务公司与企业集团的关系。财务公司在行政上隶属于企业集团,但是它是自主经营、自负盈亏的独立法人。因此,一方面企业集团不能对财务公司的正常业务进行行政干预;另一方面,财务公司应定期地向企业集团汇报经营情况,接受正确的领导和监督。

(3)财务公司与集团各成员企业的关系

财务公司与集团各成员企业之间是一种平等自愿、互惠互利的关系。成员企业既是财务公司的股东,又是财务公司服务的对象。各成员企业向财务公司开设存款户和贷款户,并由其向银行开户。财务公司负责资金的统一管理,办理信贷和结算,统一上缴税金。这样,财务公司对外与银行及财税部门发生联系,对内与集团各成员企业发生联系。

四、财务公司变通形式:财务结算中心

财务公司作为非银行金融机构,其设立必须报经中国银行保险监督管理委员会批准,因此,能够建立财务公司的只是少数特大型企业集团。在实践中,大多数企业集团采用一种变通形式,即建立财务结算中心。

财务结算中心在行政上隶属于集团企业或母公司的财务部,本身不具有法人资格,是专司集团内各成员企业现金收付及往来结算的财务职能机构。它不像财务公司具有法人地位,但它与财务公司具有相同的作用。从实质上看,财务结算中心是把财务公司的运作机制引入企业集团内部,对整个集团资金实行统存统贷管理,在所有权和使用权不变以及自有资金随时可用的原则下,把分散在集团内部成员企业的资金集中起来,实行统一管理、分配和使用,并监督资金的流向。

设置财务结算中心后,企业集团的一切收入都集中到财务结算中心。除了日常零星开支,一切支出都通过财务结算中心转账支付。财务结算中心向集团内部各企业吸收存款、发放贷款,并具体办理其他中介业务。财务结算中心需要定期编报银行存款日报表、企业存款日报表和重大资金变动表等,防止资金在投放、运转和回笼中可能出现的漏洞,降低企业集团的财务风险。

实践证明,建立企业集团财务结算中心能够实现资金集中管理,强化资本经营意识,发挥集团资金优势;有利于减少银行户头,盘活存量资金,提高资金效率;有利于在同等生产经营规模下减少贷款,降低财务费用;有利于加强对所属企业的资金监管,控制不合理的开支,避免重大资金流失;有利于提高集团信用等级,树立良好的企业形象,获得银行的优惠贷款支持。

案例8-2

英国石油公司财务结算中心

英国石油公司是一个超大型的石油集团,该公司在全球各地有150个业务单元(每个业务单元实际上包括某个地理区域内的多个子公司、控股公司或分支机构,但为简单起见,假设一个业务单元就是一个子公司)。英国石油公司财务结算中心与各业务单元在各自所在国或地区都分别设立银行账户,在与银行达成充分协议与授权的基础上,银行账户可按日(一天中的某个时段)自动清零,存入集团总部银行总账户中,各业务单元的收入和支出账户余额为零。同时英国石油公司集团内部另有一套内部结算账户,各业务单元在财务结算中心开设内部账户,各业务单元内部结算通过结算中心的内部账户进行划转,反映为各自对应的内部账户作增减变化。但英国石油公司财务结算中心与各业单元以及各业务单元之间资金的划转是有偿的,可以对每笔资金进行计息,同时反映在集团内部结算账户上。财务结算中心集中严格掌控集团公司下属各业务单元的账户,通过建立账户档案集中管理。这样就能够充分调剂业务单元的资金余缺,更有效地利用企业的资金并且避免了由于资金短缺引起的支付风险。

各业务单元不直接对外借款，由英国石油公司财务结算中心统一对外办理，实行统贷统还。各业务单元发生对外支付业务时，向英国石油公司财务结算中心提出资金计划和预算，财务结算中心通过其开设的总账户进行支付，总账户存款减少，相应的该业务单元内部账户存款减少，保证各业务单元的外部结算与其在结算中心的内部账户增减协同同步动作。

通过英国石油公司总部银行账户可以很清楚地及时了解整个集团的资金情况，在资金短缺时及时进行筹资，而在资金富裕时进行投资，提高资金的收益能力。由于总部银行账户聚集了所有业务单元分散闲置的资金，可以充分发挥资金聚合的优势，保障集团整体战略发展结构以及投资战略目标的贯彻与实现，也可以拓展企业集团整体的融资渠道和融资能力。

第四节　企业集团内部资本市场

企业集团已经成为我国国民经济中的一种重要企业组织形式，其经济实力和作用不容小觑。外部资本市场存在交易成本高、信息不对称等先天性问题，研究企业集团内部资本市场，对于构建有效的内部资本市场，弥补外部资本市场的低效率，提高企业集团资源配置能力具有积极的意义。

一、内部资本市场的含义及其优缺点

(一)内部资本市场的含义

20世纪中期，美国掀起了一股兼并联合的浪潮，同时也出现了一批大企业、大集团，推动了企业内部资本市场的产生。

Alchian(1969)、Williamson(1970，1975)最早提出内部资本市场的概念，他们认为事业部制结构(multidivisional structure，简称M型)的联合大企业中存在着内部资本市场，在强化内部资本配置、缓解外部融资约束方面发挥着重要作用。Williamson(1975)认为“内部资本市场”是指企业内部各部门围绕资金展开的竞争现象。Stein(1997)认为内部资本市场表现为公司总部如何在内部资本市场中的竞争性项目之间分配稀缺资源。Peyer和Shivdasani(2001)将内部资本市场定义为企业内部各部门分配资金的一种机制。内部资本市场概念的提出为研究企业内部资本的运动规律提供了新的视角。

内部资本市场通常存在于业务多元化、组织结构层次较多的企业集团中。拥有多个分部或多个成员企业的企业集团为实现整体利益最大化，将已有的现金流集中起来重新配置，这种资金再分配使企业集团内部实际上形成了一个资本市场，即内部资本市场。内部资本市场可以把多条渠道的现金流量集中起来，投向高收益领域，避免了外部资本市场所存在的交易成本高、信息不对称等问题。

内部资本市场的参与主体是指组织或参加内部资本活动的相关主体。对控股型企业

集团而言,其参与主体是企业集团中的母公司和各子公司。母公司是内部资本市场运行的组织者,处于核心地位,而子公司则是资本的提供者或是受益者,是内部资本市场运行的参与者。

内部资本市场的交易客体是各参与主体之间的内部资本交易行为所指向的内容,是企业集团聚集起来可供集团内部使用的资本,即内部资本,既包括资金、材料、产品、厂房设备等有形资源,也包括无形资产、股权、债务等无形资源。内部资本可能是由企业集团从外部资本市场筹集得到,也可能是企业集团自身生产经营的积累。

由于外部资本市场存在严重摩擦、企业集团的迅猛发展和内部资本市场实践的广泛存在,近年来新兴市场国家对内部资本市场理论的关注逐渐超过了这一理论的起源地——美国等发达国家。新兴市场国家的企业集团普遍利用内部资本市场以实现在各成员企业间的资源优化配置。我国外部资本市场建设时间较短,效率较低,尚处于初步发展阶段,企业有强烈的动机通过多元化或集团化构建内部资本市场,作为对于不完善的外部资本市场的替代或补充。企业集团如今已经逐渐成为我国企业的主流模式,内部资本市场的实践因此而广泛存在。随着外部资本市场的发展,会计、审计和信息披露机制的进一步完善和成熟,内部资本市场的比较优势将逐渐减弱。但就目前状况而言,发挥内部资本市场有效配置资源的作用意义重大。

(二)内部资本市场的优点

相比较于外部资本市场,内部资本市场的优点主要有以下几个方面:

1.信息优势

在外部资本市场,由于信息不对称问题,企业要承担较高的交易成本,并且面临较大的风险。而在内部资本市场,信息传递更加充分和快速,且容易获取质量较高的信息,节约了信息搜索和处理成本,可获得更廉价和充分的信息,在信息的真实性、及时性、准确性和完整性等方面均占有优势。

2.强化集团总部对成员企业的监督激励

外部资本市场中,出资者对资金使用者的监督受到法律规章的限制,对企业内部的激励亦缺乏参与。在内部资本市场,集团总部拥有资金调配权和剩余索取权,有很强的动机和足够的权力对项目进行评价,并根据所获取的较高质量的信息来决定是否为投资项目进行资源再分配,以实现有限资本的效益最大化。因此,集团总部对成员企业的监督和激励通过内部资本市场得到强化。

3.提高资源配置效率

在内部资本市场,集团总部会在充分掌握信息的基础上对总量既定条件下的资源进行配置,在众多具有竞争性的项目之间挑选出最优项目,并把有限的资源投入这些项目,实现整体收益最大化。集团总部对投资项目的决策,不仅需要考虑项目本身具备的绝对优势,更要考虑该项目在企业集团整体投资组合中与其他项目相比所具备的相对优势。而在外部资本市场,可能因为信息不对称导致资源配置效率低下,出资者常常因为担忧回报率低下放弃投资而错失良机,或是投资后才发现项目回报率低下却不能改变已出资的事实。

4 增强对外融资能力

企业集团可以通过内部资本市场对集团内部的现金流进行整合,产生财务协同效应,成员企业之间现金流的互补所产生的稳定性效应提高了企业的负债能力，降低了企业陷入财务危机的概率，增强其在外部资本市场的融资能力。由于内部资本市场的存在，企业集团可以首先大规模从外部资本市场融入资金，然后在内部资本市场进行调配，大规模融入资金减少了融资交易次数和交易成本，具有规模效应，能提高企业集团的讨价还价的能力，增强其对外融资能力。

(三)内部资本市场的缺点

内部资本市场在其运行过程也可能因为下列缺点而导致效率低下甚至无效：

1.导致过度投资

现代企业普遍存在代理问题，代理问题的实质是由于信息的不对称和契约的不完备，以致委托人不得不对代理人的行为后果承担风险。Stulz(1990)指出，根据传统的委托—代理理论，集团总部的控制人具有构建自己的"企业帝国"、扩大私人收益的动机和冲动，从而导致过度投资的问题。大量的实证研究证明，在企业产生大量自由现金流量时，管理者会更倾向于浪费行为和不明智地使用自由现金流量。内部资本市场放松了外部市场对企业的融资限制，企业集团通过内部资本市场，可以集中分散在各成员企业的资金，也会增强自身的外部融资能力，从而使企业集团有比较充裕的现金流。企业集团的实际控制人有充分的权力自由调配资源，在企业集团现金流充裕的条件下，实际控制人有滥用自由现金流的倾向，容易导致企业集团过度投资。

2.侵占中小股东利益

大股东通过内部资本市场侵占中小股东的利益在对新兴市场的研究中得到了验证。很多新兴市场经济国家对投资者缺乏保护，外部资本市场治理机制薄弱或者失效，监管不到位，且信息不对称，这使得大股东对所控股的集团成员企业表现出较强的利益侵占动机，利用金字塔股权结构进行利益输送，侵占中小股东利益。企业集团中的上市公司通常成为控股股东对中小股东利益进行掠夺的典型场所。企业集团通常不具备整体上市的条件，在将优质资产积聚于上市公司上市后，控股股东往往会想方设法寻求补偿侵占上市公司及其中小股东的利益。控股股东通过集团内部成员间的资金借贷、产品或服务往来、资金转入或租赁、委托投资等交易活动，实现上市公司与关联公司之间的资金直接转移；通过参与外部资本市场进行投融资来实现资金间接转移，如上市公司为控股股东及关联公司提供担保贷款，一旦被担保方无力还贷而由作为担保人的上市公司还贷，实质上就等同于上市公司的资金流向了关联公司。这种行为极大损害了有关投资主体的利益，并最终降低了企业集团的整体价值。

3.代理成本较高

内部资本市场通常存在于业务多元化、组织结构层次较多的企业集团中。由于企业集团组织层次较多，可能导致企业集团内部信息传递效率低下，信息失真，内部资本市场的积极作用由此受损。同时，企业集团这种组织形式往往伴随着代理链的延长和代理成本的增加，如果内部资本市场的运行成本因此而高于其收益，则内部资本市场是无效率的，没有存在的意义。

4.滋生寻租行为

寻租是指通过一些非生产性的行为来寻求利益。在理想的资本配置机制下，集团总部将资源集中起来，根据各成员企业的获利能力将资源分配给成员企业，从而提高集团的整体收益。由于寻租行为的存在，获利能力弱的成员企业会花更大力气从事非生产性寻租，从而影响总部的决策，导致资金不能根据成员企业的获利能力进行分配，扭曲了内部资本市场的资本配置。

5.降低企业集团成员企业的积极性

内部资本市场资金调配的权力以及剩余控制权掌握在集团总部的手里，集团成员企业的利益很容易受到集团总部为实现集团整体利益最大化的决策行为的影响，集团成员企业因此显得相对被动，缺乏积极性。

二、内部资本市场与外部资本市场的关系

一般而言，一个完整的资本配置过程可以抽象地描述为以下两个环节：第一个环节，社会资本通过信贷市场和证券市场把资本配置给各种不同组织形态的企业；第二个环节，不同组织形态的企业把资本配置到各个分部或子公司，并进一步落实到不同的投资项目。这里的“第一个环节”即外部资本市场，“第二个环节”即内部资本市场。在内部资本市场，企业总部把现金流从一个分部转移到另一个分部，充当了一个中介者，其主要功能是汇集和重新配置企业的剩余资金、筹集资金、集中交易和监督管理。外部资本市场，即通常而言的资本市场，离不开重要的市场参与者——金融机构，包括商业银行、投资银行、证券公司、养老基金、保险公司等。图 8-1 显示了内、外部资本市场的关系。

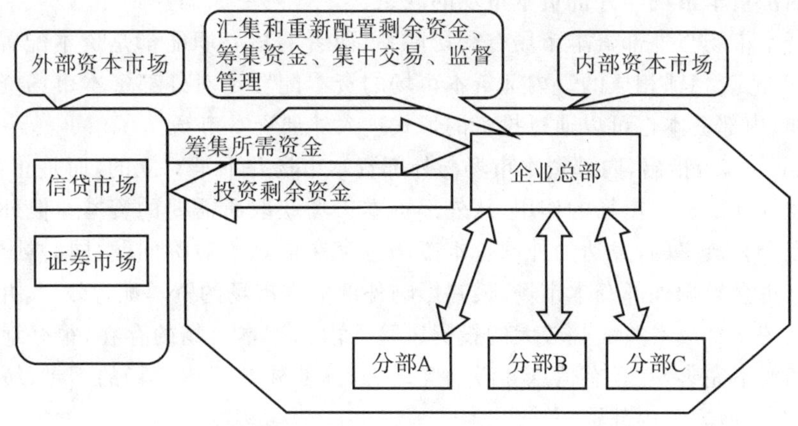

图 8-1　内、外部资本市场的关系

(一)内部资本市场与外部资本市场的区别

外部资本市场的资本配置侧重于宏观市场的配置，而内部资本市场的资本配置侧重于微观组织内部的配置，具体的区别主要表现在以下几点：

1.资本配置的对象不同

外部资本市场一般指期限在一年以上的各种资金借贷和证券交易的场所，也叫长期资金市场，包括长期借贷市场和长期证券市场，其配置的对象是长期资金。而内部资本市

场配置的对象是作为生产要素的资源，既包括资金、材料、产品、厂房设备等有形资源，也可能包括无形资产、股权、债权等无形资源。

2.信息披露要求及对资本配置的影响程度不同

企业在外部资本市场对外融资，需要在筹资前对外充分披露相关信息，由于是对外披露信息，该信息需要经过审计并承担法律责任；而内部资本市场的资本配置，并不需要向企业集团外部披露相关信息。企业在外部资本市场筹资，由于信息不对称问题的存在，使得信息的披露对最终资本配置的结果影响非常大；而在内部资本市场筹资，由于信息不对称的问题得到改善，使得信息的披露对最终资本配置的结果影响并不大。

3.资源配置效率的影响因素及评价标准不同

外部资本市场的资源配置效率主要取决于市场容量、信息披露透明度、投资者的素质、资本市场的监管效率等；而内部资本市场的配置效率取决于集团总部对集团战略规划的正确性、投资项目审核标准的合理性、集团成员企业披露信息的及时性和准确性等。外部资本市场的配置效率是以帕累托效率作为评价标准的，而内部资本市场的配置效率则以是否将内部资本配置给了具有更好的生产性投资项目的成员企业作为评价标准。

4.监控能力不同

在外部资本市场，投资者由于法律限制和信息不对称等问题，难以对投资项目及其经理进行监督和控制。而在内部资本市场，出资者身份的集团总部是资金使用部门的控制者，拥有剩余控制权，可以通过薪酬计划、财务政策、审计监督等手段，更有效地监督和激励资金使用者。

(二)内部资本市场与外部资本市场的联系

内部资本市场与外部资本市场有密切联系，两者的核心职能都是资本配置。两者的关系是相互补充、相辅相成的。内部资本市场的资本配置是对外部资本市场资本配置的进一步延伸，内部资本也可以通过投资的形式进入外部资本市场。

Alchian(1972)指出，内部资本市场与外部资本市场并不是对立的，而是相互关联的。企业需要发挥外部资本市场的作用，从外部资本市场获取所需要的资本。但外部资本市场并不是完全有效率的，发达的外部资本市场也存在信息不对称问题，同时社会的法律、文化等因素也会影响外部资本市场，最终影响外部资本市场的资本配置效率，并且企业必须承担较高的交易成本并面临较大的投资风险。内部资本市场的存在，很好地补充了外部资本市场的不完善，它具有信息和激励等优势，弥补外部资本市场的不足，缓解融资困难，从而更有效地配置内部资源。

三、内部资本市场配置效率

(一)内部资本市场配置效率的含义

内部资本市场的核心功能就是对企业的内部资源进行有效配置，作为集团核心的母公司在内部资本配置中发挥着主导作用。母公司需要权衡各成员企业的投资机会，从集团整体利益出发，慎重考虑其投资机会是否能够带来预期的盈利，该投资项目是否与集团的整体发展存在冲突，并考虑代理成本、融资约束等因素的影响，将所聚集的内部资本在成员企业之间进行最优配置。内部资本的配置效率就是指将内部资本配置给拥有最好投资机会的成员企业,实现优化内部资本配置的能力,它代表着企业集团对良好投资机会的利用程度。

企业内部的代理问题、寻租行为、控股股东对中小股东利益的掠夺、内部资本市场的规模、企业生产经营的多元化程度,以及市场环境、企业所有权性质等因素都会影响到内部资本市场的效率。

(二)内部资本市场配置效率的测量方法

根据经济理论,当资本配置到任意企业 i 的投资边际收益与配置到企业 j 的投资边际收益相等时,外部资本市场效率最高。类似的,如果企业 i 中任意分部 A 的投资边际收益与分部 B 的投资边际收益相等,则内部资本市场是有效的。但是,这种方法比较抽象且难以计量。在实证研究中,资本流向是内部资本市场效率的判断依据。如果内部资本从投资机会少的分部流向投资机会多的分部,或从收益低的分部流向收益高的分部,那么内部资本市场是有效的。

内部资本市场效率的测度方法可分为间接研究法和直接研究法。早期的实证研究中,由于难以获取企业分部数据,大都采用间接研究法。随着分部报告规范的完善和信息公开化程度的提高,直接研究法开始普遍起来,并成为测量内部资本市场效率的主要方法。

1.间接研究法

该方法假设内部资本市场仅存在于多元化大企业或是企业集团中,通过计算超额价值来判断内部资本市场是否有效。这里的超额价值等于多元化大企业或是企业集团的价值减去具有可比性的若干专业化公司价值用资产或是收入加权之后的导出价值而得到的差值。如果超额价值大于 0,内部资本市场是有效的;如果超额价值小于 0,则内部资本市场是无效的。

间接研究法的好处是不需要企业的分部数据,只需获得企业层面的数据。但是,该方法假定内部资本市场只存在于多元化企业或企业集团中,而事实上只要一个企业存在多分部经营,就有可能存在内部资本市场。

2.直接研究法

直接研究法大致有两种具体做法:一是直接利用企业各分部的相关数据来计算设定的配置效率评价指标,并与相应的评价标准进行比较,由此判断企业内部资本市场是否有效;二是通过判断企业资源是否流入投资回报率较高的分部来判断内部资本市场是否有效。

直接研究法下常见的反映配置效率的指标方法包括:Shin 和 Stulz 在 1998 年提出的投资现金流敏感性法,Rajon 和 Zingales 于 2000 年提出的价值增加法,Peyer 和 Shivdasani 在 2001 年提出的部门 Q 敏感系数法,以及 Maksimovic、Phillips 及 Shcoar 于 2002 年提出的现金流敏感系数法等方法。

案例8-3

明天科技控股股东内部资本市场运作

明天科技的前身是包头黄河化工股份有限公司(以下简称黄河化工),于 1997 年 6 月由国有独立企业包头化工集团总公司(以下简称包头化工集团)采用社会募集方式设立而成,其主营业务是化工产品的生产和销售。包头化工集团是公司的第一大股东,持有66.34%的股份。1999年7月,包头化工集团的母公司包头市国资局将其持有的47%的股权转让给北京北大明天资源科技有限公司(以下简称北京北大明天资源),北京北大明天资源成为包头化工集团的第二大股东。虽然包头市国资局仍持有包头化工集团53%的股权,但只是黄河化工的名义控制人。北京北大明天资源,通过向黄河化工派驻董事长和总裁,占据了上市公司管理层的关键职位,掌握了黄河化工的实际控制权。同年9月,包头化工集团更名为包头北大明天资源科技有限公司(以下简称包头北大明天资源),黄河化工也更名为明天科技,公司的主营业务也由原来化工产品的生产和销售,扩充到计算机软硬件的生产和销售等高科技行业。

北京北大明天资源的第一大股东是北京明天控股投资有限公司(以下简称明天控股),持有北京北大明天资源79%的股份。借助于北京北大明天资源,明天控股通过4层金字塔结构控制了明天科技,成为明天科技的控股股东(图8-2),将明天科技纳入明天系的版图中,明天科技成为明天系控制的第一家上市公司。以明天科技为平台,明天系又先后控制了华资实业、西水股份、爱使股份,构建了庞大的明天系帝国。

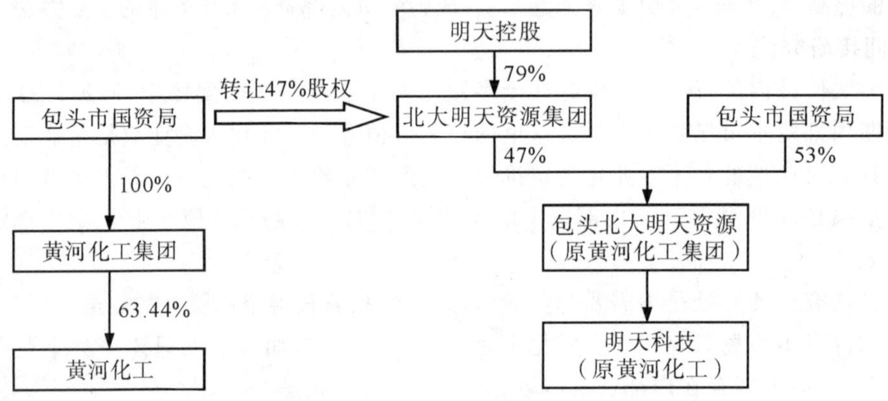

图8-2 明天科技股权转让前后与控股股东之间的产权和控制关系

明天科技控股股东内部资本市场运作方式包括以下三种:

(1)方式一:向关联方廉价转让公司资产。1999年7月被纳入明天系后,明天科技于1999年12月配股,筹集33 600万元资金。在控股股东的主导下,明天科技利用这些资金大量进行股权投资,成立12家与高科技相关的子公司、孙公司,为公司引入高科技业务,使公司的业务由原来的化工产品扩充到高科技产品。但这些新成立的子公司、孙公司在2002年完成增发任务后,明天科技开始廉价变卖这些子公司、孙公司。至2008年6月,明天科技成立的2家子公司、10家孙公司的股权全部被廉价出让给系族内其他企业,高科技业务完全退出明天科技的主营业务范围,主营业务重新回归纳入明天系之前的化工产品。明天科技的控股股东通过"先巨额投资、后廉价转让"的内部资本市场运作方式,以隐秘的途径,向系族内部其他非上市企业转移上市公司的资产和资源。这种运作方式,使明天科技为系族内其他企业提供资金支持,并为系族内其他企业承担创业风险,从而使系族企业控股股东利益最大化。

(2)方式二：高溢价收购关联企业股权。2008年3月，明天科技以40 000万元受让关联公司包头市凯诺瑞丰贸易有限公司和包头市华裔贸易有限公司持有的内蒙古荣联投资发展公司(以下简称荣联投资)49.4%的股权。荣联投资成立于2005年8月，注册资本只有1 700万元。据中资资产评估有限公司出具的资产评估书，截至2007年12月31日，荣联投资总资产账面价值为9 399万元，负债账面价值为7 910万元，净资产价值仅为1 488万元，但公司净资产评估值却高达83 000万元，评估后净资产增值率为5 475%，这意味着明天科技以54倍的溢价高价收购荣联投资49.4%的股权。公司相关公告称荣联投资资产价值之所以如此之高，是由于其拥有相关的煤田勘查许可证和开发权，约定勘查面积为66.09平方公里，其有限期限从2007年9月22日至2009年6月20日止。但明天科技开出的购买价格远高于《矿产资源有偿使用管理试行办法》公布的优质动力煤探矿权的最低标准，也高于同类企业的支付价格。

明天科技高额溢价收购荣联投资，使巨额资金流向明天系控股股东及其上层公司手中，而其斥巨资得到的是收益不确定的不到两年的探矿权项目，且该项目并未形成实质性的开发建设方案及相关的可行性研究报告。

(3)方式三：利用股权投资实施掏空行为。2001年，在控股股东的主导下，明天科技与明天系内另外两家上市公司华资实业、爱使股份，斥资近7亿元收购浙江金融租赁股份公司(以下简称浙江金融租赁)90%的股权，控制了该公司。2005年，因无法清偿银行到期债务，浙江融资租赁被中国华融资产管理公司收购。据中国证监会查证，在明天系控制浙江金融租赁不到4年的时间内，明天系与浙江融资租赁的关联交易高达200 000万元，从浙江金融租赁获取了大量资金。尽管明天科技在浙江金融租赁投入巨额资金，但自明天系入主后，浙江融资租赁这家国内金融租赁业的航母级企业，总资产由2003年年底的560 000万元，下降到中国华融资产管理公司收购时的280 000万元，业绩也逐年下滑，明天系的入主并未给其他股东带来相应的收益。

案例总结：自纳入明天系后，明天科技成了明天系的内部资本市场的融资窗口，沦为利益掠夺的工具。明天科技虽然通过配股、增发等方式，筹集大量资金，但是其筹集的资金并没有用于发展公司主业，而是在控股股东的主导下，通过各种内部资本市场运作方式，流向明天系控股股东及其控制的上层公司中。与直接占用、关联购销交易等常用的利益输送手段不同，明天科技控股股东通过股权投资、股权转让等更为隐秘的内部资本市场运作方式，转移上市公司资金或资源，使系族企业内部资本市场功能发生异化。这一系列内部资本市场运作方式严重侵害了明天科技中小股东的利益，并导致公司的盈利能力持续下降，大大损害了经营业绩和企业价值。

关键词

企业集团　财务管理体制　财务公司　内部资本市场　外部资本市场　配置效率

思考练习题

1.什么是企业集团？它可以划分成哪几个层次？

2.企业集团有哪些特征？
3.企业集团财务管理体制有哪几种模式？
4.设计企业集团财务管理体制需要考虑哪些因素？
5.简述企业集团财务管理的主要内容。
6.简述财务公司的功能。
7.简述财务公司运作需要注意的问题。
8.找一个您熟悉的企业集团，了解其财务管理体制，并进行评述。
9.简述内部资本市场的含义。
10.内部资本市场有何优势？
11.内部资本市场可能存在哪些问题？
12.内部资本市场配置效率有哪些测量方法？

案例分析题

[分析题 1]

资料：

兵器工业集团公司是1999年在原中国兵器工业总公司基础上由国务院批准成立的特大型企业集团，其前身可追溯到重工业部、五机部、兵器工业部、国家机械委。目前，集团公司拥有包括工业企业、科研院所、流通和勘察设计企业等在内的成员单位130多家，分布在全国18个省，并在全球数十个国家和地区建立了近百家海外分支机构。2003年底，集团公司总资产988亿元，年销售收入521亿元，职工29万余人。

兵器工业集团公司组建初期面临着所属企业亏损严重、历史遗留问题众多、民品竞争力不强等诸多问题和困难。在发展过程中，集团公司紧紧抓住军品能力调整、重点军品研制、国有企业改革脱困等历史机遇，坚持"精干军品主体、放开民品经营、发展高新技术、培育核心业务"的战略思想不动摇，大力推进改革调整并取得突破性进展。五年来，集团公司整体实现了"两个初步"(即：初步建成了以"六大重点、四大基础、十一项关键技术"为核心的兵器高科技架构，开始了由传统兵器向高科技兵器的跨越；初步解决了企业生存和职工"吃饭"问题，开始了由解决生存问题向解决发展问题的跨越)和"两个翻一番"(即：销售收入突破了400亿元，实现了翻一番；职工收入突破了1万元，实现了翻一番)，经济发展速度和经济效益实现了同步跨越式发展。在此基础上，集团公司提出"三步走"的战略构想，目标是到2020年将兵器工业集团公司建设成为具有国际竞争力的大公司。从以上历程可以看出，集团公司脱胎于政府部门，经营着关系国家安全的产品，目前正逐步转型为真正的集团化企业，目标是建立具有国际竞争力的集团公司。作为集团公司主要的管理和控制手段之一，财务管理一方面在实现集团公司转型中起到了非常重要的作用，另一方面新的战略目标又为集团化财务管理提出了新的课题。

1.以集中管理为手段，适应基础财务状况，逐步构建集中管理的财务体制

兵器工业是国防工业基础行业，各个历史时期的建设始终围绕国家军事斗争的需要，因此存在整体摊子大、生产高度计划性、人员与经济规模配比不经济、长期军品订货严重

不足等诸多问题。在20世纪年代初军转民过程中为解决吃饭问题,民品开发遍地开花,生产组织形式逐步走向分散。集团公司成立后,面对众多历史遗留问题,根据不同的发展环境,围绕不同阶段的中心任务,适时调整了财务管理重点,集中解决发展中的难题。

(1)以治理散乱为主要任务,集中解决支付问题,并逐步推进集中管理的财务体制

成立之初,整个集团公司面临着严峻的财务形势:不良资产庞大,财务基础严重不实;债务负担沉重,支付压力极大;经济效益差,与资产、人员状况极不匹配;成员单位在管理上独立分散,集团总体调控功能难以实现。当时集团公司的基本矛盾是巨额亏损,突出矛盾是支付问题,因而只能以解决基本生存问题为主,以治理散乱为主要任务,着力应对突发事件和突出问题,在工作方式上,也只能以解决专项问题为主。

针对这些问题,集团公司提出并推行了“一个基础、两个重点”(即以集中管理的财务体制为基础,狠抓以现金流管理为重点的资金管理和以全面预算管理为重点的成本控制)的理财思路,促使成员单位对资金管理、资产处置、财务决策、会计人员、会计政策和会计信息实行集中统一管理,逐步在成员单位层面建立起财务集中管理体制,为治理散乱提供体制和组织保证;为推进理财思想的贯彻,强力推进了总会计师委派制,构建了集团公司重大财务决策的支持和执行系统,并构建了重大财务事项的过程监督体系;针对支付矛盾突出的问题,以支付问题为牵引,以盘活不良资产为重点,鼓励变现处理各类不良资产,使现金流状况得以改善;以业绩考核为主线,推进清产核资工作,摸清了家底,统一了会计政策,促进了会计信息质量的提高。上述工作确保了在成员单位层面建立起集中管理的财务体制,并从总体制度和组织建设方面确保了工作基础。

(2)以军工解困政策为契机,进一步优化财务结构,构建新的财务基础

在以生存为导向的基本支付矛盾初步解决后,集团公司面对的是由生存向发展转变的众多财务问题,主要是庞大不良资产、巨额债务负担和长期亏损造成的财务基础严重不实。此时,国家针对整个军工行业面临的经营困境和生存危机,出台了破产关闭、分立破产、异地安置、债转股以及三线调迁等一系列政策,为推动军工企业结构调整和减员减负,从整体上实现扭亏脱困并走向良性发展提供了强有力的政策支持。

通过军工解困政策实施结构调整,不仅是改善企业经营困境的专项工作,从大财务角度的观念看,结构调整更是一次最全面、最有力度的调整和优化财务基础的机遇。在基本的支付问题初步解决后,要实现集团公司的自主健康发展,必须充分利用政策,优化财务基础。基于这种认识,在解困政策出台之初,集团公司就及时研究制定了以资产负债、经营规模和人员配比为标准的资产债务分割办法,指导成员单位最大限度地利用政策,积极清理历史遗留问题,卸掉包袱,轻装上阵,从而构建有利于发展的新的财务基础。这一阶段集团公司始终将财务管理作为企业管理的中心,致力于构建集团公司的积累机制,增强可持续发展能力。

(3)推进“四大工程”建设,致力于构建集团化财务运作体系

经过以上两个阶段后,集团整体基础财务状况的改善和专项工作的基础性积累为加强集中管理和实施集团化财务运作提供了条件。同时集团公司提出的建设有国际竞争力大公司和高科技现代化兵器工业“三步走”战略目标对财务管理提出了新要求。结合当前财务管理存在的一些比较突出的问题,集团公司要实现整体利益最大化,就必须在大规模

推进结构调整的同时，适时推进高水平的业务建设。经过研究，集团公司提出构建集团化财务运作体系，推进资金集中管理、全面预算管理、财务管理信息化和财会队伍建设，即财务管理“四大工程”建设。以资金集中管理和全面预算管理为手段，建立起资源统一利用，财务管理信息化，会计信息网络化的财务管理新框架。

2.以集团化运作为核心，稳步推进“四大工程”建设

通过贯彻军工解困政策，推进结构调整，集团公司成员企业变成了真正意义上的企业；通过推行“一个基础、两个重点”的理财思想，为建立真正集团化的财务管理体制奠定了基础，同时，基础经营状况的好转和专项工作的积累为构建集团化财务运作体系创造了条件。

根据集团公司新的战略目标的要求，财务管理必须以一体化运作为核心，为集团公司实现第二步战略目标提供财力支持、制度保障和信息服务。上述战略支撑功能的实现，关键在于构建集团化的财务运作体系，核心是协同推进资金集中管理、全面预算管理、财务管理信息化和财会队伍建设“四大工程”，目标是通过“四大工程”整合财务资源，增强集团总体调控和一体化运作能力，为发展战略提供支撑。

(1)“四大工程”是对集团化发展战略的有力支撑

①通过资金集中管理，增强集团总体调控能力

资金是企业中最重要、流动性最大的资源。通过资金集中管理，可以集中掌握和控制最基本、最重要的财务资源，增强集团公司的控制力和资源使用效率。通过资金集中管理，可以集中有限的财力，推动结构调整，加速培育集团公司的核心竞争力。

实施资金集中管理的主要思路，一是通过资金结算中心整合集团资金流，以信息化为手段对成员单位的全部账户收支实现实时监控，对闲置头寸进行内部对口调剂，获取资金规模效益，并有效控制资金风险；二是以资金预算为基础，实行收支两条线管理；三是在资金统一调度的基础上，逐步规范成员单位对外举债，形成集团化的对外融资机制；四是对存量资产实施集团化重组，对大宗物资实施集中采购，从总体上提高资产利用效率。

现阶段的实施重点是以财务信息化平台为基础，实现全部资金收支的实时监控；以资金预算为依据，实施集团内部资金余缺的有偿调节；以集团公司结算中心为依托，实施集团内部交易的转账结算。

②通过全面预算管理，促进规范管理机制的建立

实施全面预算管理就是要以预算管理为手段，将集团公司的总体目标同总部各部门及各成员单位的预算责任目标衔接起来，形成全面覆盖、权责明确、程序规范、执行刚性的内部责任目标控制机制，强化考核评价，促进各专项工作间相互协同，确保财务目标和总体战略的实现。

实施全面预算管理的主要思路，一是要建立从纵向上对目标分层次分解落实，横向上对全部经济业务以财务目标为依据进行整合的目标体系，确保集团总体目标的落实；二是通过全面预算管理各环节的工作，建立起基于预算的工作标准和规范，为业绩考评提供依据；三是以预算制度和程序为基本手段，建立财务风险控制机制。

目前主要是按规范要求，落实全面预算管理的组织机构和工作机构，明确预算管理工作程序，逐步构筑起全面预算管理工作体系，按全面预算管理工作流程建立起必要的工作

机制，以此强化企业的各项基础工作，树立全面预算管理的理念。

③通过财务管理信息化，建立统一的信息平台

财会信息化建设的主要思路是通过建立统一高效的会计信息体系，及时提供真实、完整、可比的会计信息，使集团公司能够全面掌握成员单位经济运行情况，通过强化信息分析，实时监控经济运行过程，及时统一会计政策，规范会计口径，公平考评基础，并及时对外发布集团统一会计信息。

现阶段财务管理信息化分两个层面实施：在集团公司层面，启动服务于资金统一调度的资金管理信息化和突出解决各种会计信息传输速度和质量的信息化；在成员单位层面，首先要完成会计电算化，并按集团公司信息化建设进度要求，完成资金管理和信息传输的信息化。在此基础上，按照统一规划逐步实施物流管理和全面预算管理信息化。

④通过加快财会队伍建设，为集团化财务运作提供智力保障

财会队伍建设的目的是建立起一支忠于集团、结构合理、业务精湛、廉洁自律、作风扎实、诚信敬业的财会人才队伍，为集团化财务运作提供智力保障。

现阶段工作的主要思路，一是继续推进并逐步完善总会计师委派制度，继续坚持总会计师工作报告制度，建立总会计师业务量化考核指标体系，加大总会计师队伍的业务考核评价工作力度；二是组建集团公司特约审计员队伍，在系统内抽调精干力量组建高水平的审计工作快速反应部队，对集团公司关注的重点进行专项审计调查和管理咨询，对带有普遍性的问题提出规范性意见，以及对审计组和事务所的审计结果进行抽查；三是实现总会计师及其后备队伍培训的制度化，优化队伍知识结构；四是适度开放财会人才体系，以市场化的方式公开招聘具有金融、税收、投资等专业知识的人才进入财会骨干队伍。

(2)“四大工程”协同推进是构建集团化财务运作体系的关键

资金集中管理、全面预算管理、财务管理信息化和财会队伍建设“四大工程”中的每个单项工作都不是集团公司的管理创新，而是众多国际化大公司和国内优秀企业普遍采用、并且证明是成功的管理手段。尽管四项工作中的每一项工作都有十分丰富的工作内容，但只有将这四项工程作为一个系统工程整体推进，通过实施过程中彼此之间的相互作用、相互促进产生一种合力，这种合力是单独实施其中的一种或数种工程所不可能达到的。

“四大工程”的各项工程都有它丰富而具体的业务内容和直接的工作目标，但同时它们更是相互服务、相互依存的系统整体。在“四大工程”中，资金统一调度是标志性的工程，资金集中管理系统是实施资金统一运作的基础平台；全面预算管理是组织和制度的支撑；财务管理信息化是实现手段；财会队伍建设是智力保障。集团公司将四项工程整体推进，产生了 $1\times4>4$ 的效果。

资金集中管理平台如果搭不好，就会使集团化运作缺乏物质基础，进而影响集团公司自身积累机制的建立；集团化运作没有强大的资金流作后盾，就不能顺利实施其他各项工作。另外，抓资金集中管理没有全面预算管理确定的资金预算，就不能实现资金流的良性运转，就不可能实现闲置资金的集中调度。资金集中管理没有现代化信息手段的配合，就不可能实现全部资金收支的实时监控和以结算中心为依托的内部交易转账结算。

全面预算是全员全方位全过程的预算，没有资金集中管理形成的资金积累和调控机制，全面预算就没有实施机制和物质基础；没有现代化的信息管理手段渗透到企业生产经

营的全员全方位全过程,对预算的执行情况进行实时反馈、监控,全面预算的流程就不能顺利进行,实施效果也得不到保证;没有高素质的编制预算和执行预算的人,全面预算就只能是纸上谈兵。同样,企业的全部经济活动包括"四大工程"的运作,都必须在预算的框架内进行,全面预算本身就是一种制度,没有预算支撑的生产经营活动是粗放的,容易产生盲目性。

信息在当今社会的重要性是毋庸置疑的。无论是资金集中管理、全面预算管理,还是人才队伍建设,都是科学化、集约化的财务管理战略,都必须借助现代化的媒介才能达到促进资源优化配置,互通互联、资源共享的目的。离开了信息化的实现手段,集团化财务运作战略的实施效率和效果就得不到保证。

再好的制度都离不开人的推动。在集团化财务运作的实施过程中,每个环节都需要高素质财务人才的参与,"四大工程"才能顺利实施,落到实处、见到成效。"四大工程"作为一项复杂的系统工程,又是集团财务管理体制的创新,需要研究的问题还很多。在实施过程中会不断遇到新情况、产生新难题,只有一支高效的财会队伍,才能始终保持对财务管理工作的忠诚与激情,才能够不断克服困难,将"四大工程"建设不断向前推进。

(3)"四大工程"推进过程中必须突出重点、稳步推进

"四大工程"是一个整体,必须协调推进,任何一个方面的独立推进都不会收到预期的效果,反而会对下个专项的推进造成障碍。在不同阶段要根据不同的财务管理中心问题,使"四大工程"能够始终围绕一条主线,有重点地协调推进。如在"四大工程"推进初期,必须紧紧围绕现金流管理这个中心来实施,即:全面预算管理以资金预算管理为重点,服务于资金统一调度;财务管理信息化以建设网络化资金信息平台和标准化会计信息平台为先导,服务于资金即时监控。这几项工作都围绕现金流来推进,就使整个集团化财务运作的管理模式重点突出,各项工作又在这个中心工作的协调下,稳步向前推进。

"四大工程"的整体推进需要有良好的实施环境,财务管理部门应通过广泛宣传和全方位的沟通,充分调动其他部门的积极性,整合其他部门的资源,争取以最充足的人力、物力和财力来保证"四大工程"的顺利实施。必须通过大力宣传使单位领导充分重视,为"四大工程"的推进创造良好的条件。总会计师和财务处长应当注意总结、注意提炼,做到从总体上把握"四大工程"的完整体系,及时发现和解决实施过程中产生的问题,同时注意总结试点取得的经验并逐步推广。

目前,"四大工程"推进已取得阶段性成效。资金集中管理工作方面,已与合作银行签署了合作协议,完成了合作银行数据标准开发和网银综合查询信息系统开发等资金结算平台建设任务;制定了《集团公司资金集中管理暂行办法》等相关制度;43个成员单位按照新的账户管理模式建立起新的银行账户体系,资金结算平台已初步具备账户实时监控、资金内部结算和点对点调剂功能,并开始启动内部调剂业务。

全面预算管理工作方面,按照"先建框架、走通工艺、模拟运行、总结完善"的基本思路,24户试点单位按照工作框架的规范要求,落实了全面预算管理的组织机构和工作机构,明确了预算管理工作程序,初步构筑起全面预算管理工作体系。同时按照"两上两下"的工作程序,完成了2004年全面预算管理方案的编报和审批,初步按全面预算管理工作流程建立起必要的工作机制。

财务管理信息化工作方面，目前已有 26 个成员单位完成了资金管理信息化，其中，6 个单位同时完成了会计核算信息化。

财会队伍建设工作方面，在原有工作基础上，以“四大工程”专项业务建设带动队伍成长，通过新的业务建设实践有针对性地培养相关管理人才和业务骨干。同时组建了集团公司特约审计员队伍，调整了集团公司审价员队伍，首次市场化公开招聘了部分工作人员，继续举办高级财务管理人员研修班，强化总会计师及其后备力量的系统业务培训。

要求：

阅读上述资料，回答下列问题：

(1)分析兵器工业集团公司财务管理体制的模式。

(2)兵器工业集团公司为何要实施资金集中管理？如何实施资金集中管理？

[分析题 2]

资料：

三峡集团总部成立于 1993 年 9 月 27 日，隶属于国资委。在 2002 年电力市场改革时，三峡集团总部被授予“国家授权投资机构”，正式成为企业法人。其控股子公司长江电力(股票代码 600900，SH)于 2003 年首发上市，是上证 50 指数指标股。经过近 20 年的发展，三峡集团目前已经成为国内最大规模并且也是世界最大规模的水力发电企业，年水力发电量居于国内电力企业首位。

三峡集团的专业化产业战略体现在两个方面：(1)三峡集团的战略定位是“构建以大型水电开发与运营为主的一流清洁能源集团”，经营目标是“以长江流域为主线，以水为基本资源，以电为主导产品，以大型水电开发与运营为主，积极发展清洁能源”。(2)从资产结构和利润结构来说，三峡集团仅有“水电生产”这一个核心业务，属于高度专业化经营模式。

在 2002 年改制重组之后，三峡集团制定了以“构建以大型水电开发与运营为主的一流清洁能源集团”的战略目标，自 2003 年开始对金沙江流域水电项目进行前期勘探，自 2005 年开始进入“多项目同步开发”格局。“多项目同步开发”格局使三峡集团的资金需求在短时期内急剧增加，在建项目的总投资额达到 1 993.43 亿元，其中，三峡三期工程的资金需求为 750 亿元，溪洛渡工程的资金需求为 675 亿元，向家坝工程的资金需求为 541 亿元、风电的资金需求为 27.43 亿元。三峡集团总部利用政策性资金和内部资本运作解决巨额资金需求，但是作为政策性资金来源的三峡基金、开行贷款和三峡债券很难满足三峡集团 2003—2009 年的资金需求，内部资金市场成为三峡集团很重要的资金来源，内部资金市场提供的 1 232.19 亿元占到了两类资金来源总额(2 848.09 亿元)的 60.79%，占所有在建项目资金总需求(1 993.43 亿元)的 61.8%，是溪洛渡和向家坝工程资金总需求(1 216亿元)的 101.3%。

以下结合组织结构阐述三峡集团的内部资本市场运作过程。

(1)2002—2003 年的内部资本运作

第一阶段内部资本运作包括葛洲坝电厂改制上市和三峡机组收购两项内容。三峡集团改制前后的组织结构见图 8-3 和图 8-4，主要的业务单位有三峡工程、葛洲坝电厂、三峡财务公司和专业化子公司。2002 年，三峡集团总部经发改委等 6 部委核准对原葛洲坝电厂进行清算改组，与华能集团等5家单位共同发起设立了长江电力，发起时持有长江电力89.5%的股份。

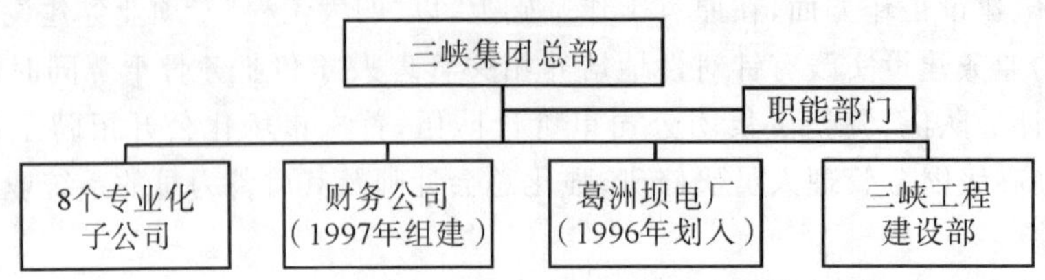

图 8-3　三峡集团改制前的组织结构与资本配置

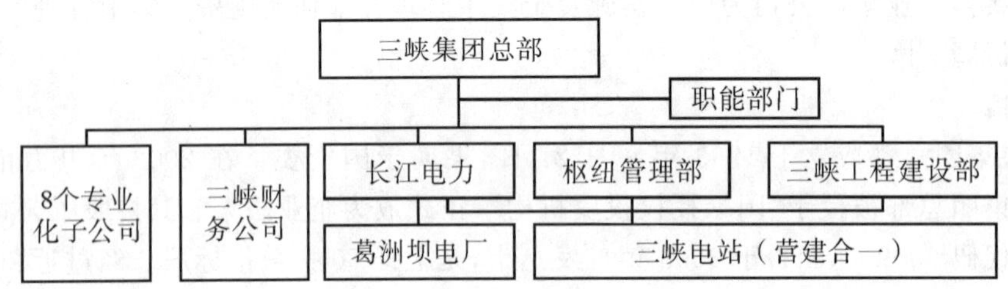

图 8-4　三峡集团改制后的组织结构与资本配置

依据招股说明书，长江电力将在三峡电站首批机组发电之后逐步实施收购方案。2003年11月5日，长江电力向社会公开发行23.26亿股，募集资金100亿元，用于收购三峡电站首批投产的2#、3#、5#、6#机组，以及对应的大坝、厂房和共用发电设施等"主体发电资产"，总价值为187.53亿元。长江电力于2003年11月18日上市，发行价为4.3元/股，首日收盘价为6.18元/股。

专业化子公司作为辅助产业，分别提供厂坝区的供水供电、物业仓储等配套服务，基本不产生外部利润。根据三峡集团总部向三建委稽察组所做的《2004年财务工作汇报》，各专业化子公司之间不存在交叉持股，也不存在多级控股结构和职能交叉。截至2003年底，专业化子公司的资本投入为3.5亿元，占三峡工程概算总投资1 800亿元的0.2%；2003年总收入为4亿元，利润总额为0.3亿元，占集团利润23.34亿元的1.3%，净资产收益率均值为8.7%。截至2009年，专业化子公司的资产占用是8.5亿元，占三峡集团有形资产的0.34%。此外，三峡财务公司注册资本为24亿元，资产规模、利润规模在全国70余家财务公司中排名前十。截至2009年6月末，三峡财务公司的自营资产总额为114.1亿元，没有呆坏账，2009年的中期收入是2.0亿元，中期利润是1.4亿元，年均现金分红率大于7%。

(2)2004—2007年的内部资本运作

第二阶段内部资本运作的主要内容是三峡机组收购（如图8-5所示）。一方面，长江电力依据三峡机组收购方案，在2005年通过银行借款收购三峡电站1#、4#机组（价值98.37亿元），在2007年对"长电CWB1"认股权证行权获得资金65.55亿元，用于收购三峡电站的7#、8#机组（价值104.42亿元）。另一方面，三峡集团总部从1#、4#、7#、8#机组出售中获得现金390.29亿元。这部分资金主要用于"三峡三期和金沙江流域的梯级项目”和新能源开发。在金沙江流域，溪洛渡和向家坝水电站分别于 2005 年、2006 年正式开工。在新能源方面慈溪风电工程的总投资是 6.43 亿元，响水风电工程投资额是 21 亿元。

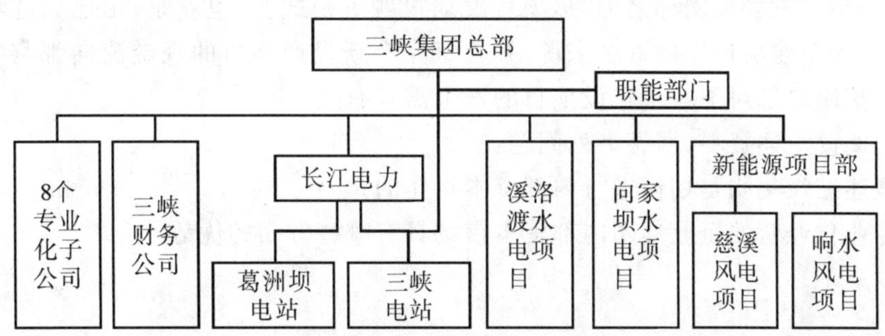

图 8-5　三峡集团整体上市前的组织结构与资本配置

(3)2008—2009 年的内部资本运作

第三阶段内部资本运作的主要内容是整体上市。2009 年，三峡集团总部与长江电力之间进行了重大资产交易，交易资产的评估总值为 1 073.2 亿元，包括以下三大类：①“主体发电资产”，即三峡电站 9＃～26＃共 18 台发电机组；②“公共配套设施”，即与发电业务直接相关的办公大楼、道路、桥梁和供水系统等；③“专业化子公司”，即“设备公司”、“招标公司”、“实业公司”、“水电公司”和“三峡高科”。三峡集团整体上市的重要日程有：2008 年 5 月 8 日，长江电力停牌，实施重大资产重组；2009 年 5 月 15 日，董事会审议通过重组方案，5 月 18 日复牌交易，8 月 31 日股东大会审议通过，9 月 28 日完成资产交割手续。通过 2009 年整体上市，三峡集团总部从对价中获得现金 348.6 亿元，向长江电力转移三峡债券等债务 493.2 亿元。这说明内部资本运作是三峡集团总部进行资金筹集的主要方式，同时也解决了母子公司间电力生产同业竞争的问题。上述三峡集团内部资本市场的运作过程可以通过图 8-6 反映。

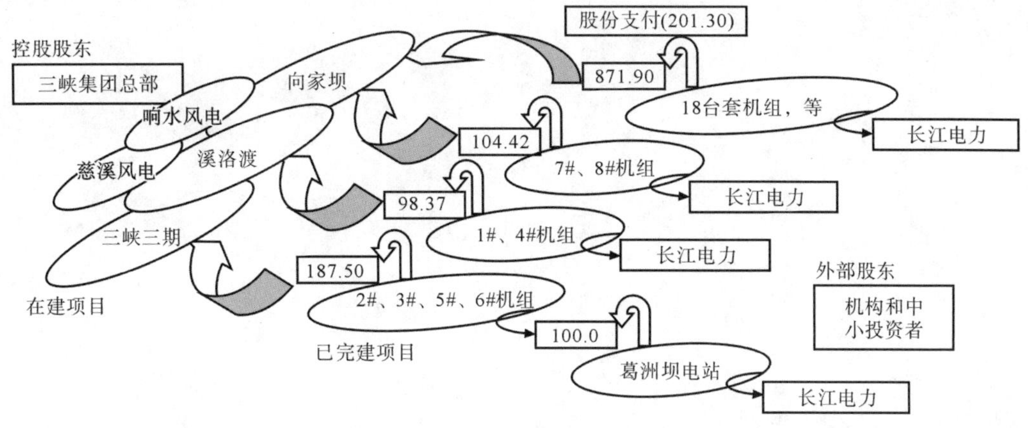

图 8-6　三峡集团的项目资金支持性活动

从中可见，葛洲坝电厂改制上市的资金并非用于葛洲坝电厂的运营与建设，而是用于三峡电站的二期和三期建设；第二阶段中三峡电站的机组出让收益也没有用于三峡电站的三期建设，而是用于金沙江流域水电项目的梯级开发，这就形成了项目与项目之间的资金支持性活动。三峡集团称之为“多项目滚动投融资模式”。也就是，由已完建项目为资金需求量大的新建项目提供资金来源，并且每一个新投产项目的现金流向都与它自身无关，而是与集团总部对下一个建设项目的资金需求有关。

要求：阅读上述资料，回答下列问题：

(1)概述三峡集团是如何进行内部资本运作的。

(2)专业化经营的企业集团内部资本市场具有哪些方面的优势？

第九章　企业价值评估

学习目标

1.掌握现金流量折现估价法；
2.熟悉经济利润模型和相对价值模型；
3.了解价值评估的含义及内容。

开篇案例

公司的价值该怎样进行估价？

甲公司是一家上市公司，拟收购乙公司51%的股权，现委托资产评估机构W对乙公司51%的股权价值进行评估，评估基准日为2016年6月30日。资产评估机构W了解到以下信息：(1)乙公司成立于2013年12月，是一家专门从事手机游戏和网络游戏软件开发的企业。乙公司在评估基准日的账面资产金额为2 000万元，负债总额为800万元、所有者权益为1 200万元。(2)近年来，游戏开发和运营企业在资本市场备受青睐，不少上市公司纷纷对一些具有发展潜力的游戏企业实施兼并收购。(3)乙公司拥有一支实力比较雄厚的研发团队，其主创人员曾经开发过一款游戏并取得了不俗的业绩。

资产评估机构W在接受委托后，经考察项目组计划采用收益法和资产基础法两种方法对乙公司进行评估。资产评估机构风险控制人员在审批该项目组提交的资产评估计划时提出异议，建议项目组重新考虑评估方法的选择问题。

思考：你认为采用哪种评估方法更加合理？请说明理由。

第一节　企业价值评估概述

企业价值评估是企业财务管理的重要工具之一，具有广泛的用途，是现代财务的必要组成部分。企业价值的内涵，涵盖了企业发展的可持续性、风险性和战略性等多方面特征。企业价值评估包含了对企业生存和发展至关重要的非财务业绩信息，尤其注重对企业可持续发展能力的评估。

一、企业价值评估的含义

在国际价值评估惯例中，以企业股东(或投资人)权益或部分权益作为交易对象所进行的价值评估，一般称之为企业价值评估。在评估实务中，所评估的企业价值还可以进一步分为企业整体价值(即全部权益和付息债务的价值之和)，企业全部权益价值和部分权益价值。

在《资产评估准则——企业价值》(中评协[2017]36 号)中将企业价值评估定义为：本准则所称企业价值评估，是指资产评估机构及其资产评估专业人员遵守法律、行政法规和资产评估准则，根据委托对评估基准日特定目的下的企业整体价值、股东全部权益价值或者股东部分权益价值等进行评定和估算，并出具资产评估报告的专业服务行为。

企业价值评估一般有两个方面的应用：一个是咨询性业务或非法定评估业务的应用，另一个就是法定评估业务的应用。由于这两个方面的应用所关注的对象、所运用的方法和程序以及对于法律法规和行业准则所适用的程度都有所不同，因此可以说是形成了两个流派。

第一个方面的应用主要是公司价值评估(corporate valuation)，或公司的证券价值评估，多半是应用于金融领域和证券市场以及公司自身的财务管理。具体可以分为三个方面的应用：(1)证券投资市场。比如说，证券市场上的证券分析师们采用企业价值评估方法对市场上的一些上市公司进行价值评估，然后分析这些由公司财务指标反映出来的“真实价值”是否与该股票的市场价值一致，从而认定这个公司的股票是否被市场低估或高估了。此外，其他各种投资者都可以运用企业价值评估的手段为他们的投资提供参考或依据。(2)在企业并购中的应用。无论是收购公司还是目标公司都要对被并购的目标公司进行价值评估，从而得出自己心中的合理价位。尤其在一些敌意收购中，价值的评估将起到核心和关键的作用。此外，对于并购之后的公司所能产生的协同效应也是企业价值评估的任务，而且这也是需要在并购之前做的工作，并对并购决策起到十分重要的影响作用。(3)在公司的财务管理中发挥直接的影响。既然公司的目标就是价值的最大化，那么公司的财务决策和公司战略都与公司的价值有着千丝万缕的联系。企业价值评估可以帮助公司了解自己的价值，接受如何提高公司价值的建议，同时消除被恶意收购的担心。

企业价值评估在另外一个领域的应用就是法定评估业务领域，也是职业评估师主要提供服务的领域。根据目前大多数国家的情况，职业评估师提供服务的方式主要有三种：价值评估、评估审核和评估咨询。其中价值评估的主要对象是评估非上市的封闭持股公司或公司的股权，而且主要是针对企业整体交易、企业的股权交易或课税等目的的法定评估。

根植于现代经济的企业价值评估与传统的单项评估有着很大的不同，它是建立在企业整体价值分析和价值管理的基础上，把企业作为一个经营整体并主要依据企业未来现金流量来评估企业价值的评估活动。企业价值评估考虑的因素更全面、更复杂，不但涉及企业的外部宏观环境、行业发展情况、市场结构、市场需求等外部因素，还涉及企业内部的一般性资源，如厂房设备、土地、原材料等，以及企业特殊的资源和能力，如核心技术、战略思想、组织文化、品牌和商标、销售渠道等，而后者反映了“企业是由人力资本与物质资本构成的一个特殊契约[①]”的独特性质，是企业持续获利能力的重要源泉和企业竞争优势形成的基础。在现代经济中企业并购行为十分普遍的背景下，企业价值评估对于投资者正确分析企业的价值和发展前景、做出购并和出售等有关资本运营的重大决策、企业管理当局在激烈的市场竞争中加强企业价值管理、提升企业市场价值等，都具有十分重要的意义。如果说企业价值最大化是企业家和管理者不懈追求的目标，则合理确定企业的价值将成为财务管理人员的重要责任之一。

价值评估的意义存在于广泛的范围之内，但在不同的环境中对于不同的人来说，估价扮演的角色是不同的，估价的目的和作用也具有显著的差异。

正确理解价值评估的含义，需要注意以下几点：

(1)价值评估是一种经济“评估”方法。评估是一种定量分析，但它并不是完全客观的和科学的；价值评估是一种“分析”方法，要通过符合逻辑的分析来完成。

(2)企业价值评估提供的信息不仅仅是企业价值一个数字，还包括评估过程产生的大量信息。价值评估提供的是有关“公平市场价值”的信息。价值评估不否认市场的有效性，但也不承认市场的完善性。在完善的市场中，企业只能取得投资者要求的风险调整后收益，市场价值与内在价值相等，价值评估没有什么实际意义。在这种情况下，企业无法为股东创造价值。股东价值的增加，只能利用市场的不完善才能实现。价值评估认为市场只在一定程度上有效，即并非完全有效。价值评估正是利用市场的缺陷寻找被低估的资产。当评估价值与市场价格相差悬殊时必须十分慎重，评估人必须令人信服地说明评估值比市场价格更好的原因。

企业价值受企业状况和市场状况的影响，随时都会变化。价值评估依赖的企业信息和市场信息也在不断流动，新信息的出现随时可能改变评估的结论。因此，企业价值评估提供的结论有很强的时效性。

(3)价值评估的目的是帮助投资人和管理当局改善决策。它的主要用途表现在以下三个方面：

价值评估可以用于投资分析。价值评估是基础分析的核心内容。投资人信奉不同的投资理念，有的人相信技术分析，有的人相信基础分析。相信基础分析的人认为企业价值与财务数据之间存在函数关系，这种关系在一定时间内是稳定的，证券价格与价值的偏离经过一段时间的调整会向价值回归。他们据此原理寻找并且购进被市场低估的证券或企业，以期获得高于市场平均报酬率的收益。

价值评估可以用于战略分析。战略是指一整套的决策和行动方式，包括刻意安排的有计划的战略和非计划的突发应变战略。战略管理是指涉及企业目标和方向、带有长期性、关系企业全局的重大决策和管理。战略管理可以分为战略分析、战略选择和战略实施。战略分析是指使用定价模型清晰地说明经营设想和发现这些设想可能创造的价值，目的是评估企业目前和今后增加股东财富的关键因素是什么。价值评估在战略分析中起核心作用。例如，收购属于战略决策，收购企业要估计目标企业的合理价格，在决定收购

① 王诚军.国际评估业发展历史和当代特点[J].国有资产管理，1997(4).

价格时要对合并前后的价值变动进行评估，以判断收购能否增加股东财富，以及依靠什么来增加股东财富。

价值评估可以用于以价值为基础的管理。如果把企业的目标设定为增加股东财富，而股东财富就是企业的价值，那么，企业决策正确性的根本标志是能否增加企业价值。不了解一项决策对企业价值的影响，就无法对决策进行评估。从这种意义上说，价值评估是改进企业一切重大决策的手段。为了搞清楚财务决策对企业价值的影响，需要清晰描述财务决策、企业战略和企业价值之间的关系。在此基础上实行以价值为基础的管理，依据价值最大化原则制定和执行经营计划，通过度量价值增加来监控经营业绩并确定相应报酬。

二、企业价值评估的对象

(一)价值评估的分类

价值评估可以从不同的角度进行分类，常见分类有：

1.按评估主体分类

按评估主体分类，可以分为内部评估和外部评估。内部评估是指由资产的占用者自己或者聘请中介机构进行的评估，其评估结果主要是为企业内部的经营管理服务；外部评估是指企业外部的专业评估机构独立进行的评估，其评估结果是为外部投资者和研究人员服务。

2.按评估客体分类

按评估客体分类，可以分为公司价值评估、股票价值评估、债券价值评估、不动产价值评估、自然资源价值评估和无形资产(专利等)价值评估等多种。由于以上各种资产均具有不同的特点和运行机理，因而对它们进行估价的假设和适用的模型、方法也表现出较大的不同。本章主要阐述公司价值评估。

3.按评估的范围分类

按评估的范围分类，可以分为整体资产评估与单项资产评估。整体资产评估是指对某一公司(企业)或企业集团的全部资产(包括公司整体、股票、债券等)进行的评估；单项资产评估是指对某公司(企业)的某一项或若干项资产(如专利、自然资源、不动产等)进行的评估。

4.按评估的方法分类

按评估的方法分类，可以分为现金流量折现估价法、经济利润(EVA)估价法、相对价值比较估价法、资产基础法等等几种。这些方法应用的原理和估价的模型各不相同，因而它们适用的场合和范围也各不相同，如现金流量折现估价法主要应用于有现金流入的资产；EVA 估价法与现金流折现估价法原理相同，但主要是从股东的价值增值角度来考察的；相对价值比较估价法主要应用于能找到多个价值已知的相似资产的资产；资产基础法是以被评估企业评估基准日的资产负债表为基础，合理评估企业表内及表外各项资产、负债价值，确定评估对象价值的评估方法。

(二)价值评估的前提假设

由于同一资产的价格在不同的用途和经营环境条件下会有所不同,因此在评估时,评估人员就必须对资产的未来用途和经营环境做出合理的判断。一般把评估人员对资产未来用途及经营环境的设定规范,即资产评估的前提假设分为三种情况,即持续经营假设、公开市场假设和破产清算假设。

1.持续经营假设

持续经营假设是指假设资产仍按当初的设计、建造或改造后的设备,以当前正在使用的方式和目的继续使用下去。在这一前提假设下,资产的未来用途和经营环境不变,投资者仍采取原来的资产利用方式并从中获益。适用这一前提假设的价值评估,要求待评估的资产具备三个条件:待评估资产按原来用途使用下去,资产的性能仍能发挥作用,资产所提供的服务正在而且可以继续满足某种经济需要,或者说资产有剩余使用年限;改变资产的用途从经济上看不可行,从法律上看不允许;市场对这种资产有需求,由现有的和类似的用户继续使用该资产比较切实可行。

2.公开市场假设

公开市场假设是指假定资产都可以在公开市场上出售,资产交易是在理想的环境下进行的,是在有组织的市场上发生的。资产买卖双方地位平等,买者想买而不急于买,卖者想卖而不急于卖,双方有足够的时间搜集信息。投资者不再局限于原有的经营方式,而考虑资产的最大最佳效用,考虑在允许的范围内将资产用于最佳用途时的资产的价格。在这种情况下,资产的价格取决于资产的交换能力,也即取决于潜在的投资者使用该项资产获利的可能性和潜在投资者的多少。

3.破产清算假设

破产清算假设是指资产在某种压力下,被强制进行整体或拆零,经协商或拍卖方式在公开市场上出售(强制出售)。在这种情况下,资产交易双方地位不平等,交易时间短,资产价格大大低于继续使用或公开市场假设条件下的价格。

评估人员在评估前必须全面了解和把握资产交易变动的背景,以及评估结果使用者准备如何使用价值评估报告。在评估的前提假设确定之后,才能确定用什么方法来进行评估。

(三)公司价值评估的价值标准

在公司价值评估中需要注意区分会计价值与经济价值、现时市场价值与公平市场价值的关系。

1.会计价值

会计价值是指资产、负债和所有者权益的账面价值。会计价值与市场价值是两回事。

会计报表以交易价格为基础。例如,某项资产以 2 000 万元的价格购入,该价格客观地计量了资产的价值,并且有原始凭证支持,会计师就将它记入账簿。过了几年,由于技术更新该资产的市场价值已经大大低于 2 000 万元,或者由于通货膨胀其价值已远高于最初的购入价格,记录在账面上的历史成交价格与现实的市场价值已经毫不相关了,会计师仍然不修改他的记录。会计师只有在资产需要折旧或摊销时,才修改资产价值的记录。会计师选择历史成本而舍弃现行市场价值的理由有两点:(1)历史成本具有客观性,可以重复验证,而这正是现行市场价值所缺乏的。会计师、审计师的职业地位,需要客观性的支持。(2)如果说历史成本与投资人的决策不相关,那么现行市场价值也同样与投资人决策不相关。投资人购买股票的目的是获取未来收益,而不是企业资产的价值。企业的资产不是被出售,而是被使用并在产生未来收益的过程中消耗殆尽。与投资人决策相关的信息,是资产在使用中可以带来的未来收益,而不是其现行市场价值。

其实,会计报表数据的真正缺点,主要不是没有采纳现实价格,而在于没有关注未来。会计准则的制定者不仅很少考虑现有资产可能产生的未来收益,而且把许多影响未来收益的资产和负债项目从报表中排除。表外的资产包括良好管理、商誉、忠诚的顾客、先进的技术等;表外的负债包括未决诉讼、过时的生产线、低劣的管理等。

历史成本计价受到很多批评:(1)制定经营或投资决策必须以现实的和未来的信息为依据,历史成本会计提供的信息是面向过去的,与管理人员、投资人和债权人的决策缺乏相关性。(2)历史成本不能反映企业真实的财务状况,资产的报告价值是未分配的历史成本(或剩余部分),并不是可以支配的资产或可以抵偿债务的资产。(3)现实中的历史成本计价会计缺乏方法上的一致性,其货币性资产不按历史成本反映,非货币性资产在使用历史成本计价时也有很多例外,所以历史成本会计是各种计价方法的混合,不能为经营和投资决策提供有用的信息。(4)历史成本计价缺乏时间上的一致性。资产负债表把不同会计期间的资产购置价格混合在一起,使之缺乏明确的经济意义。因此,价值评估通常不使用历史购进价格,只有在其他方法无法获得恰当的数据时才将其作为质量不高的替代品。

2.经济价值

经济价值是经济学家所持的价值观念,它是指一项资产的公平市场价值。所谓"公平的市场价值"是指在公平的交易中,熟悉情况的双方,自愿进行资产交换或债务清偿的金额。资产被定义为未来的经济利益。所谓"经济利益",其实就是现金流入。资产就是未来可以带来现金流入的东西。由于不同时间的现金不等价,需要通过折现处理,因此,资产的公平市场价值就是未来现金流量的现值。

未来现金流量计价,又称按照未来售价计价。从交易属性上看,未来售价计价属于产出计价类型;从时间属性上看,未来售价属于未来价格。它也被经常称为资本化价值,即一项资产未来现金流量的现值。

未来价格计价有以下特点:未来现金流量现值面向的是未来,而不是历史或现在,符合决策面向未来的时间属性。经济学家认为,未来现金流量的现值是资产的一项最基本的属性,是资产的经济价值,只有未来售价计价符合企业价值评估的目的。因此,除非特别指明,企业价值评估的"价值"一般是指未来现金流量现值。

3.现时市场价值

现时市场价值是指按现行市场价格计量的资产价值,它可能是公平的,也可能是不公平的。

首先,作为交易对象的企业,通常没有完善的市场,也就没有现成的市场价格。非上市企业或者它的一个部门,由于没有在市场上出售,其价格也就不得而知。对于上市企业来说,每天参加交易的只是少数股权,多数股权不参加日常交易,因此市价只是少数股东认可的价格,未必代表公平价值。

其次，以企业为对象的交易双方，存在比较严重的信息不对称。人们对于企业的预期会有很大差距，成交的价格不一定是公平的。

再次，股票价格是经常变动的，人们不知道哪一个是公平的。

最后，评估的目的之一是寻找被低估的企业，也就是价格低于价值的企业。如果用现时市价作为企业的估价，则企业价值与市场价格相等，我们什么有意义的信息也得不到。

(四)企业的整体价值

企业价值评估的一般对象是企业整体的经济价值。

企业的整体价值观念主要体现在以下四个方面：

1.整体不是各部分的简单相加

企业作为整体虽然是由部分组成的，但是它不是各部分的简单相加，而是有机的结合。这种有机的结合，使得企业总体具有它各部分所没有的整体性功能，所以整体价值不同于各部分的价值。企业整体能够具有价值，在于它可以为投资人带来现金流量。这些现金流量是所有资产联合起来运用的结果，而不是资产分别出售获得的现金流量。

2.整体价值来源于要素的结合方式

企业的整体价值来源于各部分之间的联系。只有整体内各部分之间建立有机联系时，才能使企业成为一个有机整体。各部分之间的有机联系，是企业形成整体的关键。例如，企业资源的重组即改变各要素之间的结合方式，可以改变企业的功能和效率。

3.部分只有在整体中才能体现出其价值

企业是整体和部分的统一。部分依赖整体，整体支配部分。部分只有在整体中才能体现出它的价值，一旦离开整体，这个部分就失去了作为整体中一部分的意义。

4.整体价值只有在运行中才能体现出来

企业是一个运行着的有机体，一旦成立就有了独立的“生命”和特征，并维持它的整体功能。如果企业停止运营，整体功能随之丧失，不再具有整体价值，它就只剩下一堆机器、存货和厂房，此时企业的价值是这些财产的变现价值，即清算价值。

(五)企业整体经济价值的类别

企业整体价值可以分为实体价值和股权价值、持续经营价值和清算价值、少数股权价值和控股权价值等类别。

1.实体价值与股权价值

当一家企业收购另一家企业的时候，可以收购卖方的资产，而不承担其债务；或者购买它的股份，同时承担其债务。例如，甲企业以 20 亿元的价格买下了乙企业的全部股份，并承担了乙企业原有的 10 亿元的债务，收购的经济成本是 30 亿元。对于甲企业的股东来说，他们不仅需要支付 20 亿元现金(或者发行价值 20 亿元的股票换取乙企业的股票)，而且要以书面契约形式承担 10 亿元债务。实际上他们需要支付 30 亿元来购买乙企业的全部资产，其中 20 亿元现在支付，另外 10 亿元将来支付。因此，企业的资产价值与股权价值是不同的。

企业全部资产的总体价值，称为“企业实体价值”。企业实体价值是股权价值与债务价值之和。股权价值在这里不是所有者权益的会计价值(账面价值)，而是股权的公平市场价值。债务价值也不是它们的会计价值(账面价值)，而是债务的公平市场价值。

大多数企业购并是以购买股份的形式进行的，因此评估的最终目标和双方谈判的焦点是卖方的股权价值。但是，买方的实际收购成本等于股权成本加上所承接的债务。

2.持续经营价值与清算价值

企业能够给所有者提供价值的方式有两种：一种是由营业所产生的未来现金流量的现值，称为持续经营价值(简称续营价值)；另一种是停止经营，出售资产产生的现金流，称为清算价值。这两者的评估方法和评估结果有明显区别。我们必须明确拟评估的企业是一个持续经营的企业还是一个准备清算的企业，评估的价值是其持续经营价值还是其清算价值。在大多数情况下，评估的是企业的持续经营价值。

一个企业的公平市场价值，应当是续营价值与清算价值较高的一个，如图 9-1 所示。

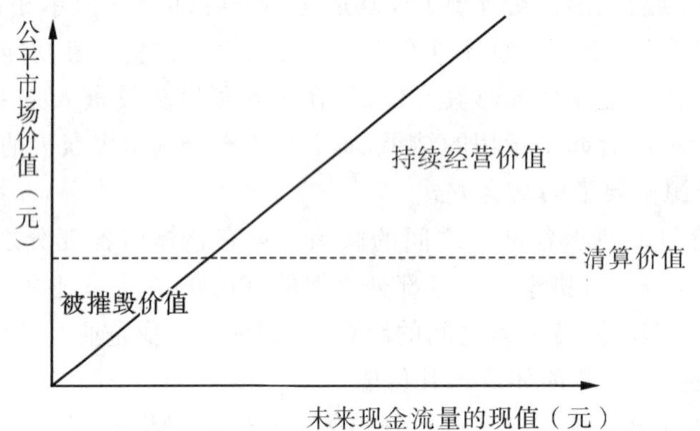

图 9-1 持续经营价值与清算价值

一个企业持续经营的基本条件，是其持续经营价值超过清算价值。依据理财的“自利原则”，当未来现金流量的现值大于清算价值时，投资人会选择持续经营。如果现金流量下降，或者资本成本提高，使得未来现金流量现值低于清算价值，则投资人会选择清算。

3.少数股权价值与控股权价值

企业的所有权和控制权是两个极为不同的概念。首先，少数股权对于企业事务发表的意见无足轻重，只有获取控制权的人才能决定企业的重大事务。我国的多数上市企业“一股独大”，大股东决定了企业的生产经营，少数股权基本上没有决策权。其次，从世界范围看，多数上市企业的股权高度分散化，没有哪一个股东可以控制企业，此时有效控制权被授予董事会和高层管理人员，所有股东只是“搭车的乘客”，不满意的乘客可以“下车”，但是无法控制“方向盘”。

在股票市场上交易的只是少数股权，大多数股票并没有参加交易。掌握控股权的股东，不参加日常的交易。我们看到的股价，通常只是少数已经交易的股票价格，它们衡量的只是少数股权的价值。少数股权与控股股权的价值差异，明显出现在收购交易当中。一旦控股权参加交易，股价会迅速飙升，甚至达到少数股权价值的数倍。在评估企业价值时，必须明确拟评估的对象是少数股权价值，还是控股权价值。

买入企业的少数股权和买入企业的控股权，是完全不同的两回事。买入企业的少数股权，是承认企业现有的管理和经营战略，买入者只是一个旁观者。买入企业的控股权，投资者获得改变企业生产经营方式的充分自由，或许还能增加企业的价值。

这两者如此不同，以至于可以认为：同一企业的股票在两个分割开来的市场上交易。一个是少数股权市场，它交易的是少数股权代表的未来现金流量；另一个是控股权市场，它交易的是企业控股权代表的现金流量。获得控股权，不仅意味着取得了未来现金流量的索取权，而且同时获得了改组企业的特权。在两个不同市场里交易的，实际上是不同的资产。

如图 9-2 所示，从少数股权投资者来看，V(当前)是企业股票的公平市场价值。它是现有管理和战略条件下企业能够给股票投资人带来的现金流量现值。对于谋求控股权的投资者来说，V(新的)是企业股票的公平市场价值。它是企业进行重组，改进管理和经营战略后可以为投资人带来的未来现金流量的现值。新的价值与当前价值的差额称为控股权溢价，它是由于转变控股权增加的价值。

控股权溢价 $=V$(新的)$-V$(当前)

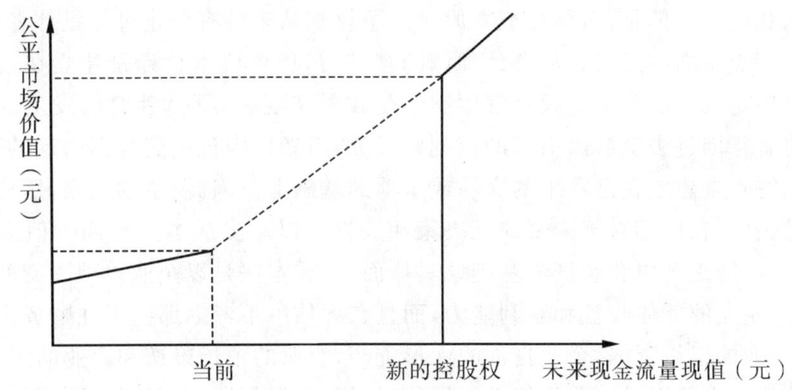

图 9-2　少数股权价值与控股权价值

总之，在进行企业价值评估时，首先要明确拟评估的对象是什么，搞清楚是企业实体价值还是股权价值，是续营价值还是清算价值，是少数股权价值还是控股权价值。它们是不同的评估对象，有不同的用途，需要使用不同的方法进行评估。

三、公司价值评估的方法

依据公司价值的定义，评估方法应是现金流量折现法。但是，在实际操作中，人们并不拘泥于这一种方法，而是可以采用多种方法对一家公司进行价值评估。在企业持续经营的前提下，人们评估企业价值的方法有十几种，但总的说来，可以把这十几种方法划分为三大类：资产基础法、市场法和折现法。

（一）资产基础法

资产基础法也称成本法、重置成本法，使用这种方法所获得的企业价值实际上是对企业账面价值的调整数值。这种方法起源于对传统的实物资产的评估，如土地、建筑物、机器设备等的评估，而且着眼点是成本。资产基础法的逻辑基础是所谓“替代原则”：任何一个精明的潜在投资者，在购置一项资产时，他所愿意支付的价格不会超过建造一项与所购资产具有相同用途的代替品所需的成本。因此，如果投资者的待购资产是全新的，其价格不会超过其替代资产的现行建造成本扣除各种损耗的余额。

资产基础法在评估企业价值时的假设是企业的价值等于所有有形资产和无形资产的成本之和，减去负债。资产基础法在评估企业价值时，可以回答这样的问题：今天购买的所有资产并把这些资产组装为一个运营企业需要多少成本？这种方法强调被评估企业资产的重置成本。使用这种方法，主要考虑资产的成本，很少考虑企业的收益和支出。在使用成本法评估时，以历史成本原则下形成的账面价值为基础，适当调整企业资产负债表的有关资产和负债，来反映它们的现时市场价值。

资产基础法在评估企业价值时的优点是账面价值的客观性和可靠性。资产基础法以历史成本的账面价值为基础，而会计学上对历史成本原则的批评，直接导致了人们对成本法的种种非议。

历史成本原则是现代会计核算的最基本和最主要的会计原则之一，在实践中得到了广泛的承认和应用。但是，对历史成本原则的争议却从来没有停止过。批评者认为，历史成本的最大特点是面向过去。从会计确认的基础看，历史成本会计是建立在过去已发生的交易或事项基础上的。不论权责发生制还是收付实现制，都是针对已发生的过去交易而言的。前者指因过去交易而引起的权利和义务；后者指因过去交易而引起的现金收付。它们的共同特点是建立在已发生的交易或事项的基础上。因此，总的说来，历史成本提供的是面向过去的信息，相对于未来缺乏决策相关性。以历史成本的账面价值为基础估算公司内在价值，缺乏逻辑和经济学基础。具体而言，成本法是以企业单项资产的成本为出发点，忽视了企业的整体收益和获利能力，而且在评估中不考虑那些未在财务报表上出现的项目，如企业的组织资本，企业自创的无形资产，企业的销售渠道和企业的服务等等。

以持续经营为前提对企业价值进行评估时，资产基础法一般不应当作为唯一使用的评估方法，原则上要求采用两种以上方法进行评估，并在评估报告中列示，依据实际状况充分、全面分析后，确定其中一个评估结果作为评估报告使用结果。

现阶段在评估工作中，由于折现法使用中主观判断因素较多，客观上每一个参数的误差都可能对整体评估值产生重要影响，而市场法的案例取得和差异修正比较困难，因此，虽然资产基础法有很大的局限性，但在目前仍然作为一种基础评估方法应用于企业价值评估中。

(二)市场法

当未来现金流量实在难以计算时，分析家经常转向市场，将目标公司与其他类似的上市公司进行比较，并选用合适的乘数来评估标的企业的价值，这就是公司价值评估的市场法。市场法的关键就是在市场上找出一个或几个与被评估企业相同或相似的参照物企业，分析、比较被评估企业和参照物企业的重要指标，在此基础上，修正、调整参照物企业的市场价值，最后确定被评估公司的价值。因此，市场法又称相对价值法。

市场法的逻辑依据也是“替代原则”。根据替代原则，一个精明的投资者在购置一项资产时，他所愿意支付的价格不会高于市场上具有相同性能的替代品的市场价格。由于市场法是以“替代原则”为理论基础，以市场上的实际交易价格为评估基准，所以市场法的假定前提是股票市场是成熟、有效的，股票市场管理是严密的，目标公司和参照上市公司财务报告的数据是真实可靠的。股票市场越发达、越完善、越有效，市场法评估的公司价值就越准确。在股票市场存在重大缺陷、不充分、不完善、缺乏效率的情况下，难以采用这种方法。

在运用市场法时，选择什么样的公司作为参照物对分析的结果起着决定作用。交易所涉及的公司、市场环境和结构方式各不相同，如何确定参照物呢？从内在价值的定义而言，可比公司意味着公司应当具有相似的未来现金流量模式，以及一定的经营风险或财务风险。这些风险应当是相似的或者他们之间的差异是可以量化的，这样才能对目标公司的现金流量采用合适的贴现率进行贴现。

在实际操作中，选择可比公司的方法是，通过考虑增长前景与资本结构等方面，选择相似的同行业或密切相关行业的公司，这样可以从大量的上市公司中选出几个可比的上市公司。然后，对这几个公司进行分析、对比，判断这组可比公司乘数对目标公司价值的意义。所以，在实际设计分析过程和使用分析结果时都要慎重，不能脱离实际。

市场法以目标公司的市价作为比较对象，而股票市价存在着不稳定的问题。比如，有的上市公司的股价非理性的大幅波动，而公司的“内在价值”是不应该这样剧烈变化的。这样，市场法评估出的公司价值不是客观的，所以评估所选择的时机非常关键。

除此之外，在非公开上市市场兼并中普遍存在的控制权溢价问题也无法在公司比较分析方法中发现出来。作为谨慎性原则的另一种表现，在决定兼并价格时通常要在交易价值的基础上增加30%～50%的控制权溢价。当然，如果把参照物限定在最近发生兼并或收购活动的公司，那么可比公司价值就变成了可比兼并价值。在这种模型中，可比性公司的权益市场价值和调整后的市场价值都是根据相关交易的收购价格计算得出的。由于交易本身考虑了各种定价信息，由此得出的交易乘数中已经包含了控制权溢价。

（三）折现法

折现法又称收益法，是指将预期收益资本化或者折现，确定评估对象价值的评估方法。折现法是计算公司公平市场价值最妥当的方法。企业的公平市场价值即是其未来能产生的收益折现。

折现法依据折现的对象的不同，又可以分为股利折现法、现金流量折现法和以会计净收益（利润）为基础的折现法。

折现法还有两个“改进型”：一个是“调整现值法”（APV，adjusted present value）；一个是“经济利润法”（EVA，economic value added）。APV指出，传统折现法主要用加权平均资本成本作为折现率，而对公司总体业务统一使用加权平均资本成本进行折现不够科学，应该根据产生现金流的不同业务事项单独估计他们的资本成本并折现，最后将各部分折现值相加。EVA的基本思想是：利润率必须超过资本成本。一个公司或生产单位仅在它的营业收益超过所利用的资本成本时才为其所有者创造了价值。公司的价值等于投资资本加上预计经济利润现值。其中，预计经济利润等于投资资本乘以投资资本回报率与加权平均的资本成本的差额。经济利润模式将现金流量折现模式中的价值驱动因素、投资资本回报率和增长率转化为单一的数字，因而可以了解公司在任何单一年份的经营情况，而现金流量法却做不到。

合适的公司价值评估方法依赖于了解评估的对象和目的，这可能也是所谓的“相机决策”。在很多情况下，人们可以将三种方法结合起来使用，获得多个价值指标，然后经过比较、调整，获得最终的价值数据，他有可能不是一个确定的数值，而是一个数值范围，或者还有概率分布。每一种方法使用的前提和条件不同，账面价值为基础的成本法有可能与决策更相关。每一种方法使用的前提是不一样的。使用现金流量折现法的前提是，企业的未来预期收益和获得这种收益相关联风险是可以预测的。如果不了解或忽视每种方法的使用前提条件，那么评估出来的结果是不可靠的。

本章主要阐述现金流量折现估价法、经济利润模型和相对价值模型。

第二节　现金流量折现估价法

现金流量折现估价法是企业价值评估使用最广泛、理论上最健全的模型。

一、现金流量折现估价法的原理

将企业价值定义为获得现金流量的现值，是基于下面的考虑：(1)现代资本结构理论、企业竞争战略理论、企业竞争优势理论认为，创造企业价值和实现企业价值最大化是企业经营的主要目的；企业价值是由各种不同的创造因素所组成，而且这些创造价值的因素要经过整合才能产生效果；企业价值不是单项资产简单组合，而是各项单项资产的整合，如果整合成功，可以产生 1＋1＞2 的效果，即企业价值可能大于单项资产的组合。(2)可持续发展理论认为，企业存在或购并的目的，不是企业过去实现的收益、现在拥有的资产价值，而是企业未来获得现金流量的能力，只要企业未来现金流量为正，企业就可持续经营下去，企业就有存在的价值，并且可以产生某种效用价值，形成企业价值。正是由于现代企业价值具有上述特点，不能通过利润、单项资产价值、给投资者带来的收益等概念来准确地表示企业价值的内涵，只有利用各种因素共同作用的未来现金流量的现值来恰当地衡量企业价值。

(一)自由现金流量

采用现金流量法评估企业价值的现金可以是净现金流量，也可以是未来自由现金流量。本书仅讨论未来自由现金流量评估企业价值。

现金流量决定企业的价值创造能力，企业只有拥有足够的现金才能从市场上获取各种生产要素，为价值创造提供必要的前提，而衡量企业的价值创造能力正是进行价值投资的基础。现金流量指标日益取代利润指标成为评估上市公司股票价值的一个重要标准，其中，自由现金流量在美国和欧洲的价值评估和资产管理领域得到了非常广泛的应用，大量的投资银行、财务咨询、信用评级等机构十分关注公司的自由现金流量，而且美国上市公司年报中常常披露自由现金流量。

自由现金流最早是由美国西北大学拉巴波特(Alfred Rappaport)、哈佛大学詹森(Michael Jensen)等学者于 20 世纪 80 年代提出的一个全新的概念，是指“企业产生的、在满足了再投资需求之后剩余的、不影响公司持续发展前提下的、可供企业资本供应者/各种利益要求人(股东、债权人)分配的现金”。这一概念提出以后就引起了众多国际顶级理财专家的关注,如麦肯锡公司的资深领导人卡普兰(Tom Copeland)(1990)详尽地阐述了自由现金流量的计算方法;美国 Fin Econ 咨询公司的创立者兼总裁康纳尔(Bradford Cornell)(1993)对自由现金流进行了专门的论述等等。

在拉巴波特、詹森自由现金流量概念的基础上,不少财务学家对自由现金流量进行了研究,并给出了各自的理解。他们对自由现金流量的基本认定是:扣除必要的运营资本和长期资本投资之后的经营活动所带来的现金流量即为自由现金流量。其所谓的“自由”,表现为不影响公司的持续经营或投资增长对现金流量的要求,可以将这部分“剩余”现金流量自由地分派给企业的投资者。例如,提高股利分配比率,实施股票回购等。

由于定义者所处的角度不同,对自由现金流量的认识出现了一些差异,并因此而形成常见的关于自由现金流量的两种分类:企业实体自由现金流量和股权自由现金流量。这两种分类的主要分歧点在于是否将筹资活动产生的现金流量,即发行和偿还债务本息是否纳入自由现金流量的范畴。

首先,从企业的角度来看,企业经营所需要的资金是由各类收益索偿权持有人来提供的,既包括股权投资者(含优先股持有者等),还包括债权投资者。因此,企业实体自由现金流量是指扣除税收、必要的资本性支出和运营资本增加后的、能够支付给所有的清偿权者的现金流量,可以用公式表示为:

$$\text{企业实体自由现金流量}=\text{息税前利润}+\text{折旧和摊销}-\text{所得税}-\text{必要的资本性支出}-\text{营运资本净增加}$$

其次,从股东的角度来看,作为企业剩余收益索偿权的所有人,在企业自由现金流量的基础上,还要扣除债务的利息和本金,如果仍有剩余现金,即属于股东的自由现金流量。其计算公式为:

$$\text{股东自由现金流量}=\text{息税前利润}+\text{折旧和摊销}-\text{所得税}-\text{必要的资本性支出}-\text{营运资本净增加}+(\text{发行新债}-\text{清偿债务本息})$$

自由现金流量与经营现金流量不同的是,自由现金流量没有严格的定义,因此它被蒙上了一层神秘的面纱。同时,自由现金流量被冠以的名称也众多,有袭击者现金流量(raiders cash flow),超额现金流量(surplus cash flow),可分配现金流量(distributable cash flow),可自由使用的现金流量(disposable cash flow)等等。

尽管有关自由现金流量概念的具体表述多种多样,但简单地讲,自由现金流量就是企业产生的在满足了再投资需要之后剩余的现金流量,这部分现金流量是在不影响企业持续发展的前提下可供分配的最大现金余额。

自由现金流量主要有两种表现形式:企业实体自由现金流量和股权自由现金流量。企业实体自由现金流量是企业产生的在满足了再投资需要之后剩余的现金流量,这部分现金流量是在不影响企业持续发展的前提下可以“自由”分配给企业全部资本提供者(包括债权人和股东)的最大现金额;股权自由现金流量是企业自由现金流量在扣除了债权人要求的现金流量之后的剩余现金流量,反映企业可以“自由”分配给股东的最大现金额。

这里所说的"自由",是以扣除了满足企业持续发展所需的短期资金占用和长期资本支出为前提的。

如果我们把向债权人借款所引起的现金净流量称为债权人自由现金流量,则企业自由现金流量和股东自由现金流量的关系为:

企业实体自由现金流量=股权自由现金流量+(清偿债务本息-发行新债)

即:

企业实体自由现金流量=股权自由现金流量+债权人自由现金流量

现金流量比传统的利润指标更能说明企业的盈利质量。首先,针对利用增加投资收益等非营业活动操纵利润的缺陷,现金流量只计算营业利润而将非经常性收益剔除在外。其次,会计利润是按照权责发生制确定的,可以通过虚假销售、提前确认销售、扩大赊销范围或者关联交易调节利润。而现金流量是根据收付实现制确定的,上述调节利润的方法无法取得现金因而不能增加现金流量。可见,现金流量指标可以弥补利润指标在反映公司真实盈利能力上的缺陷。如果一家公司的现金总是处于入不敷出状况,无论其账面利润如何耀眼,也逃脱不了陷入财务困境的悲惨结局。美国安然(Enron)公司破产以及新加坡上市的亚洲金光纸业(APP)沦为垃圾公司的一个重要原因就是现金流量恶化,只有那些能迅速转化为现金的收益才是货真价实的利润。对高收益低现金流的公司,特别要注意的是有些公司的收益可能是通过一次性的方式取得的,而且只是通过会计科目的调整实现的,并没有收到现金,这样的公司很可能存在未来业绩急剧下滑的风险。

自由现金流量与经营活动现金净流量相比,更具优势。经营现金净流量指标本身没有反映为了持续经营的需要而不得不投入的资源,单从经营活动所产生的净现金量流判断企业的经营态势会有偏颇之处,企业经营能力的真正提高还需将维持经营生产能力的成本扣除再加以衡量。自由现金流量正是指将经营活动所产生的现金流用于支付维持现有生产经营能力所需资本支出后,余下的能够自由支配的现金,该指标大于0是企业健康发展的标志,它旨在衡量公司未来的成长机会,因为稳定充沛的自由现金流量意味着公司用于再投资、偿债、发放红利的余地就越大,公司未来发展趋势就会越好。单单一个自由现金流量指标就可以对公司的盈利能力、偿债能力和红利支付能力进行一次综合测评,省时省力。

而且,计算自由现金流量所需的财务报表信息来源比净利润和经营现金净流量要广,净利润指标仅来自于利润分配表,经营现金净流量指标仅来自于现金流量表,而自由现金流量的信息来源则包括资产负债表、利润分配表、现金流量表。综上所述,自由现金流量不受会计方法的影响,受到操纵的可能性较小,可以在很大程度上避免净利润和经营活动现金净流量指标在衡量上市公司业绩上的不足,进而能够有效刻画上市公司基于价值创造能力的长期发展潜力。

(二)自由现金流量折现模型

折现自由现金流量确定公司价值观认为公司价值等于公司未来自由现金流量的折现值。即选定恰当的折现率,将公司未来的自由现金流量折算到现在的价值之和作为公司当前的估算价值。该方法的基本原理是一项资产的价值等于该资产预期在未来所产生的全部现金流量的现值总和。

$$\text{资产价值}=\sum_{t=1}^{n}\frac{\text{自由现金流量}}{(1+\text{折现率})^{t}}$$

由于自由现金流量可以分为企业实体自由现金流量和股权自由现金流量，所以，公司现金流量折现模型主要包括实体自由现金流量折现模型和股权自由现金流量折现模型。

实体自由现金流量折现模型的基本形式是：

$$\text{实体价值}=\sum_{t=1}^{\infty}\frac{\text{实体自由现金流量}_{t}}{(1+\text{加权平均资本成本})^{t}}$$

股权自由现金流量折现模型的基本形式是：

$$\text{股权价值}=\sum_{t=1}^{\infty}\frac{\text{股权自由现金流量}_{t}}{(1+\text{股权资本成本})^{t}}$$

(三)现金流量折现模型的影响因素

用自由现金流量折现模型进行公司估价时，需要确定的输入参数主要有自由现金流量的预测、折现率(资本成本)估算、预计现金流量的持续年数、自由现金流量的增长率和增长模式预测。

1.预测未来自由现金流量

“现金流量”是指各期的预期现金流量。不同资产的未来现金流量表现形式不同，债券的现金流量是利息和本金，投资项目的现金流量是项目引起的增量现金流量。

公司的价值取决于未来的自由现金流量，而不是历史的现金流量，因此需要从本年度开始预测公司未来足够长时间范围内(一般为5～10年)的资产负债表和损益表。这是影响自由现金流量折现法估价准确度的最为关键的一步，需要预测者对公司所处的宏观经济、行业结构与竞争、公司的产品与客户、公司的管理水平等基本面情况和公司历史财务数据有比较深入的认识和了解，熟悉和把握公司的经营环境、经营业务、产品与顾客、商业模式、公司战略和竞争优势、经营状况和业绩等方面的现状和未来发展远景预测。

2.预计资本成本

“资本成本”是计算现值使用的折现率。折现率是现金流量模型中一个重要的参数，它反映企业未来收益的投资回报率，也反映了获得这个未来预期收益的风险程度。折现率是现金流量风险的函数，风险越大则折现率越大，因此折现率和现金流量要相互匹配。股权自由现金流量只能用股权资本成本来折现，实体自由现金流量只能用企业实体的加权平均资本成本来折现。

在现金流量模型中确定折现率是比较复杂的技术问题之一。价值评估有很多不确定性，要通过定性分析与定量分析相结合的办法，综合分析企业资产、经营以及环境等各方面的情况，才能得出适当的结果。一般来说确定折现率有如下几个原则：(1)折现率等于无风险报酬率加上风险报酬率，折现率肯定不低于无风险报酬率；(2)企业评估的折现率与行业平均回报率有一定的关联；(3)折现率必须与企业的经济收益定义相匹配，如企业经济收益是股权现金流量，则要用反映企业股权收益的回报率作为折现率；(4)企业评估的折现率确定没有固有的原则和程序，完全要根据被评估企业的实际情况，考虑分析的因素越多，越全面，则推导出来的结果就越理想。

公司资本一般可分为三大类，即债务资本、股权资本和混合类型资本，混合类型资本包括优先股、可转换债券和认股权证等。从投资者角度看，资本成本是投资者投资特定项目所要求的收益率，或称机会成本。从公司的角度来看，资本成本是公司吸引资本市场资金必须满足的投资收益率。资本成本是由资本市场决定的，是建立在资本市场价值的基础上的，而不是由公司自己设定或是基于账面价值的账面值。债务和优先股属于固定收益证券，成本的估算较为容易，可转换债券和认股权证等混合类型证券，由于内含期权，成本一般可分为两部分进行估算，其中内含期权的估算可用 Black-Scholes 期权定价公式法和二项式定价模型进行估算。普通股成本的估算模型较多，具体有：资本资产定价模型（CAPM）、套利定价模型（APM）、各种形式的扩展资本资产定价模型、风险因素加成法、Fama French 三因素模型等模型。这些模型的共同点在于：(1)都建立在证券市场有效的前提下，存在无风险基准收益率和无套利定价机制；(2)基本原理都是股权资本成本＝无风险收益＋风险补偿，只是风险补偿因素及估算上存在差异。

资本资产定价模型（CAPM）是应用最为广泛的权益资本成本股价模型。传统的资本资产定价模型（CAPM）建立在资本市场有效、投资者理性、厌恶风险并且投资组合分散程度充分和有效等假设基础之上，因此只考虑补偿系统风险因素，用单一的 β 来反映证券市场的系统风险程度。

根据资本资产定价模型（CAPM）计算公司股权资本成本的公式为：

$$股权资本成本=无风险收益率+\beta\times(市场组合收益率-无风险收益率)$$

β 系数的预测方法较多，常用的有以下三种方法：①在资本市场发达的国家，有市场服务机构收集、整理证券市场的有关数据、资料，计算并提供各种证券的 β 系数；②估算证券 β 系数的历史值，用历史值代替下一时期证券的 β 值；③用回归分析法估测 β 值。

债务成本是公司在为投资项目融资时所借债务的成本，公司债务成本与以下因素有关：①市场利率水平：市场利率上升，公司债务成本会随之上升；②公司的违约风险：公司的违约风险越高，债务的成本越高，公司的资产负债率越高，则债务的边际成本越高。③债务具有抵税效应：由于利息在税前支付，所以税后债务成本与公司的税率有关，公司的税率越高，债务税后成本就越低。

公司加权平均资本成本计算公式为：

$$\begin{matrix}公司加权平均\\资本成本\end{matrix}=\begin{matrix}债务税前\\资本成本\end{matrix}\times(1-所得税率)\times债务比重+\begin{matrix}股权资本\\成本\end{matrix}\times股权比重$$

3.预计现金流量的持续年数

产生现金流量的时间通常用“年”数来表示。现金流量的持续年数无非是两种情况：无限期和有限期。从理论上说，现金流量的持续年数应当等于资源的寿命。企业的寿命是不确定的，通常采用持续经营假设，即假设企业将无限期的持续下去。实际上企业经营30年到50年以上，从计算现值来说，也就相当于无限期了。当然，也有不同的情况，可能企业经营的期限受到法律或合同等规定的限制。现金流量为有限期的情况多半是由于法定注册经营期限的问题，这种情况多出现在我国的中外合资企业或外商独资企业中。此时，如果采用有限期现金流量计算，则肯定要考虑企业的终值，即在企业有限经营期限终止时的价值。测算企业终值的办法有很多，而最好的办法就是未来收益的资本化。

预测无限期的现金流量数据是很困难的，时间越长，远期的预测越不可靠。为了避免预测无限期的现金流量，大部分估价将预测的时间分为两个阶段。第一阶段是有限的、明确的预测期，称为“详细预测期”，或简称“预测期”，在此期间需要对每年的现金流量进行详细预测，并根据现金流量模型计算其预测期价值；第二阶段是预测期；以后的无限时期称为“后续期”或“永续期”，在此期间假设企业进入稳定状态，有一个稳定的增长率，可以用简便方法直接估计后续期价值。后续期价值也被称为“永续价值”或“残值”。这样，企业价值被分为两部分：

企业价值＝预测期价值＋后续期价值

因此，预测的时间范围涉及预测基期、详细预测期和后续期。

(1)预测的基期

基期是指作为预测基础的时期，它通常是预测工作的上一个年度。基期的各项数据被称为基数，它们是预测的起点。基期数据不仅包括各项财务数据的金额，还包括它们的增长率以及反映各项财务数据之间联系的财务比率。

确定基期数据的方法有两种：一种是以上年实际数据作为基期数据；另一种是以修正后的上年数据作为基期数据。如果通过历史财务报表分析认为，上年财务数据具有可持续性，则以上年实际数据作为基期数据。如果通过历史财务报表分析认为，上年的数据不具有可持续性，就应适当进行调整，使之适合未来的情况。

(2)详细预测期和后续期的划分

实务中的详细预测期通常为 5～7 年，如果有疑问还应当延长，但很少超过 10 年。企业增长的不稳定时期有多长，预测期就应当有多长。这种做法与竞争均衡理论有关。

竞争均衡理论认为，一个企业不可能永远以高于宏观经济增长的速度发展下去。如果是这样，它迟早会超过宏观经济总规模。这里的“宏观经济”是指该企业所处的宏观经济系统，如果一个企业的业务范围仅限于国内市场，宏观经济增长率是指国内的预期经济增长率；如果一个企业的业务范围是世界性的，宏观经济增长率是指世界的经济增长速度。竞争均衡理论还认为，一个企业通常不可能在竞争的市场中长期取得超额利润，其净资本回报率会逐渐恢复到正常水平。净资本回报率是指息前税后利润与净资本(负债加股东权益)的比率，它反映企业净资本的盈利能力。如果一个行业的净资本回报率较高，就会吸引更多的投资并使竞争加剧，导致成本上升或价格下降，使得净资本回报率降低到社会平均水平。如果一个行业的净资本回报率较低，就会有一些竞争者退出该行业，减少产品或服务的供应量，导致价格上升或成本下降，使得净资本回报率上升到社会平均水平。一个企业具有较高的净资本回报率，往往会比其他企业更快地扩展投资，增加净资本总量。如果新增投资与原有投资的盈利水平相匹配，则能维持净资本回报率。但是，通常企业很难做到这一点，竞争使盈利的增长跟不上投资的增长，因而净资本回报率最终会下降。实践表明，只有很少的企业具有长时间的可持续竞争优势，它们都具有某种特殊的因素，可以防止竞争者进入。绝大多数企业都会在几年内恢复到正常的回报率水平。

竞争均衡理论得到了实证研究的有力支持。各企业的销售收入的增长率往往趋于恢复到正常水平。拥有高于或低于正常水平的企业，通常在3～10年中恢复到正常水平。

判断企业进入稳定状态的主要标志是两个：(1)具有稳定的销售增长率，它大约等于宏观经济的名义增长率；(2)具有稳定的净资本回报率，它与资本成本接近。

预测期和后续期的划分不是事先主观确定的，而是在实际预测过程中根据销售增长率和投资回报率的变动趋势确定的。

4.后续期现金流量增长率的估计

后续期价值的估计方法有许多种，包括永续增长模型、经济利润模型、价值驱动因素模型、价格乘数模型、延长预测期法、账面价值法、清算价值法和重置成本法等。这里只讨论现金流量折现的永续增长模型。

永续增长模型如下：

$$\text{后续期价值}=\frac{\text{现金流量}_{t+1}}{\text{资本成本}-\text{现金流量增长率}}$$

其中 t 为后续期基期数。

在稳定状态下，实体现金流量、股权现金流量和销售收入的增长率相同，因此，可以根据销售增长率估计现金流量增长率。

根据竞争均衡理论，后续期的销售增长率大体上等于宏观经济的名义增长率。如果不考虑通货膨胀因素，宏观经济的增长率大多在2%～6%。

极少数企业凭借其特殊的竞争优势，可以在较长时间内超过宏观经济增长率。判定一个企业是否具有特殊的、可持续的优势，应当掌握具有说服力的证据，并且被长期的历史所验证。即使是具有特殊优势的企业，后续期销售增长率超过宏观经济的幅度也不会超过2%。绝大多数可以持续生存的企业，其销售增长率可以按宏观经济增长率估计。

单纯从后续期估价模型看，似乎增长率的估计很重要，其实后续期增长率估计的误差对企业价值影响很小。永续增长要求有永续的资本支出来支持，较高的永续增长率要求较高的资本支出和增加较多的经营营运资本。本期净投资会减少实体现金流量，模型的分子(现金流量)和模型的分母(资本成本与增长率的差额)均减少，对分数值的影响很小。有时候，改变后续期的增长率甚至对企业价值不产生任何影响。问题在于新增投资产生的回报率是否可以超过现有的回报率。由于竞争的均衡趋势限制了企业创造超额利润的能力，使其回报率与资本成本接近，每个新项目的净现值会逐步趋近于零。在这种情况下，销售增长并不提高企业的价值，是“无效的增长”。

二、实体自由现金流量折现法

(一)实体自由现金流量的计算

实体自由现金流量是企业全部营业现金净流量扣除资本支出后的剩余部分。它是企业在满足营业活动和资本支出后，可以支付给债权人和股东的现金流量。

实体自由现金流量有两种衡量方法：

一种方法是以息前税后营业利润为基础，扣除各种必要的支出后计算得出。在正常情况下，企业获得的现金首先必须满足营业活动及其增长的需要，剩余的部分才可以提供给投资人。

实体自由现金流量＝(息前税后营业利润＋折旧与摊销)－营业流动资产增加－资本支出

＝息税前营业利润×(1－所得税税率)＋折旧与摊销－营业流动资产增加－资本支出

另一种方法是加总全部投资人的现金流量：

实体自由现金流量＝普通股权自由现金流量＋债权人自由现金流量＋优先股现金流量

优先股现金流量与债权人现金流量有类似性。为了简化，下面不再讨论优先股问题，即假设企业没有优先股。与此同时，普通股股权自由现金流量简称股权自由现金流量。

按上述两种方法计算实体自由现金流量时，各项目的具体计算过程如下：

(1)息税前营业利润

息税前营业利润是指未含利息收支，也没有扣除所得税的营业利润。

息税前营业利润＝营业收入－营业成本－销售和管理费用－折旧

这里的营业利润是指营业活动产生的利润，即销售产品和提供劳务取得的利润。它不包括对外投资损益、利息损益(财务费用)和营业外收支等与营业活动没有直接关系的“非营业损益”。

(2)息前税后营业利润

息前税后营业利润是指已经扣除所得税，但未扣除利息的营业利润。

息前税后营业利润＝息税前营业利润－息税前营业利润所得税

公式中的“息税前营业利润所得税”，是指息税前营业利润应当负担的所得税。在价值评估中使用税后的资本成本作折现率，根据现金流量与折现率的匹配原则，现金流量也必须是税后的。因此，在计算现金流量时要扣除其应负担的所得税。

在按照《企业会计准则》编制的利润表中，没有直接提供“息税前营业利润”和“息前税后营业利润”的数据。利润表中的营业利润项目反映已扣除了财务费用但未扣除所得税的营业利润，实际上是“息后税前营业利润”。

计算息税前营业利润所得税有两种方法：

①平均税率法

如果各项应税所得的实际税率相差不多，可以使用平均税率计算息税前营业利润应负担的所得税。

息税前营业利润所得税＝息税前营业利润×平均所得税税率

这种算法，实际上是将所得税平均分摊到营业损益和其他损益，而不管其实际税率的差别，分摊的结果并不精确。由于税法对不同应税项目规定有不同税率，并且有许多不可扣除项目和税收优惠，比较准确的计算方法是使用所得税调整法。

②所得税调整法

所得税调整法是以企业的全部所得税为基础，扣除利息应计所得税（通常是利息支出减少所得税），得出息税前营业利润应当负担的所得税。

息税前营业利润所得税＝所得税额＋利息支出抵税

如果利息的适用税率与营业利润有显著不同，则两种方法的计算结果会有较大差别。

(3)折旧与摊销

公式中的“折旧与摊销”，是指在计算利润时已经扣减的固定资产折旧和长期资产摊销数额。“折旧与摊销”包括计提长期资产减值准备、固定资产折旧、无形资产和长期待摊费用摊销。

(4)资本支出

购置长期资产，对于持续经营和提高未来增长率是必需的，因此要从实体现金流量中扣除。公式中的“资本支出”，是指用于购置各种长期资产的支出，减去无息长期负债增加额。长期资产包括长期投资、固定资产、无形资产和其他长期资产。无息长期负债包括各种不需要支付利息的长期应付款、专项应付款和其他长期负债等。购置长期资产支出的一部分现金可以由无息长期负债提供，其余的部分必须由企业实体现金流量提供（扣除）。

(二)实体自由现金流量折现模型

在实务中大多使用实体现金流量模型。主要原因是股权成本受资本结构的影响较大，估计起来比较复杂。债务增加时，风险上升，股权成本会上升，而上升的幅度不容易测定。加权平均资本成本受资本结构的影响较小，比较容易估计。债务成本较低，增加债务比重使加权平均资本成本下降。与此同时，债务增加使风险增加，股权成本上升，使得加权平均资本成本上升。在无税和无交易成本的情况下，两者可以完全抵消，这就是资本结构无关论。在有税和有交易成本的情况下，债务成本的下降也会大部分被股权成本的上升所抵消。平均资本成本对资本结构变化不敏感，估计起来比较容易。

实体自由现金流量模型的基本形式是：

$$\text{实体价值}=\sum_{t=1}^{\infty}\frac{\text{实体自由现金流量}_t}{(1+\text{加权平均资本成本})^t}$$

在应用中一般分为三种类型：

1.永续增长模型

永续增长模型假设企业未来长期稳定、可持续的增长。在永续增长的情况下，企业价值是下期现金流量的函数。

永续增长模型的一般表达式如下：

$$\text{实体价值}=\frac{\text{下期实体自由现金流量}}{\text{加权平均资本成本}-\text{永续增长率}}$$

永续增长模型的特例是永续增长率等于零，即零增长模型。

$$\text{实体价值}=\frac{\text{下期实体自由现金流量}}{\text{加权平均资本成本}}$$

永续增长模型的使用条件：企业必须处于永续状态。所谓永续状态是指企业有永续的增长率和净投资回报率。使用永续增长模型，企业价值对增长率的估计值很敏感，当增长率接近折现率时，实体价值趋于无限大。因此，对于增长率和资本成本的预测质量要求很高。

2.两阶段增长模型

两阶段增长模型的一般表达式：

实体价值＝预测期实体自由现金流量现值＋后续期价值的现值

设预测期为 n，则：

$$\text{实体价值}=\sum_{t=1}^{n}\frac{\text{实体自由现金流量}}{\left(1+\begin{matrix}\text{加权平均}\\\text{资本成本}\end{matrix}\right)^{t}}+\frac{\text{实体自由现金流量}_{n+1}/\left(\begin{matrix}\text{加权平均}\\\text{资本成本}\end{matrix}-\begin{matrix}\text{永　续}\\\text{增长率}\end{matrix}\right)}{(1+\text{加权平均资本成本})^{n}}$$

两阶段增长模型的使用条件：两阶段增长模型适用于增长呈现两个阶段的企业。第一个阶段为超常增长阶段，增长率明显快于永续增长阶段；第二个阶段具有永续增长的特征，增长率比较低，是正常的增长率。

3.三阶段增长模型

三阶段增长模型包括一个高速增长阶段、一个增长率递减的转换阶段和一个永续增长的稳定阶段。

设成长期为 n，转换期为 m，则：

$$\begin{aligned}\text{实体价值}&=\text{增长期现金流量现值}+\text{转换期现金流量现值}+\text{后续期现金流量现值}\\&=\sum_{t=1}^{n}\frac{\text{成长期实体自由现金流量}_{t}}{(1+\text{加权平均资本成本})^{t}}+\sum_{t=n+1}^{n+m}\frac{\text{转换期实体自有现金流量}_{t}}{(1+\text{加权平均资本成本})^{t}}+\\&\quad\frac{\text{后续期实体自由现金流量}_{n+m+1}/(\text{加权资本成本}-\text{永续增长率})}{(1+\text{加权平均资本成本})^{n+m}}\end{aligned}$$

模型的使用条件：被评估企业的增长率应当与模型假设的三个阶段特征相符。

三、股权自由现金流量折现法

（一）股权自由现金流量的计算

股权自由现金流量与实体自由现金流量的区别，是它需要再扣除与债务相联系的现金流量。

$$\begin{aligned}\begin{matrix}\text{股权自由}\\\text{现金流量}\end{matrix}&=\text{实体自由现金流量}-\text{债权人自由现金流量}\\&=\text{实体自由现金流量}-\text{税后利息支出}-\text{偿还债务本金}+\text{新借债务}\\&=\text{实体自由现金流量}-\text{税后利息支出}+\text{债务净增加}\end{aligned}$$

股权自由现金流量模型也可以用另外的形式表达：以属于股东的净利润为基础扣除股东的净投资，得出属于股东的现金流量。

$$\text{股权自由现金流量}=\text{实体自由现金流量}-\text{债权人自由现金流量}$$

$$=\text{息前税后营业利润}+\text{折旧与摊销}-\text{营业流动资产增加}-\text{资本支出}-\text{税后利息费用}+\text{债务净增加}$$

$$=(\text{利润总额}+\text{利息费用})\times(1-\text{税率})-\text{净投资}-\text{税后利息费用}+\text{债务净增加}$$

$$=(\text{税后利润}+\text{税后利息费用})-\text{净投资}-\text{税后利息费用}+\text{债务净增加}$$

$$=\text{税后利润}-(\text{净投资}-\text{债务净增加})$$

其中：

$$\text{净投资}=\text{营业流动资产增加}+\text{资本支出}-\text{折旧与摊销}$$

如果企业按照固定的负债率为投资筹集资本，企业保持稳定的财务结构，“净投资”和“债务净增加”存在固定比例关系，则股权现金流量的公式可以简化为：

$$\text{股权自由现金流量}=\text{税后利润}-(1-\text{负债率})\times\text{净投资}$$

该公式表示，税后净利是属于股东的，但要扣除净投资。净投资中股东负担部分是“(1－负债率)×净投资”，其他部分的净投资由债权人提供。税后利润减去股东负担的净投资，剩余的部分成为股权现金流量。

(二)股权自由现金流量折现模型

股权自由现金流量模型的基本形式是：

$$\text{股权价值}=\sum_{t=1}^{\infty}\frac{\text{股权自由现金流量}_t}{(1+\text{股权资本成本})^t}$$

股权自由现金流量是一定期间企业可以提供给股权投资人的现金流量，它等于企业实体自由现金流量扣除对债权人支付后剩余的部分。有多少股权自由现金流量会作为股利分配给股东，取决于企业的筹资和股利分配政策。

$$\text{股权价值}=\text{实体价值}-\text{债务价值}$$

$$\text{债务价值}=\sum_{t=1}^{\infty}\frac{\text{偿还债务现金流量}_t}{(1+\text{等风险债务成本})^t}$$

在应用中同实体自由现金流量折现模型一样，股权自由现金流量折现模型也分为三种类型：永续增长模型、两阶段增长模型和三阶段增长模型。

1.永续增长模型

永续增长模型假设企业未来长期稳定、可持续的增长。在永续增长的情况下，企业价值是下期现金流量的函数。

永续增长模型的一般表达式如下：

$$\text{股权价值}=\frac{\text{下期股权现金流量}}{\text{股权资本成本}-\text{永续增长率}}$$

2.两阶段增长模型

同实体自由现金流量模型一样，两阶段增长模型的一般表达式为：

股权价值＝预测期股权现金流量现值＋后续期价值的现值

假设预测期为 n，则：

$$\text{股权价值}=\sum_{t=1}^{n}\frac{\text{股权自由现金流量}}{1+\text{股权资本成本}}+\frac{\text{股权自由现金流量}_{n+1}/\left(\text{股权资本成本}-\text{永续增长率}\right)}{(1+\text{股权资本成本})^{n}}$$

3.三阶段增长模型

$$\text{股权价值}=\sum_{t=1}^{n}\frac{\text{增长期股权自由现金流量}}{(1+\text{股权资本成本})^{t}}+\sum_{t=n+1}^{n+m}\frac{\text{转换期股权自由现金流量}}{(1+\text{股权资本成本})^{t}}+\frac{\text{后续期股权自由现金流量}_{n+m+1}/(\text{股权资本成本}-\text{永续增长率})}{(1+\text{股权资本成本})^{n+m}}$$

股权自由现金流量折现的上述三种模型，在形式上分别与实体自由现金流量折现的三种模型一样，只是输入的参数不同。股权自由现金流量代替实体自由现金流量，股权资本成本代替加权平均资本成本。

三种类型的股权自由现金流量模型的使用条件，分别与三种实体自由现金流量模型类似。

【例 9-1】甲公司是一家化工企业，其 2017 年和 2018 年的财务资料如表 9-1 所示。

表 9-1 甲公司财务数据

单位：万元

项 目	2017 年	2018 年
流动资产合计	1 144	1 210
长期股权投资	0	102
固定资产原值	3 019	3 194
累计折旧	340	360
固定资产净值	2 679	2 834
其他长期资产	160	140
非流动资产合计	2 839	3 076
总资产	3 983	4 286
股本(每股 1 元)	3 641	3 877
未分配利润	342	409
股东权益合计	3 983	4 286
营业收入	2 174	2 300
营业成本	907	960

续表

项　目	2017 年	2018 年
销售及管理费用	624	660
其中：折旧	104	110
长期资产摊销	20	20
利润总额	643	680
所得税(30%)	193	204
净利润	450	476
年初未分配利润	234	342
可供分配利润	684	818
股利	342	409
未分配利润	342	409

公司 2018 年的销售增长率 5.8%，预计今后的销售增长率可稳定在 6%左右，且资本支出、折旧与摊销、营运资本和利润等均将与销售同步增长，当前的国库券利率 8%，平均风险溢价 2%，公司的股票 β 值为 1.1。

要求：(1)计算公司 2018 年的股权自由现金流量；(2)以 2018 年为基期，计算公司的股票价值。

解答：

(1)因为该企业没有负债，所以净利润即为息前税后利润

息前税后利润＝476(万元)

折旧和摊销＝110＋20＝130(万元)

营运资本增加＝1 210－1 144＝66(万元)

资本支出＝长期资产净值变动＋折旧和摊销＝3 076－2 839＋130＝367(万元)

实体现金流量＝息前税后利润＋折旧和摊销－营运资本增加－资本支出

＝476＋130－66－367＝173(万元)

由于公司没有负债，股权现金流量＝实体现金流量＝173(万元)

(2)息前税后利润＝476×(1＋6%)＝504.56(万元)

折旧摊销＝130×(1＋6%)＝137.8(万元)

营运资本增加＝2019 年营运资本－2018 年营运资本

＝1 210×(1＋6%)－1 210＝72.6(万元)

资本支出＝367×(1＋6%)＝389.02(万元)

2019 年股权现金流量＝实体现金流量

＝息前税后利润＋折旧和摊销－营运资本增加－资本支出

$$=504.56+137.8-72.6-389.02=180.74(\text{万元})$$

$$\text{权益资本成本}=8\%+1.1\times2\%=10.2\%$$

$$\text{股权价值}=\frac{180.74}{10.2\%-6\%}=4\ 303.33(\text{万元})$$

$$\text{每股价值}=\frac{4\ 303.33}{3\ 877}=1.11(\text{元/股})$$

四、现金流量折现法的优缺点

使用现金流量折现法的优点在于：对增加实体价值的业务组成部分价值评估，而不仅仅是对股本评估，有助于明确和了解单独的投资和股本拥有者筹资来源的价值；有助于寻求价值创造过程对价值形成的影响；与资本预算编制过程相适应；可以使用简单的个人计算机比较周密的处理大多数复杂情况。该方法使用的自由现金流量反映公司业务所产生的可以向公司所有资本供应者(包括债务与股本)提供的现金流量。实际上，自由现金流量也等于向所有资本供应者支付或收取的现金流量总额(利息、股息、新的借款、偿还债务等)。只要对自由现金流量做出预测，根据相应的资本成本进行折现，价值评估工作便可完成。

使用现金流量折现法的缺点在于：对特定自由现金流量的预测缺乏依据；不可能通过对实际的和预计的自由现金流量进行比较来跟踪了解公司的进展情况，因为任何一年的自由现金流量都取决于在固定资产与流动资金方面的高度随意的投资。管理阶层很容易只是为了改善某一年的自由现金流量而推迟投资，致使长期的价值创造遭受损失。如何对自由现金流量进行历史的比较？如何将自由现金流量与其他公司的自由现金流量相比？公司的经济状况如何表示才能有助于经营者及其他人了解企业？使公司价值增加或减少的因素是什么？以上问题都是现金流量折现法所无法解答的。

因此，需要了解企业潜在的经济价值驱动因素。由于价值是以自由现金流量折现为基础，企业潜在的价值驱动因素也必须能够驱动自由现金流量，或降低折现率。有两个关键因素可以驱动自由现金流量与价值：公司销售收入、利润及资本基础的增长率；投资资本的回报率。每 1 元投资资本获利较高的公司，其价值要高于每 1 元投资资本获利较少的类似公司。同样，增长率较快的公司其价值要高于增长率较低的公司。投资资本回报率越高，自由现金流量越高，只要营业利润的增长率同样也很理想；只要投资资本回报率大于用于进行现金流量折现的加权平均的资本成本，较高的增长率就能产生较高的价值。

公司的增长率每年并非固定不变，公司也并非将相同比例的利润用于投资，每年的资本回报率也不尽相同。但关键的价值驱动因素——投资资本回报率(相对加权平均的资本成本而言)与增长率在一定时间内普遍适用于所有公司。

因此，公司为增加其价值，必须增加其现行投放资本的盈利水平，增加新资本投资回报率，在新资本回报率超过加权平均资本成本的前提下提高增长率，降低资本成本。

第三节　其他估价方法

一、经济利润模型

经济利润，又称经济增加值，通常用 EVA 表示，是美国思腾斯特管理咨询公司在 20 世纪 80 年代推出的一种业绩评估工具。自它诞生以来，除被广泛运用于企业的业绩评价外，也被作为一种价值评估的工具运用于对企业价值的评估。

(一)经济利润的计算

EVA 是指经过调整的息前税后经营利润(NOPAT)减去该公司现有资产经济价值的机会成本后的余额，EVA 可表述为：

$$\begin{aligned}\text{经济利润}&=\text{税后经营利润}-\text{资本投入额}\times\text{加权平均资本成本}\\&=\text{NOPAT}-N_A\times k_W\\\text{或}&=\text{资本投入额}\times(\text{投资资本回报率}-\text{加权平均资本成本})\end{aligned}$$

由上述公式可以看到，计算 EVA 指标有三个重要的因素需要考虑，即：税后经营利润 NOPAT、资本投入额 N_A 以及加权平均资本成本 k_W。

1.税后经营利润(或称息前税后利润)

根据资产负债表进行调整得到，其中包括利息和其他与资金有关的偿付，而利息支付转化为收益后，也是要“扣税”的。这与会计报表中的净利润是不同的。

2.资本投入额

$$\text{资本投入额}=\text{股权资本投入额}+\text{债务资本投入额}$$

这一指标是企业经营所实际占用的资本额，它与总资产、净资产等概念不同。计算时，可以选用年初的资产总额，也可以选用年初与年末资产总额的平均值。

3.加权平均资本成本

$$\text{加权平均资本成本}=\text{股权资本比例}\times\text{股权资本成本}+\text{债务资本比例}\times\text{债务税前资本成本}\times(1-\text{所得税率})$$

加权平均资本成本既考虑了债务资本，又考虑了权益资本。

从 EVA 计算公式表明，提高企业经济利润有四种途径：①提高已有资产的收益，即在不增加资产的条件下，通过降低成本、降低纳税，提高资产的使用效率；②在收益高于资本成本的条件下，增加投资，扩大企业规模；③减少收益低于资本成本的资产占用；④调整公司的资本结构，实现资本成本的最小化。

(二)经济利润计算中的项目调整

在实际应用中，经济利润指标还需要对部分会计报表科目的处理方法进行调整，以纠正会计报表信息对真实业绩的扭曲。在其具体调整过程之中，思腾斯特公司一般对客户营业利润进行调整的项目少则 5～15 项，最多的则可达到 160 余项。本书仅对几个主要的项目加以阐释。

1.研究开发费用和市场开拓费用

在股东和管理层看来，研究开发费用是公司的一项长期投资，其有利于公司在未来提高劳动生产率和经营业绩，因此和其他有形资产投资一样应该列入公司的资产项目。同样，市场开拓费用，如大型广告费用会对公司未来的市场份额产生深远影响，从性质上讲也应该属于长期性资产。而长期性资产项目应该根据该项资产的受益年限分期摊销。

但是，根据稳健性原则，公司必须在研究开发费用和市场开拓费用发生的当年将其列作期间费用一次性予以核销。这种处理方法把它与一般的期间费用等同起来，实际上否认了两种费用对企业未来成长所起的关键作用。这种处理方法的一个重要缺点就是可能会诱使管理层减少对这两项费用的投入，这在效益不好的年份和管理人员即将退休的前几年尤为明显。这是因为将研究开发费用和市场开拓费用一次性计入费用当年核销，会减少公司的短期利润，减少这两项费用则会使短期盈利情况得到改观，从而使管理人员的业绩上升，收入提高。美国的有关研究表明，当管理人员临近退休之际，研究开发费用的增长幅度确实有所降低。计算经济附加值时所作的调整就是将研究开发费用和市场开拓费用资本化。即将当期发生的研究开发费用和市场开拓费用作为企业的一项长期投资加入到资产中，同时根据复式记账法的原则，资本总额也增加相同数量。然后根据具体情况在几年之中进行摊销，摊销值列入当期费用抵减利润。摊销期一般为3～8年，根据公司的性质和投入的预期效果而定。

据统计，美国公司研究开发费用的平均有效时间为5年。经过调整，公司投入的研究开发费用和市场开拓费用不是在当期核销，而是分期摊销，从而不会对经理层的短期业绩产生负面影响，鼓励经理层进行研究开发和市场开拓，为企业长期发展增强后劲。而我国上市公司没有义务在年报中披露研究开发费用的具体数额，只是将其作为管理费用的一部分。上市公司在使用经济利润指标时可以根据内部数据自行调整。

2.商誉

当公司收购另一目标公司并采用购买法(purchasing method)进行会计核算时，购买价格超过被收购公司净资产公允价值的部分就形成了资产负债表资产项下的商誉。

根据我国《企业会计准则》的规定，商誉作为一种无形资产列示在资产负债表上，在一定的期间内摊销。这种处理方法的缺陷表现在两个方面：第一，商誉之所以产生，主要是与被收购公司的产品品牌、声誉、市场地位等有关，这些都是近似永久性的无形资产，不宜分期摊销；第二，商誉摊销作为期间费用会抵减当期的利润，影响经营者的短期业绩，这种情况在收购高科技公司时尤为明显，因为这类公司的市场价值一般远高于净资产。但实际上经营者并没有出现经营失误，利润的降低只是由会计处理的问题造成的。其结果就会驱使管理者在评估购并项目时首先考虑购并后对会计净利润的影响，而不是首先考虑此并购行为是否会创造高于资本成本的收益从而为股东创造价值。

计算经济利润时的调整方法是不对商誉进行摊销。具体而言，由于财务报表中已经对商誉进行摊销，在调整时就将以往的累计摊销金额加入到资本总额中，同时把本期摊销额加回到税后净营业利润的计算中。这样利润就不受商誉摊销的影响，从而可鼓励经理层进行有利于企业发展的兼并活动。

3.折旧

计算折旧的方法很多,从大体上可分为平均折旧法和加速折旧法两大类。平均折旧法,尤其是其中的直线折旧法应用最为广泛,其最大的优点是直观、明了、计算简便,便于掌握和运用。对于大多数企业而言,对厂房、设备等固定资产采用直线折旧法是可以接受的。然而,对于拥有大量长期设备的企业而言,运用直线折旧法来计算经济增加值会造成很大的偏差,不利于对新设备的投资。究其原因,主要是相对于资产本身价值的不断下降,经济利润方法中扣减的资本成本也在下降,从而造成旧的资产比新资产便宜得多的假象。这样一来,管理者就会更少地使用昂贵的新设备来取代廉价的旧设备。

为了消除这种扭曲现象,拥有长期设备的企业可以采用加速折旧法,如偿债基金法来取代直线折旧法。在偿债基金折旧法中,前几年提取的折旧很少,在随后的几年中会迅速增加。但是,每年提取的折旧总额与经济利润方法中扣除的资本成本之和不变,如同偿还抵押贷款一样。这样,拥有一项资产就像租赁一项资产一样,消除了不利于采用新设备的影响。这种做法与经济现实也更加接近,因为大多数长期设备在使用初期贬值很少,随着技术老化和物理磨损共同发挥作用,在使用末期价值会急剧下降。

4.递延税项

当公司采用纳税影响会计法进行所得税会计处理时,受税前会计利润和应纳税所得之间的时间性差额影响的所得税金额要作为递延税项单独核算。

递延税项的最大来源是折旧。如许多公司在计算会计利润时采用直线折旧法,而在计算应纳税所得时则采用加速折旧法,从而导致折旧费用的确认出现时间性差异。正常情况下,其结果是应纳税所得小于会计报表体现的所得,形成递延税项负债,公司的纳税义务向后推延,这对公司是明显有利的。

EVA 的支持者认为,递延税项支出应该忽略不计,因为它们不是付现成本。因此,在计算经济利润时,对递延税项的调整是将递延税项的贷方余额加入到资本总额中,如果是借方余额则从资本总额中扣除。同时,当期递延税项的变化加回到息前税后营业利润中。也就是说,如果本年递延税项贷方余额增加,就将增加值加到本年的息前税后营业利润中,反之则从息前税后营业利润中减去。

5.各种准备

各种准备包括坏账准备、存款跌价准备、短期投资的跌价准备、长期投资减值准备、固定资产减值准备、无形资产减值准备等。

根据我国企业会计制度的规定,公司要为将来可能发生的损失预先提取准备金,准备金余额抵减对应的资产项目,余额的变化计入当期费用冲减利润。其目的也是出于稳健性原则,使公司的不良资产得以适时披露,以避免公众过高估计公司利润而进行不当投资。作为对投资者披露的信息,这种处理方法是非常必要的。

但对于公司的管理者而言,这些准备金并不是公司当期资产的实际减少,准备金余额的变化也不是当期费用的现金支出。提取准备金的做法一方面低估了公司实际投入经营的资本总额,另一方面低估了公司的现金利润,因此不利于反映公司的真实现金盈利能力;同时,公司管理人员还有可能利用这些准备金账户操纵账面利润。因此,计算经济利润时应将准备金账户的余额加入资本总额之中,同时将准备金余额的当期变化加入税后净营业利润。

6.非正常营业利润

非正常营业利润包括短期投资收益、营业外收入、营业外支出和补贴收入。通常持有的短期投资是作为剩余资金的存放形式，并要求保持其流动性和获利性。因此，该资产并不代表产生经营利润的资本，不应该包括在正常业务经营所用资本范围之内。相应的，短期投资收益也不应该包括在正常业务经营利润范围之内。营业外收入和营业外支出反映企业在生产经营以外的活动中取得的各项收入和各项支出。这些收入和支出与企业的生产经营活动及投资活动没有直接的关系。因此，在计算 NOPAT 时也应当扣除。在利润表调整中，短期投资收益、营业外收入、营业外支出、补贴收入均作为非正常营业收支从利润表中剔除掉，这些收支的累计税后数值对于股东权益也有影响，因此资本的调整中也应该考虑这些项目的影响。

(三)经济利润估价模型

与传统的会计利润指标不同，经济利润不仅对债务资本计算成本，而且对权益资本也计算成本(机会成本)。如果 EVA 的值为正，则表示公司获得的收益高于为获得此项收益而投入的资本成本，即公司为股东创造了财富；相反，如果 EVA 的值为负，则表示公司在毁灭股东的财富。

根据现金流量折现原理可知，如果某一年的投资资本回报率等于加权平均资本成本，则企业现金流量的净现值为零。此时，息前税后利润等于投资各方的期望报酬，经济利润也必然为零，企业的价值与期初相同，既没有增加也没有减少。如果某一年的投资资本回报率超过加权平均资本成本，则企业现金流量有正的净现值。此时，息前税后利润大于投资各方期望的报酬，也就是经济利润大于零，企业的价值将增加。如果某一年的投资资本回报率小于加权平均资本成本，则企业现金流量有负的净现值。此时，息前税后利润不能满足投资各方的期望报酬，也就是经济利润小于零，企业的价值将减少。

因此，企业价值等于期初投资资本加上经济利润的现值：

企业实体价值＝期初投资资本＋经济利润现值

公式中的期初投资资本是指企业在经营中投入的现金。

全部投资资本＝所有者权益＋净债务

【例 9-2】乙公司 2018 年的部分财务数据和 2019 年的部分计划财务数据如表 9-2 所示。

表 9-2　某公司部分财务数据

单位：万元

项　目	2018 年	2019 年
营业收入	572	570
营业成本	507	506
销售及管理费用	17	15

续表

项　目	2018 年	2019 年
财务费用	12	12
其中:借款利息(平均利率 8%)	6.48	6.4
利润总额	36	37
所得税(25%)	10.8	11.1
净利润	25.2	25.9
短期借款	29	30
长期借款	52	50
股东权益	200	200

该企业的加权平均资本成本 10%。企业预计在其他条件不变的情况下,今后较长一段时间内会保持 2019 年的收益水平。

要求:根据以上资料,使用经济利润法计算企业价值。

解答:

2018 年投资成本=所有者权益+有息债务=200+52+29=281(万元)

2019 年息前税后利润=息税前利润×(1-所得税率)

=(37+6.4)×(1-25%)=32.55(万元)

2019 投资成本=200+50+30=280(万元)

2019 年经济利润=息前税后利润-投资成本×加权平均资本成本

=32.55-280×10%=4.55(万元)

企业价值=期初投资成本+经济利润现值=281+$\frac{4.55}{10\%}$=326.5(万元)

二、相对价值模型

经验和理论都证明,当两种金融资产具有相同的盈利预期时,其价值是相等的,这在经济学上叫做“一价论”。这种方法也同样可以应用到公司价值评估中来。目前国际上在对公司进行整体价值评估时大量采用了比较的方法,通过发现某一资产相对于目前市场上确定价格的其他类似资产而言有多少价值,其具体做法就是考察类似公司在市场上的定价对待评估公司进行评估并得出价值。其关键步骤有三个:首先是选定参照公司必须与待评估的公司具有相类似最好是有同样的行业背景、规模技术及竞争能力;其次是需要以某种方式对价值进行标准化,通常的做法就是选择一个标准化的衡量尺度;最后就是运用标准化的比率系数对公司进行评估。

相对价值法又称市场法,其理论基础是类似的资产应该有类似的价值。可选择的对比对象可以是竞争对手或上市公司,但选择的对比公司与目标公司的关联程度越高,则公司估值越准确。

相对价值法是用正常股市交易情况下同类公司的交易价格作为参考来估算目标公司价值。它的假设前提是：存在一个支配企业市场价值的主要变量（如盈利等）；证券市场为半强式效率市场，因为这种情况下市场价值与该变量（如盈利等）的比值，各企业是类似的、可以比较的。

最常用的相对价值法有市盈率法和市净率法两种。

（一）市盈率模型

1.基本模型

$$市盈率=\frac{每股市价}{每股净利}$$

运用市盈率估价的模型如下：

目标企业每股价值＝可比企业平均市盈率×目标企业的每股净利

该模型假设股票市价是每股净利的一定倍数。每股净利越大，则股票价值越大。同类企业有类似的市盈率，所以目标企业的股权价值可以用每股净利乘以可比企业的平均市盈率计算。

2.模型原理

根据股利折现模型，处于稳定状态企业的股权价值为：

$$股权价值=P_0=\frac{股利_1}{股权成本-增长率}$$

两边同时除以每股净利$_0$：

$$\begin{aligned}\frac{P_0}{每股净利_0}&=\frac{股利_1/每股净利_0}{股权成本-增长率}\\&=\frac{每股净利_0\times(1+增长率)\times股利支付率/每股净利_0}{股权成本-增长率}\\&=\frac{股利支付率\times(1+增长率)}{股权成本-增长率}\\&=本期市盈率\end{aligned}$$

上述根据当前市价和同期净利计算的市盈率，称为本期市盈率，简称市盈率。

这个公式表明，市盈率的驱动因素是企业的增长潜力、股利支付率和风险（股权资本成本）。这三个因素类似的企业，才会具有类似的市盈率。可比企业实际上应当是这三个比率类似的企业，同业企业不一定都具有这种类似性。

如果把公式两边同除的当前“每股净利$_0$”，换为预期下期“每股净利$_1$”，其结果称为“内在市盈率”或“预期市盈率”：

$$\frac{P_0}{每股净利_1}=\frac{股利_1/每股净利_1}{股权成本-增长率}$$

$$内在市盈率=\frac{股利支付率}{股权成本-增长率}$$

如果用内在市盈率为股票定价，其结果应与现金流量折现模型一致。计算市盈率用价格乘数模型定价的目的是为了认识影响市盈率可比性的因素，以便合理选择可比企业，防止误用市盈率估价模型。

在影响市盈率的三个因素中，关键是增长潜力。所谓“增长潜力”类似，不仅指具有相同的增长率，还包括增长模式的类似性，例如同为永续增长，还是同为由高增长转为永续低增长。

上述内在市盈率模型是根据永续增长模型推导的。如果企业符合两阶段模型的条件，也可以通过类似的方法推导出两阶段情况下的内在市盈率模型。它比永续增长的内在市盈率模型形式复杂，但是仍然由这三个因素驱动。

3.模型的适用性

市盈率模型的优点：首先，计算市盈率的数据容易取得，并且计算简单；其次，市盈率把价格和收益联系起来，直观地反映投入和产出的关系；再次，市盈率涵盖了风险补偿率、增长率、股利支付率的影响，具有很高的综合性。

市盈率模型的局限性：如果收益是负值，市盈率就失去了意义。再有，市盈率除了受企业本身基本面的影响以外，还受到整个经济景气程度的影响。在整个经济繁荣时市盈率上升，整个经济衰退时市盈率下降。如果目标企业的 β 值为 1，则评估价值正确反映了对未来的预期。如果企业的 β 值显著大于 1，经济繁荣时评估价值被夸大，经济衰退时评估价值被缩小。如果 β 值明显小于 1，经济繁荣时评估价值偏低，经济衰退时评估价值偏高。如果是一个周期性的企业，则企业价值可能被歪曲。

因此，市盈率模型最适合连续盈利，并且 β 值接近于 1 的企业。

如果目标企业的预期每股净利变动与可比企业相同，则根据本期市盈率和预期市盈率进行估价的结果相同。

值得注意的是：在估价时目标企业本期净利必须要乘以可比本期净利市盈率，目标企业预期净利必须要乘以可比企业预期市盈率，两者必须匹配。这一原则不仅适用于市盈率，也适用于市净率；不仅适用于未修正价格乘数，也适用于后面所讲的各种修正的价格乘数。

(二)市净率模型

1.基本模型

$$市净率=\frac{市价}{净资产}$$

这种方法假设股权价值是净资产的函数，类似企业有相同的市净率，净资产越大则股权价值越大。因此，股权价值是净资产的一定倍数，目标企业的价值可以用每股净资产乘以平均市净率计算。

$$股权价值=可比企业平均市净率\times目标企业净资产$$

2.市净率的驱动因素

如果把股利折现模型的两边同时除以同期股权账面价值，就可以得到市净率：

$$\frac{P_0}{股权账面价值_0}=\frac{股利_0\times(1+增长率)/股权账面价值_0}{股权成本-增长率}$$

$$=\frac{\frac{股利_0}{每股收益_0}\times\frac{每股收益_0}{股权账面价值}\times(1+增长率)}{股权成本-增长率}$$

$$=\frac{股东权益收益率_0\times 股利支付率\times(1+增长率)}{股权成本-增长率}$$

$$=本期市净率$$

该公式表明，驱动市净率的因素有权益报酬率、股利支付率、增长率和风险。其中权益报酬率是关键因素。这四个比率类似的企业，会有类似的市净率。不同企业市净率的差别，也是由于这四个比率不同引起的。

如果把公式中的“股权账面价值$_0$”换成预期下期的“股权账面价值$_1$”，则可以得出内在市净率，或称预期市净率。

$$\frac{P_0}{股权账面价值_1}=\frac{股利_0\times(1+增长率)/股权账面价值_1}{股权成本-增长率}$$

$$=\frac{\frac{股利_0}{每股收益_1}\times\frac{每股收益_0}{股权账面价值_1}\times(1+增长率)}{股权成本-增长率}$$

$$=\frac{股利支付率\times 股东权益收益率_1}{股权成本-增长率}$$

$$=内在市净率$$

使用内在市净率作为价格乘数计算企业价值，所得结果与现金流量模型的结果应当一致。

3.模型的适用性

市净率估价模型的优点：首先，净利为负值的企业不能用市盈率进行估价，而市净率极少为负值，可用于大多数企业。其次，净资产账面价值的数据容易取得，并且容易理解。再次，净资产账面价值比净利稳定，也不像利润那样经常被人为操纵。最后，如果会计标准合理并且各企业会计政策一致，市净率的变化可以反映企业价值的变化。

市净率的局限性：首先，账面价值受会计政策选择的影响，如果各企业执行不同的会计标准或会计政策，市净率会失去可比性。其次，固定资产很少的服务性企业和高科技企业，净资产与企业价值的关系不大，其市净率比较没有什么实际意义。最后，少数企业的净资产是负值，市净率没有意义，无法用于比较。

因此，这种方法主要适用于需要拥有大量资产、净资产为正值的企业。

(三)相对价值模型的应用

1.可比企业的选择

相对价值模型的应用关键是选择可比企业。通常做法是选择一组同业的上市企业，计算出他们的平均市价比率，作为估计目标价值的乘数。

在使用市净率和收入乘数模型时，选择可比企业的方法与市盈率类似，只是它们的驱动因素有区别。

2.修正的市价比率

选择可比企业的时候，若要求的可比条件较严格，或者同行业的上市企业很少的时候，经常找不到足够的可比企业，解决问题办法之一是采用修正的市价比率。

(1)修正市盈率

在影响市盈率的诸驱动因素中，关键变量是增长率。增长率的差异是市盈率差异的主要驱动因素。因此，可以用增长率修正实际市盈率，把增长率不同的同业企业纳入可比范围。

$$修正市盈率=\frac{实际市盈率}{预期增长率\times 100}$$

修正的市盈率，排除了增长率对市盈率的影响，剩下的部分是由股利支付率和股权成本决定的市盈率，可以称为“排除增长率影响的市盈率”。

(2)修正市净率

市净率的修正方法与市盈率类似。市净率的驱动因素有增长率、股利支付率、风险和股东权益净利率。其中，关键因素是股东权益净利率。因此：

$$修正的市净率=\frac{实际市净率}{预期股东权益净利率\times 100}$$

$$\begin{matrix}目标企业\\每股价值\end{matrix}=修正平均市净率\times\begin{matrix}目标企业股东\\权益净利率\end{matrix}\times 100\times 目标企业每股净资产$$

如果候选的可比企业在非关键变量方面也存在较大差异，就需要进行多个差异因素的修正。修正的方法是使用多元回归技术，包括线性回归，或其他回归技术。首先，使用整个行业全部上市公司甚至跨行业上市公司的数据，把市价比率作为因变量，把驱动因素作为自变量，求解回归方程。然后，利用该方程计算所需要的乘数。通常，多因素修正的数据处理量较大，需要借助计算机才能完成。

上市企业的股票流动性高于非上市企业。因此，非上市企业的评估价值要减掉一部分。一种简便的办法是按上市成本的比例减少其评估价值。当然，如果是为新发行的原始股定价，该股票将很快具有流动性，则无须折扣。再如，对于非上市企业的评估往往涉及控股权的评估，而可比企业大多选择上市企业，上市企业的价格与少数股权价值相联系，不含控股权价值。因此，非上市目标企业的评估值需要加上一笔额外的费用，以反映控股权的价值。

总之，由于认识价值是一切经济和管理决策的前提，增加企业价值是企业的根本目的，所以价值评估是财务管理的核心问题。价值评估是一个认识企业价值的过程，由于企业充满了个性化的差异，因此每一次评估都带有挑战性。不能把价值评估(或资产评估)看成是履行某种规定的程序性工作，而应始终关注企业的真实价值到底是多少，它受哪些因素驱动，尽可能进行深入的分析。

在产权交易和证券市场相对规范的市场经济发达的国家，相对价值法是评估企业价值的重要方法。优点是可比企业确定后价值量较易量化确定，但在产权市场尚不发达、企业交易案例难以收集的情况下，存在着可比企业选择上的难度，即便选择了非常相似的企业，由于市场的多样性，其发展的背景、内在质量也存在着相当大的差别。这种方法缺少实质的理论基础作支撑，这就是运用相对价值法确定目标企业最终评估值局限性所在，仅作为一种单纯的计算技术对其他两种方法起补充作用。

案例9-1

××股份有限公司的价值评估

煤炭行业在我国一次能源中具有长期战略地位，目前处于上升周期阶段，未来5～10年内将处于供不应求的状况，预计到2020年煤炭在我国一次能源结构中所占比重大约为60%～70%。煤炭行业上市公司的投资价值目前仍然普遍被低估，由于近年来利润的增长将会提升本行业的投资价值，因此我们要对本行业的上市公司进行挖掘和价值发现。

2004年8月12日我们发现：××股份有限公司主要从事煤炭的开采、洗选加工及销售，是我国重点建设矿区。公司拥有丰富优良的煤炭资源，是江南地区储量最大、煤质最好的地区。公司业绩在地方煤炭工业企业中名列前茅，作为当前极具投资价值的能源类个股，其收益以及市场价格与规模相似的同行业其他公司相比，均处于较低水平。因此，本案例将对该公司进行价值评估。

(1)方法选用

市盈率法主要适用于连续盈利，并且β值接近于1的企业。××股份近年来净资产收益率分别为：2001年5.79%，2002年5.57%，2003年5.92%，2004年前半年3.191%，因此近年来连续盈利。本案例收集了神火股份等上市公司2000—2004年的个股收益数据并应用EXCEL中的Slope函数得出××股份的β系数(个股收益与行业收益的平均相关联程度)为0.082，而且依照个股走势与大盘走势的平均相关联程度可以得出其β系数为1.259，从而××股份无论在行业层面还是在大盘层面，其β系数都显著不接近于1。因此本处不能运用市盈率法进行价值评估。

市净率法主要适用于需要拥有大量资产、净资产为正值的企业。××股份属煤炭行业，本身需要大量资产来支撑，××股份近年来总资产规模分别为：2001年139 144.632万元，2002年144 149.407万元，2003年152 347.009万元，2004年半年度末168 268.649万元。每股净资产分别为：2001年3.193元，2002年3.275元，2003年3.375，2004年半年度末3.383。因此本处可以运用市净率法进行价值评估。

(2)价值评估

假设同行业的上市公司与××股份有类似的权益收益率、股利支付率、增长率和风险，因此存在可比性。本案例收集了同行业上市公司2004年8月12日的收盘价，因为无法取得当日或当期的其他财务指标，因此用较近一期公告的财务指标(2004年半年度报告)来代替，相关数据如表9-3。

表9-3　较近一期公告的财务指标

股票代码	股票	收盘价(20040812)(元)	每股净资产(20040630)(元)	实际市净率(20040630)	净资产收益率(20040630)(%)	修正市净率
000933	神火股份	13.8	4.947	2.7896	11.78	
000937	金牛能源	10.37	4.1317	2.5099	7.42	
000968	神州股份	8.64	3.4198	2.5265	7.34	

续表

股票代码	股票	收盘价(20040812)(元)	每股净资产(20040630)(元)	实际市净率(20040630)	净资产收益率(20040630)(%)	修正市净率
000983	西山煤电	11.56	4.25	2.7200	8.32	
600121	郑州煤电	5.68	1.808	3.1416	5.18	
600123	兰花科创	11.26	3.0229	3.7249	10.53	
600188	兖州煤业	12.96	4.09	3.1687	9.02	
600348	国阳新能	11.33	4.17	2.7170	6.346	
——	××股份	7.01	3.383	2.0721	3.191	
600397	安源股份	5.86	3.45	1.6986	3.02	
600408	安泰集团	6.4	3.35	1.9104	10.86	
600508	上海能源	11.15	4.12	2.7063	9.92	
600740	山西焦化	12.89	4.23	3.0473	13.42	
平均数				2.6718	8.18	0.3266

股票价值＝3.383×2.6718＝9.04 元/股，高于 2004 年 8 月 12 日的收盘价 7.01 元，也高于 2004 年 6 月 30 日的收盘价 6.58 元，说明××股份的股票被市场低估了。

(3)结果修正

以上假设同行业的上市公司与××股份有类似的权益收益率、股利支付率、增长率和风险，因此存在可比性。但是事实上是有差异的，因此还要对结果予以修正。由于市净率的驱动因素有权益净利率、股利支付率、增长率和风险，其中权益净利率是关键因素。因此，修正市净率可按以下公式计算：

$$修正市净率=\frac{实际市净率}{权益净利率\times100}=\frac{2.6718}{8.18\%\times100}=0.3266$$

$$\begin{aligned}目标企业价值&=平均修正市净率\times\frac{目标企业}{股权收益率}\times100\times\frac{目标企业}{每股净资产}\times股数\\&=0.3266\times3.191\%\times100\times3.383\\&=3.53\ 元/股\end{aligned}$$

(4)结果评价

修正后得出的目标企业每股价值 3.53 元/股，与修正前的每股价值 9.04 元/股相差甚远，原因就在于修正过程是通过对权益收益率的修正实现的。××股份的权益收益率为 3.191%，远小于本行业的平均值 8.18%，而权益收益率作为市净率的关键驱动因素，是需要在修正中发挥重要作用的。因此可以认为，如果××股份缺乏潜在利润或缺乏利润快速增长的潜力，那么其修正后的每股价值 3.53 元远小于 2004 年 8 月 12 日的收盘价 7.01 元，也远小于 2004 年 6 月 30 日的收盘价 6.58 元，说明××股份的股票被市场高估了。

资料来源：田冠军、张亚连.相对价值法：案例与经济学分析.商业研究，2006(10).

思考练习题

1.阐述公司价值评估的意义及内容。

2.试说明现金流量折现估价法的原理、程序与优缺点。

3.试述 EVA 的基本概念和重要意义。

4.资本成本的正确计算在 EVA 评估中有什么重要意义?

5.分析相对价值评估法的适用条件和作用。

6.A 公司未来 1～4 年的股权自由现金流量如表 9-4 所示:

表 9-4　A 公司未来 1～4 年股权自由现今流量

单位:万元

年	1	2	3	4
股权自由现金流量	641	833	1 000	1 100
增长率		30%	20%	10%

目前 A 公司 β 值为 0.8751,假定无风险利率为 6%,风险补偿率为 7%。

要求:(1)要估计 A 公司的股权价值,需要对第 4 年以后的股权自由现金流量增长率做出假定,假设方法一是以第 4 年增长率为后续期增长率,并利用永续增长模型进行估价。请你按此假设估计 A 公司股权价值,结合 A 公司具体情况分析这一假设是否适当,并说明理由。

(2)假设第 4 年至第 7 年的股权自由现金流量增长率每年下降 1%,即第 5 年增长 9%,第 6 年增长 8%,第 7 年增长 7%,第 7 年以后增长率稳定在 7%,请你按此假设计算 A 公司股权价值。

7.B 公司是一家企业集团公司下设的子公司,集团公司为了改善业绩评价方法,决定从 2019 年开始使用经济利润指标评价子公司业绩。集团公司给 B 公司下达的 2019 年至 2021 年的目标经济利润是每年 188 万元。B 公司测算的未来 3 年主要财务数据如表 9-5 所示。

表 9-5　B 公司未来 3 年主要财务数据

单位:万元

年　份	2018	2019	2020	2021
销售增长率		20%	10%	8%
主营业务收入	1 460.00	1 752.00	1 927.00	2 081.16
减:主营业务成本	745.00	894.00	983.00	1 061.64
主营业务利润	715.00	858.00	944.00	1 019.52
减:营业和管理费用	219.00	262.00	289.00	312.12
财务费用	68.00	82.00	90.00	97.20
利润总额	428.00	514.00	565.00	610.20

续表

年　份	2018	2019	2020	2021
减:所得税	128.40	154.20	169.50	183.06
净利润	299.60	359.80	395.50	427.14
期末短期借款	260.00	312.00	343.16	370.62
期末长期借款	881.00	1 057.00	1 162.00	1 254.96
期末负债合计	1 141.00	1 369.00	1 505.16	1 625.58
期末股东权益	1 131.00	1 357.00	1 492.70	1 612.12
期末负债和股东权益	2 272.00	2 726.00	2 997.86	3 237.70

该公司其他业务收入、投资收益和营业外收支很少,在预测时忽略不计。所得税率25%,加权平均资本成本为10%。公司从2021年开始进入稳定增长状态,预计以后年度的永续增长率为8%。

要求:

(1)计算该公司2019年至2021年的年度经济利润;

(2)请问该公司哪一年不能完成目标经济利润?该年的投资资本回报率提高到多少才能完成目标经济利润?

(3)该公司目前的股票市值为9 000万元,请问公司价值是否被低估?

8.D企业长期以来计划收购一家营业成本较低的服务类上市公司(以下简称"目标公司"),其当前的股价为18元/股。D企业管理层一部分人认为目标公司当前的股价较低,是收购的好时机。但也有人提出,这一股价高过了目标公司的真正价值,现在收购并不合适。D企业征求你对这次收购的意见。与目标公司类似的企业有甲、乙、丙、丁四家,但它们与目标公司之间尚存在某些不容忽视的重大差异。四家类比公司及目标公司的有关资料如表3-6所示。

表9-6　类比公司及目标公司有关资料

项　目	甲公司	乙公司	丙公司	丁公司	目标公司
普通股数	500万股	700万股	800万股	700万股	600万股
每股市价	18元	22元	16元	12元	18元
每股销售收入	22元	20元	16元	10元	17元
每股收益	1元	1.2元	0.8元	0.4元	0.9元
每股净资产	3.5元	3.3元	2.4元	2.8元	3元
预期增长率	10%	6%	8%	4%	5%

要求:

(1)说明应当运用相对价值法中的哪种模型计算目标公司的股票价值;

(2)分析指出当前是否应当收购目标公司。

第十章 期权

学习目标

1.掌握布莱克—斯科尔斯期权定价模型、二叉树期权定价模型；

2.熟悉影响期权价值的因素和实物期权的估价方法，理解期权及其相关概念；

3.了解期权在财务管理实务领域的应用以及金融期权与实物期权联系与区别。

开篇案例

深南电期权交易案例

为应对国际油价持续上升，2008年3月，深圳南山热电股份有限公司与高盛集团子公司杰润公司签订了两份期权合约。第一份合约的有效期为2008年3月3日至12月31日，由三个期权合约构成：当油价高于63.5美元/桶时，深南电每月可获30万美元的收益；当油价低于63.5美元/桶且高于62美元/桶时，深南电每月可得(浮动价—62美元/桶)×20万桶的收益；当油价低于62美元/桶时，深南电每月则需向杰润公司支付与(62美元/桶—浮动价)×40万桶等额的美元。第二份合约的有效期为2009年1月1日至2010年10月31日，也是由三个期权合约构成：当油价高于66.5美元/桶时，深南电每月可获34万美元的收益；当油价低于66.5美元/桶且高于64.5美元/桶时，深南电每月可得(浮动价—64.5美元/桶)×20万桶的收益；而当油价低于64.5美元/桶时，深南电每月则需向杰润公司支付与(64.5美元/桶—浮动价)×40万桶等额的美元。合约签署时，原油期货价格为每桶100.75美元，到2008年10月，原油期货价格均位于62美元上方，根据双方约定，杰润公司每月须向深南电支付30万美元。然而，11月以后跌至54.43美元，12月继续下跌至44.60美元，深南电合计亏损998.80万美元，吞噬了此前数月的收益。

思考：利用期权工具进行套期保值，如果希望拥有油价上涨时获得收益的权利，而不希望承担油价下跌时的损失，可以支付一定的期权费用购买看涨期权。深南电签订的期权合约是买入看涨期权吗？你认为这样的期权合约能否达成套期保值的目的？为什么？

第一节　概述

期权理论与实践是近 30 年来金融学和财务学最重要的一项新发展。1973 年首次在芝加哥期权交易所进行有组织的规范化交易,1980 年纽约证券交易所的期权交易量超过股票交易量。此后,期权交易迅速发展并成为最活跃的衍生金融工具之一。

一、期权的概念

期权是指一种合约,它赋予持有人在某一特定日期或该日之前的任何时间以固定价格购进或售出一种资产的权利。最为人熟知的期权是股票期权,它是购进或售出普通股票的期权。期权合约至少涉及购买人和出售人两方,获得期权的一方称为期权购买人,出售期权的一方称为期权出售人。交易完成后,购买人成为期权持有人。期权持有人为取得期权合约必须向期权出售人支付期权费,作为不承担义务的代价。

期权合约不同于远期合约和期货合约。在远期和期货合约中,双方的权利和义务是对等的,双方相互承担责任,各自具有要求对方履约的权利。与此相适应,签订远期或期货合约时投资人不需要向对方支付任何费用,而购买期权合约投资人必须支付期权费,作为不承担义务的代价。

(一)期权的基本要素

期权的基本要素包括:

1.标的资产

期权的标的资产是指选择购买或出售的资产。它包括股票、债券、货币、股票指数和商品期货等。期权是这些标的物"衍生"的,因此,也称之为"衍生金融工具"。

一个公司的股票期权在市场上被交易,该期权的源生股票发行公司并不能影响期权市场,该公司并不从期权市场上筹集资金。期权的持有人没有选举公司董事、决定公司重大事项的投票权,也不能获得该公司的股利。

2.到期日

期权到期日是指期权持有人有权履约的最后一天。如果期权持有人在到期日不执行期权,则期权合约自动失效。

3.执行价格

期权的执行价格是指在期权合约中约定的、期权持有人据以购进或售出资产的固定价格。这一价格在期权合约买卖时确定的,在期权有效期内无论标的资产的市场价格上涨或下跌到什么水平,只要期权购买者要求执行该期权,期权出售者都必须以约定的价格履行义务。

4.期权价值

期权价值具有双重含义,它既是期权持有人为持有期权而支付的购买费用,又是期权出售人出售期权并承担履约义务而收取的权利金收入。期权价值也称为期权费。

期权价值与执行价格是完全不同的两个概念，后者是约定的到期对标的资产的交割价格，而前者是现在取得到期按约定价格购买或售出标的资产权利的价格。

(二)期权的特点

期权作为一种金融商品，具有以下几个显著的特点：

1.期权是一种权利

通俗地理解，期权是“期”和“权”的组合。期权赋予持有人拥有在将来某个时间之前可以行使的权利，他可以选择行使，也可以选择放弃，不承担必须履行的义务。拥有权利本身并不意味着拥有了一个实际存在的事物。期权持有人拥有的只是附加在资产上的选择权，期权的价值来源于它所附着的标的资产及其不确定性。

2.期权具有很强时间性

期权这种权利具有很强的时间性，超过规定的有效期限不行使，期权即自动失效。

3.期权合约的买者和卖者的权利和义务是不对称的

期权给予买方随时履约的权利但并不要求其必须履约；给予卖方只是义务而无权利，只要买方行使权利，卖方就必须履约。

4.期权具有以小博大的杠杆效应

投资期权具有巨大的杠杆效应。某公司股票的当前市价为 10 元，其看涨期权的执行价格为 10 元，期权的有效期为 3 个月，期权价格为 1 元。如果投资者有 100 元资金，投资方案一，以 1 元价格购入 100 股该公司看涨期权；投资方案二，购入该公司的股票 10 股。如果到期日股票价格为 15 元，购买期权的收益为 500 元[(15－10)×100]，收益率为 500％；购买股票的收益为 50 元[(15－10)×10]，收益率为 50％。当然，期权投资人承担的风险也要比股票投资人大得多。

5.期权是可以“卖空”的

期权出售人不一定要拥有标的资产，期权购买者也不一定真的想购买标的资产。期权到期时双方不一定进行标的物的实物交割，只需补足差价即可。例如：出售中国石油股票期权的人，不一定是中国石油本身，也不一定要拥有中国石油的股票，期权是可以“卖空”的。

公司经常需要利用商品期权、货币期权和利率期权等来降低风险，套期保值。然而，在实务中，有些企业不是将期权作为套期保值工具，而是作为投机或盈利工具。2004 年，中国航空油料集团新加坡子公司中国航油(新加坡)因在期权交易中损失约 40 亿元人民币(约合 5.5 亿美元)，不得向新加坡高等法院申请破产保护；2008 年，中国国际航空公司采用双向期权头寸进行燃油套期保值交易而亏损惨重。此类案例不胜枚举。因此，公司高级管理人员，尤其是财务经理必须关注期权，明了期权的损益特点，理解其中隐含的风险，精准地运用期权工具进行套期保值。

二、期权的类型

(一)按所赋予的权利分

按所赋予的权利，期权可分为看涨期权和看跌期权。

看涨期权是指期权赋予持有人在到期日或到期日之前，以预先约定的价格购买标的资产的权利，又称认购期权。如果到期时该项资产的价格小于约定的价格，期权持有人可以放弃行使权利；如果到期日该项资产的价格大于约定的价格，期权持有人便会执行权利。

看跌期权是指赋予持有人在到期日或到期日之前，以预先约定价格出售某项资产的权利，又称认沽期权。如果到期时该项资产的价格大于约定的价格，期权持有人可以放弃行使权利；如果到期日该项资产的价格小于约定的价格，期权持有人便会执行权利。

（二）按期权行使的时间分

按权利行使的时间，期权可分为欧式期权和美式期权。

美式期权可以在到期日或到期日之前的任何时间行使权利，欧式期权则只能在到期日才能履约。

（三）按标的资产分

按标的资产，金融期权可分为现货期权和期货期权。金融现货期权，是一种以债券、股票、利率和货币等金融资产为合约标的资产的期权。金融现货期权包括股票期权、利率期权、货币期权（外汇期权）和股价指数期权等种类。以金融资产期货为合约标的资产的期权，属金融期货期权。金融期货期权主要有利率期货期权、外汇期货期权、股价指数期货期权等。

2011 年 12 月 1 日，国家外管局推出人民币对外汇期权组合业务。外汇期权组合业务是指客户同时买入一个和卖出一个币种、期限、合约本金相同的人民币对外汇欧式期权所形成的组合，包括适用于出口企业的外汇看跌风险逆转期权组合（买入一个执行价格较低的外汇看跌期权，同时卖出一个执行价格较高的外汇看涨期权）与适用于进口企业的外汇看涨风险逆转期权组合。相对于远期结售汇，办理期权组合业务可将汇率逆转导致的损失控制在预设范围内；相对于期权业务，无须支付期权费或者仅需支付小额期权费。

公司的许多财务政策都有期权特征，如公司的债券和股票的发行都具有期权特征，资本预算、资本结构和并购交易也都隐含期权。因此，除金融期权外，还有实物期权，它是金融期权理论在实物资产期权上的扩展。实物期权也被广泛应用于企业的投融资决策。如果说金融期权是处理在金融市场上交易的金融资产的一类金融衍生工具，那么实物期权是处理一些具有不确定性投资结果的实业资产投资的一种决策工具。

三、期权的到期日价值

期权到期日价值是指到期时执行期权可以取得的净收入，它依赖于标的资产的到期日市场价格和执行价格。执行价格是已知的，到期日标的资产的市场价格此前是未知的。但是，期权到期日价值与标的资产的市场价格之间存在函数关系。这种函数关系，因期权的类别而异。

期权有看涨期权和看跌期权两类，每类期权又有买入和卖出两种情况。下面我们分别分析这四种情景下期权到期日价值和资产的市场价格之间的关系。为简便起见，假设标的资产为股票,各种期权均持有至到期日,不提前执行,并且忽略交易成本。

(一)买入看涨期权

买入一个看涨期权,就会获得一个在某一特定日期或此前任何时候按某一约定价格买入一定数量标的资产的权利,以便为将来买入的标的资产确定一个最高价格水平,或者用其对冲期货部位,从而达到规避价格上涨的保值目的。买入看涨期权形成的金融头寸,被称为“多头看涨头寸”。

如果在期权到期日,标的资产的价格小于或等于执行价格,看涨期权持有人不会执行期权,即到期日价值为零。如果到期日标的资产价格大于执行价格,看涨期权持有人会执行期权,按执行价格购买标的资产,即到期日价值为标的资产的市场价格与执行价格之差。因此,多头看涨期权到期日价值为上述两者中较大的一个,可以表示为:

多头看涨期权到期日价值＝Max(标的资产市场价格－执行价格,0)

由于买入期权需要支付相应的购买成本,即期权费,又称权力金。多头看涨期权净损益为:

多头看涨期权净损益＝多头看涨期权到期日价值－期权价格

空头看涨期权的到期日价值和损益状态,如图 10-1 所示。

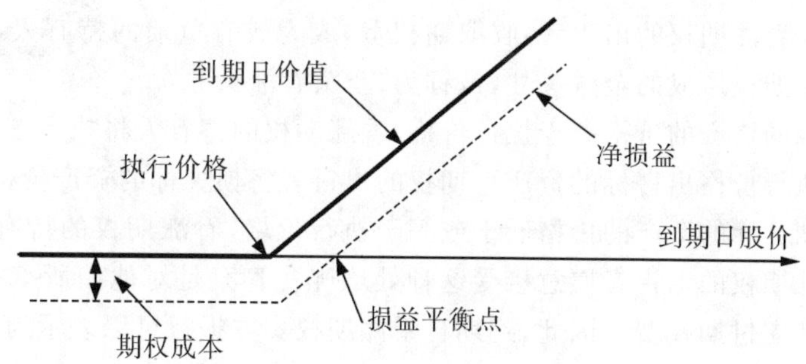

图 10-1　多头看涨期权价值图

【例 10-1】某一投资人购买一项看涨期权,标的股票的当前市价为 18.00 元,执行价格为 19.00 元,到期日为 3 个月后的今天,期权的价格为 2.00 元。当期权到期日股票价格分别为 15.00 元、19.00 元、21.00 元和 23.00 元时,该看涨期权的到期日价值和净损益分别为多少?

解答:

(1)期权到期日股票价格为 15.00 元,小于期权的执行价格,看涨期权的持有人不会执行期权,没有净收入,多头看涨期权到期日价值为零,其净损益为－2.00元(期权到期日价值 0 元－期权成本 2.00 元)。

(2)期权到期日股票价格为 19.00 元,等于期权的执行价格,看涨期权的持有人不会执行期权,没有净收入,多头看涨期权到期日价值仍然为零,其净损益仍是－2.00 元(期权到期日价值 0 元－期权成本 2.00 元)。

(3)期权到期日股票价格为 21.00 元,大于期权的执行价格,看涨期权的持有人会执行期权,取得净收入 2.00 元(股票市价 21.00－执行价格 19.00),即多头看涨期权到期日价值为 2.00 元。多头看涨期权净损益为 0 元(期权到期日价值 2.00 元－期权成本 2.00 元)。

(4)期权到期日股票价格为 23.00 元,大于期权的执行价格,看涨期权的持有人会执行期权,取得净收入 4.00 元(股票市价 23.00－执行价格 19.00),即多头看涨期权到期日价值为 4.00 元。多头看涨期权净损益为 2.00 元(期权到期日价值 4.00 元－期权成本 2.00元)。

由例 10-1 可见,买入看涨期权,既享有保护和控制标的资产价格大幅下降的好处,又享有获得标的资产价格升值收益的机会。从理论上说,多头看涨期权损益的特点是:净损失有限(最大值为期权价格),而净收益却潜力巨大。然而,这并不意味着投资期权一定比投资股票好。由于期权杠杆作用,投资期权的风险要比投资股票大得多。只要股票价格低于执行价格,投资人投入的期权成本全部亏损;股票价格无论下降多少,只要不降至零,投资人投入的资金不会归零。

(二)卖出看涨期权

通过卖出一个看涨期权,获得一笔期权费,并利用这笔款项为今后卖出标的资产提供部分价值补偿。看涨期权的出售者,收取期权费,成为或有负债的持有人,负债的金额不确定。出售看涨期权形成的金融头寸,被称为"空头看涨头寸"。

若到期日标的资产的价格高于执行价格,看涨期权的持有人将执行看涨期权,而期权出售者必须按执行价格出售标的资产。期权的出售者将损失标的资产价格与执行价格的差价。只有到期日标的资产的价格低于或等于执行价格,看涨期权的持有人才能避免损失。为什么看涨期权的出售者愿意接受这种处境呢?答案是对他们所承担的风险,期权购买者需要向其支付期权费。因此,到期日看涨期权卖方损益可以表示为:

空头看涨期权到期日的价值＝－Max(标的资产价格－执行价格,0)

空头看涨期权净损益＝空头看涨期权到期日价值＋期权价格

空头看涨期权的到期日价值和损益状态,如图 10-2 所示。

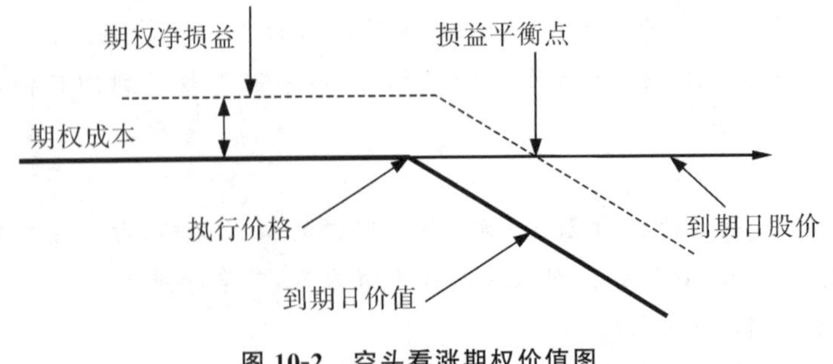

图 10-2　空头看涨期权价值图

【例 10-2】某一投资人售出一股看涨期权，标的股票的当前市价为 18.00 元，执行价格为 19.00 元，到期日为 3 个月后的今天，期权的价格为 2.00 元。当期权到期日股票价格分别为 15.00 元、19.00 元、21.00 元和 23.00 元时，该看涨期权的到期日价值和净损益分别为多少？

解答：

(1)期权到期日股票价格为 15.00 元，低于执行价格，买方不会执行期权，空头看涨期权到期日价值为零，其净损益为 2.00 元(期权到期日价值 0 元＋期权成本 2.00 元)。

(2)期权到期日股票价格为 19.00 元，等于期权的执行价格，买方不会执行期权，空头看涨期权到期日价值为零，其净损益为 2.00 元(期权到期日价值 0 元＋期权成本 2.00 元)。

(3)期权到期日股票价格为 21.00 元，大于期权的执行价格，买方会执行期权。卖方有义务以 19.00 元执行价格出售股票，以 21.00 元价格补进标的股票，其净收入为－2.00 元，即空头看涨期权到期日价值为－2.00 元，其净损益为 0 元(期权到期日价值－2.00 元＋期权成本 2.00 元)

(4)期权到期日股票价格为 23.00 元，大于期权的执行价格，买方会执行期权，空头的净损失为－4.00 元，此时空头看涨期权到期日价值为－4.00 元，净损益为－2.00 元(期权到期日价值－4.00 元＋期权成本 2.00 元)

空头看涨期权损益的特点收益有限(最大值为期权价格)，而损失却可能巨大。

对于看涨期权来说，空头和多头到期日价值是不同的。如果标的资产价格上涨，多头的价值为正值，空头的价值为负值，金额的绝对值相等。如果价格下跌，期权被放弃，双方的价值均为零。无论怎样，空头得到了期权费，多头支付了期权费。

(三)买入看跌期权

买入一个看跌期权，就会获得在某一特定日期或此前任何日期按约定价格卖出一定数量标的资产的权利，以便为将要卖出的资产确定一个最低价格，或者对冲多头期货部位，达到规避价格下跌的保值目的。

如果到期日标的资产的价格小于执行价格，看跌期权的持有人就可能得到执行价格与标的资产价格差价。当标的资产的价格大于或等于执行价时，看跌期权的持有人就会放弃期权。因此，到期日看跌期权买方损益可以表示为：

多头看跌期权到期日价值＝Max(执行价格－标的资产价格，0)

多头看跌期权净损益＝多头看跌期权到期日价值－期权成本

多头看跌期权的到期日价值和损益状态，如图 10-3 所示。

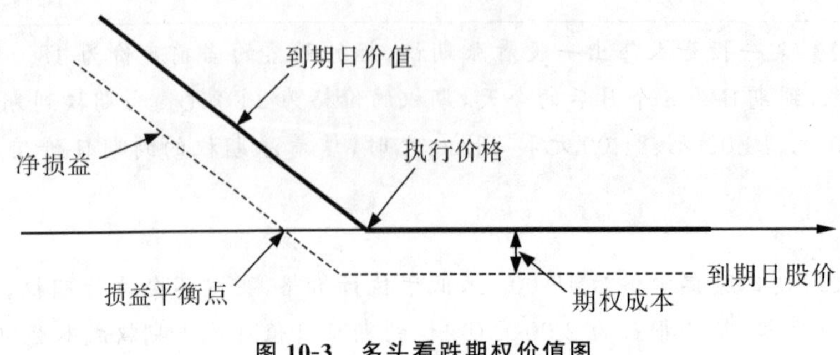

图 10-3　多头看跌期权价值图

【例 10-3】 某一投资人购入一股看跌期权，标的股票的当前市价为 18.00 元，执行价格为 19.00 元，到期日为 3 个月后的今天，期权的价格为 2.00 元。当期权到期日股票价格分别为 15.00 元、17.00 元、19.00 元和 23.00 元时，该看跌期权的到期日价值和净损益分别为多少？

解答：

(1)期权到期日股票价格为 15.00 元，小于期权的执行价格，看跌期权的持有人会执行期权，取得净收入 4.00 元(执行价格 19.00 元—股票市价 15.00 元)，多头看跌期权到期日价值为 4.00 元，其净损益为 2.00 元(期权到期日价值 4.00 元—期权成本 2.00 元)。

(2)期权到期日股票价格为 17.00 元，小于期权的执行价格，看跌期权的持有人会执行期权，取得净收入 2.00 元(执行价格 19.00 元—股票市价 17.00 元)，多头看跌期权到期日价值为 2.00 元，其净损益为 0 元(期权到期日价值 2.00 元—期权成本 2.00 元)。

(3)期权到期日股票价格为 19.00 元，等于期权的执行价格，看跌期权的持有人不会执行期权，没有净收入，多头看跌期权到期日价值为零，净损益为—2.00 元(期权到期日价值 0 元—期权成本 2.00 元)。

(4)期权到期日股票价格为 23.00 元，大于期权的执行价格，看跌期权的持有人不会执行期权，没有净收入，多头看跌期权到期日价值为零，净损益为—2.00 元(期权到期日价值 0 元—期权成本 2.00 元)。

多头看跌期权损益的特点是：净损失有限，最大值为期权价格；收益潜力巨大，最大值为执行价格现值与期权价格之差。

(四)卖出看跌期权

卖出看涨期权，获得一笔期权费，并利用这笔款项为今后买进标的资产提供部分价值补偿。看跌期权的出售者，收取期权费，成为或有负债的持有人，负债的金额不确定，最大的损失为期权执行价格的现值。

如果到期日标的资产的价格低于执行价格，看跌期权的持有人将行权，期权出售者必须依约按执行价格购买资产。他将损失执行价格与标的资产价格之间的差额，即损失掉期权的价值。如果到期日标的资产的价格等于或大于执行价格，期权持有人不会行权，看跌期权出售者的负债变为零。因此，到期日看跌期权卖方损益可以表示为：

空头看跌期权到期日价值＝－Max(执行价格－标的资产价格,0)

空头看跌期权净损益＝空头看跌期权到期日价值＋期权成本

多头看跌期权的到期日价值和损益状态,如图 10-4 所示。

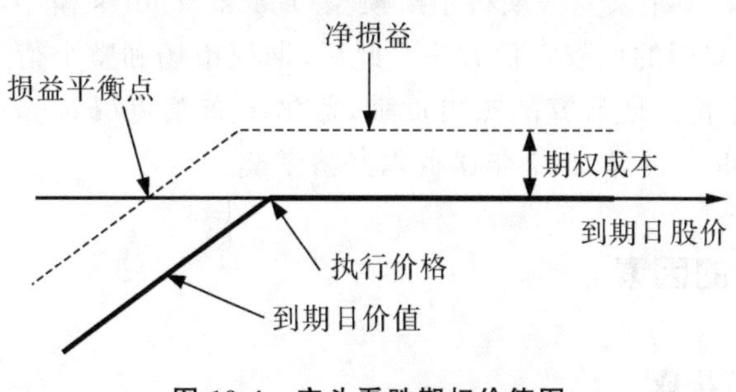

图 10-4　空头看跌期权价值图

【例 10-4】 某一投资人出售一股看跌期权,标的股票的当前市价为 18.00 元,执行价格为 19.00 元,到期日为 3 个月后的今天,期权的价格为 2.00 元。当期权到期日股票价格分别为 15.00 元、17.00 元、19.00 元和 23.00 元时,该看跌期权的到期日价值和净损益分别为多少?

解答:

(1)期权到期日股票价格为 15.00 元,小于期权的执行价格,买方会执行期权,空头的净损失为 4.00 元,即空头看跌期权到期日价值为－4.00 元,净损益为－2.00 元(期权到期日价值－4.00 元＋期权成本 2.00 元)。

(2)期权到期日股票价格为 17.00 元,小于期权的执行价格,买方会执行期权,空头的净损失为 2.00 元,即空头看跌期权到期日价值为－2.00 元,净损益为 0 元(期权到期日价值－2.00 元＋期权成本 2.00 元)。

(3)期权到期日股票价格为 19.00 元,等于期权的执行价格,买方不会执行期权,空头的净损失为 0 元,即空头看跌期权到期日价值为 0 元,净损益为＋2.00 元(期权到期日价值 0 元＋期权成本 2.00 元)。

(4)期权到期日股票价格为 23.00 元,大于期权的执行价格,买方不会执行期权,空头的净损失为 0 元,即空头看跌期权到期日价值为 0 元,净损益为＋2.00 元(期权到期日价值 0 元＋期权成本 2.00 元)。

空头看跌期权损益的特点是收益有限,最大值为期权费;损失却可能巨大,最大值为执行价格现值与期权价格之差。

第二节　期权定价

人们曾试图使用折现现金流量法解决期权的估价问题,但一直没有成功。问题在于期权的必要报酬率非常不稳定。期权的风险依赖于标的资产的市场价格，而市场价格是随机变动的，期权的投资报酬率也处于不断变动之中。既然找不到一个合适的折现率来适当地描述标的资产价格的波动性及其对期权价格的影响，也就无法使用现金流量法对期权进行估价。1973年布莱克—期科尔斯模型(Black-Scholes 模型，简称 BS 模型)被提出，人们终于找到了实用的期权定价方法。此后，期权市场和整个衍生金融工具交易飞速发展。由于对期权定价问题研究的杰出贡献，费尔·布莱克(Fischer.Black)和梅隆·斯科尔斯(Myron.scholes)获得1997年诺贝尔经济学奖。

一、影响期权价值的因素

(一)期权的价值构成

通常，期权的价值由内在价值和时间价值两部分构成。

期权价值＝内在价值＋时间溢价

1.期权的内在价值

期权的内在价值是指期权立即执行产生的经济价值。内在价值的大小，取决于期权标的资产的现行市价与期权执行价格的高低。内在价值不同于到期日价值。期权的到期日价值取决于"到期日"标的资产市场与执行价格的高低。在到期日，期权的内在价值与到期日价值相同。

由于标的资产的价格是随时间变化的，所以内在价值也是变化的。当执行期权能给持有人带来正回报时，称该期权为"实值期权"，或者说它处于"实值状态"(溢价状态)；当执行期权会给持有人带来负回报时，称该期权为"虚值期权"，或者说它处于"虚值状态"(折价状态)；当资产的现行市价等于执行价格时，称期权为"平价期权"，或者说它处于"平价状态"。

对于看涨期权来说，标的资产现行市价高于执行价格时，该期权处于实值状态；当资产的现行市价低于执行价格时，该期权处于虚值状态。对于看跌期权来说，情况正好相反：当标的资产现行市价低于执行价格时，该期权处于实值状态；当标的资产的现行市价高于执行价格时，该期权处于虚值状态。

期权处于虚值状态或平价状态时不会被执行，只有处于实值状态才有可能被执行，但也不一定会被执行。假设2019年2月15日，K公司股票的市场价格为20.00元，1股执行价格为18.50元、2019年5月25日到期的美式看涨期权售价为2.50元。虽然该期权处于实值状态，但如果投资人购买后立即执行，执行收入(1.50元)连购买成本(2.50元)也无法抵偿。持有人之所以购买该看涨期权，是因为预料将来股价会上升，因此他会等待。只有到期日的实值期权才肯定会被执行，因为此时已不能再等待。

2.期权的时间溢价

期权的时间溢价是指期权价值超过内在价值的部分，它反映了期权有效时间与潜在风险与收益之间的相互关系。

期权价值、内在价值和时间价值之间的变动关系，可从静态和动态两个方面进行分析。从静态的角度看,期权价值在任何一时点都是由内在价值和时间溢价两部分组成;当期权处于实值状态时,时间溢价等于期权价值(价格)减去其内在价值。当期权处于平价或虚值状态时,时间溢价就等于该期权价值(价格)。从动态的角度看,期权时间溢价,伴随着合约剩余有效期的减少而减少,期满时时间溢价为零,期权价值等于内在价值。

期权的时间溢价是一种等待的价值。期权买方之所以愿意支付超出内在价值的溢价,是寄希望于标的资产价格的变化可以增加期权的价值。在其他条件不变的情况下,离到期时间越远,股价波动的可能性越大,期权的时间溢价也就越大。如果已经到期,期权的价值就只剩下内在价值,时间溢价为零。

时间溢价有时也称为“期权的时间价值”,但它与“资金时间价值”是不同的概念。期权的时间溢价是“波动价值”,时间越长,出现波动的可能性越大,时间溢价也就越大。而资金的时间价值是时间“延续的价值”,时间延续得越长,资金的时间价值越大。

(二)影响期权价值的因素

1.标的资产的市价

如果其他因素不变,随着标的资产价格的上升,看涨期权的价值增加,看跌期权的价值下降。当标的资产的价格为零时,看涨期权的价值为零,看跌期权价值达到上限。标的资产价格足够高时,看涨期权价值线与内在价值线的上升部分平行,看跌期权价值线趋向于零。标的资产市价是看涨期权价值上限。

2.执行价格

执行价格对期权价值的影响与标的资产价格正好相反。如果其他因素不变,看涨期权的执行价格越高,其价值越小;看跌期权的执行价格越高,其价值越大。执行价格的现值为欧式看跌期权上限,美式期权价值上限为执行价格。

3.有效期限

对于美式期权来说,有效期越长,标的资产价格可以变动的时间就越长,期权持有者获利的机会越大,期权就越有价值。

对于欧式期权来说,有效期越长不一定能增加期权价值。虽然较长的时间可以降低执行价格的现值,但并不增加执行机会。到期日资产价格的降低,有可能超过时间溢价。例如,两个欧式看涨期权,一个是1个月后到期,另一个是3个月后到期,预计标的公司2个月后将发放大量现金股利,股票价格会大幅下降,则有可能使时间长的期权价值低于时间短的期权价值。

4.标的资产价格的波动率

波动率反映了资产未来价格变动的不确定性。无论是看涨期权还是看跌期权,持有者均获得了以固定价格买卖标的资产的权利,其损失最多不会超过期权费。标的资产的波动率越高,标的资产价格向有利于期权持有人方向变动的可能性越大,持有人获利就越多,期权价值也越高。

在期权估价中,价格的波动率是最重要的因素。尤其需要注意的是:以高风险的资产为标的期权比以安全的资产为标的期权更有价值。如果一种资产的价格变动性很小,其期权也值不了多少钱。

5.无风险利率

无风险利率对期权价格的影响比较复杂。一个简单而不全面的解释是:假设标的资产价格不变,高利率会导致执行价格的现值降低,从而增加看涨期权的价值。因此,无风险利率越高,看涨期权的价值越高。对于看跌期权来说,情况正好相反。

6.标的资产收益

标的资产分红付息可能使该资产价格下降,而期权的执行价格却没有因为分红付息而进行相应调整,因此在期权有效期内标的资产收益将使看涨期权价格下降,使看跌期权价格上升。

相关因素对期权价值的影响见表 10-1。

表 10-1　一个变量增加(其他变量不变)对期权价值的影响

变　量	欧式看涨期权	欧式看跌期权	美式看涨期权	美式看跌期权
标的资产的价格	+	−	+	−
期权的执行价格	−	+	−	+
有效期限	不一定	不一定	+	+
标的资产价格的波动率	+	+	+	+
无风险利率	+	−	+	−
标的资产收益	−	+	−	+

二、期权估价基本原理

(一)复制原理

复制原理的基本思想是:构造一个股票和借款的适当组合,无论股价如何变动,投资组合的损益都与期权相同,那么创建该投资组合的成本就是期权价值。

1.看涨期权估价

假设现有一个股票看涨期权,执行价格为 X,股票现行价格为 S_0,未来变化有两种可能:上升或下降,上行乘数和下行乘数[①]分别为 u 和 d。我们可以通过以下步骤来确定该项期权价值:

(1)确定可能的到期日股票价格

上行股价(s_u)=股票现行价格(s_0)×上行乘数(u)

下行股价(s_d)=股票现行价格(s_0)×下行乘数(d)

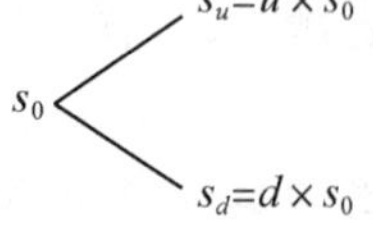

① 上行乘数=(1+股价上升百分比),下行乘数=1−股价下降百分比。

(2)根据执行价格计算确定到期日期权价值

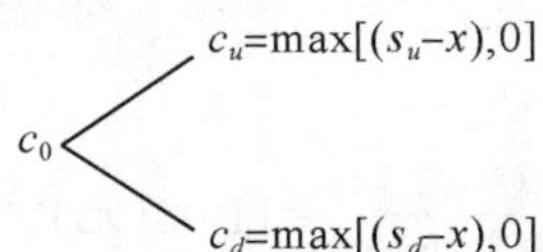

股价上行时期权到期日价值(C_u)＝上行股价－执行价格

股价下行时期权到期日价值(C_d)＝0

(3)确定投资组合内股票数量(套期保值比率)

投资组合内股票数量称之为套期保值比率,或称德尔塔系数,用Δ表示。期权套期保值比率等于期权到期日内在价值之差与股票价格变动幅度之比。

投资者可以通过购买一定数量股票,同时卖出其期权,实现套期保值。构建一个由一定数量的股票多头头寸和该股票看涨期权的空头头寸组成的投资组合,股票数量要使头寸足以抵御资产价格在到期日的波动风险,即该组合能实现完全套期保值。也就是说,无论到期日股票价格是多少,该投资组合得到的净现金流量都是一样的。

由于该组合为无风险组合,无论价格是上升还是下降,到期时,组合的价值是一样的,也就是说:

$$\Delta \times s_u - c_u = \Delta \times s_d - c_d$$

整理后得:

$$\Delta = \frac{c_u - c_d}{s_u - s_d} = \frac{c_u - c_d}{s_0 \times (u-d)} = \frac{\text{期权到期日价值之差}}{\text{股票价格之差}}$$

(4)确定投资组合的成本(期权价值)

购买股票的支付＝套期保值比率×股票现行价格

$$\text{借款数额} = \text{价格下行时股票收入的现值} = \frac{\text{套保比例} \times \text{下行时股票价格}}{1 + \text{持有期无风险利率}}$$

期权价值＝投资组合的成本＝购买股票支出－借款数额

【例10-5】假设甲公司的股票现行市价为30.00元。有1份以该股票为标的资产的看涨期权,执行价格为31.25元,到期时间是6个月。6个月以后股价有两种可能:上升33.33%,或者下降25%,无风险利率为4.00%。利用复制原理,建立一个投资组合,包括购进适量股票以及借入必要的款项,使该投资组合6个月后的价值与购进该看涨期权相等。

要求:(1)计算利用复制原理所建组合中股票的数量;(2)计算利用复制原理所建组合中借款的数额;(3)计算期权价值;(4)购入0.5股票,同时卖空1股看涨期权投资组合能否实现套期保值?请以具体数据加以验证。

解答:

(1)上行股价＝30.00×(1＋33.33%)＝40.00(元)

下行股价＝30.00×(1－25%)＝22.50(元)

股价上行时期权到期价值＝40.00－31.25＝8.75(元)

股价下行时期权到期价值=0(元)

$$套保比率=\frac{期权价值变化}{股票价格变化}=\frac{8.75-0}{40.00-22.50}=0.50(股)$$

$$(2)借款数额=\frac{套期保值比率\times下行时股票价格}{1+持有期无风险利率}=\frac{0.50\times22.50}{1+2.00\%}=11.03(元)$$ [①]

(3)期权价值=投资组合的成本=购买股票支出-借款数额=0.5×30.00-11.03=3.97(元)

(4)购入0.5股股票,同时卖空1股看涨期权,是能够实现完全的套期保值。因为无论股票价格是上升还是下降,其净现金流量是相等的。验证过程见表10-2。

表10-2 买入0.5股股票和卖出1股看涨期权净现金流量表

单位:元

交易策略	现在(0时点)	到期日(股价上行)	到期日(股价下行)
买入0.5股股票	-0.5×30.00=-15.00	0.5×40.00=20.00	0.5×22.50=11.25
出售1股看涨期权	+3.97	-8.75	0
合计净现金流量	-11.03	11.25	11.25

由上表数据可知,无论到期日股票价格是多少,该投资组合得到的净现金流量都是一样的,获得的投资收益率也是一样的,均为无风险收益率2.00%[(11.25-11.03)/11.03]。

2.看跌期权估价

看涨期权价值的计算公式也可以用于对看跌期权的估价,但在运用过程中需要注意以下两个方面的问题:一是看跌期权的Δ系数常常是负数,这表明我们应该通过卖出Δ股股票来复制看跌期权;二是按上行时股价收入的现值贷出资金。这是因为:卖空的股票到期日需要赎回,股价下行时,看跌期权的持有人会行权;股价上行时,看跌期权的持有人不会行权,需要用资金赎回股票。因此,看跌期权价值计算公式为:

看跌期权价值=-卖空股票收入+贷款资金数额

【例10-6】甲公司股票当前价格为30.00元,有1股以该股票为标的资产的看跌期权,执行价格为31.25元,到期时间为6个月,无风险利率为4.00%。6个月以后股价有两种可能:上升33.33%,或者下降25%。用复制原理,建立一个投资组合,包括贷出适量股票以及贷出必要的款项,使该投资组合6个月后的价值与购进该看跌期权相等。

要求:(1)计算利用复制原理所建组合中股票的数量;(2)计算利用复制原理所建组合中贷出资金的数额;(3)计算期权价值。

---

① 分期复利率有按有效年利率和按报价利率二种折算办法。在有效年利率折算法下,年复利率4.00%,则等价的6个月期复利率为$\sqrt{(1+4.00\%)}-1=1.98\%$,3个月期复利率为$\sqrt[4]{(1+4.00\%)}-1=0.9853\%$。在报价利率折算法下,报价年利率为4.00%,则半年期有效复利率为4.00%/2=2.00%,3个月期有效复利率为4.00%/4=1.00%。本例中用报价利率折算。

解答：

(1)上行股价＝30.00×(1＋33.33％)＝40.00(元)

下行股价＝50.00×(1－25％)＝22.50(元)

股价上行时期权到期价值＝0(元)

股价下行时期权到期价值＝31.25－22.50＝8.75(元)

$$套保比率=\frac{期权价值变化}{股票价格变化}=\frac{0-8.75}{40.00-22.50}=-0.50(股)$$

(2)贷出资金数额

$$贷出资金数额=\frac{套期保值比率\times上行时股票价格}{1+持有期无风收益率}=\frac{0.5\times40}{1+2.00\%}=19.61(元)$$

(3)期权价值＝投资组合的成本

＝－卖空股票收入＋贷出资金数额

＝－0.5×30.00＋19.61＝4.61(元)

(二)风险中性原理

运用复制原理对期权进行估价，每一步都要计算复制投资组合。如果是复杂的期权或涉及多个期间，复制就变得非常麻烦。风险中性原理可以使我们简化这一过程。

风险中性原理是假设投资者对待风险的态度是中性的，所有证券的预期收益率都应当是无风险收益率。风险中性的投资者不需要额外的收益补偿其承担的风险。在风险中性的世界里，将期望值用无风险利率折现，可以获得现金流量的现值。

在这种情况下，期望报酬率应符合下列公式：

期望报酬率＝上行概率×上行时收益率＋下行概率×下行时收益率

假设股票不派发红利，股票价格的上升百分比就是股票投资的收益率，因此：

期望报酬率＝无风险利率

＝上行概率×股价上升百分比＋下行概率×股价下降百分比

根据这一原理，在期权定价时只要先求出期权到期日的期望值，然后用无风险利率折现，就可以求出期权的价值。期权价值计算公式为：

期权到期日期望价值＝上行概率×上行时期权价值＋下行概率×下行时期权价值

$$期权价值=\frac{期权到期日期望价值}{(1+持有期无风险利率)}$$

【例 10-7】 沿用例 10-5 的数据，要求：运用风险中性原理确定该看涨期权价值。

解答：

期望报酬率＝2.00％＝上行概率×33.33％＋(1－上行概率)×(－25％)

上行概率＝0.4629

下行概率＝1－0.4692＝0.5371

股价上行时期权价值＝40.00－31.25＝8.75(元)

股价下行时期权价值＝0

$$期权价值=\frac{(上行概率\times 上行时期权价值+下行概率\times 下行时期权价值)}{1+持有期无风险利率}$$

$$=\frac{8.75\times 0.4629+0\times 0.5371}{1+2\%}=3.97(元)$$

【例 10-8】沿用例 10-6 的数据。要求：运用风险中性原理确定该看跌期权价值。

解答：

由例 10-7 已知股价上行概率＝0.4629，下行概率为 0.5371

股价上行时期权到期价值＝0(元)

股价下行时期权到期价值＝31.25－22.50＝8.75(元)

$$看跌期权价值=\frac{0\times 0.4629+8.75\times 0.5371}{1+2\%}=4.61(元)$$

三、二叉树期权定价模型

二叉树期权定价模型，又称考克斯—罗斯—鲁宾斯坦(Cox-Ross-Rubinstein)模型。与任何估价模型一样，二叉树期权定价模型也是建立在以下一系列假设的基础之上：

(1)市场投资没有交易成本，即存在一个无摩擦市场；

(2)投资者都是价格的接受者；

(3)允许完全使用卖空所得款项；

(4)允许以无风险利率借入和贷出款项；

(5)未来股票价格将是两种可能值中的一种。

(一)单期二叉树模型

1.单期二叉树模型推导

假设股票现行价格为 s_0，未来变化有两种可能：上升后股价为 s_u 和下降后股价为 s_d。为便于用当前价格表示未来价格，设 s_u 股价上行乘数$=u\times s_0$，u 称为股价上行乘数；$s_d=d\times s_0$，d 为股价下行乘数。又设看涨期权现行价格为 c_0、股价上行时期权的到期日价值为 c_u、股价下行时期权的到期日价值为 c_d、x 为期权执行价格。二叉树图形表示的股价分布和看涨期权到期日价值分布如图 10-5 和图 10-6 所示。

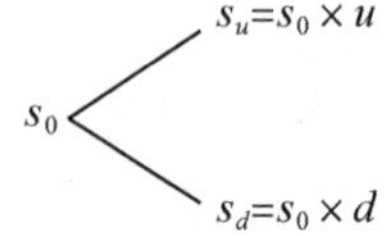

图 10-5 股价二叉树图

建立一个由 Δ 股股票多头头寸和该股票看涨期权的空头头寸组成的投资组合。由于该投资组合能实现完全套期保值，是无风险组合，其收益率一定等于无风险利率。该投资组合初始投资和到期日价值分别为：

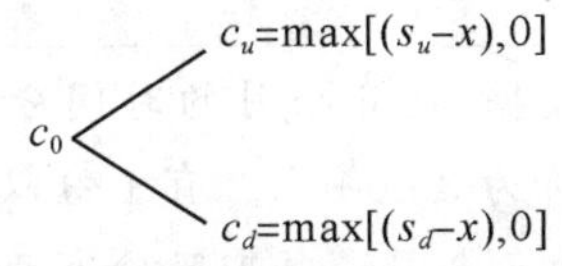

图 10-6 期权价值二叉树图

投资组合的初始投资$=\Delta\times s_0-c_0$

初始投资到期日终值$=(\Delta\times s_0-c_0)\times(1+r)$

投资组合到期日价值$=\Delta\times s_0\times u-c_u$

令:投资组合的初始投资终值等于投资组合到期日价值

$$(\Delta\times s_0-c_0)\times(1+r)=\Delta\times s_0\times u-c_u$$

化简得:

$$c_0=\Delta s_0-\frac{\Delta s_0 u-c_u}{1+r}$$

将Δ计算公式代入上式,并化简可得:

$$c_0=\left(\frac{1+r-d}{u-d}\right)\times\frac{c_u}{1+r}+\left(1-\frac{1+r-d}{u-d}\right)\times\frac{c_d}{1+r}$$

在上述公式中,令

$$\frac{1+r-d}{u-d}=p$$

则单期期权定价公式为:

$$c_0=\frac{p\times c_u+(1-p)\times c_d}{1+r}$$

式中的P可解释为股票价格上升的概率,$(1-p)$就是股票价格下降的概率。

【例 10-9】 沿用例 10-5 和例 10-6 的资料。

要求:根据公式直接计算例 10-5 看涨期权价值和例 10-6 看跌期权价值。

解答:

$$看涨期权价值=\frac{1+2.00\%-0.75}{1.3333-0.75}\times\frac{8.75}{1+2.00\%}+\frac{1.3333-1-2\%}{1.3333-0.75}\times 0=3.97(元)$$

$$看跌期权价值=\frac{1+2.00\%-0.75}{1.3333-0.75}\times\frac{0}{1+2.00\%}+\frac{1.3333-1-2\%}{1.3333-0.75}\times\frac{8.75}{1+2\%}=4.61(元)$$

(二)二期二叉树模型

单期的二叉树定价模型假设未来股价只有两个可能,对于时间很短的期权来说是可以接受的。若到期时间很长,就与事实相去甚远。改善的办法是将到期时间分割成两部分,这样就可以增加股价的选择。由单期模型向两期模型扩展,不过是单期模型的两次应用。

【例 10-10】仍沿用例 10-5 数据，把 6 个月的时间分为两期，每期 3 个月。变动后的数据如下：甲公司的股票现行市价为 30.00 元。有 1 份以该股票为标的资产的看涨期权，执行价格为 31.25 元，到期时间为 6 个月。每期股价有两种可能：上升 22.56%，或者下降 18.41%。无风险利率为 4.00%。

要求：利用二期二叉树模型对期权进行估价。

解答：

(1)股价的二叉树

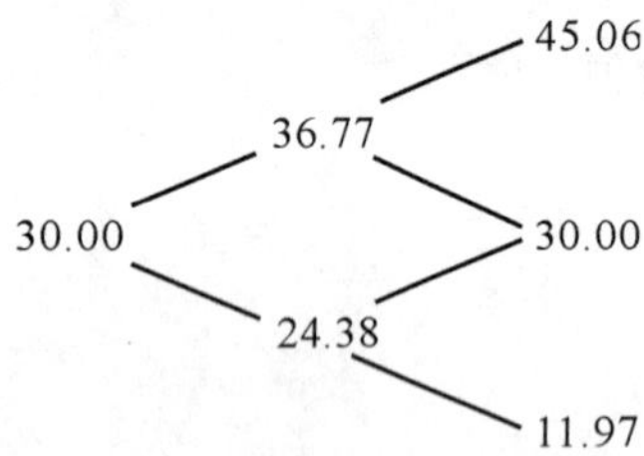

(2)期权二叉树

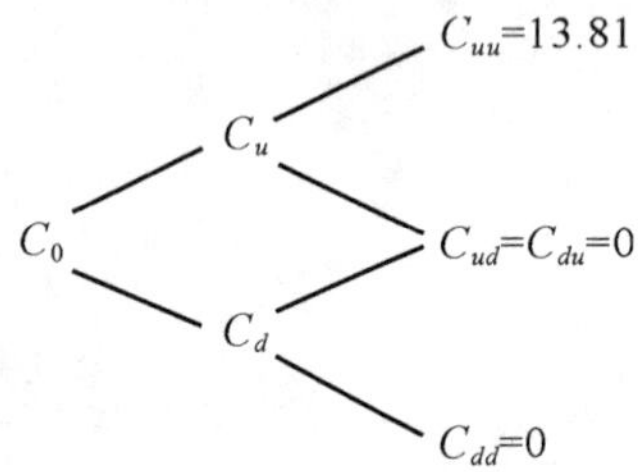

$$期望报酬率=\frac{4.00\%}{4}=上行概率\times 22.56\%+(1-下行概率)\times(-18.40\%)$$

上行概率＝0.4736　下行概率＝0.5264

$$c_u=\frac{13.81\times 0.4736+0\times 0.5264}{1+1.00\%}=6.51(元)$$

$$c_d=0$$

$$c_0=\frac{6.51\times 0.4736+0\times 0.5264}{1+1.00\%}=3.07(元)$$

(三)多期二叉树模型

如果继续增加分割的期数，就可以使期权价值更接近实际。从原理上看，与两期模型一样，从后向前逐级推进，只不过多了许多层次。期数增加所带来的主要问题是股价上升与下降的百分比如何确定。期数增加以后，要调整价格变化的升降幅度，以保证年收益率的标准差不变。把年收益率标准差和升降百分比联系起来的公式是：

$$u=1+上升百分比=e^{\sigma\sqrt{t}}$$

$$d=1-下降百分比=\frac{1}{u}$$

其中：e 是自然对数，约等于 2.7183；σ 为标的资产连续复利收益率的标准差；t 为以年表示的时段长度。

【例 10-11】某一标的资产的连续复利收益率的标准差为 0.4068。

要求：(1)如果间隔期限为 6 个月，计算标的资产价格的上行乘数和下行乘数；(2)如果间隔期限为 3 个月，计算标的资产价格的上行乘数和下行乘数。

解答：

(1)

$$u=e^{0.4068\times\sqrt{0.5}}=1.3333$$

$$d=\frac{1}{1.333}=0.7500$$

(2)

$$u=e^{0.4068\times\sqrt{0.25}}=1.2256$$

$$d=\frac{1}{1.226}=0.8159$$

四、布莱克—斯科尔斯(Black-Scholes)期权定价模型

在期权有效期内，标的资产的价格变化不只局限于两种情况，而且股票价格变化是连续的，在每一瞬间，股票价格都会发生变化，并由此引起期权价值的变化。因此，我们必须从动态的角度研究每一瞬间的期权价值。在复制原理中，是通过投资组合的价值关系来确定期权价值的。这种方法虽然简单，但在实务中很难操作。二叉树期权方法也只是一种近似的方法。不同的期数划分，可以得到不同的近似值。期数越多，计算结果越精确。如果每个期间无限小，股价就成了连续分布，布莱克—斯科尔斯模型诞生了。

美国芝加哥大学教授费希尔·布莱克与斯坦福大学教授梅隆·斯科尔斯于 1973 年在他们著名的论文《期权估值与公司债务》中提出了有史以来第一个期权定价模型，在学术界和实务界引起了强烈反响，成为近代理财学不可缺少的内容之一。实际期权价格与模型计算得到的价格非常接近，具有较强的实用性。虽然该公式是理财学中最复杂的公式之一，其证明和推导过程涉及复杂的数学问题，但这并不妨碍其应用。

(一)布莱克—斯科尔斯模型的假设

1.在期权寿命周期内，看涨期权的标的股票不发放股利，也不做其他分配；

2.股票或期权的买卖没有交易成本；

3.短期的无风险利率是已知的，并且在期权的寿命周期内保持不变；

4.任何证券购买者能以短期的无风险利率借得任何数量的资金；

5.允许卖空，卖空者将立即得到所卖空股票当天的价格的资金；

6.看涨期权只能在到期日执行；

7.所有证券交易都是连续发生的，股票价格随机游走。

(二)布莱克—斯科尔斯模型

布莱克—斯科尔斯模型包括三个公式：

$$c_0=s_0N(d_1)-x\mathrm{e}^{-rt}N(d_2)$$

$$\text{或}=s_0N(d_1)-pv(x)N(d_2)$$

$$d_1=\frac{\ln\left(\frac{s_0}{x}\right)+\left(r+\frac{\sigma^2}{2}\right)t}{\sigma\sqrt{t}}$$

$$\text{或}=\frac{\ln\left(\frac{s_0}{pv(x)}\right)}{\sigma\sqrt{t}}+\frac{\sigma\sqrt{t}}{2}$$

$$d_2=d_1-\sigma\sqrt{t}$$

其中：C_0——看涨期权的价格；S_0——标的资产现行市场价格；$N(d)$——标准正态分布中随机变量小于或等于 d 的概率；X——看涨期权的执行价格；$pv(x)$——看涨期权执行价格的现值；r——连续复利无风险收益率；σ——股票连续复利收益率的标准差(年)；t——期权到期日前的时间(年)。

式中 ln 是自然对数。自然对数的值，可以在具有函数功能的计算器上求得。标准正态分布中随机变量小于或等于 d 的概率即 $N(d)$的值，可在本书附表 5“正态分布下的累积概率表”中查得或进行插值获得。如果 $N(d)$中 d 为负值，先按绝对值查表，1－查出后的数值即为 $N(d)$的值。然而，计算 ln 和 $N(d)$值最为简便的方法是运用 Excel 中的 ln 函数和 NORMSDIST 函数功能。

布莱克—斯科尔斯模型反映的是一种以连续复利率对未来的现金流量进行折现的现值观念。在模型中，Xe^{-rt}是按连续复利计算的执行价格 X 的现值，$N(d_1)$和 $N(d_2)$可以大致看成看涨期权到期时处于实值状态的风险调整概率，当前股价和 $N(d_1)$的乘积是股价的期望现值，执行价格与和(d_2)的乘积是执行价格的期望现值。因此，看涨期权的价值可以近似地看成是标的资产价格期望现值减去执行价格现值。如果从投资组合的角度去分析，买进一个单位看涨期权等于买入 $S_0N(d_1)$单位的标的资产，并筹资 $Xe^{-rt}N(d_2)$个单位的金额。

【例 10-12】 甲公司股票当前价格为 30.00 元，有 1 股以该股票为标的资产的看涨期权，执行价格为 31.25 元，到期时间为 6 个月。每年复利一次的无风险利率为 4.00%[连续复利的无风险利率为 ln(1.04)＝3.9221%]，公司股票连续复利收益率的标准差为 0.4068，假设不发股利。

要求：利用布莱克—斯科尔斯模型计算该看涨期权的价值。

解答：

$$d_1=\frac{\ln\left(\frac{30.00}{31.25}\right)+\left(3.9221\%+\frac{0.4068^2}{2}\right)\times 0.5}{0.4068\times\sqrt{0.5}}=0.0701$$

$$d_2=0.0701-0.4068\times\sqrt{0.5}=-0.2176$$

用 Excel 中的 NORMSDIST 函数求得 $N(d_1)$和 $N(d_2)$值：

$$c_0=30.00\times 0.5279-31.25\times \mathrm{e}^{-3.9221\%\times 0.5}\times 0.4139=3.16(\text{元})$$

2.模型参数的估计

布莱克—斯科尔斯模型中有股票价格、股票收益率的标准差、无风险利率、执行价格和到期时间5个参数。其中执行价格是已知的,标的资产的现行市场价格容易取得。到期日的剩余年限计算,一般按自然日(一年平均365天或简便用360天)计算,也比较容易确定。比较难估计的是无风险利率和股票收益率的标准差。

(1)无风险利率的估计

布莱克—斯科尔斯模型中的无风险利率应当采用无违约风险的固定证券收益来估计,通常用国库券的利率。国库券的到期时间不等,其利率也不同。应选择与期权到期日相同的国库券利率。如果没有相同时间的,应选择时间最接近的国库券利率。这里所说的国库券利率不是指票面利率,而是指市场利率。国库券的市场利率是根据市场价格计算的到期收益率。

由于布莱克—斯科尔斯模型假设套期保值率是连续变化的,利率就不能用常见的年复利率,而要用连续复利率。连续复利与年复利不同,如果用 F 表示终值,P 表示现值,r 表示连续复利率,t 表示时间(年),则:

$$F=P\times e^{rt}$$

$$r=\frac{\ln\left(\frac{F}{P}\right)}{t}$$

式中 e^{rt} 为连续复利终值系数,通过查找本书附表6"1元的连续复利终值系数表"获得,或用Excel中的EXP函数求解。

【例10-13】市场上有一面值为100.00元,利率为4.00%,将于2019年7月31日到期,单利计算、一次还本付息的国库券。2019年1月31日,该国库券的市场价格为109.78元。

要求:计算该国库券连续复利收益率。

解答:

$$\text{国库券连续复利收益率}(r)=\frac{\ln\left(\frac{F}{P}\right)}{t}=\frac{\ln\left(\frac{112}{109.78}\right)}{0.5}=\frac{0.0200}{0.5}=4\%$$

---

(2)标的资产连续复利收益率标准差估计

标的资产连续复利收益率标准差可以用历史收益率进行估计,计算公式与年复利收益率标准差相同,为:

$$\sigma=\sqrt{\frac{\sum_{t=1}^{n}(R_t-R)^2}{n-1}}$$

式中 R_t 为标的资产连续复利收益率,R 为标的资产连续复利收益率的均值。

连续复利收益率的计算公式为:

$$R_t = \ln \frac{P_t + D_t}{P_{t-1}}$$

式中：R_t——标的资产 t 期的收益率；P_t——标的资产 t 期的价格；P_{t-1}——标的资产$(t-1)$期的价格，D_t 是 t 期的股利或利息。

【例 10-14】 ABC 公司过去 5 年的股价如表 10-3 所示，假设各年均没有发放股利。

要求：计算连续复利收益率和连续复利收益率的标准差。

表 10-3　ABC 公司过去 5 年股价表

单位：元

年份	1	2	3	4	5
股价	10.00	13.44	21.33	43.67	33.32

解答：

$$R_2 = \ln\left(\frac{13.44}{10.00}\right) = \ln(1.344) = 29.57\%$$

$$R_3 = \ln\left(\frac{21.33}{13.44}\right) = \ln(1.5871) = 46.19\%$$

$$R_4 = \ln\left(\frac{43.67}{21.33}\right) = \ln(2.0474) = 71.65\%$$

$$R_5 = \ln\left(\frac{33.32}{43.67}\right) = \ln(0.7630) = -27.05\%$$

$$\text{连续复利收益率均值} = \frac{29.57\% + 46.19\% + 71.65\% + (-27.05\%)}{4} = 30.09\%$$

$$\text{连续复利收益率标准差} = \sqrt{\frac{(29.57\% - 30.09\%)^2 + (46.19\% - 30.09\%)^2 + (71.65\% - 30.09\%)^2 + (-27.05\% - 30.09\%)^2}{4-1}}$$

$$= 41.84\%$$

本例中连续复利收益率及其标准差，直接在 Excel 中分别用 ln 函数和 STDEV 函数求解更为便利。

(二)看跌期权估价

布莱克—斯科尔斯模型适用于看涨期权估价，看跌期权估价可通过看涨期权与看跌期权之间价值关系进行套算。

在套利驱动的均衡状态，看涨期权价格、看跌期权价格和股票价格之间存在一定的依存关系。对于欧式期权，假定看涨期权和看跌期权有相同的执行价格和到期日，则下述等式成立：

看涨期权价格＋执行价格的现值＝看跌期权价格＋标的资产的价格

无论股票价格如何变动，欧式看跌期权和股票投资组合与欧式看涨期权和无风险债券投资组合的到期值相同，因此，在到期日前的任何一时刻也是等值，如图 10-7 和图 10-8 所示。

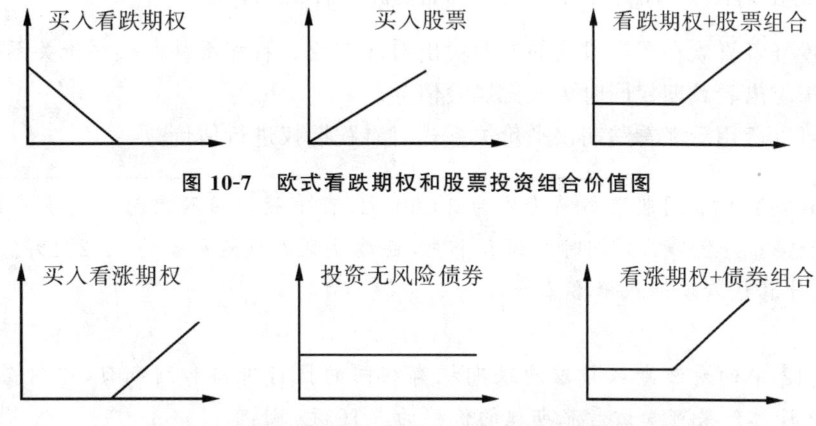

图 10-7　欧式看跌期权和股票投资组合价值图

图 10-8　欧式看涨期权和无风险债券投资组合价值图

标的资产的价格、看涨期权价值、看跌期权价值和执行价格的现值之间的关系，还可以通过表 10-4 数据加以验证。现有两项投资：一是购买 1 个欧式看涨期权和持有 1 张到期值为 X 的无风险债券；二是购买 1 个欧式看跌期权和持有 1 股股票。它们到期日获得的现金流量(价值)是相同的。如果两项投资能为投资者带来相同的收益，也就说明两项投资的成本相等。

表 10-4　看涨期权和看跌期权平价关系验证表

<table>
<tr><th rowspan="3">投资组合</th><th colspan="3">现金流量</th><th rowspan="3">投资组合</th><th colspan="3">现金流量</th></tr>
<tr><th rowspan="2">购买日</th><th colspan="2">到期日</th><th rowspan="2">购买日</th><th colspan="2">到期日</th></tr>
<tr><th>$S_t \geqslant S_0$</th><th>$S_t \leqslant S_0$</th><th>$S_t \geqslant S_0$</th><th>$S_t \leqslant S_0$</th></tr>
<tr><td>买入 1 股看涨期权</td><td>$-C_0$</td><td>$S_t - X$</td><td>0</td><td>买入 1 股看跌期权</td><td>$-P_0$</td><td>0</td><td>$X - S_t$</td></tr>
<tr><td>贷出执行价的现值</td><td>$-X/(1+r)$</td><td>X</td><td>X</td><td>买入 1 股股票</td><td>$-S_0$</td><td>St</td><td>S_t</td></tr>
<tr><td>净现金流量合计</td><td></td><td>S_t</td><td>X</td><td></td><td></td><td>St</td><td>X</td></tr>
</table>

标的资产的价格、看涨期权价值、看跌期权价值和执行价格的现值之间的这一基本关系，被称之为看涨看跌期权平价定理(关系)，它是最基础的期权关系之一。这一关系还表现为多种形式，每一种表达方式都隐含着两个具有相同投资结果的投资策略。

该定理公式变形可得：

看跌期权价值＝看涨期权价值＋执行价格的现值－股票价格

这表明买入看跌期权等价于买入看涨期权、按执行价的现值投资于无风险资产、卖出股票。换句话说，如果市场上没有看跌期权，可以通过买入看涨期权、按执行价的现值的资金购买无风险债券以及卖出股票把它构造出来。

标的股票的价格＝看涨期权价格－看跌期权价格＋执行价格现值

这表明可以通过买入看涨期权，卖出看跌期权，同时买入无风险债券方式来复制购买股票。

标的股票价格－看涨期权价格＝执行价格现值＋看跌期权价格

许多投资者喜欢在买进股票的同时卖出看涨期权。看涨看跌期权平价关系表明这项策略等同于卖出看跌期权同时买入无风险债券。

我们可以运用看涨看跌期权平价关系式对看跌期权进行估价。

【例 10-15】 甲公司股票当前价格为 30.00 元，有 1 股以该股票为标的资产的看跌期权，执行价格为 31.25 元，到期时间为 6 个月，连续复利无风险利率为 3.9221%。

要求：计算该看跌期权价格。

解答：

例 10-12 中的看涨期权与该看跌期权有相同的执行价格和到期日，平价关系成立。由例 10-12 计算结果可知该看涨期权的价格为 3.16 元，则：

看跌期权价格＝看涨期权价格＋执行价格现值－股票价格

$$=3.16+\frac{31.25}{1+3.9221}-30.00=3.23(\text{元})$$

(四)派发股利的期权定价

布莱克—斯科尔斯期权定价模型假设在期权寿命同期内，买方期权标的股票不发放股利。在标的股票派发股利的情况下应如何对期权估价呢？

股利的现值是股票价值的一部分，但是只有股东可以享有该收益，期权持有人不能享有。因此，在期权估价时要从股价中扣除期权到期日前所派发的全部股利的现值。也就是说，把所有到期日前预期发放的未来股利视同已经发放，将这些股利的现值从现行股票价格中扣除。此时，模型建立在调整后的股票价格而不是实际价格基础上。派发股利的期权定价公式如下：

$$c=s_0e^{-\delta t}\times N(d_1)-xe^{-rt}\times N(d_2)$$

$$d_1=\frac{\ln\left(\frac{s_0}{x}\right)+\left(r-\delta+\frac{\sigma^2}{2}\right)t}{\sigma\sqrt{t}}$$

$$d_2=d_1-\sigma\sqrt{t}$$

式中 δ 为标的股票的连续年复利股利收益率。

如果标的股票的年股利收益率为零，则与经典的布莱克—斯科尔斯期权定价模型相同。

(五)美式期权估价

布莱克—斯科尔斯期权定价模型假设看涨期权只能在到期日执行，即模型只适用于欧式期权。美式期权在到期日前的任何时间都可以执行，除享有欧式期权的全部权利之外，还有提前执行的优势。因此，美式期权的价值应当至少等于相应欧式期权的价值，在某种情况下比欧式期权的价值更大。

对于不派发股利的美式看涨期权，可以直接使用布莱克—斯科尔斯模型进行估价。在不派发股利的情况下，美式看涨期权的价值与距到期日的时间长短有关。因此，不应当提前执行。提前执行将使期权持有者放弃了期权时间价值，并且失去了资金时间价值。

如果不提前执行,则美式期权与欧式期权相同。

对于不派发股利的美式看跌期权,从理论上说,不能用布莱克—斯科尔斯模型进行估价。因为,有时候在到期日前执行看跌期权,将执行收入再投资,比继续持有更有利。极而言之,购入看跌期权后,如果股价很快跌到零,则立即执行是最有利的。因此,美式看跌期权总是比欧式看跌期权更有价值。布莱克—斯科尔斯模型不允许提前执行,也就不适用于美式看跌期权估价。不过,通常情况下使用布莱克—斯科尔斯模型及其平价等式对美式看跌期权估价,误差并不大,仍然具有参考价值。

对于派发股利的美式期权,适用的估价方法有两个:一是利用二叉树模型;二是使用更复杂、考虑提前执行的期权定价模型。

第三节 期权的应用

市场情况瞬息万变,企业日常生产经营面临诸多的风险。企业管理者在进行投融资决策时需要综合考虑各种因素的影响,有时只能以提高折现率来应对日益增加风险以提高投融资决策的准确度。然而,无数事例表明,有时现实情况恰恰相反,而折现率的提高会使企业失去了很多良好的投资机会。那么,企业该如何才能做出比较准确的决策呢?将金融市场上相关理论如期权理论运用到企业的决策中来,为企业的投融资决策带来了新思维。

一、实物期权:期权在投资决策中运用

长期以来对企业价值或项目价值评估的经典方法是折现现金流量法,但这方法有着很大的局限性。首先,用折现现金流量法进行估价的前提假设是企业或项目经营持续稳定,未来现金流量可预期。这样的分析方法往往隐含两个不切实际的假设,即企业决策不能延迟而且只能选择投资或不投资,同时项目未来不会作任何调整。正是这些假设使折现现金流量法忽略了许多重要的现实影响因素,因而在评价具有经营不确定性或战略成长性的项目投资决策中,会导致这些项目价值的低估,甚至出现错误的决策。其次,折现现金流量法只能估算公司已经公开的投资机会和现有业务未来的增长所能产生的现金流量价值,而忽略了企业管理者通过灵活地把握各种投资机会所能给企业带来的增值。因此,基于未来收益的折现现金流量法对发掘企业把握不确定环境下的各种投资机会给企业带来的新增价值无能为力。

在这样背景下,财务学者开始寻找能够更准确地评估项目或企业真实价值的理论和方法。金融期权的思想和方法被运用到企业投资决策中,并开创了一项新的领域——实物期权。随着经济学者的不断研究探索,实物期权已经形成一个理论体系。

(一)实物期权的含义

实物期权的概念最初是由斯图尔特·迈尔斯(Stewart Myers)在MIT时所提出的,他指出,一个投资方案产生的现金流量所创造的价值,来自于目前所拥有资产的使用,再

加上一个对未来投资机会的选择。也就是说企业可以取得一个权利,在未来以一定价格取得或出售一项实物资产或投资计划,所以实物资产的投资可以应用类似评估一般期权的方式来进行评估。同时,因为其标的物为实物资产,故将此性质的期权称之为实物期权。

实物期权是金融期权理论在非金融(实物)资产上的扩展。金融期权能够在金融合约中得到详细说明,但战略投资中的实物期权则必须加以辨别和进行特别说明。实物期权提供的是一种思路,在应用实物期权过程中不能把大部分精力放在模型的建立上,运用实物期权时计算并不一定要十分精确,关键是要利用金融期权的思想方法来进行分析决策。实物期权的基本参数可以表达为:

标的资产当前市场价格:项目预期现金流量现值;

执行价格:投资成本;

到期时间:距丧失投资机会时间;

标的资产价格的波动率:项目价值的波动率。

实物期权隐含在投资项目中,一个重要的问题是将其识别出来。并不是所有项目都含有值得重视的期权,有的项目期权价值很小,有的项目期权价值大,这主要取决于项目的不确定性。依据期权原理可知,项目的风险越大,则期权的价值越大。

实物期权与金融期权虽然有许多相似之处,但并不完全相同。

1.实物期权的不确定性来源比金融期权复杂

金融期权的不确定性主要来源于价格变动的风险,即市场风险。而实物期权的不确定性来源比较复杂,既包括市场风险,也包括非市场风险。实物期权所包含的不确定性因素具有隐蔽性、随机性等特点,投资者需要对实物期权进行认真的辨别。

2.期权存在着价值漏损

实物资产持有者会获得源于标的资产的现金流,而期权持有者却无法获得,由此会产生标的资产投资回报上的漏损。

3.实物期权的定价方法比金融期权更困难

布莱克—斯科尔斯模型和二叉树模型建立在利用标的资产和无风险借贷资产构造等价资产组合的前提之上,并且还假设标的资产的价格是连续运动的。对于金融期权来说,股票等金融工具是可以在市场上公开交易的,容易获得连续价格。但是实物期权不一样,它的标的资产大多数情况下是没有交易的,即使交易也是非连续的,因此,很难构造一个等价的资产组合,也就更难定价。

(二)实物期权的估价

实物期权包括扩张期权、择机期权、放弃期权等类型,这可以分别应对企业在投资过程中的扩大生产规模、等待市场情况明朗后再进行投资和退出该项目投资等情况。在运用实物期权进行投资决策的过程中,常用的计算方法是布莱克—斯科尔斯模型和二叉树模型。限于教材篇幅和难度,本书重点介绍扩张期权和择机期权的估值。

1.扩张期权

企业投资一个项目,会获得一个未来扩张的选择权,相当于购进一个看涨期权。我们将这类期权称之为扩张期权。一期项目净现值可以视为取得二期项目开发选择权的成本。项目是否要进行投资,不仅要考虑一期项目本身的净现值,还要考虑期权的价值。即使一期项目本身的净现值等于或小于零，只要当项目净现值与扩张期权的价值之和（即考虑期权的净现值）大于零，项目就应该进行投资。

二期项目所需投资的现值是扩张期权的执行价格，二期项目未来经营现金流量的现值是扩张期权标的资产当前价格。只要未来经营现金流量大于投资成本，二期项目就应该付诸实施（即执行期权），因此，这是一个看涨期权问题。该期权的价值可用布莱克—斯科尔斯模型确定。需要注意的是：由于经营现金流量有风险，在计算净现值时应使用考虑风险调整后的折现率折现，未来投资的现值应当使用无风险利率折现。

【例 10-16】甲公司是一个颇具实力的制造商。公司管理层预计某种新产品 A 的市场机会很大，计划引进该新产品生产技术。考虑到市场的成长需要一定时间，该项目分两期进行。第一期投资 1 100.00 万元于 2019 年年末投入，2017 年投产，生产能力为 50.00 万只，相关现金流量如表 10-5 所示。

表 10-5 A 产品项目一期工程现金流量表

单位：万元

项 目	2019 年	2020 年	2021 年	2022 年	2023 年	2024 年
税后营业现金流量		160.00	240.00	320.00	320.00	320.00

第二期投资 2 500.00 万元于 2022 年年末投入，2023 年投产，生产能力为 100.00 万只，预计相关现金流量如表 10-6 所示。

表 10-6 A 产品项目二期工程现金流量表

单位：万元

项 目	2022 年	2023 年	2024 年	2025 年	2026 年	2027 年
税后营业现金流量		720.00	720.00	720.00	720.00	720.00

公司等风险投资必要报酬率为 10.00%，无风险利率为 5.00%。

要求：(1)计算不考虑期权情况下 A 产品项目投资方案的净现值；(2)假设第二期项目的决策必须在 2022 年年底决定，该行业风险较大，未来现金流量不确定，可比公司的股票价格标准差为 14.00%，可以作为项目现金流量的标准差，用布莱克—斯科尔斯模型确定考虑期权的第一期项目净现值，并判断应否投资第一期项目。

解答：

(1)项目第一期净现值＝160.00×$(P/F,10\%,1)$＋240.00×$(P/F,10\%,2)$ ＋320.00×$(P/F,10\%,3)$＋320.00×$(P/F,10\%,4)$＋320.00×$(P/F,10\%,5)$－1,100＝－98.54（万元）

项目第二期净现值＝720.00×$(P/A,10\%,5)$×$(P/F,10\%,3)$ －2 500.00×$(P/F,5\%,3)$＝－108.92（万元）

(2)扩张期权相关参数为：

连续复利无风险利率：Ln(1.05)＝4.8790%

到期时间：3 年

标准差:14.00%

执行价格:2 500.00 万元

执行价格现值:2 500.00×(P/F,5%,3)=2 159.59(万元)

标的资产当前价格:720.00×(P/A,10%,5)×(P/F,10%,3)=2 050.58(万元)

$$d_1=\frac{\ln\left(\frac{2\,050.58}{2\,159.59}\right)}{0.14\times\sqrt{3}}+0.14\times\frac{\sqrt{3}}{2}=\frac{-0.0517}{0.2425}+0.1213=-0.0923$$

$$d_2=-0.0923-0.14\times\sqrt{3}=-0.3348$$

$$N(d_1)=N(-0.0923)=0.4632$$

$$N(d_2)=N(-0.3348)=0.3689$$

期权价值=2 050.58×0.4632−2 159.59×0.3689=153.16(万元)

考虑期权第一期项目净现值=−98.54+153.16=54.62(万元)

虽然一期工程本身的净现值为−98.54(万元),小于零,依据资本预算原理,项目应该放弃。不过,一期工程投资后,公司获得一个是否开发二期项目的扩张期权,届时可以根据市场发展状况再决定是否上马二期工程。这一扩张期权的价值为 153.16 万元,足以抵偿一期工程−98.54(万元)净现值。因此,投资一期工程是有利,项目具有财务可行性。

2.择机期权

从时间选择来看,任何投资项目都有期权的性质。如果一个项目在时间上不能延迟,只能立即执行或者永远放弃,那么它就是马上到期的看涨期权。项目的投资成本是期权执行价格,项目未来现金流量的现值是期权标的资产的现行价格。如果项目现金流量现值大于投资成本,看涨期权的收益就是项目的净现值。如果项目现金流量现值小于投资成本,看涨期权不被执行,公司放弃该项目。

如果一个项目在时间上可以延迟,那么它就是未到期的看涨期权。项目具有正的净现值,并不意味着立即投资总是最佳的,也许等一等更好。等待不但可使公司获得更多的相关信息,而且在某些情况下等待(即持有期权而不急于行使)具有更高的价值。尤其是一些前景不明朗的项目,更是如此。项目有负的净现值,也并不意味着此项投资就完全没有投资价值。如果未来情况发生变化,如材料价格下跌、市场需求突然变化以及相应生产工艺改善等,可能会使这一项目有正的净现值。由于未来是不确定的,等待或推迟项目可使项目决策者有更多的时间研究未来的发展变化,避免不利情况发生所引发的损失。但等待也可能减少或延缓项目的现金流量,或引起更多的竞争者进入同一市场。因此,在项目决策时,应权衡立即行使期权或等待的利弊得失。

【例 10-17】A 公司正计划投资建立一座工厂生产新产品乙,投资总额 1 000.00 万元,每年现金流量为 105.00 万元(税后,可持续)。由于企业对新产品投放市场消费者的反应尚无法准确的预测,因此,每年现金流量 105.00 万元只是一个平均的预期水平。据相关专家预测,如果该产品投放市场后,受到消费者的欢迎,预计现金流量为 131.25 万元,如果不被大多数消费者所接受,现金流量预计为 84.00 万元。假设无风险利率为 5%,风险报酬率为 5%。

要求:(1)计算不考虑期权的项目净现值;

(2)运用二叉树模型,计算该项目时机选择期权价值;

(3)判断是否应该延迟执行该项目。

解答:

(1)项目净现值$=\frac{105.00}{10\%}-1\ 000.00=50.00$(万元)

(2)构造项目价值和期权价值二叉树

上行时项目现金流量现值$=\frac{131.25}{10\%}=1\ 312.50$(万元)

下行时项目现金流量现值$=\frac{84.00}{10\%}=840.00$(万元)

上行时第一年末期权价值$=\text{Max}(1\ 312.50-1\ 000.00,0)=312.50$(万元)

下行时第一年末期权价值$=\text{Max}(840-1\ 000.00,0)=0$

根据风险中性原理计算上行概率

投资报酬率$=\frac{\text{本年现金流量}+\text{期末价值}}{\text{年初投资}}-1$

上行报酬率$=\frac{131.25+1\ 312.50}{1\ 000.00}-1=44.83\%$

下行报酬率$=\frac{84.00+840.00}{1\ 000.00}-1=-7.60\%$

无风险利率$=5\%=$上行概率$\times 44.83\%+(1-$上行概率$)\times(-7.60\%)$

上行概率$=0.2424$

期权到期日价值$=0.2424\times 312.50+(1-0.2424)\times 0=75.75$(万元)

期权价值$=\frac{75.75}{1+5.00\%}=72.14$(万元)

以上计算结果,用二叉树表示如表10-7所示。

表 10-7 现金流量、项目价值与期权价值二叉树表

单位:万元

时间	0	1
现金流量二叉树	105.00	131.25
		84.00
项目价值二叉树	1 050.00	1 312.50
		840.00
期权价值二叉树	72.14	315.50
		0.00

(3)判断是否应延迟投资

如果立即执行该项目,可以得到50.00万元净现值;如果等待,期权的价值为72.14万元，大于立即执行的收益 50.00 万元，应当等待。实际上，这意味着，等待将失去 50.00 万元的净现值，但却持有了价值为 72.14 万元的选择权。因此，等待是明智的。

但等待不一定总是有利的。如果本项目的投资成本为 950.00 万元，情况就会发生变化。

上考虑期权净现值＝1 050.00－950.00＝100.00（万元）

上行时第一年末期权价值＝Max(1 312.50－950.00，0)＝365.50（万元）

下行时第一年末期权价值＝Max(840.00－950.00，0)＝0

$$上行报酬率=\frac{131.25+1\,312.50}{950.00}-1=51.97\%$$

$$下行报酬率=\frac{84.00+840.00}{950.00}-1=-2.74\%$$

无风险利率＝5.00％＝上行概率×51.97％＋（1－上行概率）×（－2.74％）

上行概率＝0.1414

$$期权价值=\frac{0.1414\times362.50+(1-0.1414)\times0}{1+5\%}=48.82（万元）$$

立即执行期权的价值（项目净现值）为 100.00 万元（$\frac{105.00}{10.00\%}-950.00$），等待的价值只有 48.82 万元，应立即执行，不需等待。

3.放弃期权

在评估项目时，通常会选定一个项目的寿命周期，并假设项目会进行到寿命周期结束。实际上，在项目实施过程中，如果实际产生的现金流量远低于预期，投资人就会考虑提前放弃该项目。同样，经济寿命周期也是很难预计的。项目开始时，往往不知道何时结束。有的项目，一开始就不顺利，产品不受市欢迎，1～2 年就被迫放弃了。有的项目，越来越受市场欢迎，产品不断升级换代，或者扩大成为一系列产品，几十年长盛不衰。

如果说扩张期权是购进看涨期权，那么放弃投资期权就是购进看跌期权。持续经营价值可看成是放弃期权标的资产价格，项目的清算价值就是这一期权的执行价格。继续经营价值大于资产的清算价值，是一个项目得以继续下去的前提。如果清算价值大于继续经营价值，就应当终止（即期权执行，是一项看跌期权）。这里的清算价值，不仅指残值的变现收入，也包括有关资产的重组和价值的重新发掘。在项目评估中，如果能事先考虑中间放弃的可能性和它的价值，可以获得项目更全面的信息，减少决策错误。放弃期权的价值评估大多采用二叉树法。

总之，扩张期权、时机选择期权和放弃期权的最大特点就是给投资决策者一种决策弹性，使其可以灵活利用市场各种变化的可能性，在控制风险的同时，又不丧失可能出现的获利机会。

此外，实物期权也被运用于并购交易定价。评估目标公司价值以确定合理的并购价格，是企业并购前需要做好的准备工作之一。成本法、收益法和市场法是最为常用的评估企业价值的方法。然而，企业并购实际上是一个蕴含实物期权的投资项目，从双方的选择权来说，并购方拥有在未来进行进一步投资时选择扩张投资、等待时机延缓投资或放弃投资项目的选择权;而被并购方拥有是否以较高溢价出售其资产、接受要约的选择权。从并购的不确定性看,并购目的在于双方赢得在未来获得巨大收益的机会,而在动态复杂的外部环境下,企业未来收益存在很大的不确定性。因此,运用实物期权对企业并购交易进行定价方法,更有助于主并企业全面评估目标公司的价值,也可有效解决交易双方在并购定价中的冲突。

二、股票和债券隐含的期权:期权在融资决策中运用

公司的全部资产可以分为两部分:公司股权和公司债务。公司股权是一种剩余要求权,在满足了全部债权人要求权之后所有剩余的现金流量都是属于股东。在对公司资产的要求权上,公司债权人优先于股东。当公司按合同于当期将应付债务的利息和本金全部付清之后,公司股东便拥有了对剩余资产的要求权和对净利润的分配权。当公司的债务总和大于公司自身的全部资产时,有限责任的原则又可以起到保护股东的作用。股权投资者的最大损失是投资额。因此,当公司资产不抵债时,公司的股权投资者会选择对公司进行清算。基于股东和债权人的地位和权力,对公司的股票和债券隐含着期权展开分析。

(一)股票、债券与公司价值

1.看涨期权视角分析

为简化,假设公司资本总额只有股权资本(普通股)和债务资本两部分组成,债务资本全部为零息债券。公司价值为S,公司发行在外的债券面值为X,则清算时股东的股权净值有两种情况:一是公司资不抵债或资债相等,股东将选择清算公司,此时公司所有资产都将用于偿还债务,公司股东不能因其持有股票而得到任何收益,股东的收益为零;另一种情况是公司的资产价值大于债务价值,公司进行清算后其残值为S—X,这些残值属于公司全体股东。如果绘制公司价值与股票价值关系图(见图10-9),该图形酷似本章第1节中图10-1的多头看涨期权价值图。因此,股票可以被看作是一个以公司全部资产为标

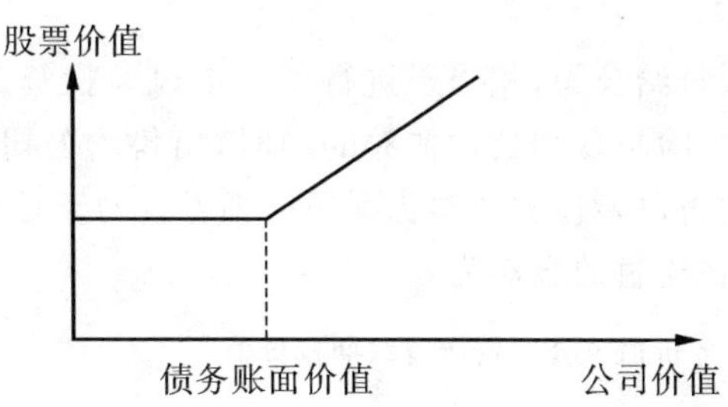

图 10-9　股票价值与公司价值关系图

的资产、以公司价值为标的资产现价、公司债务面值为执行价格、以债务剩余期限为有效期的看涨期权。公司股票的价值等于执行价格为公司债务面值、以公司资产为标的看涨期权的价值。我们有公式:

公司股权价值＝公司资产看涨期权价值

从债权角度看，债券到期，如果公司价值大于债券面值，债权人将公司资产以债券面值"出售"给股东。债权人可以看成是公司资产看涨期权的出售者，因此，债务的价值等于公司价值与公司资产看涨期权价值差额。公司债务价值可通过以下公式计算：

债务的价值＝公司价值－公司资产看涨期权价值

2.从看跌期权视角分析

从股东的角度分析，股东对公司资产具有三项权益：一是作为公司资产的持有者；二是作为公司债务的偿还者；三是持有一份以公司债务为执行价的看跌期权。当债务到期，如果公司价值小于债务面值，股东则行使期权，以债券面值将公司资产出售给债务人。此时，持股人以放弃股权来换取债务注销，并无发生任何的现金流动。交易结束后股东一无所获。如果公司价值大于债务面值，看跌期权处于虚值状态，股东放弃期权，按债务面值偿还债务人，股东仍是公司资产的所有者。

从债权人角度看，债券持有人有两项权益：一是拥有债务索偿权；二是公司资产看跌期权的出售者。债务到期时，如果公司价值小于债务面值，股东行使期权，债权人必须以债券面值将公司资产买回，交易结束后，股东和债权人的权利和义务相互抵销。如果公司价值大于债务面值，股东放弃期权，此时，债权人仅按债券面值收到偿还额。因此，债券持有人的上方收益和下方风险均以债券面值为限。债券价值与公司价值关系见图 10-10。该图形酷似本章第 1 节中图 10-2 空头看跌期权价值图。

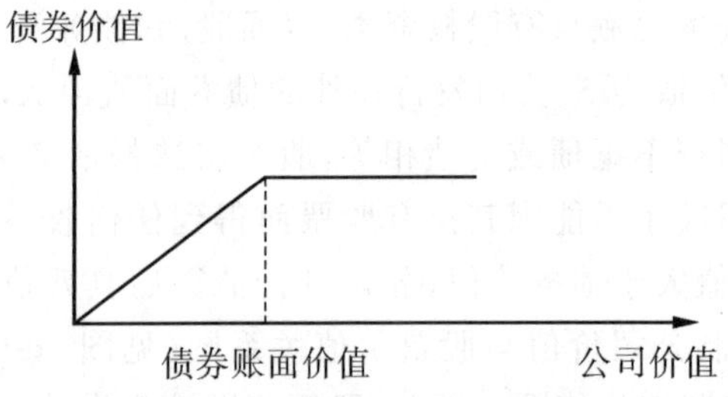

图 10-10　债券价值与公司价值关系图

因此，债权人将资金贷给公司，相当于进行了一项风险投资。为了避免风险，债权人就会在购买了一张以无风险折现的公司债券的同时，出售给公司股东一个以债券面值为执行价的看跌期权，以便将风险债券调整为无风险债券。对于债权人来说，他们愿意为在将来取得债券面值而现在支付的金额为：

债券价值＝预期债务价值－公司资产看跌期权价值

上式与前述公司债券价值公式结合起来，得：

预期债务现值－看跌期权价值＝公司价值－公司资产看涨期权价值

上述公式反映了债券价值和公司价值之间的关系，这也就是前述的看涨－看跌期权平价关系，它对于正确评价债券和股票的市场价值具有重要的作用。

(二)代理问题与隐含期权

股东与经营者、股东与债权人之间关系实质就是委托和代理关系，在中级财务管理已经讨论过这些关系。现基于期权定价理论，探索这些代理关系中所隐含的期权问题。

1.股东与经营者

股东和经营者的目标不完全一致，加之信息不对称，经营者有可能为了自身的目标而背离股东的利益，产生道德风险和逆向选择。原则上，股东可以监督经营者，但监督成本高昂，缺乏效率，而且许多行为也是不可观测的，因此“激励”就成为解决代理冲突的主要手段。而“股票期权激励”正是其中的一种有效的激励措施。它授予经营者未来以预先设定价格(即执行价格)购买本公司一定数量股票的权利。其激励逻辑是：提供期权激励，经营者就会努力工作，实现公司价值最大化，使公司股价上升，经营者行使期权获得利益；反之，经营者利益受损。这就是经营者个人收益成为公司长期利润的函数，使他们像所有者一样思考和行使，从而有效降低代理成本，矫正经营者的短视行为。由于股票可以看作是对公司资产价值的一种看涨期权，所以这种方法也可以看作是期权原理的一种应用。

期权激励使期权的价值成为管理人员薪酬的一个重要组成部分。期权的价值主要取决于标的股票价格波动性、期权的执行价和授予的确切期限等因素。

【例 10-18】S公司的总裁张先生拥有期权 100.00 万份。授予日股票的价格为每股 21.00 元。假设他的期权是平价的，无风险利率为 7.00%，期限为 5 年，S公司股票的方差为 0.1464。

要求：计算张先生拥有期权的总价值。

解答：

$$d_1=\frac{\ln\left(\frac{21}{21}\right)+\left(7\%+\frac{0.1464}{2}\right)\times 5}{7\%\times 5}=0.8369$$

$$d_2=0.8369-\sqrt{0.1464}\times\sqrt{5}=0.0186$$

N(d1)＝0.7987

N(d2)＝0.5074

$$每份期权价值=21\times 0.7987-21\times e^{-7\%\times 5}\times 0.4926$$
$$=21\times 0.7987-21\times 0.7047\times 0.5074=9.26(元)$$

期权总价值＝100.00×9.26＝926.00(万元)

通常情况下，由于人们普通反感风险，高风险资产的投资人就要有较高的期望收益。相应地，高风险资本投资项目就面临高昂的资本成本，就需要在更高的收益情况下，才能获得正的净现值。但是，期权却完全不是这么一回事。期权原理告诉我们：以波动性高的资产为标的期权比以安全的资产为标的期权更有价值。因此，如果不考虑其他因素，只是从激励期权利益考虑，享有股票期权的公司管理层，往往比没有股票期权的，更愿意冒风险。当面对两个净现值完全相同，其中一个风险比另一个高，考虑股票期权，管理层会选择风险高的项目。

2.股东与债权人

从股东与债权人之间关系来看，股东是以公司资产为标的的看涨期权持有者，债权人是这一看涨期权的出售者。与其他所有期权一样,标的资产收益率的标准差越大,风险越高,看涨期权价值就越大。如果经营者能用有风险的资产来替换较安全的资产,却不改变任何其他的因素,包括公司的资产价值,那么股票的价值就会上升,股东的财富就会增长。但公司的债券价值会相应下降。有负债公司的股东之所以常常比无负债公司的股东更愿意从事高风险项目,或是为了获得可能的高报酬,或是为了向债权人转移风险。因此,忠实地为股东利益服务而不惜损害债权人利益的经营者,总是更喜欢有风险的项目而不是更安全的项目。

同理,负债多的公司,风险大,股票价值(看涨期权价值)上升,债券价值下降。如果公司未经债权人同意举借新债务,由于加大了违约风险,会使公司原有债券价值降低。发行新债减少原有债券价值部分完全转移给了股东。在公司价值一定的情况下,必然增加股东价值。

【例 10-19】 某一无负债公司准备通过发行期限 6 年的无息债券赎回股票的方式改变公司资本结构。假设目前公司价值为 1 400.00 万元,并保持不变。该公司股票收益率标准差为 0.2000,无风险利率为 8.00%。

要求:

(1)当发行的面值 500.00 万元债券时,计算公司股票价值和债券发行价格;

(2)当发行的面值 1 000.00 万元债券时,计算公司股票价值、债券发行价格、资产负债率和每元债券价值;

解答:

$$(1)d_1=\frac{\ln\left(\frac{1\,400.00}{500.00}\right)+\left(8.00\%+\frac{0.2000^2}{2}\right)\times 6}{0.2000\times\sqrt{6}}=3.33$$

$d_2=3.33-0.2\times\sqrt{6}=2.84$

$N(d1)=N(3.33)=0.9996$

$N(d2)=N(2.84)=0.9977$

股票价值$=1\,400.00\times 0.9996-500.00\times e^{-0.08\times 6}\times 0.9977=1\,091.00$(万元)

债券价值$=1\,400.00-1\,091.00=309.00$(万元)

资产负债率$=\frac{500.00}{1\,400.00}=22.07\%$

每元债券价值$=\frac{309.00}{500.00}=0.6180$

如果资本市场有效,面值 500.00 万元的债券,只能以 309.00 万元折价发行。

$$(2)d_1=\frac{\ln\left(\frac{1\,400.00}{1\,000.00}\right)+\left(8.00\%+\frac{0.2000^2}{2}\right)\times 6}{0.2000\times\sqrt{6}}=1.91$$

$d_2=1.91-0.2\times\sqrt{6}=1.42$

$N(d_1)=0.9719$

$N(d_2)=0.9222$

股票价值 $=1\ 400.00\times0.9719-500.00\times e^{-0.08\times6}\times0.9222=790.00$（万元）

债券价值 $=1\ 400.00-791.00=610.00$（万元）

资产负债率 $=\dfrac{1\ 000.00}{1\ 400.00}=43.57\%$

每元债券价值 $=\dfrac{6\ 109.00}{1\ 000.00}=0.6100$

上述计算结果表明：随着负债比率由 22.07％上升到 43.57％，每元债券价值由 0.6180 降低到 0.6100 元。

关键词

期权　看涨期权　期权价值　二叉树模型　布莱克—斯科尔斯模型　扩张期权　择机期权

思考练习题

1.什么是期权？期权有哪些特点？

2.什么是期权价值？期权价值与内在价值、时间溢价有何关系？

3.简述看涨看跌期权平价关系的基本原理，并举例说明该表达式所隐含的投资策略。

4.期权价值受哪些因素的影响？它们是如何影响期权价值的？

5.什么是实物期权？它与金融期权有何区别与联系？

6.分别从看涨期权和看跌期权视角，分析公司股权和债权的价值。

7.一期权交易所 2017 年 3 月 20 日对 A 公司的期权报价如表 10-9 所示：

表 10-9

单位：元

到期日	执行价格	看涨期权价格	看跌期权价格
6 月	57.00	5.80	3.25

要求：针对以下互不相关的几个问题进行回答：

（1）若甲投资人购买了 10 份 A 公司看涨期权，标的股票的当前市价为 45.00 元，此时期权到期价值为多少？投资净损益为多少？

（2）若乙投资人卖出 10 份 A 公司看涨期权，标的股票的当前市价为 45.00 元，此时空头看涨期权到期价值为多少？投资净损益为多少？

（3）若丙投资人购买了 10 份 A 公司看跌期权，标的股票的当前市价为 45.00 元，此时期权到期价值为多少？投资净损益为多少？

（4）若丁投资人卖出 10 份 A 公司看跌期权，标的股票的当前市价为 45.00 元，此时空头看跌期权到期价值为多少？投资净损益为多少？

8.假设 B 公司的股票现在的市价为 30.00 元。有 1 份以该股票为标的资产的看涨期权,执行价格为30.50元,到期时间是6个月。6个月后股价格有两种可能:上升35.00%,或者下降20.00%。无风险利率为每年4.00%。拟利用复制原理以及借入必要的款项,使得该组合6个月后的价值与购进该看涨期权相等。

要求:(1)运用复制原理,计算所建组合中股票的数量;

(2)运用复制原理,计算所建组合中借款的数额;

(3)计算期权的价值。

9.假设C公司的股票现在的市价为60.00元。有1份以该股票为标的资产的看涨期权和1份以该股票为标的资产的看跌期权,执行价格均为61.00元,6个月到期。C公司过去6年的股价如表10-10所示,假设各年均没有发放股利。目前半年期每张面值为100.00元的国债,市价为95.32元,到期值为102.00元。

表 10-10

单位:元

年份	1	2	3	4	5	6
股价	10.00	13.88	21.63	55.69	33.27	13.60

要求:(1)计算股票连续复利收益率的标准差和年复利收益率的标准差;

(2)计算连续复利的无风险收益率;

(3)运用布莱克—斯科尔斯模型计算该看涨期权的价值;

(4)看跌期权的价值为多少?

10.D公司2016年研发成功一种新产品,现正集中有关人员对该新产品是否投资进行可行性研究。考虑到市场的成长需要一定时间,该项目分两期进行。其他有关资料如下:

资料1:第1期工程2017年初投资,当年完工并投产。预计投资额为1 000.00万元,寿命期为5年,2017—2021年各年末的净现金流量分别为300.00万元、400.00万元、340.00万元、380.00万元和450.00万元。

资料1:第2期工程拟于2020年年初投资,当年完工并投产。预计投资额2 400.00万元,寿命期5年。2020—2024年各年末的净现金流量分别为500.00万元、1 200.00万元、800.00万元、950.00万元和450.00万元。

资料3:投产新产品风险较大,未来现金流量不稳定,可比公司股票价格标准差为35.00%,可以作为项目现金流量的标准差。

资料4:无风险报酬率为10.00%,项目既定的最低报酬率为20.00%。

要求:(1)采用现金流量贴现法计算净现值,对第1期工程项目的可行性进行分析评价;

(2)采用现金流量贴现法计算第2期工程项目在2017年初的净现值,并对其进行可行性分析评价;

(3)采用布莱克—斯科尔斯期权定价模型计算考虑期权的第1期工程项目的净现值,并对投资第1期工程项目是否有利进行分析评价。

案例分析题

资料：累计外汇期权是一种以合约形式买卖资产（股票、外汇或其他商品）的金融衍生品，为投资银行（庄家）与投资者的场外交易。这种期权合约设有中止价和行权价，行权价低于中止价，也会较签约时的市价有所折让。当挂钩资产的市价在中止价和行权价之间，投资者可以定时以行权价从庄家买入指定数量的资产。挂钩资产价格越高，投资者收益越大。当挂钩资产的市价高于中止价时，合约自动中止。当挂钩资产的市价低于行权价时，投资者必须定时按行权价买入双倍甚至更多倍数量的资产，直至合约到期。此时，挂钩资产价格越低，投资者的亏损越大。

中信泰富（HK，00267）在澳大利亚有一个名为 SINO-IRON 的铁矿项目，整个项目的资本开支除初始的 16 亿澳元投资支出外，在项目营运的 25 年期内每年还需投入至少 10 亿澳元。为了降低外汇波动的风险，公司于 2008 年 7 月与花旗、摩根史丹利、汇丰、德意志等 13 家银行签订了 24 款每月结算的澳元累计外汇期权合约，绝大多数合约的杠杆为 2.5 倍，行权汇率为 0.87，到期日为 2010 年 10 月。在澳元兑美元汇率高于 0.87 时，中信泰富可以按 0.87 汇率买入澳元，当澳元汇率达到合约最高利润（每份合约 150－700 万美元）上限时，合约自动终止；当汇率低于 0.87 美元时，中信泰富必须按高汇率以 2.5 倍数量买入，但没有自动终止协议。在全球金融危机迫使澳大利亚减息并引发澳元下跌情况下，这些澳元外汇累计外汇期权合约产生巨额亏损。2008 年 9 月，中信泰富中止了部分合约，共计损失 8.07 亿港元。2008 年 10 月，公司发布公告称：因澳元贬值跌破锁定汇率，尚未中止澳元累计认购期权合约预计亏损 147 亿港元。为解中信泰富的财务危局，2008 年 11 月中信集团安排 15 亿美元（折合 116.25 亿港元）的备用信用额度，并计划将其以可转债方式向中信泰富注资，并承接其名下的金额最高为 57 亿澳元的外汇衍生品合约。12 月重组完成后，中信泰富的最大损失被锁定在 156 亿港元左右，中信集团成为持股中信泰富约 57％的绝对控股股东，中信泰富主席荣智健原先持有的约 19％的股份被稀释到 11.48％。

要求：依据所给资料，运用所学的高级财务管理原理，回答下列问题：

(1)中信泰富的澳元外汇累计外汇期权合约是由哪几类期权组成？这一期权组合的风险与收益有何特征？适用于实业企业套期保值？

(2)你认为，可用于中信泰富对冲澳元升值风险的外汇期权工具是什么？相较于外汇累计外汇期权，这一期权工具有何特点？

附录 资金时间价值系数表和正态分布下的累积概率

附表 1　1 元复利终值表

n/i	1%	2%	3%	4%	5%	6%	7%	8%	9%	10%
1	1.0100	1.0200	1.0300	1.0400	1.0500	1.0600	1.0700	1.0800	1.0900	1.1000
2	1.0201	1.0404	1.0609	1.0816	1.1025	1.1236	1.1449	1.1664	1.1881	1.2100
3	1.0303	1.0612	1.0927	1.1249	1.1576	1.1910	1.2250	1.2597	1.2950	1.3310
4	1.0406	1.0824	1.1255	1.1699	1.2155	1.2625	1.3108	1.3605	1.4116	1.4641
5	1.0510	1.1041	1.1593	1.2167	1.2763	1.3382	1.4026	1.4693	1.5386	1.6105
6	1.0615	1.1262	1.1941	1.2653	1.3401	1.4185	1.5007	1.5869	1.6771	1.7716
7	1.0721	1.1487	1.2299	1.3159	1.4071	1.5036	1.6058	1.7138	1.8280	1.9487
8	1.0829	1.1717	1.2668	1.3686	1.4775	1.5938	1.7182	1.8509	1.9926	2.1436
9	1.0937	1.1951	1.3048	1.4233	1.5513	1.6895	1.8385	1.9990	2.1719	2.3579
10	1.1046	1.2190	1.3439	1.4802	1.6289	1.7908	1.9672	2.1589	2.3674	2.5937
11	1.1157	1.2434	1.3842	1.5395	1.7103	1.8983	2.1049	2.3316	2.5804	2.8531
12	1.1268	1.2682	1.4258	1.6010	1.7959	2.0122	2.2522	2.5182	2.8127	3.1384
13	1.1381	1.2936	1.4685	1.6651	1.8856	2.1329	2.4098	2.7196	3.0658	3.4523
14	1.1495	1.3195	1.5126	1.7317	1.9799	2.2609	2.5785	2.9372	3.3417	3.7975
15	1.1610	1.3459	1.5580	1.8009	2.0789	2.3966	2.7590	3.1722	3.6425	4.1772
16	1.1726	1.3728	1.6047	1.8730	2.1829	2.5404	2.9522	3.4259	3.9703	4.5950
17	1.1843	1.4002	1.6528	1.9479	2.2920	2.6928	3.1588	3.7000	4.3276	5.0545
18	1.1961	1.4282	1.7024	2.0258	2.4066	2.8543	3.3799	3.9960	4.7171	5.5599
19	1.2081	1.4568	1.7535	2.1068	2.5270	3.0256	3.6165	4.3157	5.1417	6.1159
20	1.2202	1.4859	1.8061	2.1911	2.6533	3.2071	3.8697	4.6610	5.6044	6.7275
21	1.2324	1.5157	1.8603	2.2788	2.7860	3.3996	4.1406	5.0338	6.1088	7.4002
22	1.2447	1.5460	1.9161	2.3699	2.9253	3.6035	4.4304	5.4365	6.6586	8.1403

续表

n/i	1%	2%	3%	4%	5%	6%	7%	8%	9%	10%
23	1.2572	1.5769	1.9736	2.4647	3.0715	3.8197	4.7405	5.8715	7.2579	8.9543
24	1.2697	1.6084	2.0328	2.5633	3.2251	4.0489	5.0724	6.3412	7.9111	9.8497
25	1.2824	1.6406	2.0938	2.6658	3.3864	4.2919	5.4274	6.8485	8.6231	10.835
26	1.2953	1.6734	2.1566	2.7725	3.5557	4.5494	5.8074	7.3964	9.3992	11.918
27	1.3082	1.7069	2.2213	2.8834	3.7335	4.8223	6.2139	7.9881	10.245	13.110
28	1.3213	1.7410	2.2879	2.9987	3.9201	5.1117	6.6488	8.6271	11.167	14.421
29	1.3345	1.7758	2.3566	3.1187	4.1161	5.4184	7.1143	9.3173	12.172	15.863
30	1.3478	1.8114	2.4273	3.2434	4.3219	5.7435	7.6123	10.063	13.268	17.449
31	1.3613	1.8476	2.5001	3.3731	4.5380	6.0881	8.1451	10.868	14.462	19.194
32	1.3749	1.8845	2.5751	3.5081	4.7649	6.4534	8.7153	11.737	15.763	21.114
33	1.3887	1.9222	2.6523	3.6484	5.0032	6.8406	9.3253	12.676	17.182	23.225
34	1.4026	1.9607	2.7319	3.7943	5.2533	7.2510	9.9781	13.690	18.728	25.548
35	1.4166	1.9999	2.8139	3.9461	5.5160	7.6861	10.677	14.785	20.414	28.102
40	1.4889	2.2080	3.2620	4.8010	7.0400	10.286	14.974	21.725	31.409	45.259
45	1.5648	2.4379	3.7816	5.8412	8.9850	13.765	21.002	31.920	48.327	72.890
50	1.6446	2.6916	4.3839	7.1067	11.467	18.420	29.457	46.902	74.358	117.39
55	1.7285	2.9717	5.0821	8.6464	14.636	24.650	41.315	68.914	114.41	189.06

n/i	12%	14%	15%	16%	18%	20%	24%	28%	32%	36%
1	1.1200	1.1400	1.1500	1.1600	1.1800	1.2000	1.2400	1.2800	1.3200	1.3600
2	1.2544	1.2996	1.3225	1.3456	1.3924	1.4400	1.5376	1.6384	1.7424	1.8496
3	1.4049	1.4815	1.5209	1.5609	1.6430	1.7280	1.9066	2.0972	2.3000	2.5155
4	1.5735	1.6890	1.7490	1.8106	1.9388	2.0736	2.3642	2.6844	3.0360	3.4210
5	1.7623	1.9254	2.0114	2.1003	2.2878	2.4883	2.9316	3.4360	4.0075	4.6526
6	1.9738	2.1950	2.3131	2.4364	2.6996	2.9860	3.6352	4.3980	5.2899	6.3275
7	2.2107	2.5023	2.6600	2.8262	3.1855	3.5832	4.5077	5.6295	6.9826	8.6054
8	2.4760	2.8526	3.0590	3.2784	3.7589	4.2998	5.5895	7.2058	9.2170	11.703
9	2.7731	3.2519	3.5179	3.8030	4.4355	5.1598	6.9310	9.2234	12.166	15.917
10	3.1058	3.7072	4.0456	4.4114	5.2338	6.1917	8.5944	11.806	16.060	21.647
11	3.4785	4.2262	4.6524	5.1173	6.1759	7.4301	10.657	15.112	21.199	29.439
12	3.8960	4.8179	5.3503	5.9360	7.2876	8.9161	13.215	19.343	27.983	40.037

续表

n/i	12%	14%	15%	16%	18%	20%	24%	28%	32%	36%
13	4.3635	5.4924	6.1528	6.8858	8.5994	10.699	16.386	24.759	36.937	54.451
14	4.8871	6.2613	7.0757	7.9875	10.147	12.839	20.319	31.691	48.757	74.053
15	5.4736	7.1379	8.1371	9.2655	11.974	15.407	25.196	40.565	64.359	100.71
16	6.1304	8.1372	9.3576	10.748	14.129	18.488	31.243	51.923	84.954	136.97
17	6.8660	9.2765	10.761	12.468	16.672	22.186	38.741	66.461	112.14	186.28
18	7.6900	10.575	12.375	14.463	19.673	26.623	48.039	85.071	148.02	253.34
19	8.6128	12.056	14.232	16.777	23.214	31.948	59.568	108.89	195.39	344.54
20	9.6463	13.743	16.367	19.461	27.393	38.338	73.864	139.38	257.92	468.57
21	10.804	15.668	18.822	22.574	32.324	46.005	91.592	178.41	340.45	637.26
22	12.100	17.861	21.645	26.186	38.142	55.206	113.57	228.36	449.39	866.67
23	13.552	20.362	24.891	30.376	45.008	66.247	140.83	292.30	593.20	1 178.68
24	15.179	23.212	28.625	35.236	53.109	79.497	174.63	374.14	783.02	1 603.00
25	17.000	26.462	32.919	40.874	62.669	95.396	216.54	478.90	1 033.59	2 180.08
26	19.040	30.167	37.857	47.414	73.949	114.48	268.51	613.00	1 364.34	2 964.91
27	21.325	34.390	43.535	55.000	87.260	137.37	332.95	784.64	1 800.93	4 032.28
28	23.884	39.204	50.066	63.800	102.97	164.84	412.86	1 004.34	2 377.22	5 483.90
29	26.750	44.693	57.575	74.009	121.50	197.81	511.95	1 285.55	3 137.94	7 458.10
30	29.960	50.950	66.212	85.850	143.37	237.38	634.82	1 645.50	4 142.07	10 143.02
31	33.555	58.083	76.144	99.586	169.18	284.85	787.18	2 106.25	5 467.54	13 794.51
32	37.582	66.215	87.565	115.52	199.63	341.82	976.10	2 695.99	7 217.15	18 760.53
33	42.092	75.48	100.70	134.00	235.56	410.19	1 210.36	3 450.87	9 526.64	25 514.32
34	47.143	86.05	115.80	155.44	277.96	492.22	1 500.85	4 417.12	12 575.16	34 699.47
35	52.800	98.10	133.18	180.31	328.00	590.67	1 861.05	5 653.91	16 599.22	47 191.28
40	93.051	188.88	267.86	378.72	750.38	1 469.77	5 455.91	19 426.69	66 520.77	####
45	163.99	363.68	538.77	795.44	1 716.68	3 657.26	15 994.69	66 749.59	####	####
50	289.00	700.23	1 083.66	1 670.70	3 927.36	9 100.44	46 890.43	####	####	####
55	509.32	1 348.24	2 179.62	3 509.05	8 984.84	22 644.80	####	####	####	####

附表 2　1元复利现值表

n/i	1%	2%	3%	4%	5%	6%	7%	8%	9%	10%
1	0.9901	0.9804	0.9709	0.9615	0.9524	0.9434	0.9346	0.9259	0.9174	0.9091
2	0.9803	0.9612	0.9426	0.9246	0.9070	0.8900	0.8734	0.8573	0.8417	0.8264
3	0.9706	0.9423	0.9151	0.8890	0.8638	0.8396	0.8163	0.7938	0.7722	0.7513
4	0.9610	0.9238	0.8885	0.8548	0.8227	0.7921	0.7629	0.7350	0.7084	0.6830
5	0.9515	0.9057	0.8626	0.8219	0.7835	0.7473	0.7130	0.6806	0.6499	0.6209
6	0.9420	0.8880	0.8375	0.7903	0.7462	0.7050	0.6663	0.6302	0.5963	0.5645
7	0.9327	0.8706	0.8131	0.7599	0.7107	0.6651	0.6227	0.5835	0.5470	0.5132
8	0.9235	0.8535	0.7894	0.7307	0.6768	0.6274	0.5820	0.5403	0.5019	0.4665
9	0.9143	0.8368	0.7664	0.7026	0.6446	0.5919	0.5439	0.5002	0.4604	0.4241
10	0.9053	0.8203	0.7441	0.6756	0.6139	0.5584	0.5083	0.4632	0.4224	0.3855
11	0.8963	0.8043	0.7224	0.6496	0.5847	0.5268	0.4751	0.4289	0.3875	0.3505
12	0.8874	0.7885	0.7014	0.6246	0.5568	0.4970	0.4440	0.3971	0.3555	0.3186
13	0.8787	0.7730	0.6810	0.6006	0.5303	0.4688	0.4150	0.3677	0.3262	0.2897
14	0.8700	0.7579	0.6611	0.5775	0.5051	0.4423	0.3878	0.3405	0.2992	0.2633
15	0.8613	0.7430	0.6419	0.5553	0.4810	0.4173	0.3624	0.3152	0.2745	0.2394
16	0.8528	0.7284	0.6232	0.5339	0.4581	0.3936	0.3387	0.2919	0.2519	0.2176
17	0.8444	0.7142	0.6050	0.5134	0.4363	0.3714	0.3166	0.2703	0.2311	0.1978
18	0.8360	0.7002	0.5874	0.4936	0.4155	0.3503	0.2959	0.2502	0.2120	0.1799
19	0.8277	0.6864	0.5703	0.4746	0.3957	0.3305	0.2765	0.2317	0.1945	0.1635
20	0.8195	0.6730	0.5537	0.4564	0.3769	0.3118	0.2584	0.2145	0.1784	0.1486
21	0.8114	0.6598	0.5375	0.4388	0.3589	0.2942	0.2415	0.1987	0.1637	0.1351
22	0.8034	0.6468	0.5219	0.4220	0.3418	0.2775	0.2257	0.1839	0.1502	0.1228
23	0.7954	0.6342	0.5067	0.4057	0.3256	0.2618	0.2109	0.1703	0.1378	0.1117
24	0.7876	0.6217	0.4919	0.3901	0.3101	0.2470	0.1971	0.1577	0.1264	0.1015
25	0.7798	0.6095	0.4776	0.3751	0.2953	0.2330	0.1842	0.1460	0.1160	0.0923
26	0.7720	0.5976	0.4637	0.3607	0.2812	0.2198	0.1722	0.1352	0.1064	0.0839
27	0.7644	0.5859	0.4502	0.3468	0.2678	0.2074	0.1609	0.1252	0.0976	0.0763
28	0.7568	0.5744	0.4371	0.3335	0.2551	0.1956	0.1504	0.1159	0.0895	0.0693
29	0.7493	0.5631	0.4243	0.3207	0.2429	0.1846	0.1406	0.1073	0.0822	0.0630
30	0.7419	0.5521	0.4120	0.3083	0.2314	0.1741	0.1314	0.0994	0.0754	0.0573
31	0.7346	0.5412	0.4000	0.2965	0.2204	0.1643	0.1228	0.0920	0.0691	0.0521
32	0.7273	0.5306	0.3883	0.2851	0.2099	0.1550	0.1147	0.0852	0.0634	0.0474
33	0.7201	0.5202	0.3770	0.2741	0.1999	0.1462	0.1072	0.0789	0.0582	0.0431
34	0.7130	0.5100	0.3660	0.2636	0.1904	0.1379	0.1002	0.0730	0.0534	0.0391
35	0.7059	0.5000	0.3554	0.2534	0.1813	0.1301	0.0937	0.0676	0.0490	0.0356
40	0.6717	0.4529	0.3066	0.2083	0.1420	0.0972	0.0668	0.0460	0.0318	0.0221
45	0.6391	0.4102	0.2644	0.1712	0.1113	0.0727	0.0476	0.0313	0.0207	0.0137
50	0.6080	0.3715	0.2281	0.1407	0.0872	0.0543	0.0339	0.0213	0.0134	0.0085
55	0.5785	0.3365	0.1968	0.1157	0.0683	0.0406	0.0242	0.0145	0.0087	0.0053

n/i	12%	14%	15%	16%	18%	20%	24%	28%	32%	36%
1	0.8929	0.8772	0.8696	0.8621	0.8475	0.8333	0.8065	0.7813	0.7576	0.7353
2	0.7972	0.7695	0.7561	0.7432	0.7182	0.6944	0.6504	0.6104	0.5739	0.5407
3	0.7118	0.6750	0.6575	0.6407	0.6086	0.5787	0.5245	0.4768	0.4348	0.3975
4	0.6355	0.5921	0.5718	0.5523	0.5158	0.4823	0.4230	0.3725	0.3294	0.2923
5	0.5674	0.5194	0.4972	0.4761	0.4371	0.4019	0.3411	0.2910	0.2495	0.2149
6	0.5066	0.4556	0.4323	0.4104	0.3704	0.3349	0.2751	0.2274	0.1890	0.1580
7	0.4523	0.3996	0.3759	0.3538	0.3139	0.2791	0.2218	0.1776	0.1432	0.1162
8	0.4039	0.3506	0.3269	0.3050	0.2660	0.2326	0.1789	0.1388	0.1085	0.0854
9	0.3606	0.3075	0.2843	0.2630	0.2255	0.1938	0.1443	0.1084	0.0822	0.0628
10	0.3220	0.2697	0.2472	0.2267	0.1911	0.1615	0.1164	0.0847	0.0623	0.0462
11	0.2875	0.2366	0.2149	0.1954	0.1619	0.1346	0.0938	0.0662	0.0472	0.0340
12	0.2567	0.2076	0.1869	0.1685	0.1372	0.1122	0.0757	0.0517	0.0357	0.0250
13	0.2292	0.1821	0.1625	0.1452	0.1163	0.0935	0.0610	0.0404	0.0271	0.0184
14	0.2046	0.1597	0.1413	0.1252	0.0985	0.0779	0.0492	0.0316	0.0205	0.0135
15	0.1827	0.1401	0.1229	0.1079	0.0835	0.0649	0.0397	0.0247	0.0155	0.0099
16	0.1631	0.1229	0.1069	0.0930	0.0708	0.0541	0.0320	0.0193	0.0118	0.0073
17	0.1456	0.1078	0.0929	0.0802	0.0600	0.0451	0.0258	0.0150	0.0089	0.0054
18	0.1300	0.0946	0.0808	0.0691	0.0508	0.0376	0.0208	0.0118	0.0068	0.0039
19	0.1161	0.0829	0.0703	0.0596	0.0431	0.0313	0.0168	0.0092	0.0051	0.0029
20	0.1037	0.0728	0.0611	0.0514	0.0365	0.0261	0.0135	0.0072	0.0039	0.0021
21	0.0926	0.0638	0.0531	0.0443	0.0309	0.0217	0.0109	0.0056	0.0029	0.0016
22	0.0826	0.0560	0.0462	0.0382	0.0262	0.0181	0.0088	0.0044	0.0022	0.0012
23	0.0738	0.0491	0.0402	0.0329	0.0222	0.0151	0.0071	0.0034	0.0017	0.0008
24	0.0659	0.0431	0.0349	0.0284	0.0188	0.0126	0.0057	0.0027	0.0013	0.0006
25	0.0588	0.0378	0.0304	0.0245	0.0160	0.0105	0.0046	0.0021	0.0010	0.0005
26	0.0525	0.0331	0.0264	0.0211	0.0135	0.0087	0.0037	0.0016	0.0007	0.0003
27	0.0469	0.0291	0.0230	0.0182	0.0115	0.0073	0.0030	0.0013	0.0006	0.0002
28	0.0419	0.0255	0.0200	0.0157	0.0097	0.0061	0.0024	0.0010	0.0004	0.0002
29	0.0374	0.0224	0.0174	0.0135	0.0082	0.0051	0.0020	0.0008	0.0003	0.0001
30	0.0334	0.0196	0.0151	0.0116	0.0070	0.0042	0.0016	0.0006	0.0002	0.0001
31	0.0298	0.0172	0.0131	0.0100	0.0059	0.0035	0.0013	0.0005	0.0002	0.0001
32	0.0266	0.0151	0.0114	0.0087	0.0050	0.0029	0.0010	0.0004	0.0001	0.0001
33	0.0238	0.0132	0.0099	0.0075	0.0042	0.0024	0.0008	0.0003	0.0001	0.0000
34	0.0212	0.0116	0.0086	0.0064	0.0036	0.0020	0.0007	0.0002	0.0001	0.0000
35	0.0189	0.0102	0.0075	0.0055	0.0030	0.0017	0.0005	0.0002	0.0001	0.0000
40	0.0107	0.0053	0.0037	0.0026	0.0013	0.0007	0.0002	0.0001	0.0000	0.0000
45	0.0061	0.0027	0.0019	0.0013	0.0006	0.0003	0.0001	0.0000	0.0000	0.0000
50	0.0035	0.0014	0.0009	0.0006	0.0003	0.0001	0.0000	0.0000	0.0000	0.0000
55	0.0020	0.0007	0.0005	0.0003	0.0001	0.0000	0.0000	0.0000	0.0000	0.0000

附表 3　1 元年金终值表

n/i	1%	2%	3%	4%	5%	6%	7%	8%	9%	10%
1	1.0000	1.0000	1.0000	1.0000	1.0000	1.0000	1.0000	1.0000	1.0000	1.0000
2	2.0100	2.0200	2.0300	2.0400	2.0500	2.0600	2.0700	2.0800	2.0900	2.1000
3	3.0301	3.0604	3.0909	3.1216	3.1525	3.1836	3.2149	3.2464	3.2781	3.3100
4	4.0604	4.1216	4.1836	4.2465	4.3101	4.3746	4.4399	4.5061	4.5731	4.6410
5	5.1010	5.2040	5.3091	5.4163	5.5256	5.6371	5.7507	5.8666	5.9847	6.1051
6	6.1520	6.3081	6.4684	6.6330	6.8019	6.9753	7.1533	7.3359	7.5233	7.7156
7	7.2135	7.4343	7.6625	7.8983	8.1420	8.3938	8.6540	8.9228	9.2004	9.4872
8	8.2857	8.5830	8.8923	9.2142	9.5491	9.8975	10.260	10.637	11.028	11.436
9	9.3685	9.7546	10.159	10.583	11.027	11.491	11.978	12.488	13.021	13.579
10	10.462	10.950	11.464	12.006	12.578	13.181	13.816	14.487	15.193	15.937
11	11.567	12.169	12.808	13.486	14.207	14.972	15.784	16.645	17.560	18.531
12	12.683	13.412	14.192	15.026	15.917	16.870	17.888	18.977	20.141	21.384
13	13.809	14.680	15.618	16.627	17.713	18.882	20.141	21.495	22.953	24.523
14	14.947	15.974	17.086	18.292	19.599	21.015	22.550	24.215	26.019	27.975
15	16.097	17.293	18.599	20.024	21.579	23.276	25.129	27.152	29.361	31.772
16	17.258	18.639	20.157	21.825	23.657	25.673	27.888	30.324	33.003	35.950
17	18.430	20.012	21.762	23.698	25.840	28.213	30.840	33.750	36.974	40.545
18	19.615	21.412	23.414	25.645	28.132	30.906	33.999	37.450	41.301	45.599
19	20.811	22.841	25.117	27.671	30.539	33.760	37.379	41.446	46.018	51.159
20	22.019	24.297	26.870	29.778	33.066	36.786	40.995	45.762	51.160	57.275
21	23.239	25.783	28.676	31.969	35.719	39.993	44.865	50.423	56.765	64.002
22	24.472	27.299	30.537	34.248	38.505	43.392	49.006	55.457	62.873	71.403
23	25.716	28.845	32.453	36.618	41.430	46.996	53.436	60.893	69.532	79.543
24	26.973	30.422	34.426	39.083	44.502	50.816	58.177	66.765	76.790	88.497
25	28.243	32.030	36.459	41.646	47.727	54.865	63.249	73.106	84.701	98.347
26	29.526	33.671	38.553	44.312	51.113	59.156	68.676	79.954	93.324	109.18
27	30.821	35.344	40.710	47.084	54.669	63.706	74.484	87.351	102.72	121.10
28	32.129	37.051	42.931	49.968	58.403	68.528	80.698	95.339	112.97	134.21
29	33.450	38.792	45.219	52.966	62.323	73.640	87.347	103.97	124.14	148.63
30	34.785	40.568	47.575	56.085	66.439	79.058	94.461	113.28	136.31	164.49
31	36.133	42.379	50.003	59.328	70.761	84.802	102.07	123.35	149.58	181.94
32	37.494	44.227	52.503	62.701	75.299	90.890	110.22	134.21	164.04	201.14
33	38.869	46.112	55.078	66.210	80.064	97.343	118.93	145.95	179.80	222.25
34	40.258	48.034	57.730	69.858	85.0670	104.18	128.26	158.63	196.98	245.48
35	41.660	49.994	60.462	73.652	90.3203	111.43	138.24	172.32	215.71	271.02
40	48.886	60.402	75.401	95.026	120.80	154.76	199.64	259.06	337.88	442.59
45	56.481	71.893	92.720	121.03	159.70	212.74	285.75	386.51	525.86	718.90
50	64.463	84.579	112.80	152.67	209.35	290.34	406.53	573.77	815.08	1 163.9
55	72.852	98.587	136.07	191.16	272.71	394.17	575.93	848.92	1 260.1	1 880.6

n/i	12%	14%	15%	16%	18%	20%	24%	28%	32%	36%
1	1.0000	1.0000	1.0000	1.0000	1.0000	1.0000	1.0000	1.0000	1.0000	1.0000
2	2.1200	2.1400	2.1500	2.1600	2.1800	2.2000	2.2400	2.2800	2.3200	2.3600
3	3.3744	3.4396	3.4725	3.5056	3.5724	3.6400	3.7776	3.9184	4.0624	4.2096
4	4.7793	4.9211	4.9934	5.0665	5.2154	5.3680	5.6842	6.0156	6.3624	6.7251
5	6.3528	6.6101	6.7424	6.8771	7.1542	7.4416	8.0484	8.6999	9.3983	10.146
6	8.1152	8.5355	8.7537	8.9775	9.4420	9.9299	10.980	12.136	13.406	14.799
7	10.089	10.730	11.067	11.414	12.142	12.916	14.615	16.534	18.696	21.126
8	12.300	13.233	13.727	14.240	15.327	16.499	19.123	22.163	25.678	29.732
9	14.776	16.085	16.786	17.519	19.086	20.799	24.712	29.369	34.895	41.435
10	17.549	19.337	20.304	21.321	23.521	25.959	31.643	38.593	47.062	57.352
11	20.655	23.045	24.349	25.733	28.755	32.150	40.238	50.398	63.122	78.998
12	24.133	27.271	29.002	30.850	34.931	39.581	50.895	65.510	84.320	108.44
13	28.029	32.089	34.352	36.786	42.219	48.497	64.110	84.853	112.30	148.47
14	32.393	37.581	40.505	43.672	50.818	59.196	80.496	109.61	149.24	202.93
15	37.280	43.842	47.580	51.660	60.965	72.035	100.82	141.30	198.00	276.98
16	42.753	50.980	55.717	60.925	72.939	87.442	126.01	181.87	262.36	377.69
17	48.884	59.118	65.075	71.673	87.068	105.93	157.25	233.79	347.31	514.66
18	55.750	68.394	75.836	84.141	103.74	128.12	195.99	300.25	459.45	700.94
19	63.440	78.969	88.212	98.603	123.41	154.74	244.03	385.32	607.47	954.28
20	72.052	91.025	102.44	115.38	146.63	186.69	303.60	494.21	802.86	1 298.8
21	81.699	104.77	118.81	134.84	174.02	225.03	377.46	633.59	1 060.8	1 767.4
22	92.503	120.44	137.63	157.41	206.34	271.03	469.06	812.00	1 401.2	2 404.7
23	104.60	138.30	159.28	183.60	244.49	326.24	582.63	1 040.4	1 850.6	3 271.3
24	118.16	158.66	184.17	213.98	289.49	392.48	723.46	1 332.7	2 443.8	4 450.0
25	133.33	181.87	212.79	249.21	342.60	471.98	898.09	1 706.8	3 226.8	6 053.0
26	150.33	208.33	245.71	290.09	405.27	567.38	1 114.6	2 185.7	4 260.4	8 233.1
27	169.37	238.50	283.57	337.50	479.22	681.85	1 383.1	2 798.7	5 624.8	11 198
28	190.70	272.89	327.10	392.50	566.48	819.22	1 716.1	3 583.3	7 425.7	15 230
29	214.58	312.09	377.17	456.30	669.45	984.07	2 129.0	4 587.7	9 802.9	20 714
30	241.33	356.79	434.75	530.31	790.95	1 181.9	2 640.9	5 873.2	12 941	28 172
31	271.29	407.74	500.96	616.16	934.32	1 419.3	3 275.7	7 518.7	17 083	38 315
32	304.85	465.82	577.10	715.75	1 103.5	1 704.1	4 062.9	9 625.0	22 550	52 110
33	342.43	532.04	664.67	831.27	1 303.1	2 045.9	5 039.0	12 321	29 768	70 870
34	384.52	607.52	765.37	965.27	1 538.7	2 456.1	6 249.4	15 772	39 294	96 385
35	431.66	693.57	881.17	1 120.7	1 816.7	2 948.3	7 750.2	20 189	51 869	####
40	767.09	1 342.0	1 779.1	2 360.8	4 163.2	7 343.9	22 729	69 377	####	####
45	1 358.2	2 590.6	3 585.1	4 965.3	9 531.6	18 281	66 640	####	####	####
50	2 400.0	4 994.5	7 217.7	10 436	21 813	45 497	####	####	####	####
55	4 236.0	9 623.1	14 524	21 925	49 910	####	####	####	####	####

附表 4　1 元年金现值表

n/i	1%	2%	3%	4%	5%	6%	7%	8%	9%	10%
1	0.9901	0.9804	0.9709	0.9615	0.9524	0.9434	0.9346	0.9259	0.9174	0.9091
2	1.9704	1.9416	1.9135	1.8861	1.8594	1.8334	1.8080	1.7833	1.7591	1.7355
3	2.9410	2.8839	2.8286	2.7751	2.7232	2.6730	2.6243	2.5771	2.5313	2.4869
4	3.9020	3.8077	3.7171	3.6299	3.5460	3.4651	3.3872	3.3121	3.2397	3.1699
5	4.8534	4.7135	4.5797	4.4518	4.3295	4.2124	4.1002	3.9927	3.8897	3.7908
6	5.7955	5.6014	5.4172	5.2421	5.0757	4.9173	4.7665	4.6229	4.4859	4.3553
7	6.7282	6.4720	6.2303	6.0021	5.7864	5.5824	5.3893	5.2064	5.0330	4.8684
8	7.6517	7.3255	7.0197	6.7327	6.4632	6.2098	5.9713	5.7466	5.5348	5.3349
9	8.5660	8.1622	7.7861	7.4353	7.1078	6.8017	6.5152	6.2469	5.9952	5.7590
10	9.4713	8.9826	8.5302	8.1109	7.7217	7.3601	7.0236	6.7101	6.4177	6.1446
11	10.3676	9.7868	9.2526	8.7605	8.3064	7.8869	7.4987	7.1390	6.8052	6.4951
12	11.2551	10.5753	9.9540	9.3851	8.8633	8.3838	7.9427	7.5361	7.1607	6.8137
13	12.1337	11.3484	10.6350	9.9856	9.3936	8.8527	8.3577	7.9038	7.4869	7.1034
14	13.0037	12.1062	11.2961	10.5631	9.8986	9.2950	8.7455	8.2442	7.7862	7.3667
15	13.8651	12.8493	11.9379	11.1184	10.3797	9.7122	9.1079	8.5595	8.0607	7.6061
16	14.7179	13.5777	12.5611	11.6523	10.8378	10.1059	9.4466	8.8514	8.3126	7.8237
17	15.5623	14.2919	13.1661	12.1657	11.2741	10.4773	9.7632	9.1216	8.5436	8.0216
18	16.3983	14.9920	13.7535	12.6593	11.6896	10.8276	10.0591	9.3719	8.7556	8.2014
19	17.2260	15.6785	14.3238	13.1339	12.0853	11.1581	10.3356	9.6036	8.9501	8.3649
20	18.0456	16.3514	14.8775	13.5903	12.4622	11.4699	10.5940	9.8181	9.1285	8.5136
21	18.8570	17.0112	15.4150	14.0292	12.8212	11.7641	10.8355	10.0168	9.2922	8.6487
22	19.6604	17.6580	15.9369	14.4511	13.1630	12.0416	11.0612	10.2007	9.4424	8.7715
23	20.4558	18.2922	16.4436	14.8568	13.4886	12.3034	11.2722	10.3711	9.5802	8.8832
24	21.2434	18.9139	16.9355	15.2470	13.7986	12.5504	11.4693	10.5288	9.7066	8.9847
25	22.0232	19.5235	17.4131	15.6221	14.0939	12.7834	11.6536	10.6748	9.8226	9.0770
26	22.7952	20.1210	17.8768	15.9828	14.3752	13.0032	11.8258	10.8100	9.9290	9.1609
27	23.5596	20.7069	18.3270	16.3296	14.6430	13.2105	11.9867	10.9352	10.0266	9.2372
28	24.3164	21.2813	18.7641	16.6631	14.8981	13.4062	12.1371	11.0511	10.1161	9.3066
29	25.0658	21.8444	19.1885	16.9837	15.1411	13.5907	12.2777	11.1584	10.1983	9.3696
30	25.8077	22.3965	19.6004	17.2920	15.3725	13.7648	12.4090	11.2578	10.2737	9.4269
31	26.5423	22.9377	20.0004	17.5885	15.5928	13.9291	12.5318	11.3498	10.3428	9.4790
32	27.2696	23.4683	20.3888	17.8736	15.8027	14.0840	12.6466	11.4350	10.4062	9.5264
33	27.9897	23.9886	20.7658	18.1476	16.0025	14.2302	12.7538	11.5139	10.4644	9.5694
34	28.7027	24.4986	21.1318	18.4112	16.1929	14.3681	12.8540	11.5869	10.5178	9.6086
35	29.4086	24.9986	21.4872	18.6646	16.3742	14.4982	12.9477	11.6546	10.5668	9.6442
40	32.8347	27.3555	23.1148	19.7928	17.1591	15.0463	13.3317	11.9246	10.7574	9.7791
45	36.0945	29.4902	24.5187	20.7200	17.7741	15.4558	13.6055	12.1084	10.8812	9.8628
50	39.1961	31.4236	25.7298	21.4822	18.2559	15.7619	13.8007	12.2335	10.9617	9.9148
55	42.1472	33.1748	26.7744	22.1086	18.6335	15.9905	13.9399	12.3186	11.0140	9.9471

n/i	12%	14%	15%	16%	18%	20%	24%	28%	32%	36%
1	0.8929	0.8772	0.8696	0.8621	0.8475	0.8333	0.8065	0.7813	0.7576	0.7353
2	1.6901	1.6467	1.6257	1.6052	1.5656	1.5278	1.4568	1.3916	1.3315	1.2760
3	2.4018	2.3216	2.2832	2.2459	2.1743	2.1065	1.9813	1.8684	1.7663	1.6735
4	3.0373	2.9137	2.8550	2.7982	2.6901	2.5887	2.4043	2.2410	2.0957	1.9658
5	3.6048	3.4331	3.3522	3.2743	3.1272	2.9906	2.7454	2.5320	2.3452	2.1807
6	4.1114	3.8887	3.7845	3.6847	3.4976	3.3255	3.0205	2.7594	2.5342	2.3388
7	4.5638	4.2883	4.1604	4.0386	3.8115	3.6046	3.2423	2.9370	2.6775	2.4550
8	4.9676	4.6389	4.4873	4.3436	4.0776	3.8372	3.4212	3.0758	2.7860	2.5404
9	5.3282	4.9464	4.7716	4.6065	4.3030	4.0310	3.5655	3.1842	2.8681	2.6033
10	5.6502	5.2161	5.0188	4.8332	4.4941	4.1925	3.6819	3.2689	2.9304	2.6495
11	5.9377	5.4527	5.2337	5.0286	4.6560	4.3271	3.7757	3.3351	2.9776	2.6834
12	6.1944	5.6603	5.4206	5.1971	4.7932	4.4392	3.8514	3.3868	3.0133	2.7084
13	6.4235	5.8424	5.5831	5.3423	4.9095	4.5327	3.9124	3.4272	3.0404	2.7268
14	6.6282	6.0021	5.7245	5.4675	5.0081	4.6106	3.9616	3.4587	3.0609	2.7403
15	6.8109	6.1422	5.8474	5.5755	5.0916	4.6755	4.0013	3.4834	3.0764	2.7502
16	6.9740	6.2651	5.9542	5.6685	5.1624	4.7296	4.0333	3.5026	3.0882	2.7575
17	7.1196	6.3729	6.0472	5.7487	5.2223	4.7746	4.0591	3.5177	3.0971	2.7629
18	7.2497	6.4674	6.1280	5.8178	5.2732	4.8122	4.0799	3.5294	3.1039	2.7668
19	7.3658	6.5504	6.1982	5.8775	5.3162	4.8435	4.0967	3.5386	3.1090	2.7697
20	7.4694	6.6231	6.2593	5.9288	5.3527	4.8696	4.1103	3.5458	3.1129	2.7718
21	7.5620	6.6870	6.3125	5.9731	5.3837	4.8913	4.1212	3.5514	3.1158	2.7734
22	7.6446	6.7429	6.3587	6.0113	5.4099	4.9094	4.1300	3.5558	3.1180	2.7746
23	7.7184	6.7921	6.3988	6.0442	5.4321	4.9245	4.1371	3.5592	3.1197	2.7754
24	7.7843	6.8351	6.4338	6.0726	5.4509	4.9371	4.1428	3.5619	3.1210	2.7760
25	7.8431	6.8729	6.4641	6.0971	5.4669	4.9476	4.1474	3.5640	3.1220	2.7765
26	7.8957	6.9061	6.4906	6.1182	5.4804	4.9563	4.1511	3.5656	3.1227	2.7768
27	7.9426	6.9352	6.5135	6.1364	5.4919	4.9636	4.1542	3.5669	3.1233	2.7771
28	7.9844	6.9607	6.5335	6.1520	5.5016	4.9697	4.1566	3.5679	3.1237	2.7773
29	8.0218	6.9830	6.5509	6.1656	5.5098	4.9747	4.1585	3.5687	3.1240	2.7774
30	8.0552	7.0027	6.5660	6.1772	5.5168	4.9789	4.1601	3.5693	3.1242	2.7775
31	8.0850	7.0199	6.5791	6.1872	5.5227	4.9824	4.1614	3.5697	3.1244	2.7776
32	8.1116	7.0350	6.5905	6.1959	5.5277	4.9854	4.1624	3.5701	3.1246	2.7776
33	8.1354	7.0482	6.6005	6.2034	5.5320	4.9878	4.1632	3.5704	3.1247	2.7777
34	8.1566	7.0599	6.6091	6.2098	5.5356	4.9898	4.1639	3.5706	3.1248	2.7777
35	8.1755	7.0700	6.6166	6.2153	5.5386	4.9915	4.1644	3.5708	3.1248	2.7777
40	8.2438	7.1050	6.6418	6.2335	5.5482	4.9966	4.1659	3.5712	3.1250	2.7778
45	8.2825	7.1232	6.6543	6.2421	5.5523	4.9986	4.1664	3.5714	3.1250	2.7778
50	8.3045	7.1327	6.6605	6.2463	5.5541	4.9995	4.1666	3.5714	3.1250	2.7778
55	8.3170	7.1376	6.6636	6.2482	5.5549	4.9998	4.1666	3.5714	3.1250	2.7778

附表 5　1 元连续复利终值表

t/r	1%	2%	3%	4%	5%	6%	7%	8%	9%	10%
0.1	1.0010	1.0020	1.0030	1.0040	1.0050	1.0060	1.0070	1.0080	1.0090	1.0101
0.2	1.0020	1.0040	1.0060	1.0080	1.0101	1.0121	1.0141	1.0161	1.0182	1.0202
0.3	1.0030	1.0060	1.0090	1.0121	1.0151	1.0182	1.0212	1.0243	1.0274	1.0305
0.4	1.0040	1.0080	1.0121	1.0161	1.0202	1.0243	1.0284	1.0325	1.0367	1.0408
0.5	1.0050	1.0101	1.0151	1.0202	1.0253	1.0305	1.0356	1.0408	1.0460	1.0513
0.6	1.0060	1.0121	1.0182	1.0243	1.0305	1.0367	1.0429	1.0492	1.0555	1.0618
0.7	1.0070	1.0141	1.0212	1.0284	1.0356	1.0429	1.0502	1.0576	1.0650	1.0725
0.8	1.0080	1.0161	1.0243	1.0325	1.0408	1.0492	1.0576	1.0661	1.0747	1.0833
0.9	1.0090	1.0182	1.0274	1.0367	1.0460	1.0555	1.0650	1.0747	1.0844	1.0942
1	1.0101	1.0202	1.0305	1.0408	1.0513	1.0618	1.0725	1.0833	1.0942	1.1052
2	1.0202	1.0408	1.0618	1.0833	1.1052	1.1275	1.1503	1.1735	1.1972	1.2214
3	1.0305	1.0618	1.0942	1.1275	1.1618	1.1972	1.2337	1.2712	1.3100	1.3499
4	1.0408	1.0833	1.1275	1.1735	1.2214	1.2712	1.3231	1.3771	1.4333	1.4918
5	1.0513	1.1052	1.1618	1.2214	1.2840	1.3499	1.4191	1.4918	1.5683	1.6487
6	1.0618	1.1275	1.1972	1.2712	1.3499	1.4333	1.5220	1.6161	1.7160	1.8221
7	1.0725	1.1503	1.2337	1.3231	1.4191	1.5220	1.6323	1.7507	1.8776	2.0138
8	1.0833	1.1735	1.2712	1.3771	1.4918	1.6161	1.7507	1.8965	2.0544	2.2255
9	1.0942	1.1972	1.3100	1.4333	1.5683	1.7160	1.8776	2.0544	2.2479	2.4596
10	1.1052	1.2214	1.3499	1.4918	1.6487	1.8221	2.0138	2.2255	2.4596	2.7183
11	1.1163	1.2461	1.3910	1.5527	1.7333	1.9348	2.1598	2.4109	2.6912	3.0042
12	1.1275	1.2712	1.4333	1.6161	1.8221	2.0544	2.3164	2.6117	2.9447	3.3201
13	1.1388	1.2969	1.4770	1.6820	1.9155	2.1815	2.4843	2.8292	3.2220	3.6693
14	1.1503	1.3231	1.5220	1.7507	2.0138	2.3164	2.6645	3.0649	3.5254	4.0552
15	1.1618	1.3499	1.5683	1.8221	2.1170	2.4596	2.8577	3.3201	3.8574	4.4817
16	1.1735	1.3771	1.6161	1.8965	2.2255	2.6117	3.0649	3.5966	4.2207	4.9530
17	1.1853	1.4049	1.6653	1.9739	2.3396	2.7732	3.2871	3.8962	4.6182	5.4739
18	1.1972	1.4333	1.7160	2.0544	2.4596	2.9447	3.5254	4.2207	5.0531	6.0496
19	1.2092	1.4623	1.7683	2.1383	2.5857	3.1268	3.7810	4.5722	5.5290	6.6859
20	1.2214	1.4918	1.8221	2.2255	2.7183	3.3201	4.0552	4.9530	6.0496	7.3891
21	1.2337	1.5220	1.8776	2.3164	2.8577	3.5254	4.3492	5.3656	6.6194	8.1662
22	1.2461	1.5527	1.9348	2.4109	3.0042	3.7434	4.6646	5.8124	7.2427	9.0250
23	1.2586	1.5841	1.9937	2.5093	3.1582	3.9749	5.0028	6.2965	7.9248	9.9742
24	1.2712	1.6161	2.0544	2.6117	3.3201	4.2207	5.3656	6.8210	8.6711	11.0232
25	1.2840	1.6487	2.1170	2.7183	3.4903	4.4817	5.7546	7.3891	9.4877	12.1825
30	1.3499	1.8221	2.4596	3.3201	4.4817	6.0496	8.1662	11.0232	14.8797	20.0855
35	1.4191	2.0138	2.8577	4.0552	5.7546	8.1662	11.5883	16.4446	23.3361	33.1155
40	1.4918	2.2255	3.3201	4.9530	7.3891	11.0232	16.4446	24.5325	36.5982	54.5982
45	1.5683	2.4596	3.8574	6.0496	9.4877	14.8797	23.3361	36.5982	57.3975	90.0171
50	1.6487	2.7183	4.4817	7.3891	12.1825	20.0855	33.1155	54.5982	90.0171	148.4132
55	1.7333	3.0042	5.2070	9.0250	15.6426	27.1126	46.9931	81.4509	141.1750	244.6919

注:例如,以 5%的年利率连续复利,则今天投资 1 元,一年末的价值为 1.0513 元,10 年末的价值为 1.6487 元。

附表 6　正态分布下的累积概率[N(d)]

(变量取值小于其均值与 d 个标准差之和的概率)

X/σ	0.00	0.01	0.02	0.03	0.04	0.05	0.06	0.07	0.08	0.09
0.00	0.5000	0.5040	0.5080	0.5120	0.5160	0.5199	0.5239	0.5279	0.5319	0.5359
0.10	0.5398	0.5438	0.5478	0.5517	0.5557	0.5596	0.5636	0.5675	0.5714	0.5753
0.20	0.5793	0.5832	0.5871	0.5910	0.5948	0.5987	0.6026	0.6064	0.6103	0.6141
0.30	0.6179	0.6217	0.6255	0.6293	0.6331	0.6368	0.6406	0.6443	0.6480	0.6517
0.40	0.6554	0.6591	0.6628	0.6664	0.6700	0.6736	0.6772	0.6808	0.6844	0.6879
0.50	0.6915	0.6950	0.6985	0.7019	0.7054	0.7088	0.7123	0.7157	0.7190	0.7224
0.60	0.7257	0.7291	0.7324	0.7357	0.7389	0.7422	0.7454	0.7486	0.7517	0.7549
0.70	0.7580	0.7611	0.7642	0.7673	0.7704	0.7734	0.7764	0.7794	0.7823	0.7852
0.80	0.7881	0.7910	0.7939	0.7967	0.7995	0.8023	0.8051	0.8078	0.8106	0.8133
0.90	0.8159	0.8186	0.8212	0.8238	0.8264	0.8289	0.8315	0.8340	0.8365	0.8389
1.00	0.8413	0.8438	0.8461	0.8485	0.8508	0.8531	0.8554	0.8577	0.8599	0.8621
1.10	0.8643	0.8665	0.8686	0.8708	0.8729	0.8749	0.8770	0.8790	0.8810	0.8830
1.20	0.8849	0.8869	0.8888	0.8907	0.8925	0.8944	0.8962	0.8980	0.8997	0.9015
1.30	0.9032	0.9049	0.9066	0.9082	0.9099	0.9115	0.9131	0.9147	0.9162	0.9177
1.40	0.9192	0.9207	0.9222	0.9236	0.9251	0.9265	0.9279	0.9292	0.9306	0.9319
1.50	0.9332	0.9345	0.9357	0.9370	0.9382	0.9394	0.9406	0.9418	0.9429	0.9441
1.60	0.9452	0.9463	0.9474	0.9484	0.9495	0.9505	0.9515	0.9525	0.9535	0.9545
1.70	0.9554	0.9564	0.9573	0.9582	0.9591	0.9599	0.9608	0.9616	0.9625	0.9633
1.80	0.9641	0.9649	0.9656	0.9664	0.9671	0.9678	0.9686	0.9693	0.9699	0.9706
1.90	0.9713	0.9719	0.9726	0.9732	0.9738	0.9744	0.9750	0.9756	0.9761	0.9767
2.00	0.9772	0.9778	0.9783	0.9788	0.9793	0.9798	0.9803	0.9808	0.9812	0.9817
2.10	0.9821	0.9826	0.9830	0.9834	0.9838	0.9842	0.9846	0.9850	0.9854	0.9857
2.20	0.9861	0.9864	0.9868	0.9871	0.9875	0.9878	0.9881	0.9884	0.9887	0.9890
2.30	0.9893	0.9896	0.9898	0.9901	0.9904	0.9906	0.9909	0.9911	0.9913	0.9916
2.40	0.9918	0.9920	0.9922	0.9925	0.9927	0.9929	0.9931	0.9932	0.9934	0.9936
2.50	0.9938	0.9940	0.9941	0.9943	0.9945	0.9946	0.9948	0.9949	0.9951	0.9952
2.60	0.9953	0.9955	0.9956	0.9957	0.9959	0.9960	0.9961	0.9962	0.9963	0.9964
2.70	0.9965	0.9966	0.9967	0.9968	0.9969	0.9970	0.9971	0.9972	0.9973	0.9974
2.80	0.9974	0.9975	0.9976	0.9977	0.9977	0.9978	0.9979	0.9979	0.9980	0.9981
2.90	0.9981	0.9982	0.9982	0.9983	0.9984	0.9984	0.9985	0.9985	0.9986	0.9986
3.00	0.9987	0.9987	0.9987	0.9988	0.9988	0.9989	0.9989	0.9989	0.9990	0.9990
3.10	0.9990	0.9991	0.9991	0.9991	0.9992	0.9992	0.9992	0.9992	0.9993	0.9993
3.20	0.9993	0.9993	0.9994	0.9994	0.9994	0.9994	0.9994	0.9995	0.9995	0.9995
3.30	0.9995	0.9995	0.9995	0.9996	0.9996	0.9996	0.9996	0.9996	0.9996	0.9997
3.40	0.9997	0.9997	0.9997	0.9997	0.9997	0.9997	0.9997	0.9997	0.9997	0.9998
3.50	0.9998	0.9998	0.9998	0.9998	0.9998	0.9998	0.9998	0.9998	0.9998	0.9998
4.00	1.0000	1.0000	1.0000	1.0000	1.0000	1.0000	1.0000	1.0000	1.0000	1.0000

注：例如，d=0.32，则 N(d)=0.6255，即正态分布变量有 0.6255 的可能取值小于其均值与 0.22 个标准差之和。

参考文献

[1]道格拉斯·R.爱默瑞,等.公司财务管理[M].荆新,王化成,等译.北京:中国人民大学出版社,1999.

[2]斯蒂芬·罗斯,等.公司理财[M].6版.吴世宏,等译.北京:机械工业出版社,2005.

[3]理查德·A.布雷利,期图尔特·C.迈尔期.公司财务原理[M].7版.方曙红,范龙振,陆定群,等译.北京:机械工业出版社,2006.

[4]蒂姆·科勒,等.价值评估——公司价值的衡量与管理[M].高健,等译.北京:电子工业出版社,2007.

[5]加迪西·麦克阿瑟.私募股权启示录[M].赵娅译.北京:机械工业出版社,2008.

[6]乔纳森·伯克,彼得·德马佐.公司理财[M].北京:中国人民大学出版社,2009.

[7]俞铁成著.公司紧缩——资本运营的新境界[M].上海:上海远东出版社,2001.

[8]谷祺,王棣华.高级财务管理[M].大连:东北财经大学出版社,2006.

[9]朱宝宪.公司并购与重组[M].北京:清华大学出版社,2006.

[10]戴娟萍,李连华.高级财务管理[M].杭州:浙江人民出版社,2008.

[11]启龙.私募股权投资实务与案例[M].北京:经济科学出版社,2009.

[12]张家伦.企业集团财务管理专题研究[M].北京:中国金融出版社,2010.

[13]汤谷良,韩慧博.高级财务管理学[M].北京:清华大学出版社,2011.

[14]潘从文.私募股权基金治理理论与实务[M].北京:企业管理出版社,2011.

[15]周春生.融资、并购与公司控制[M].2版,北京:北京大学出版社,2011.

[16]杨雄胜.高级财务管理理论与案例[M].大连:东北财经大学出版社,2012.

[17]刘玥.企业私募股权融资实务指南[M].北京:知识产权出版社,2012.

[18]陆正飞,朱凯,童盼.高级财务管理[M].北京:北京大学出版社,2013.

[19]裘益政,竺素娥.高级财务管理[M].2版.上海:立信会计出版社,2013.

[20]屠巧平.公司价值评估与价值创造[M].北京:中国经济出版社,2014.

[21]刘淑莲、任翠玉.高级财务管理[M].大连:东北财经大学出版社,2014.

[22]干道胜.财务管理研究[M].2版.大连:东北财经大学出版社,2014.

[23]田高良,赵栓文.高级财务管理[M].西安:西安交通大学出版社,2015.

[24]张先治.高级财务管理[M].3版.大连:东北财经大学出版社,2015.

[25]张瑞君.企业集团财务管控[M].北京:中国人民大学出版社,2015.

[26]王化成.高级财务管理学[M].4版.北京:中国人民大学出版社,2015.

[27]中国注册会计师协会.财务成本管理[M].北京:中国财政经济出版社,2016.

[28]中国注册会计师协.公司战略与风险管理[M].北京:中国财政经济出版社,2016.

[29]杨洁.企业并购整合研究[D].长春:吉林大学,2004.

[30]张超.私募股权投资基金退出方式及案例分析[D].上海:华东理工大学,2012.

[31]陈亦新.创始股东与私募投资者的控制权争夺分析——基于社会资本视角的雷士照明案例研究[D].青岛:中国海洋大学,2013.

[32]李慧.企业集团治理对内部资本市场效率的影响研究[D].济南:山东大学,2014.

[33]魏妍炘.制度环境、归核化资产剥离与企业价值[D].杭州:浙江财经大学,2015.

[34]丁妙松.巨人集团借壳上市交易结构及其绩效研究[D].杭州:浙江财经大学,2016.

[35]王化成,程小可.分拆上市与母公司股权价值研究:同仁堂分拆子公司上市的实证分析[J].管理世界,2003(4).

[36]卢建新.内部资本市场与外部资本市场——基于不完全信息的比较制度分析[J].首都经济贸易大学学报,2006(2).

[37]庄静娟.企业集团财务管理模式及其选择——以宁波狮丹努集团为例[J].中外企业家,2007(2).

[38]王峰娟,邹存良.多元化程度与内部资本市场效率——基于分部数据的多案例研究[J].管理世界,2009(4).

[39]杨棉之,孙健,卢闯.企业集团内部资本市场的存在性与效率性[J].会计研究,2010(4).

[40]李心合.论公司财务概念框架[J].会计研究,2010(7).

[41]杨淑娥,杨峰.累计外汇期权合约适合做套期保值吗?中信泰富案例带给人们的思考[J],财务与会计,2011(4).

[42]李青原,田晨阳,唐建新,等.公司横向并购动机:效率理论还是市场势力理论:来自汇源果汁与可口可乐的案例研究[J].会计研究,2011(5).

[43]戴娟萍.《高级财务管理》课程内容及其框架体系设[J].财会月刊,2011(7).

[44]赵立彬,张秋生,魏乐.分立、公司治理与市场反应:东北高速股份有限公司案例研究[J].华东经济管理,2011(11).

[45]翟进步,王玉涛,李丹.上市公司并购融资方式选择与并购绩效:"功能锁定"视角[J].中国工业经济,2011(12).

[46]王欢,汤谷良."借道"MBO:路径创新还是制度缺失?——基于双汇 MBO 的探索性案例研究[J].管理世界,2012(4).

[47]戴娟萍.基于财务运作轨迹的公司实际理财目标研究:以百大集团为例[J].财会通讯,2012(6).

[48]戴娟萍.从新疆屯河到中粮屯河:财务危机公司重整与重生的经典案例[J].财会月刊,2012(8).

[49]王化成,曾雪云.专业化企业集团的内部资本市场与价值创造效应——基于中国三峡集团的案例研究[J].管理世界,2012(12).

[50]王峰娟，粟立钟.中国上市公司内部资本市场有效吗？——来自 H 股多分部上市公司的证据[J].会计研究，2013(1).

[51]邬烈岚，陈瑞洁.上汽集团内部转移定价案例研究[J].东方企业文化，2013(6).

[52]戴娟萍、史习民.融资约束状态下沮丧资产剥离及其绩效研究[J].财务与会计，2014(6).

[53]史习民，戴娟萍.宝钢股份资产剥离：支撑抑或掏空？[J].财会月刊，2014(9).

[54]戴娟萍.反向购买方式下借“实壳”上市分析[J].财务与会计，2014(10).

[55]史习民.绿地集团成功借壳上市经验启示[J].财务月刊，2016(4).